读懂投资 先知未来

大咖智慧
THE GREAT WISDOM IN TRADING

/

成长陪跑
THE PERMANENT SUPPORTS FROM US

/

复合增长
COMPOUND GROWTH IN WEALTH

一站式证券投资学习平台

新短线英雄

只铁 ◎ 著

山西出版传媒集团
山西人民出版社

图书在版编目（CIP）数据

新短线英雄 / 只铁著. —太原：山西人民出版社，2015.7（2025.6重印）
ISBN 978-7-203-09015-1

Ⅰ.①新… Ⅱ.①只… Ⅲ.①股票投资—基本知识 Ⅳ.① F830.91

中国版本图书馆 CIP 数据核字（2015）第 112977 号

新短线英雄

著　　者：	只　铁
责任编辑：	徐晓宇
出 版 者：	山西出版传媒集团　山西人民出版社
地　　址：	太原市建设南路21号
邮　　编：	030012
发行营销：	0351-4922220　4955996　4956039
	0351-4922127（传真）　4956038（邮购）
E-mail：	sxskcb@163.com　发行部
	sxskcb@126.com　总编室
网　　址：	www.sxskcb.com
经 销 者：	山西出版传媒集团·山西人民出版社
承 印 者：	廊坊市祥丰印刷有限公司
开　　本：	787mm×1092mm　1/16
印　　张：	27
字　　数：	420千字
版　　次：	2015年7月　第1版
印　　次：	2025年6月　第7次印刷
书　　号：	ISBN 978-7-203-09015-1
定　　价：	68.00元

如果印装质量问题请与本社联系调换

内容提要

短线操作是一切投资活动的基础，任何买卖行为都必须在动态盘中进行。本书展示了真正的专业投资选手是怎样进行临盘实战短线操作的。

本书不是投资知识的入门类读物，更不是企图走马观花随便看看就能够轻松掌握、彻底领悟的。它是专门为那些愿意把股市投资作为自己终生神圣使命，并不惜花费巨大的心血，竭心尽力使自己成为专业投资高手的人而写的。

Trading is the basis of all investment activities. Any investment transaction has to be dynamically completed in the market. This book reveals how ace professional traders get their work done in a systematic and well-trained manner.

Hero of Trading is not a rudimentary textbook for investment knowledge, and even less of something that can be easily understood and grasped. It is especially dedicated to those who regard stock investment as their calling and a sacred mission, and who are willing to make tremendous endeavor to confront tough challenges and forge the capabilities require of top professional traders.

本书是为那些愿意用自己半生的精力和心血把股市投资作为自己终身神圣职业，并希望取得巨大成功的人而写的。他们没有把股票投资活动当成随意的炒作，而是作为一种需要殚精竭虑，用自己生命去捍卫的孤独生涯。

如果，其中部分有缘的朋友因阅读本书，而成为真正的专业投资高手或成功的职业投资家，作者将为此感到无比的欣慰！

思念如举不动的大山：

谨以此书表达对我多灾多难的幼儿思淼的愧疚之情，并感念与我风雨同舟、患难与共的女人！

炒股　炒心　炒境界

——和只铁关于"只铁体系"的对话

《证券时报》2001年4月9日"投资故事"栏目整版介绍

本报记者　孟宪威

记者：在你的经历中，作为职业高手严格、科学、系统的训练可以说奠定了你今天成功的基础。那么，结合你的资金运作情况和对国内外炒家差距的认识，你认为一个职业投资者应具备怎样的基本素质？

只铁：专业投资者不能简单地等同于职业投资者，也就是说业内人士不一定就是专业人士，专业人士目前国内并不多，任何专业人士的实战操作都是建立在对市场各种情况正确分析研判的条件下展开的。也就是说首先要看对。只有在能够总体看对的前提下才可能长久、稳定、持续地去做对。

仅是看对就要求专业投资者具备三方面的基本素质：有符合市场客观规律的分析研判体系和实战操作系统，从而形成自己适用的预警系统和实战系统；有能够长久稳定获利同时又能够规避风险的实战操作规范体系，包括技术体系和资金管理体系；有良好的实战心态控制方法，炒股最终就是炒心，炒境界！

记者：按照你的说法，国内专业炒家甚至著名的机构普遍存在理论上的误区，你能不能概括地谈一下？

只铁：首先声明一点，我之所以谈误区，并不是想纠正谁，而是想对我的理念进行表述。我觉得这些误区主要存在于对一些概念的把握，比如投资和投机、反弹和反转等。投资就是投入资源，获取收益；投机就是投资于机会，有获利的机会就出击，投机包含了投资。对投资和投机的判别更不能简单地以持股时间的长短和持股品种的不同作为划分标准。再比如对庄的判别误区，我认为庄就是一个持续的、有效的成交和有效资金流。

记者：在实际的操作中怎样处理经典理论和实战中的差距，特别是当今国内的市场和从前的国际经典著作之间的差距，比如你比较推崇的道 琼斯理论？

只铁：任何理论的创造和应用都是有条件的，我们只要能把握其核心部分就足够了。拿道 琼斯理论来讲，我们可以在几个方面把握其核心内容：价格、成交量、时间和什么人参与。

其中价格要素是第一位的。而成交量要素在目前的中国股市被放在了最为重要的位置，其实这隐含着目前国内投资界眼界的狭小和理论认识上的误区。在美国等市场容量较大的市场，交易活动中有很大一部分成交量的产生并不具备战略性攻击或战略撤退的买卖做盘意图。并且由于市场中买卖角色理论和实际上的不确定，因而从根本上无法杜绝对倒等虚假买卖行为的产生，因此交易中的许多成交量具有极大的虚假、欺骗成分，并不具备真实的买卖用意，所以其市场地位必然排列在价格要素之后。

其时间要素主要体现为市场的波动周期。而股市的波动周期这一根本要素，目前还未得到广大投资家的普遍认识，其巨大功效的发挥有待有心成为专业投资家的朋友花大工夫去研究。这也就是市场时间要素的价值。

什么人参与？这一要素直接反映出目前的市场是否活跃？是否有发展潜力？是否存在着有目的、有计划、有组织的投资者进行有序参与？这就是跟庄才能获利的理论依据。庄家就是有目的、有组织、有计划的有序资金流。其实质是市场的主流投资力量，而非一定局限为某个具体的庄家或机构。

记者：你一直强调市场行为包容和消化一切，如何才能通过市场征兆指导市场行为？

只铁：市场行为包容和消化一切指的是股价的涨跌和放量、缩量等规则或不规则市场行为，已经全部将能够影响到市场波动的各种内、外因素进行了反映、包容和消化。同时，股市的电脑图表系统也对其进行了忠实而客观的记录和描述，所以，我们也可以说图表包容了一切。

图表就是市场的语言，图表也会讲话，关键的只是你懂不懂它的语言并且精不精通而已。

如果有了好消息而市场却并不上涨，说明市场并不认为它是好消息，此时请你听市场的，不要自以为聪明；相反，如果有了坏消息市场却并不下跌，也是同样的道理。任何利好，只要不转化为市场中实实在在的需求性买单，股价是绝对不会上涨的；任何利空只要没有转化为市场中实实在在的卖单，股价也是绝对不会下跌的。市场中买卖的真实需求决定一切，而并非消息决定一切。而这一切又被图表忠实地进行了记录。

永远不要企图比市场聪明。除了在牛熊转变的极点位置，请牢牢记住市场永远是正确的，相反理论并不可随便乱用。当市场经过一定的时间将价格、成交量的变化达到一定的程度后，原先起作用的市场各种内外因素就会失去其作用。这也就是说，市场行为已经消化完了当时的一切。

记者：你在《证券法》出台之前一直参与坐庄，在《证券法》出台之后又一直致力于机构操盘手的培训，那么从你的角度来说说庄家最薄弱的环节在哪，中小散户怎样跟庄？

只铁：庄家在做盘之前通常会有一个详尽的操作计划，根据自己的资金实力对获利模式、操作条件（大盘背景、相互板块的呼应度和出局的部署）进行了设定，甚至可以把运行的趋势预演出来。然而庄家也并不是高不可测的，庄家的致命弱点就是他较大的资金量使得他无法做复合骗线，或者说成本太高。据我所知，国内能做到周线骗线的人不超过10人，能做到月线级别骗线的人还没出现，包括本人在内。我们要致力于对盘口信息彻底地领悟，而不应去神话技术骗线，更不应去迷信什么修改参数、自创系统的小把戏，越是迷信，越是容易钻进庄家的圈套。

如果非得从技术上判断最佳跟庄点的话，那么我这里有个稳定获利的方法：股价在30日均线以上运行，周KDJ形成有效金叉，日KDJ一旦调整到位，三日均线带量上扬（最好是近期首次放量），此时进场获利基本上有保证，因为此时你抓的正是主力机构的咽喉。此法适用于100万元以下的小资金运作，也仍属业余系统，并不是专业投资者的境界。

谨以此篇采访作为本书修订版代前言

千百年来，人类总有极少数最优秀的人用毕生的努力和宗教般的专注来捍卫自己选定的事业。哪怕它是一种异常孤独而寂寞的苦难生涯……正是他们的思想和因此取得的成就，永远激励着后来的人们，并照亮着他们向前行进的艰难道路！

自 序

苦心人天不负　三千越甲可吞吴

在股票投资的艰难道路上，顽强地走下去。

因此，在这里作者想讲几个真实的故事，故事的主人公都是作者的学生，我想用他们的成功来昂扬、振奋读者的精神，从心灵上给读者力量，让受伤者从失败和磨难中重新奋起，不屈地战斗下去，并赢得属于自己的最后胜利！

上海浦东有一位60多岁的王姓退休老人，在市场中拼搏，几年时间将自己多年积蓄的80000元亏得只剩下4000多元。老人非常痛苦，但又不甘心就此失败。后经人介绍拜入作者门下为徒。从此每天早上四点他就起床，反复背诵理解作者所著的剖析股票市场根本规律的《战无不胜》一书。通过日复一日连吃饭、睡觉都不离手的刻苦攻读，全书一万多字的内容，他竟然达到了能够倒背如流的程度。

在夜深人静的晚上，则反复分析研判当日典型个股的技术走势而不知疲倦。他对股市的痴心几乎达到除了实在睁不开眼睛才去睡觉，无论是在吃饭、走路甚至是上厕所都魂牵梦绕的程度。

辛勤的付出，终于得到回报。从1999年8月到年底，他的资金由4000

元翻到了 12000 元，获利达 300%，创造了他自己以前连做梦都不敢想的奇迹，也铸就了他自己必胜的投资信心。

作者为他自豪，他毕竟已是 60 多岁的老人了！

作者有一位广西柳州的陈姓学生，1996 年 6 月入市。当时投入股市的资金仅仅只有 3000 元，通过作者的教诲和他自己不分昼夜的刻苦训练，掌握了正确的专业投资方法。后来将投资本金追加到了 30000 元。在短短三年时间里，其资金已经达到了 80 多万元。他没有特别的背景，也没有庄家的内幕。他完全靠自己的努力赢得了巨大的成功，而且仍将继续赢得更大的成功。

正如《孙子兵法》："胜兵先胜而后求战，败兵先战而后求胜。"古语"工欲善其事，必先利其器"所讲。

在作者所接触到的众多投资者中，唯一一位未入股市就先进行系统专业化学习的人是广东一位学数学的研究生。他 1999 年 7 月毕业分配到罗定当教师，刚开始借款 5000 元，准备投入股市。由于他自己深刻地认识到股票投资是一门专业，需要的是专业投资能力。因此，毅然从 5000 元本钱中拿出了 2400 元钱，到作者门下拜师学习。

通过夜以继日不知疲倦地刻苦学习，他以 2600 元正式入市，苍天不负苦心人，在不到半年的时间，他就全部还清了借款，而且还余下 5000 元。以后，该学生越战越勇，在 2000 年 3 月创造了以 14 元左右的价格买进泰山旅游并在 48 元左右的高位成功出局的经典战例。随后，他又在 8 元左右的价格成功地狙击了罗牛山。尤其令人惊叹的是，当时该学生还肩负着每周 8 节课的繁重教学任务。

在学校放假后，该学生游历广州，7 月 5 日在与某证券公司营业部经理的交流中，该学生在多日未能看盘的情况下请求只用 10 分钟的时间让他从 1000 多只股票中快速选出两只黑马以显示只铁战法的无比威力。他选出的两只股票分别是西藏明珠和基金安顺。两只股票后市都有很好的表现。

目前，该学生的专业投资能力在国内已经处于一流高手的行列，而他所用时间还不到一年。

在这里，作者还将特别提到一位目前全国股民都已经非常熟悉的人。他就是《南征北战》丛书的作者海岛先生。在 1999 年 5 月 30 日他给作者的传真来信中写道：

> "尊敬的程老师：《战无不胜》的诞生，对我来说，简直是上天赐给我一本至高无上的圣经。她简单明了，通俗易懂，指明了将要做什么，不能做什么，同时深藏着人生哲理的许许多多内涵。您语言精辟，激情豪放，技术上精彩的阐述，我不得不一次又一次地拜读，正如页末的一句话'读万卷书的怕读一卷书的'。经过细读，学生从中也领悟了一点，便以文字呈交老师指点……以上是学生的浮浅认识，《战无不胜》的更深奥的学问，还望老师多加指点谜（迷）津。在精神境界上，学生还需大大进行完善和锻炼，以便做到有耐心、细心、决心、狠心。
>
> 情况汇报：近几日来，连续拜读老师的《战无不胜》，读一次便能有一次收获。除此外，每天收盘后，做分时震荡图的默写。寻找耐心、观察细心。通过以上的作业，学生感到要学的实在太多了！望老师把学生栽培成一名稳如泰山，心平如水，能在波涛汹涌的市场上，攻击目标股，达到战无不胜的股市高手。"（以上文字全部取自海岛原信，作者未改动一字）

有感于他的诚意，作者特许他半夜来电请教。为此，他一个月光电话费就花去三四千元，而且是在按半价计费的深夜时间。其好学精神可见一斑。

在此，作者由衷地为海岛感到高兴。如今的成绩没有辜负他这一年多来的苦心。祝福他达到更高的境界！

列举如上的事例，作者希望说明，只要按照正确的方法进行刻苦、努力的学习和专业化训练，任何人都能成为股市的一流高手，哪怕你曾经亏损累累、惨遭过失败！

天道酬勤，一分耕耘一分收获。请读者朋友们牢牢地记住：只要你愿意比普通人更加吃苦用功，你就一定能够比普通人取得更大的成功。

以上的例子和美国投资大师理查德 丹尼诗以 1600 美元起家，在短短 10 年左右的时间，创造了完全用自己独创的技术分析方法从市场中赚取了 10 亿美元的奇迹一样，都是激励我们的榜样。

这些人夜以继日、艰辛、孤独地辉煌着自己寂寞的股市英雄之路。

作者希望，在不久的将来，这一条英雄之路上也有着读者朋友，你的身影……

有志者事竟成，百二秦川终属楚；
苦心人天不负，三千越甲可吞吴。

谨以此文与读者共勉，是为序。

二〇〇〇年八月二十一日
二〇〇二年三月十五日修订

主题：（序）

海，一望无际。

落霞铺满海天。十里银滩，潮起浪涌。他光着脚踩在海边的沙滩上，任海浪漫过裤脚，任海风萦回耳畔。逆光、剪影中，他手中的长焦镜头，正对准礁石上几只欲飞还驻的海鸥……我和他的几个弟子站在远处闲聊，望着他的背影，边笑谈着几小时前的那场多空鏖战，边等待着镜头下精彩的呈现。

他，就是只铁。

中国股市最初的特色是无股不庄。在争议中诞生的A股市场，体制和监管的缺陷，让"有点钱就可以任性"庄家不知天高地厚，各路庄家动辄控制数千至上万个账户，肆意操纵价格，在股市翻云覆雨为所欲为，以最草莽最暴力的方式"虐杀"散户掠夺财富。那时，不是庄家太聪明，而是股民太幼稚。各类投资书籍鱼龙混杂，虽有经典却难以攻玉，市场上有些知名高手、大师们，靠某一指标形态或者修改某些参数指点股市，误人误己。散户停留在听风跟庄的原始阶段，股民在歧途上走得很是艰辛。看厌了国际大师的越洋指点，波诡云谲的中国资本市场，股民需要接地气的属于自己的系统的投资理念和方法。2000年，一本署名"只铁"的《短线英雄》横空出世。它首倡专业化投资、科学化管理、交易系统、铁血纪律、心态控制、资金管理、魔鬼训练……这些大资金"铁血操盘"理念今天已经被写进各种教科书。在当时却属于闻所未闻，甚至"骇人听闻"，生生地惊醒了一大批有志于投资却又迷惑中的股市弄潮儿。时至今日，印证了只铁先生在《短线英雄》面世时说过的一句话：此书专业化投资理念50年不过时。其后连续问世的《战无不胜》《铁血短线》《多空英雄》，将"只铁交易体系"以及"只铁投资哲学"更是系统地呈现在国内股民面前。

当"短线英雄"系列成为投资类图书排行榜热门的同时，只铁先生创立了全世界第一所公益性质的网络股票期货训练营——只铁军校，最多时，活跃着机构和散户投资者共有1千6百多人。"只铁军团"在只铁先生亲自指点下践行"只铁交易体系""只铁投资哲学""铁血操盘"等专业投资理念。我亲眼目睹一位军校学员借股友资料去复印,读一遍,再读一遍,又抄一遍,只为参加只铁先生的面授做准备。坊间,有人偷卖只铁培训内部教材,标价3000元一份竟然四面八方电话求购,络绎不绝。那是怎么一段风光,电视台、报社的记者相约采访,某证券大报的头牌记者,想尽各种招数,才终于获得10分钟的时间。

牛来熊往,股市岁月峥嵘。2004年,中国第一部反应股市生态的电视剧《坐庄》在各大电视台播出。次年,修订的《证券法》出台,基金"奉旨"的登场,中科、银广夏、亿安、德隆……六大庄股一个接一个被消灭。"许多庄家正处于痛苦万状之中,长庄就是笨庄,高控盘的长庄运行模式我认为就是一种彻底失败的模式"——只铁先生在《短线英雄》第一版时的断言现已成真。多少风云乍起,多少流星坠落。也因为众所周知的原因,只铁先生从公众视线中渐渐隐去。基金时代风云再起,宁波敢死队应时而生,在市场上纵横捭阖叱咤风云,有心者在他们的办公室看到了只铁先生所有书籍装满了一个小皮箱,其中还有坊间流传最早的全部训练资料。紧接着,权证交易的奇迹,阳光私募的明星,股指期货的参与者……甚至包括昙花一现的天津艺交所的多空搏杀——都有只铁弟子的身影。这是一批坚定不移地奉行只铁专业投资理念的投资精英,他们几乎全部出自只铁军校,都是"短线英雄"系列的忠实读者。几番风口浪尖的历练和洗礼,个人散户投资者成长为亿万富翁的有10人以上,千万富翁已无需一一例举。几大权王,私募冠军,以及目前市场中一批最活跃的一线游资敢死队等更是奇迹的书写者。这些战绩,直指当年别有用心的记者编撰黑文捏造客户受骗的公案,真相如何不言而喻。哪怕在真相最迷离的时候,依然有铁粉不离不弃地跟随并把"只铁战法"践行到底。可见,真相、真知,需待时间这把三昧真火来锻炼。只铁,经得起!

股市春秋,沧海横流。一本书的因缘自有天意。只铁先生的《短线英雄》系列作品,几年前早已卖断,却有很多读者指名道姓寻书而来,希望再版。是宝典自然经得起实战的检验,《短线英雄》系列真正堪称"中国本土投资经典"。

海,浩浩荡荡,无边无际。当最后一道霞光没入海中。只铁先生转身走向一处平整的空地。此刻,他要打一趟太极拳。这是先生多年来的习惯。海在他身后,振翅远飞的海鸥消失在天际线,只铁的身影与海浪共舞。

谁能阻挡我们成功

成功，是一个美丽的梦想。这个梦想与生命同在，至死方休！股市是战场。它风云激荡、变幻莫测，机会频生、奇迹迭创。多少英雄豪杰在这里实现梦想，多少人在这里惨遭失败，终身惆怅。

几百年股海浮沉沧桑，英雄们究竟如何创造奇迹？英雄们究竟如何铸就辉煌？

尘封的历史已经成为继往，现实中的英雄就是我们最好的榜样。下面是《短线英雄》读者的事迹：

一、勤奋学习的榜样：庞会安

在2002年1月6日给作者的信中，他写到：

"……自从看了您的作品，我就完全变了，您告诉我什么该做什么不该做，是您激发了我。每天我在电脑前工作十几个小时，反复背诵理解书中的内容及各种经典的图形，对您在书中提及的训练方法，我都用心领悟，苦心钻研。刚开始觉得全记住了，可是越往后，感觉应该记的背的越来越多，有时您写的一句话我都要用心理解领悟好几天，（以前是我没有用心领悟）我把搜集到的各种图形订成一本一本的小本子，每天带在身边不停地记不停地背，每一阶段，每一根K线我都领悟它的市场含义，就这样日复一日的记、背、反复理解不到一年，回头再看看，竟然在这一年中我的实战水平进步得如此之快，我难以相信这是我自己！例如：成功狙击大亚股份、秦岭水泥、乌江电力……前些日子又成功狙击上海贝岭、安彩高科、四川长虹、金杯汽车（二进二出全部获利）、南京高科（二进二出全部获利），近几日又成功狙击浏阳花炮及贵州茅台，以上战况都充分体现了只铁战法的巨大威力。写到这儿，我已不知用哪种文笔来形容我的心情，想到在我钻研期间不知熬了多少个不眠之夜，记图、背书，反复理解领悟，就是儿子出生时也没有间断过。长这么大，我除了高考之外从来没有像这样用过心，想到在电脑旁熬夜熬得我上医院，跟外界失去联系……我才真正理解了您所说的'严格'及'残酷'！是您呀，程老师！是您改变了我，是您指给了我一条通往成功的光明大道，真心地对您说一句：谢谢您！"

二、征战英雄：叶军

叶军2001年3月～12月短短9个月的时间，把5万资金运作到32万，获利达6倍。他在只铁投资军校发表了他的感悟，原文如下：

短线之路上的人生感悟

1. 这个市场百分之九十的人都亏损，问问自己哪一点比那九十个人聪明。因此，在这个市场首先要做的是如何生存——控制和回避风险，其次才是谋利。

2. 要能正确认识自己的长短优劣，十八般武艺都懂固然好，可先学好一招制胜更重要。

3. 日子积累能量，前提是要有充分换手，因此多看多背，多悟多练，水滴石穿，功力自然长进。

　　他的成功是刻苦训练、掌握专业化本领的必然结果，他付出了常人无法想象的巨大努力！从2001年初在广州机场见到我不到一年的时间，他取得了巨大的胜利，他是我们军校的骄傲！也是我们初级和中级军校全体同学的榜样！我们向他表示崇高的敬意！

——只铁点评

叶军的一点体会

1．在战场生存而后发展需要兵法，股市更甚。只铁老师的整套理论和实战体系是在股市博弈胜出的战争秘笈，我研读过大部分资料，因此能取得一些成绩不足为奇（之前2000年损失一半以上，曾有过二十次短线操作连续亏损的记录）。

2．对我影响极大的只铁投资体系的观点：（1）人只能在特定的时间空间中认识股市的某些规律，因此我们只做自己能看得懂和把握得到的利润。这是我的短线操作的理论基石。（2）世界观→股市观→投资理论→分析理论；实战体系→实战兵法→实战技法→实战技巧→训练技法→训练技巧。（3）多周期研判。（4）正确的心态——严格的资金管理——过硬的技术功力（注意先后的顺序）。我对只铁投资体系还有许多未曾掌握的地方，因此我还要狠下苦功。

3．日积月累，水滴石穿。刚开始时对我震撼很大的是只铁老师的这两句话："士兵之所以有比普通老百姓有强大的战斗力，是因为有严格的纪律和严酷的训练；短线高手万中挑一，你要想成为短线高手，就得付出比其他九千九百九十九人更多的努力。"想明白了这些道理，我就只好老老实实去日复日、月复月地刻苦努力了。

4．百分之九十的刻苦努力和百分之十的悟性。（1）熟记背诵领悟个股月线周线日线分时即时。（2）熟记背诵领悟大盘月线周线日线分时即时。（3）熟记背诵领悟个股与大盘的关系。（4）熟记背诵领悟热点和板块的运动。（5）以自己的交易系统为准则，大量地做模拟盘并认真总结。（6）把以上5点都做好了，再反复揣摩只铁投资体系，你的分析和实战功力自然激进。

5．赚钱重要，可是事业的成就感更能激励着我远行。

他们的奋斗经历与成功感悟相信能够给读者朋友以激励和鞭策。没有不成功的事，只有不成功的人！

而在我们的专业面授培训中进行的是更加严酷的斯巴达克式的魔鬼训练，仅仅想要取得报名资格就必须将《短线英雄》手工抄写5遍，更不用说正式的培训。非经苛刻的训练，如何能够成为高手？万里长征活下来的都是英雄！

成功的蛋糕是永远切不完的，关键在于你是否去切！它始于心动，成于行动。欲成非常之功，必待非常之人！一心向着自己目标前进的人，整个世界都给他让路！

股海无边，用心是岸！有谁还能阻挡我们成功！！

目 录

上篇　百炼成钢

第一章　专业短线高手的判定标准 ... 003
　一、专业短线高手的判定标准　/　004
　二、实战操作的成绩要求：成功率（做对）的要求　/　015
　三、临盘实战操作保护措施使用好坏：补仓、观望、止损　/　021
　四、临盘操作速度的要求：最佳、次佳买卖点的及时捕捉　/　023
　五、铁血纪律的誓死捍卫：永久生存的保障　/　024
　六、对股价运动规律与庄家经典操作手法的烂熟：技法　/　026
　本章知识要领总结　/　027

第二章　如何成为专业短线高手 ... 029
　一、顶尖专业短线高手素质的要求和培养：心境、误区　/　029
　二、对经典股价走势的反复背诵：实战本能的形成　/　032
　三、股价运动典型走势举要：典型模式举一反三　/　033
　四、沙盘战斗的反复模拟演练：临盘实战局面感　/　050
　五、百炼成钢条件反射本能：枪就是手、手就是枪　/　051
　本章知识要领总结　/　052

第三章　短线战术展开的前提 ... 054
　一、我们在什么情况下展开短线操作　/　054
　二、资金量对短线操作战术的制约关系　/　055

三、短线操作对错的判别标准是什么：准与不准 / 056

本章知识要领总结 / 059

第四章　专业短线高手如何快速看盘 060

一、如何用几分钟判断当日大盘强弱 / 060

二、如何判断当日是否具备短线获利机会 / 066

三、个股实战操作与资金具体布局的原则 / 066

本章知识要领总结 / 068

第五章　如何以最快速度捕捉短线黑马 069

一、快速发现黑马目标：盘口语言 / 069

二、盘中量价不规则异动：红包、巨量 / 077

三、短线操作对应的技术系统：小级别、短周期 / 082

本章知识要领总结 / 083

第六章　必须掌握的经典短线战术 085

一、短线基本概念 / 085

二、短线技法的具体运用 / 087

三、短线操作错误的实战处置 / 089

四、关于长线是金、短线是银的认识性错误 / 089

五、短线出击捕捉黑马的科学方法汇总 / 090

本章知识要领总结 / 106

下篇　王者不败

第七章　短线实战出击日记全程解说 109

引言——实战与空谈：看对与做对 / 109

一、沙里淘金——激战ST / 111

二、临盘狙击大黑马的技巧 / 144

三、奇拳怪招——骗线与红包 / 212

四、指标骗线和胡乱修改参数的经验炒股盲区 / 225

五、狙击反弹——饥饿的资金 / 229

六、证券投资的专业化管理 / 245

七、本年度十大黑马成功捕捉战例介绍 / 265

文采飞扬、境界卓越 / 277

附录Ⅰ 寻宝图：股市生存之道 305

人与世界的关系 / 305

股市运动的描述——寻宝图 / 307

股价螺旋运动——寻宝图 / 310

附录Ⅱ 权证 48 日实战裸奔呈现 357

人间无神话，市场有奇迹 / 357

魔鬼箴言 照亮自己 398

后记 401

修订版后记 402

只铁申明 404

最有精读价值的证券书籍 406

上 篇
百炼成钢

思想是前进的灯塔

枯燥的文字,希望用心阅读,一分耕耘一分收获。

第一章
专业短线高手的判定标准

沧桑巨变、波澜起伏 400 年，股市中几乎所有的投资者，都对短线操作获取暴利心向神往、无比迷恋……

那么，真正的专业短线高手的标准究竟是什么？我们又如何才能够使自己更快、更好地成为真正的专业短线高手呢？请注意"专业"和"职业"的区别。

纵观几百年来中外股市残酷实战的历史，我们得出的结论是：**真正的专业短线高手万中挑一。**

而且，非经系统、严格、专业化残酷的正规训练随意而为者，最后多以投资亏损、失败而告终！几乎没有例外。对此，我们必须要有清醒、冷静而深刻的认识。

同时，短线操作方式又是临盘实战操作的根本基础，无论是波段、中线还是长线的各种实战操作动作均必须建立在动态盘面的即时、分时技术系统的短线进出技术之上。

因此，我们要想在风云诡谲、波涛汹涌、变幻莫测的股海中长久生存、不断成功，就必须真正彻底地掌握这种实战操作方式。

而本书的内容，正是试图通过各种专业的知识体系将你训练成为严格遵守纪律、万中挑一的专业短线高手。

当然，在本书里也包含着我们对投资者**看对**与**做对**两个方面的苛刻要求和严格的实战训练内容。

我们从临盘实战的具体层面来看，一次成功的投资活动其实可以用如下的图示进行简单而明确的框定：

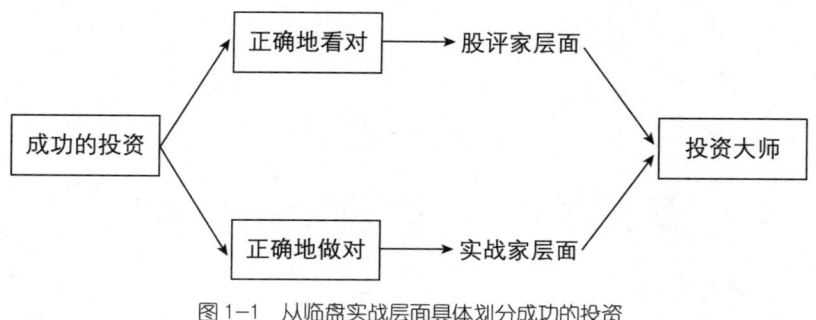

图1-1 从临盘实战层面具体划分成功的投资

同时：

成功的投资＝

① 严格的心态控制

② 正确的资金管理

③ 过硬的技术功力

其完整地蕴涵着：

首先掌握正确的知识→运用正确的知识进行正确的研判→制订客观而科学的计划→坚决地执行并根据反馈情况进行客观的调整。

一、专业短线高手的判定标准

（限定在操作500万规模的资金以内，更大的资金规模对应着其他更加精细的方法）

（一）对分析研判水平的要求：看对的正确率要求

综观中外几百年股票投资实战成功的大量战例，我们知道，任何专业选手其成功的临盘实战操作展开的前提，无一例外地都是对市场运动的各种情况及其变化的正确分析研判。

我们很难设想，没有对市场运动的各种情况及其变化的正确研判而展开的临盘实战操作能够取得长久、稳定、持续的投资成功！

这就是我们所说的对市场运动变化"看对"的含义。

对于市场运动的各种情况及其变化，只有在总体概率上能够看对的前提下，我们才有可能长久、稳定、持续地在临盘实战操作中去做对。

对大盘技术走势作出正确的分析研判，是我们能够在临盘实战中展开正确操作的**第一前提**。大盘背景的好坏直接制约着专业选手展开临盘实战操作的成功与失败。

对专业选手来说，其具体又包含着下面的内容：

对大盘当日走势看对：要求有 80% 的正确率

在盘中交易时间之内的任何时段，真正的专业选手都能够用**专业的方法和专业的次序**迅速地看出当日**大盘可能出现的最大概率走势**，以及大盘当日可能出现的上涨收阳、下跌收阴或平盘收十字等**各种可能的收盘情况**。并且能够对其出现的**概率有一个客观的估量**。

他们以此来决定对当天**具体目标个股**的临盘实战操作的具体战术行为是否能够真正有效地展开。

在这其中，最为重要的是，对当天开盘集合竞价的准确理解，对盘中出现的高、低点和股价波动态势的技术意义的透彻领悟以及对相关周期技术态势的真正把握。

对大盘短期走势看对：要求有 80% 的正确率

能够在正确率 80% 以上，看对当日大盘全天可能出现走势的技术前提之下，专业选手应该加强自己对大盘 10 天以内的短期技术走势分析研判的正确率。

能够在 80% 概率以上，看对大盘的短期走势是专业选手展开进攻性或防御性临盘实战操作布局的关键。

他们也以此来综合判定自己展开的各种临盘实战操作战术行为的**安全系数以及盈亏系数的大小**。

从大概率统计的意义上来说，在能够看对**大盘**的短线技术走势的前提之下，真正的专业选手还必须进一步要求自己做到：能够正确地分析研判**目标个股**后续的短线技术态势，且正确率不能低于 90%。

（二）个股短中线技术态势判定：行情研究

任何时候，市场中的每只个股都一定处于某种特定的技术态势之中，绝对没有例外。准确地说，这种特定的技术态势指的是如下几种不同的情形：

技术上个股的攻击态势：向上运动

如果，我们所分析研判的目标个股的 3 日均线处于朝上的状态，且它的 3 日均量线也同时朝上，据此，我们就可以认定该目标个股目前处于**短线攻击态势之中**。该目标个股就具备了一定的短线获利的**操作价值**。

若该目标个股的 30 日均线和 10 日均量线也同时朝上，据此，我们就可以断定该目标个股**中线也处于攻击态势之中**，中线获利机会也就可能产生。

具体请参照后面的图示说明：

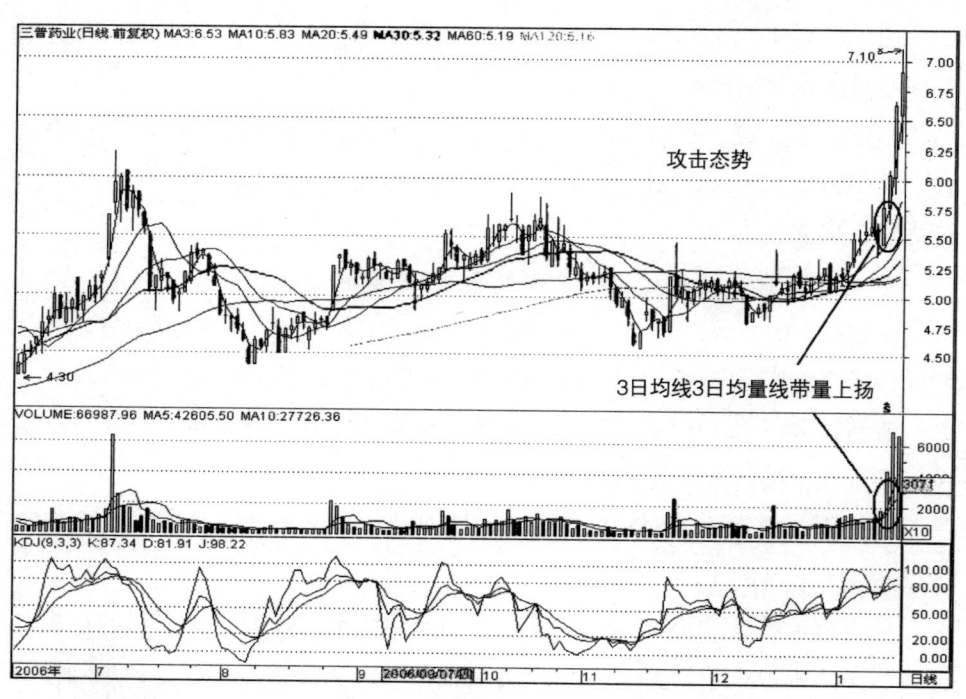

图1-2 个股短线攻击态势

图1-3 个股短线攻击态势

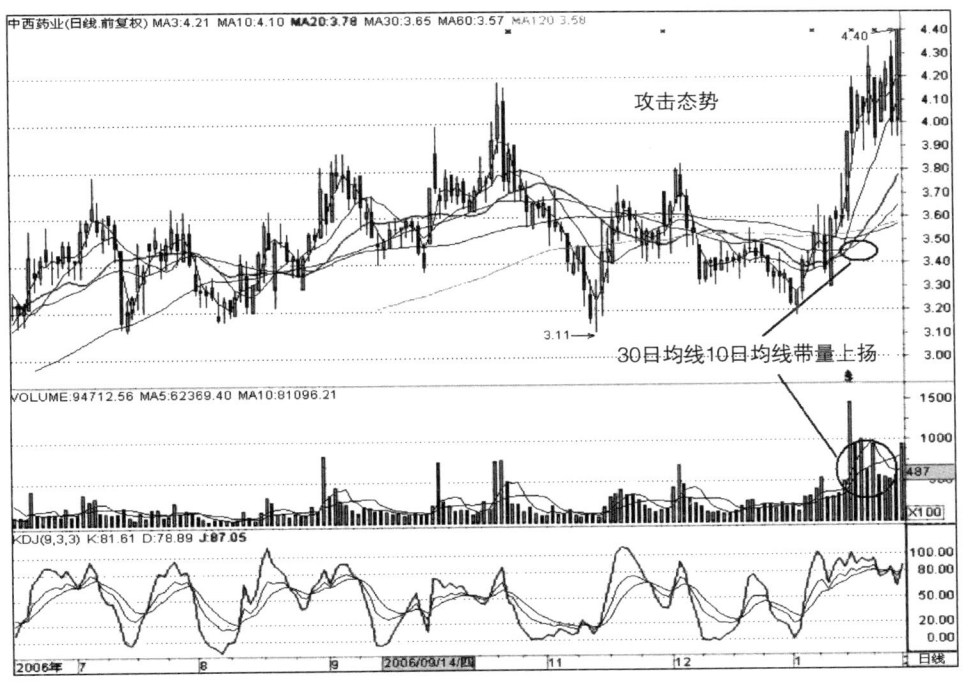

图1-4 个股中线攻击态势

技术上个股的盘整态势：横向运动

如果，我们所分析研判的目标个股的 3 日均线目前处于横向平走、起伏不定的状态之中，据此，我们就可以认定该目标个股目前处于**短线盘整态势**之中。该目标个股就不具备短线获利的实战操作价值。

如果该目标个股的 30 日均线也同时平走，据此，我们就可以断定该目标个股**中期处于盘整态势之中**，中线获利的机会暂时就还没有出现。

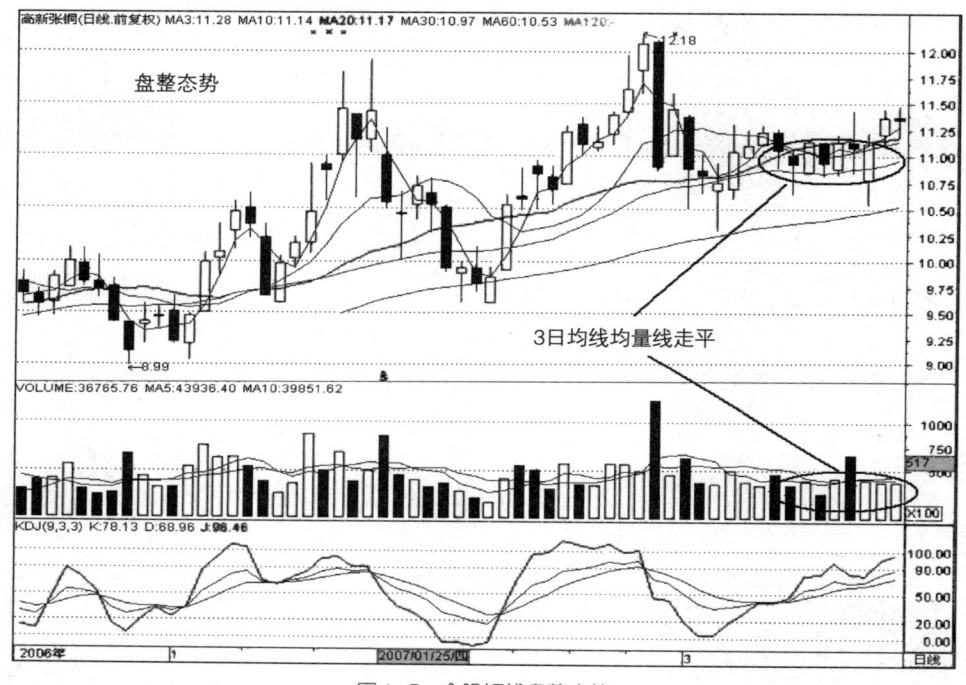

图 1-5　个股短线盘整态势

技术上个股的下跌态势：向下运动

如果，我们所分析研判的目标个股的 3 日均线处于朝下的状态之中，据此，我们就可以认定该目标个股目前处于**短线下跌态势之中**。该目标个股短线就绝对不会攻击上涨，也就不具备任何短线操作的价值。

如果，该目标个股的 30 日均线也同时朝下，我们据此就可以断定该目标个股**中期处于下跌态势之中，并且不具备任何周期的实战操作价值。**

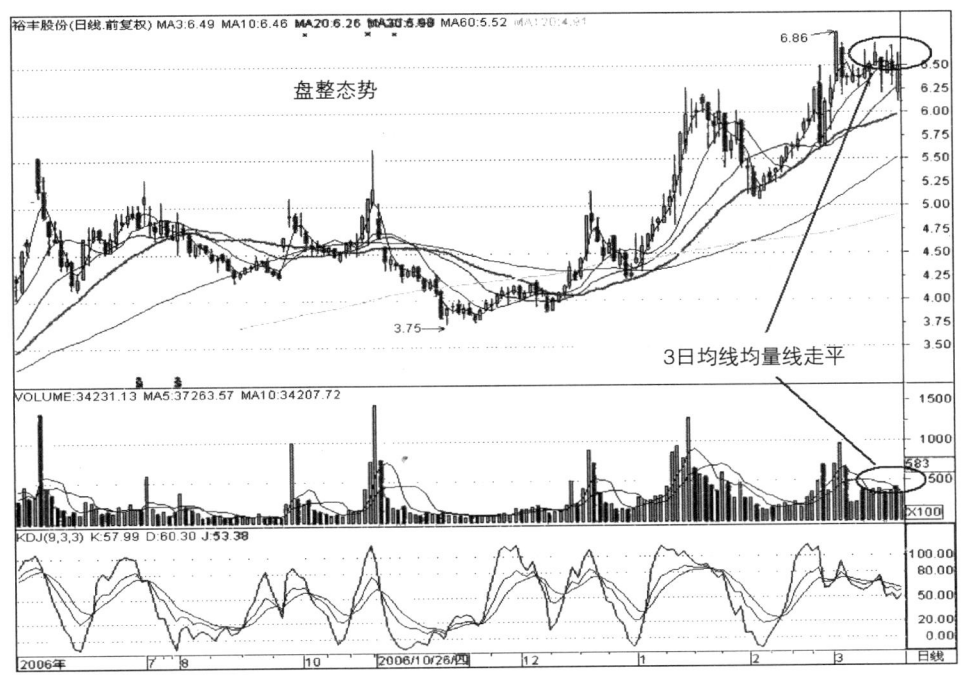

图1-6 个股短线盘整态势

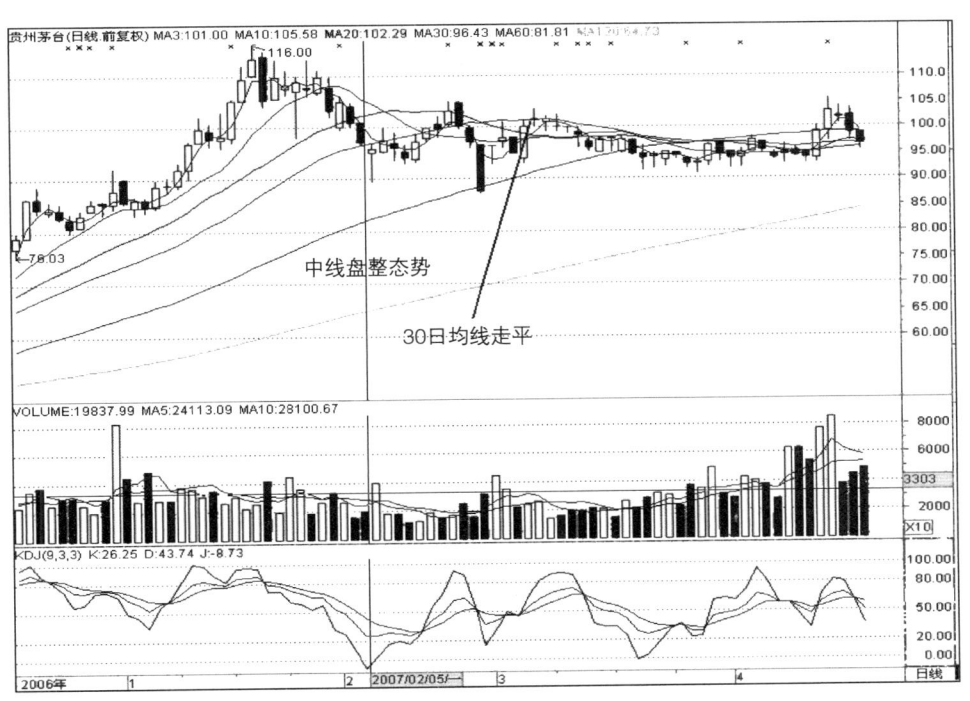

图1-7 个股中线盘整态势

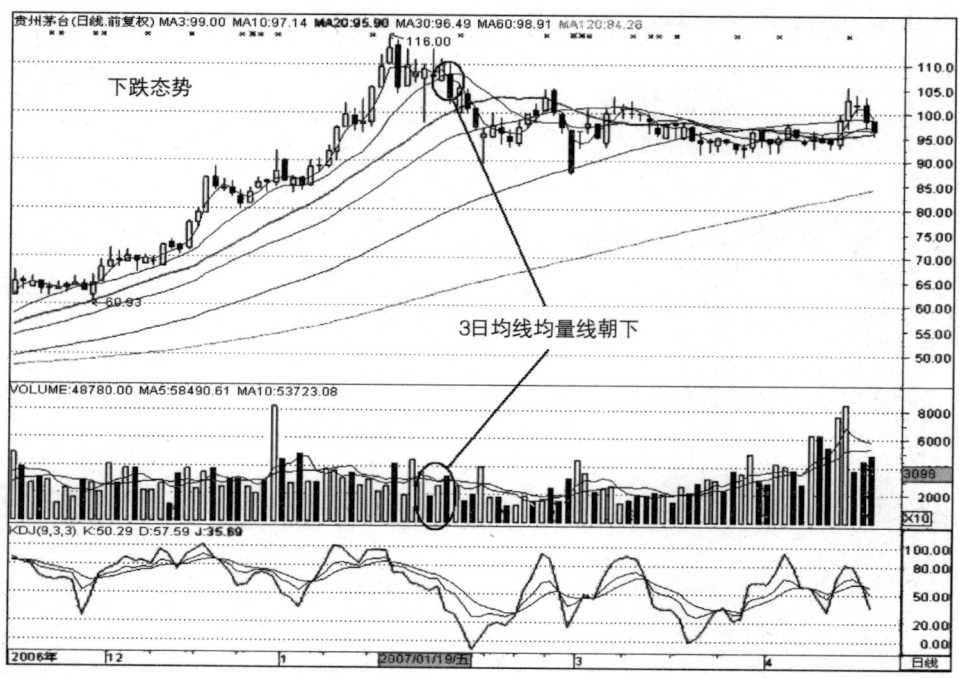

图1-8 个股短线下跌态势

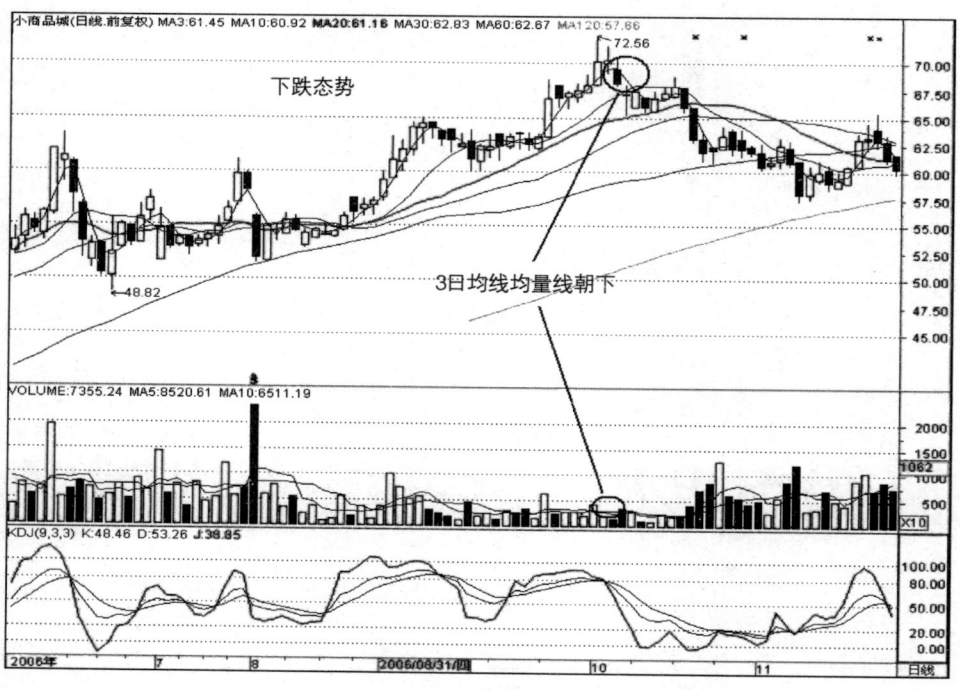

图1-9 个股短线下跌态势

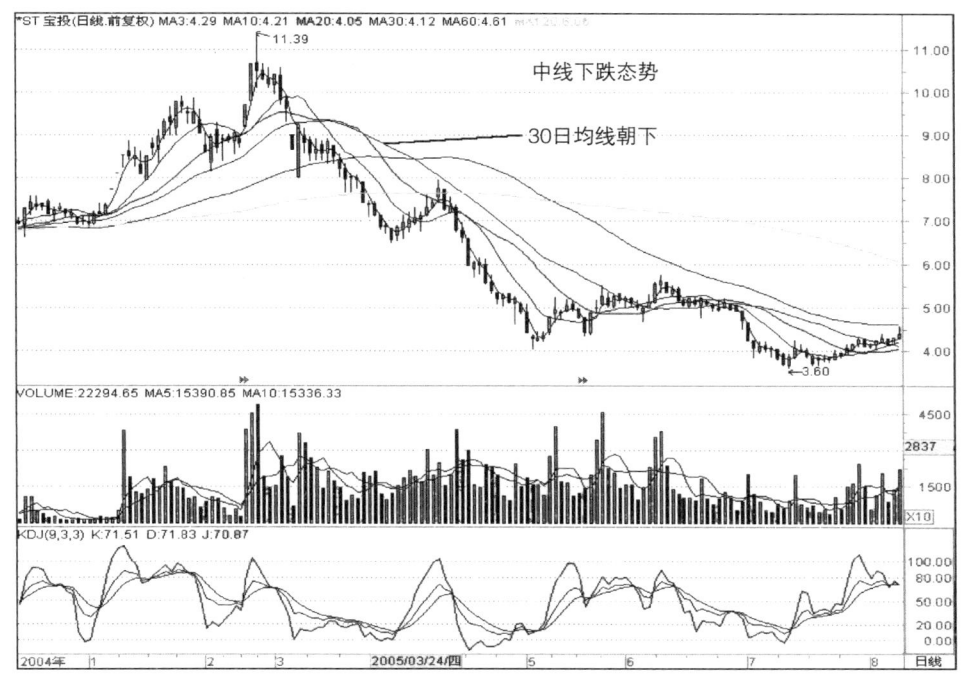

图1-10 个股中线下跌态势

（三）大盘与个股行情力度判定：机会大小

目标股票品种行进的角度：速度

只有行进中的行情，才能够为我们提供较大的整块利润。而目标品种行进速度的快慢，我们用股价运动角度的大小能够很好地进行衡量。专业短线高手往往只关心高速行进中的股票。这种股票孕育着巨大的获利机会。

在这里，我们以任何一种股票分析软件的常规（无须放大或缩小）图形画面中的3日均线与水平线所形成的角度大小来衡量行情行进的速度和行情展开力度的大小。

目标运动的45度角为标准行进速度，代表着的是常态行情。大于45度角运动的行情为强势行情，小于45度角运动的行情为弱势行情。

大盘或目标个股的3日均线朝上运动的角度大于45度，则其行情展开的力度强；若3日均线的运行角度小于45度角，则大盘或目标个股的行情展开的力度弱。

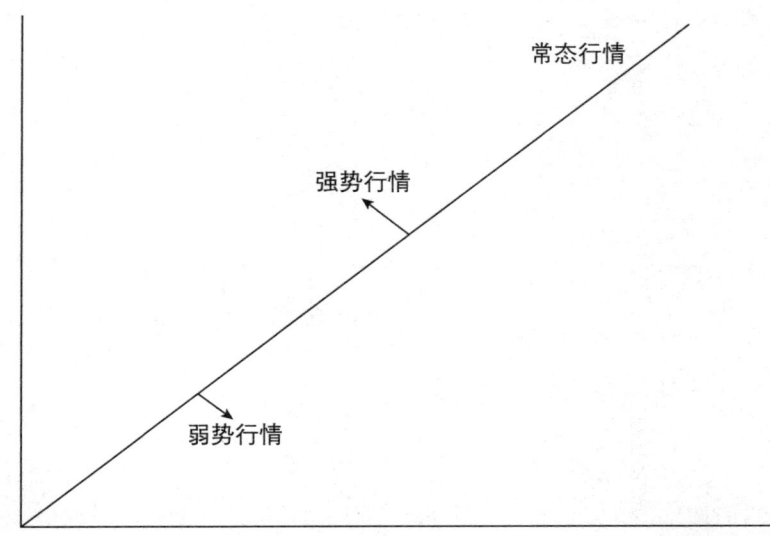

图 1-11 目标股票行进速度判别标准

目标股票的股价行进的角度如果大于 60 度，就是属于超级强势行情，专业短线高手对此孜孜以求。

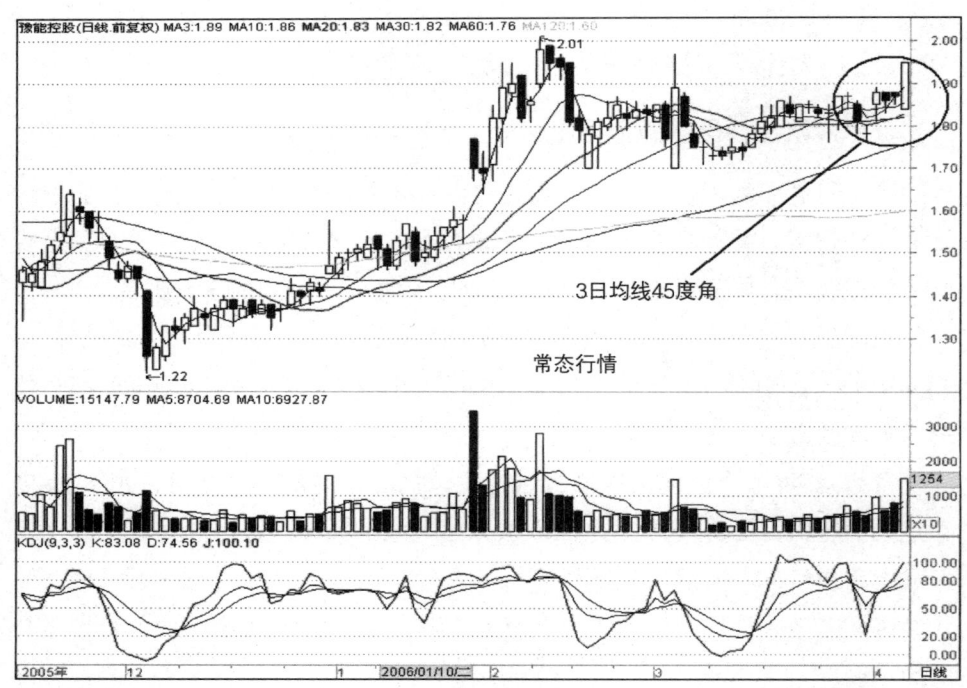

图 1-12 45 度角运动的常态行情

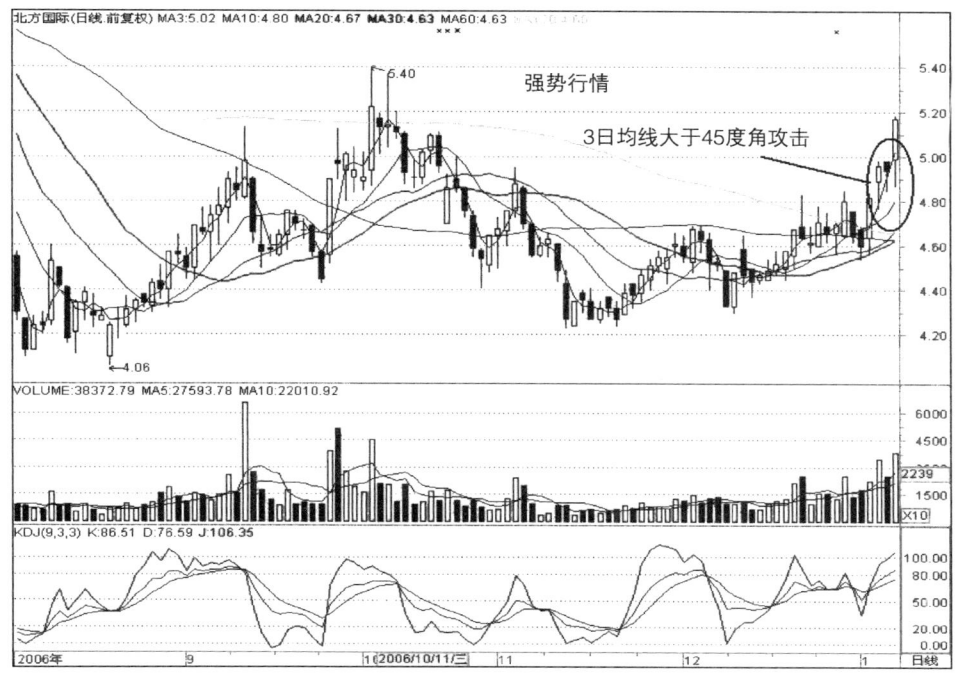

图1-13 大于45度角运动的强势行情

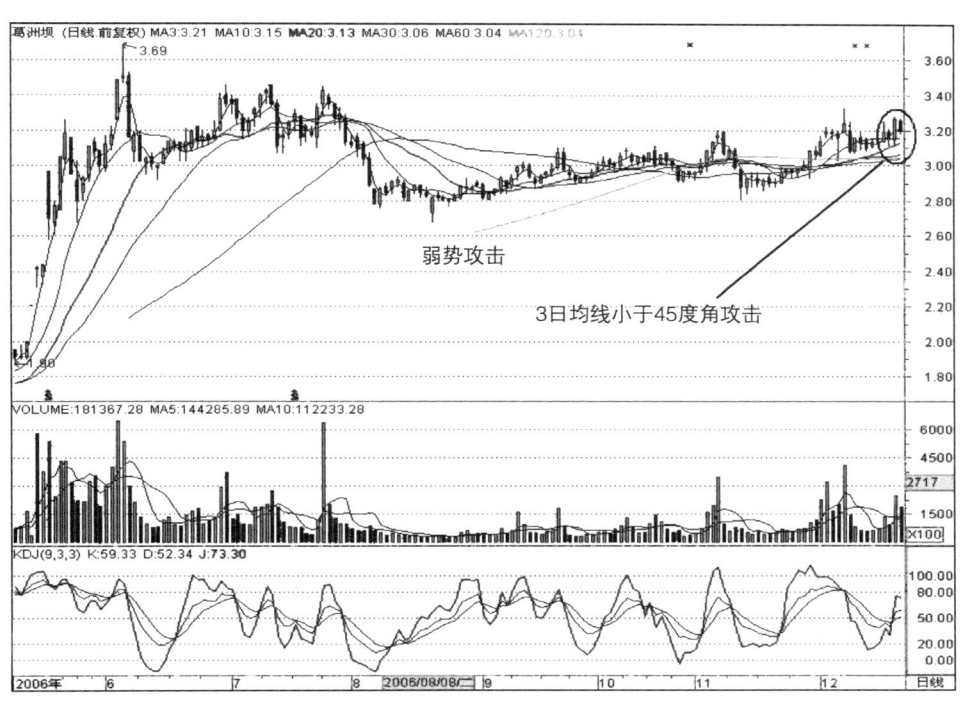

图1-14 小于45度角运动的弱势行情

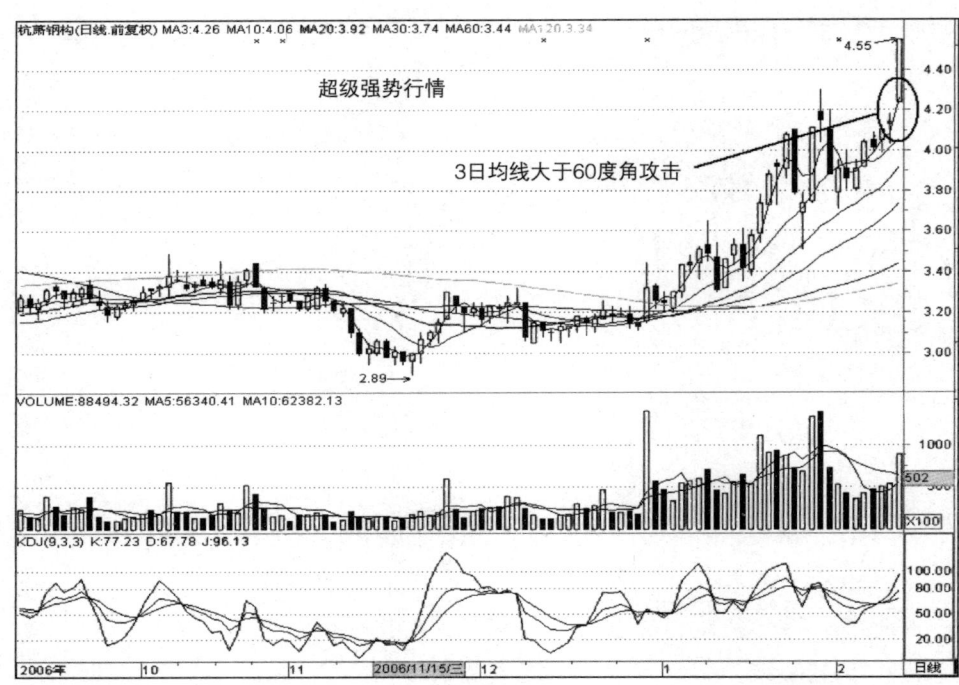

图 1-15 大于 60 度角运动的超级强势行情

动态盘中买卖交投情况：量能

大盘或目标个股成交量或换手率的大小，直接表明着买卖交投的活跃状况。**成交量或换手率大**，表明参与买卖活动的投资力量大，买卖交投活跃，行情产生或产生力度的可能性就大；成交量或换手率小，反过来则说明了参与买卖活动的投资者少，交投清淡，投资力量弱小，行情产生或产生力度的可能性也就小。当然，我们可以用当日换手率 3% 作为对这一概念进行衡量的基本标准。

综合目标品种股价的 3 日均线的运行角度和盘中目标品种的买卖交投的活跃情况，我们就可以轻松地判定大盘和目标个股行情展开力度的大小，并以此来确定我们临盘实战的具体操作策略和具体战术布局。

二、实战操作的成绩要求：成功率（做对）的要求

（一）临盘实战操作成功的判据：成功率

在市场有获利机会的背景前提下，其具体包括大盘运行在牛市、熊市及平衡市的不同阶段的全程。

我们首先用**连续操作 10 次的盈亏**来作为专业短线高手的判定标准。这也叫**专业化操作成功率判据**。

> 顶级短线专业高手：10 次操作全部赢利。操作质量极高！
> 高级短线专业高手：10 次操作 8 次获利。操作质量优良！
> 普通短线专业高手：10 次操作 6 次获利。操作质量及格！

在以上的专业化衡量标准中，我们允许每次操作的亏损程度，最大不能超过 10% 的底线。如果一次亏损就超过了这个幅度，我们在衡量的时候就已经不能把他列为专业短线选手了。

（二）临盘实战操作收益判据：收益率

第一判据：与大盘涨跌情况进行比较

我们将专业选手的操作业绩与同期大盘的涨幅进行比较，无论大盘处于上涨、下跌或盘整的技术态势当中，在给定的时间段内，**专业短线高手的临盘实战操作收益绝对不允许出现亏损。**

如果大盘处于上涨态势则专业短线高手的收益一定大于同期大盘的涨幅，绝对不会出现例外。如果等于或低于同期大盘的涨幅，则已经不属于专业高手之列。**跑赢大盘是对专业选手的最低要求。**

第二判据：与明星股的涨幅进行比较

我们将专业选手的操作业绩与同期周明星、月明星股票的涨幅进行比较，在给定的时间段内，如果当时的明星股票的涨幅最高达到了 50%，那么对于**专业短线高手来说，其临盘实战操作收益率至少应该达到明星股票涨幅的六

成以上，即 30% 以上。

而对于专业顶级高手来说，其收益率则必须达到明星股票涨幅的八成以上，即 40% 以上。

（三）临盘实战操作进出点位优劣的比较：进出技巧

第一判据：与目标品种出现的高低点进行比较

临盘实战操作的实际进出点位与目标股票动态行情交易中实际出现的高低点进行比较，是衡量实战操作专业水平高低的又一重要判据。

虽然目标股票的盘中即时波动高低点的出现具有极大的随机性，但是顶级专业短线高手能够根据自己丰富的临盘实战经验、千锤百炼的看盘、操盘能力及对庄家控盘和做盘细节的精细把握，炉火纯青地将实战进出点位理想地操作在目标股票实际产生高低点的 0.3% 的幅度以内。

而专业短线高手的实战进出操作点位与目标股票实际产生的高低点之差不应当超过 2% 的幅度。**大于 2% 以上的幅度就已经是属于业余选手的水平了。**请注意，我们这里所强调的是纯粹的专业化短线战术操作水平。

第二判据：与技术系统提示要求进行比较

目标品种临盘实战操作实际进出点位与技术系统提示的最佳买卖点位进行比较，是衡量实战操作专业水平高低的最重要判据。

目标股票在动态交易行情中技术上出现的最佳买卖点位具有确定的客观定量标准。

专业短线高手必须做到技术信号一旦出现就立即展开实战进出操作的专业化操作要求。

在动态交易的盘面中，我们绝对不允许专业选手在临盘实战操作中有任何的幻想和犹豫。凡是在信号出现后犹豫不决的操作都一定属于是业余选手的行为。因为对股价下跌的恐惧和对股价上涨的贪婪，而随机产生的买卖动作，则更加是属于业余选手的低级错误行为了。

专业选手切忌没有任何技术依据的买卖行为发生。**这一标准是衡量专业与否的最高判据。**

第三判据：与市场主流力量的运动进行比较

与市场主导力量的和谐共振。顶级水平的专业高手甚至能够做到与大盘的主导控盘力量，以及目标个股的主控庄家同呼吸、共命运、和谐共振的地步。

在临盘实战操作中卖出就跌、买进就涨、出神入化、炉火纯青，真正做到枪就是手，手就是枪，指向哪里就打到哪里，想打哪里就打哪里的至高无上的神圣境界。

当然，要达到这种神圣的临盘实战操作境界，绝对需要投资者付出常人无法想象的艰辛努力和本身具备天才般的操作悟性才行。**欲成非常之功必待非常之人！**

（四）长期累计收益率的衡量：总体成绩

以长期、稳定、持续的方式，依靠技术功力、专业化、科学化管理去必然地获利是专业选手区别于那些凭借偶然运气、去随机地获利的业余选手的最根本区别。临盘实战操作长期收益的累积，将准确地反映出这一根本性特征。

第一判据：月度收益与明星股进行比较

将专业选手的月度收益情况与明星股机会进行比较。明星股的出现，本质上代表着目标市场已经提供了获利的背景机会，那么我们进行客观比较的前提就已经成立。

在给定时期内，如果市场中所有的股票都是下跌的，在只能做多的前提条件限制下，则任何级别的专业高手也都将无法获利，**最好的情况只能做到不亏当赢。**

但是，既然目标市场中出现了明星股，那么考验专业短线高手的判据就是将专业短线高手的临盘实战操作收益与明星股的涨幅进行比较。其具体的标准，我们前面已有阐述，在这里就不再重复了。

第二判据：年度收益与明星股机会进行比较

将专业选手的年度收益情况与明星股机会进行比较。这一判据将从更加长远的时间来考验专业短线高手的**综合水平的高低**。

按照这一标准，其实战操作业绩的偶然性很小。尤其是在大盘处于熊市或平衡市这种不利的市场背景之下，这一判据将更加能够检验出专业短线高手真正的临盘实战操作水平，也代表着专业选手稳定获利、永久生存的本领。其具体的标准可以参照我们在前面的叙述。

（五）对超极限发挥水平的额外考核：极地发挥

对于那些天才级或大师级的专业短线高手，我们提供如下更加苛刻的判据进行标定。

第一判据：日、周涨停板捕捉情况

对日、周涨停目标股票的捕捉情况。在大盘处于多头行情，或至少处于短期平稳的技术前提之下，专业选手当日买进的目标个股，次日出现涨停、甚至连续涨停的成功率如果大于 60%，则为超级专业短线高手。

如果买进的目标股票当周肯定出现涨停的成功率若大于 80%，则是属于顶级专业短线高手的水平了。

第二判据：做到当日 20% 极限获利

在有 10% 涨跌停板限制的市场规则下，我们对专业选手当日 20% 极限获利操作成功情况进行衡量。在大盘或个股处于疯狂或大幅震荡的市场前提之下，目标市场中提供了股价由跌停到涨停这种情况的极限例子。

对已经出现的该种极限市场机会的精彩捕捉和成功把握，对于专业短线高手的技术、心理和临盘实战反应速度都将是个极大的综合性考验。

优秀的专业短线高手能够准确地发现和捕捉到市场出现这种机会总次数的 60%，而顶级专业短线高手将能够准确地发现和捕捉到 60% 以上。

这是对专业智慧、专业能力的最高奖赏，也是对勤奋不息的投资者的最好报答。

（六）实战操作有利态势的把握：赢得主动

真正的专业短线高手总是不愿意将自己的持仓头寸**毫无保护**地暴露在风

险当中。下列判据能够标定目标品种持仓头寸的具体安全状态。

第一判据：进场当日持仓安全状态

①目标获利：持仓处于当日获利的良好态势之中

目标股票进场当日的临盘实战技术买点的好坏，直接关系到专业选手已经展开了操作战术的目标股票持仓的**安全情况**。

专业短线高手总是严格按照既定的技术系统提示的操作信号在第一时间展开临盘实战操作，以便使自己买进的目标仓位在技术上处于相对安全的有利境地。

在临盘实战操作中，专业短线高手如果错过了既定的技术系统提示的最佳买进信号，则他们会耐心地等待尾盘股价走势定型后，在关键的时间之窗才展开临盘实战操作以确保自己买进的股票当日不会出现被套，从而使自己的攻防部署始终处于有利的市场位置当中。

他们绝对不会像业余选手一样，因错失获利战机而缺乏必要的耐心，在人性贪婪弱点的引诱下心态慌乱地随意去展开临盘实战操作，来企图补救已经错失的获利机会。

这本质上是业余选手的贪婪心理影响技术法则的恶魔在作怪，因此，在80%以上的情况下，专业短线高手总是当日就能使自己处于获利的良好态势之中。

②目标平盘：持仓处于当日平盘的一般态势之中

如果专业选手的临盘实战操作的买进价位与目标股票的收盘价持平，则只能算是一种可以接受的一般情况。

该情况的发生，绝大多数的时候是因为尾盘的买进。在临近收盘前买进，如果还出现被套的情况，则充分地暴露出了操作者短线实战功力的欠缺。为此，**操作者必须加强临盘实战技术能力训练的强度，尽快地把专业知识转化为临盘实战操作的有效战斗力。**

这种情况的出现，对于专业短线高手可以接受的概率是20%以下。如果有高于20%的情况出现，至少已经说明在两个方面出现了问题。一是操作者技术功力本身不够；二是操作者目前的实战竞技状态不佳，需要进行休整。

③目标浅套：持仓目标处于当日浅套的不利态势之中

对于专业短线高手来说，买进当日就出现被套的情况我们允许出现在10%的概率以下。

我们是人不是神，总会偶然犯错。

但是，如果这种情况出现的概率大于20%的状况总是发生，那就说明它已经绝对不是偶然性犯错误的问题了，而是操作者的投资水平一定有着内在的缺陷。当然，这也更不是专业短线高手应该具有的临盘实战操作水平。

第二判据：出场次日与目标股票行进方向进行比照

临盘实战操作实际卖点的好坏更加能够体现出专业短线选手专业水平的真正高低。

目标股票被卖出后，其近期的走势一定要产生下跌或至少要有好几天处于平盘的状态。这是衡量专业短线高手技术卖点质量高低的最起码标准。

临盘实战操作卖出后，如果目标股票的股价立即或不久就产生暴涨行情而使自己被轧空，则是专业短线高手闹出的大笑话。

更加严格的判定标准，我们可以从专业选手临盘实战卖出操作的次日目标股票的行进走势来进行判定。

①卖出目标下跌：临盘实战操作正确

短线卖出次日，目标品种的股价收盘时下跌或盘中产生大幅下跌的概率必须大于80%，否则短线卖点一定出现了问题。**短线操作要求的是必须尽量的精确。**

②卖出目标平盘：临盘实战操作平衡

短线卖出次日，目标品种的股价收盘时平盘概率允许出现40%的情况。我们短线卖出的目的：一是因为股价可能不再上涨；二是回避参与不确定性太大的调整，以便节省投资活动的时间成本。

我们卖出的目标股票调整结束后，能否再次买进则已经是另外的一回事情了。专业化的原则是：一次操作归一次来进行专业化管理，临盘实战操作中绝对不能混淆。

③卖出目标上涨：临盘实战操作错误

专业选手在临盘实战操作短线卖出后，如果目标品种的股价继续大涨，则确定无疑地说明了我们的卖点出现了错误。在临盘实战操作中，对专业短线高手来说，这种情况发生的概率不能大于10%。

当然如果是为了换进更加强势目标的操作就不在此衡量之列。

（有兴趣的读者可以根据上面的文字叙述自己设计规范化表格来对自己进行定量化的专业训练和控制。）

三、临盘实战操作保护措施使用好坏：补仓、观望、止损

无论我们是在战术，还是在**战略**级别上展开的临盘实战操作，**都无一例外地需要严格的实战措施来进行保护。**

对于专业短线高手来说，绝对不允许在没有充分准备的情况下，**受盘中股价涨跌机会的诱惑**，冲动地、盲目地、随意地去展开临盘实战操作。

而且，我们对此要求的是，无论在多大的投资规模和投资级别上都必须按照专业化的程序和标准进行展开。这其中包含着哪怕只是买卖一手数量的股票。

常用的临盘实战操作保护措施有：低位的补仓救援、高位的斩仓止损及中位的观望待变。

因小资金有必须集中使用的资金管理原则，故我们在此也就谈不上运用投资组合的战术措施来进行保护了。

（一）临盘实战操作止损措施使用次数和使用对错情况

目前，国内外有许多权威的投资类书籍都非常而且特别地强调止损战术在实战操作中的重要性。好像不止损割肉就不是股票投资活动了一样，甚至有的人更是过分夸大地强调不止损就不是投资高手这种说法。似乎有让人以为止损亏钱才最光荣一样的意味。

我们想说，其实，止损战术仅仅是临盘实战操作的保护措施之一。它既不是投资的目的，也不是临盘实战保护的唯一措施，更不是可以不分场合地瞎强调而随便乱用的。

在临盘实战操作中，只有当股价处于高位，后市下跌空间广阔、获利机会消失时，我们才不得已而采用止损保护措施。而且，这种措施绝对是下策

中的下策，并不是最高明的办法，更不是唯一的办法。

在能够采用下面介绍的补仓措施时，实战不应轻易展开止损，毕竟损失对每一个人来说都是件痛苦的事情。

止损措施实战使用的好坏，直接表明着专业短线高手的理论功力深浅和实战操作能力的高低。

由于对各种操作和资金保护措施已经有纯熟的掌握，因此，绝对不允许专业短线高手出现止损操作战术展开后股价立即或很快就上涨的情况出现的概率大于5%。偶然的出现是可以允许存在的。

对于专业短线高手来说，止损是最后的救命措施，因为在进场操作之前，他们就已经对目标股票的股价可能将产生的各种行进态势进行了充分的估量。

也就是说，即使要止损，专业短线高手也必须使自己的止损动作成功地展开在近期股价运动的相对高位。

（二）临盘实战补仓战术使用的次数和补仓时对技术低点捕捉的好坏

补仓战术是在临盘实战操作出现错误时对资金保护的又一重要实战安全保护措施。

其临盘操作使用的好坏同样也清楚地表明了操作者的实战技术功力并决定着投资者投资活动的总体成败。

我们要特别地强调，**补仓这种实战保护措施只能在股价运动的低位和上升通道的重要支撑处展开**，而绝对不是在任何情况下随意乱用的所谓摊低持仓成本这种业余意义上的操作行为。

补仓一定是补在股价循环运动的相对技术低位。对于专业短线高手来说，绝对不允许补仓操作展开后股价立即或很快就再次出现大幅的下跌。

在临盘实战操作中必须要有90%以上的概率来保证，我们能够成功地捕捉到近期股价运动的相对低点。以便使自己的救援性保护动作不需要被再次补仓救援。

如果股价在下降通道中运动，下方无重要技术支撑时更是绝对不能补仓，只能采用止损措施来进行实战保护。

越补越套、短线变长线这样的事情只能在业余选手中出现，绝对不允许在专业短线高手的身上发生。

四、临盘操作速度的要求：最佳、次佳买卖点的及时捕捉

任何实际中的实战买卖操作动作，都必须在即时交易的动态盘中来展开，而盘中股价波动的高低点位的出现瞬间即逝，大好战机绝不等人。

因此，临盘实战操作时把握最佳的买卖技术点位的水平是衡量专业短线高手的又一重要判据。下列内容决定着买卖操作技术的质量高低：

（一）临盘实战操作果断：行为果断

在技术系统**买卖信号出现**后，专业短线高手必须立即展开临盘实战操作动作，绝对不允许有一丝一毫的迟缓。

（二）临盘实战操作犹豫：心态犹豫

临盘实战操作买卖动作展开的迟缓和犹豫是实战操作者**心态控制成熟度**低下的明显标志，也是实战操作者**意志力量**脆弱的表现。它同时也是绝大多数业余投资者的通病。

而这正是妨碍普通投资者朝着专业投资者水平晋级的最大障碍。

普通投资者如果不能成功地战胜自己人性和心理的软弱，要想在自己的投资活动中能够长久、稳定、持续地取得成功，都将是一句没有得到意志力量保障的空话。

（三）临盘实战操作熟练：行为规范

在市场的获利机会出现时，我们必须要像饥饿已久的猎豹，能够以闪电般地速度捕捉到视野中已经出现，并且很可能马上就要溜走的猎物。

我曾经要求自己的下单员几秒之内就必须把一个单子下完，这种下单操作速度非苦练无法准确地完成。

诸如此类的条件反射般的操作本能的形成来源于投资者长年累月的刻苦

训练和经历临盘实战操作的成功和失败后反复不断的认真总结。

五、铁血纪律的誓死捍卫：永久生存的保障

拥有钢铁般的纪律是任何一支军队能够打胜仗的首要条件。军队之所以能有比普通老百姓更强的战斗力，就是因为他们恪守着铁血的纪律并经历过残酷的技能训练。

严明的纪律和誓死不渝地进行坚决的捍卫，是任何一支军队具备强大战斗力的根本保证。

股票投资活动说穿了，就是和自己内心中的另一个软弱、贪婪、恐惧的自我进行战斗。如果没有铁血的纪律和誓死不渝地去捍卫纪律，试问：仗，我们如何又能够打胜？

（一）临盘实战进场操作原则：买进原则

投资者依据不同的技术系统，临盘实战操作的时候可以选择按照**最佳、次佳、理想、尚可**的技术点位进场。

其中的关键是，无论出现那一种类型的技术信号，操作者都必须无条件地坚决执行进场操作信号指令。

这就是临盘实战买进操作的唯一技术依据，也是专业短线高手进场的最高原则，军令如山。除此之外，绝对没有也绝对不允许有第二种选择。

在临盘实战操作中，我们既不允许出现技术信号后犹豫、观望，**更不允许在没有技术信号出现时自作主张、轻举妄动**地随意展开临盘实战买进操作。

（二）临盘实战出局操作原则：卖出原则

同样，投资者依据不同的技术系统，实战操作可以选择按照**最佳、次佳、理想、尚可**的技术点位来出局。

其中的关键是，无论出现哪一种信号，操作者都必须无条件地坚决执行出局技术信号的指令。

这就是临盘实战卖出操作的唯一技术依据，也是专业短线高手出局的最

高原则,军令如山,除此之外,绝对没有也绝对不允许有第二选择。

在临盘实战操作中,我们既不允许操作员出现技术信号后犹豫、观望,更不允许在没有技术信号出现时自作主张、轻举妄动地随意展开临盘实战卖出操作。

我们可以绝对肯定地说,投资者所有的失败都是因为没有严格地按照技术系统的信号进行实战买卖操作的结果。灵机一动、盲目、随意、技术依据不充分的买卖操作是投资失败的根本原因!!!

(三)临盘实战补仓操作原则:救援原则

临盘实战操作中,任何补仓战术的展开都是**事前充分计划**好了的规范化投资行为。

在临盘实战操作中,绝对不允许投资者自以为目标品种跌幅已大,股价已低就随意地胡乱进行补仓。

相反,我们也绝对不允许出现下列情况:即在计划中的补仓信号出现后,由于自己担心股价有继续下跌的可能而产生恐惧,因而延缓甚至停止对补仓计划的坚决执行。

耐着性子静心地等待时机和时机出现时的果断出击是专业短线高手最重要的基本功。

任何盲目、随意、不规范的临盘实战操作行为都是职业选手**无可救药的致命伤**。

(四)临盘实战停损操作原则:认错原则

就如同我们运用补仓操作战术一样,临盘实战的任何止损操作行为都是在计划和控制中展开的。**临盘实战操作时必须克服斩仓前的盲目幻想和斩仓时的软弱心痛。**

(五)临盘实战心态控制原则:炒股最终就是炒心

任何一次成功的投资活动,都无条件地要求投资者严格做到:等待机会出现前有无比的耐心、机会出现时有超人的细心来辨别机会的真假和机会的大小；同时，在正确确认机会降临后，临盘实战操作必须拿出常人没有的决心和出现错误时敢于改正自己错误、处罚自己缺点的狠心。

只要你四心具备就一定能够攻无不克、战无不胜。

其实，顶尖高手之间较量的就是心态和境界，而绝对已经不再是具体的技巧了。**炒股最终就是炒心！**

六、对股价运动规律与庄家经典操作手法的烂熟：技法

对于股价运动规律和各种经典股价波动现象的**滚瓜烂熟**，是实战分析研判和临盘操作水准提高的关键。

宝剑锋从磨砺出，梅花香自苦寒来。卖油翁熟能生巧是人人耳熟能详的故事。

只要你愿意花费常人不愿意花费的功夫，来对股价运行的经典波动模式日思夜想、反复揣摩，则你进行投资活动的成就肯定就能够远远超越于常人！

（一）对目标品种短线攻击态势判定的娴熟：攻击模式

对盘中股价的**即时攻击态势和股价运动的短期组合攻击态势常见模式**的滚瓜烂熟，是展开专业化短线快速操作的第一个前提。

这种娴熟的**条件反射功夫**使专业短线高手能够迅速捕捉到进出场的最佳机会，从而能够使自己的实战操作总是处于最有利的机会制高点上。至少，这为我们应对后市行情波动的各种变化赢得了主动权。

专业短线高手应该努力训练自己做到，一看到股票的图形就能够马上判别其在各级规模上最可能的行进模式**及其应对策略**。

而且，这种功夫必须苦练到看图要像看连环画一样简单和容易。如此，非痛下苦功夫不可！

（二）大盘安全度判定的娴熟：操作背景

在任何时候，我们只要一看到大盘或任何股票的技术图形就要能够做到像小葱拌豆腐一样一清二楚。

对不同的技术图形所包含的各种行情信息有准确而快速的理解。我们随时都必须清楚大盘和个股目前所处位置的安全度究竟有多高，并清楚地制定出与之对应的，属于我们自己的正确的操作应对策略。

这也是专业短线选手实战操作的最重要能力之一。

请投资者记住，凡是能力范畴的东西非经历刻苦专业的系统训练是不能很好地具备的。

就像炒菜吧，几乎我们每人都知道火候的重要，但是非经刻苦、专业的训练却无法达到一级厨师的水平。

方步人人会走，但是要走成1999年天安门广场国庆阅兵时那种每一步的准确落地都精确到秒的程度，却是要靠部队中最优秀的士兵而非老百姓，并且要在严格的纪律约束下，经历一年的时间，进行封闭式反复、枯燥的残酷训练，而且要练习到走坏好几双皮鞋之后才能真正办得到。

（三）对庄家控盘技法掌握的熟练：做盘技法

对于目标股票的庄家在各种级别上的精细控盘操盘手法的熟悉，也是临盘操作成功的重要内容。

这其中主要包括对庄家常用的攻击手法的深入了解和掌握，对庄家常用调整手法的深入了解和掌握，以及对庄家波段性减仓和真正出货手法的深入了解和掌握。

而所有这些手法都包含着常规技术和反常规技术，常规心态和反常规心态等丰富的内容。

真正彻底地掌握好这些内容，必须要求投资者对各种经典走势图形进行大量记忆和反复背诵。

本章知识要领总结

专业短线高手必须具备

(1) 良好的专业心理素质；(2) 正确的资金管理方法；(3) 过硬的专业

技术功力。而这些专业投资能力的具备，都必须要经过投资者刻苦、严格的系统化训练才能真正做到。

要想成功，永恒的真理就是：不吃苦中苦，难成人上人！

娴熟掌握各种专业能力的具体细节

一定要通过自己具体而认真的努力，来做到全面掌握与股市有关的一切专业能力的具体细节。

这种专业而非业余能力的具备直接决定着临盘实战操作的成败和生死。

专业选手必须明确

衡量专业短线高手的标准并非以获利为唯一依据，是否坚持按正确的市场规律进退并坚定不移地遵守自己制定的分析研判和实战操作纪律则是更为重要的依据。

第二章
如何成为专业短线高手

请投资者铭记：任何实际投资能力的具备，都必须经历刻苦、严格的残酷训练，绝对没有第二条路可走。

如果你没有花苦功夫来训练自己，那投资失败，你就怪不了别人！就算你一时取得了成功，那也仅仅是因为你运气好的缘故罢了。

古往今来，无论中外，在股市或其他资本市场当中，从来就没有靠运气能够在投资市场长胜不败的先例。

一、顶尖专业短线高手素质的要求和培养：心境、误区

精神境界的高低、心灵意志力量的强弱直接制约着投资者专业水平的成功晋级。我们从来就没有发现过基本素质低下的人，能够成为真正的专业短线高手。

因此，**素质培养是训练专业短线高手的第一要件**。真正顶尖高手之间的较量和决胜绝对不是一些细小的技巧而是投资者的内在素质和精神境界。

在成功地成长为专业短线高手之前，有如下的问题必须引起我们足够的重视，并得到彻底的解决。

（一）对操作行为苛求完美的克服：战胜贪婪

企图捕捉到每一次股价波动的获利机会，企图抓到每一只能够带来利润的黑马，企图总是买在最低价、卖在最高价这种幻想，是成为真正**专业的短线高手的心理和境界的致命误区**。这是因为人性弱点之中贪婪的恶魔在作怪！

在任何领域，人类的力量都是渺小和有限的，投资者一定要认识到在许许多多情况下自己的无能为力。**宇宙浩瀚无限、生命有限、穷究尽极是人类永恒的梦幻。**

我们只能做自己能够有把握确定做好的事情。**不分情况盲目地追求完美是人类灵魂的巨大痛苦。**

真正的专业短线高手心态平和、安然淡定地只赚属于自己的投资技术系统规范中能够赚得到的钱，他们绝对不会对一切都去贪婪和眼红。

只要有市场，机会就是永远存在的，也是永远也无法完全捕捉到的。只有真正认识到了这一点，我们才能够避免在临盘实战操作中产生的心浮气燥，才能够心平气和地做到：**耐心地等待确定无疑的机会出现时做准确的临盘出击。**

妄图把每一件事都做好是一种高级弱智。专业短线高手只对必胜的机会展开精彩的捕捉，绝对不会随意地去捕捉模棱两可的东西。

（二）临盘实战错失战机的处变：冷静应对

在临盘实战操作当中，往往会出现**错过**了最佳买卖操作战机的情况，眼睁睁地看着似乎已经就要到手的利润擦肩而过，投资者心中的懊悔真是无法形容。

于是，在临盘实战操作中有的投资者就心急火燎**随意**、**盲目地买卖**一只股票来平衡自己浮躁、懊悔的内心。

其实，这是业余选手中常见的一种低级心态。这种心态绝对影响着你专业水准的成功晋级。

正确的做法是，首先弄清自己错失战机的原因，然后静静地去等待下一次更好机会的到来，而绝对不是随意的胡乱展开临盘实战操作。

急躁、盲动、随意而为往往是将操作心态和投资业绩引向恶性循环的直接导因。真正的专业高手从对手错失战机以后的表情和临盘实战操作的反应中就能够准确地辨别出其实战投资功力的真正高低。

大师级的人物并非不犯错误，而是在犯了错误以后能够更加地沉着和冷静。

（三）对成功操作的偶然与必然性的分析：必然性的追求

真正的专业投资高手总是认真、仔细地分析、总结自己每一次成功和失败的操作。只是因为他们思考问题的视角与常人有着根本的区别罢了。

他们往往不是为自己投资的成功感到沾沾自喜，而是反复追问和考察自己的每次投资的成功是因为运气的偶然，亦或是因为完全依靠着自身技术功力并进行专业化、科学化投资管理的必然。

反之，对于自己失败的投资操作他们总是斤斤计较、毫不放松地去寻找造成失败的必然原因，绝对不会轻易地将自己投资活动的失败，简单、草率地归结为自己的运气不好，亦或是其他什么别的原因。

总之，他们总是能够清醒地认识到投资的失败一定是因为自己出了问题，而不会用自己运气不好等这种随机的偶然性来为自己开脱。

（四）临盘实战操作的技术依据：行为的理由

真正的专业短线高手总是凭借自己坚信不移的技术系统、严格按照铁定的操作纪律来展开临盘实战操作。

他们绝对不把投资的成功**寄托在自己无法控制和把握的**其他诸如内幕消息或政策一类的因素之上。

他们深深知道自己力量的渺小。他们深深地懂得既然自己不能控制市场和他人，那么就必须要能控制住自己。

他们知道：一切的盈亏、成败完全是因为自己，并以此无比坚定的信心活跃在看盘、操盘的战斗最前沿。

他们永远是和自己人性的弱点战斗，并力图使自己与市场或庄家保持和谐，而不是狂妄地想战胜他们。

他们总是最好地利用市场和庄家提供的机会，而绝对不是一厢情愿地妄想对抗市场和轻言战胜庄家。

（五）正确地看待投资活动中偶然的运气：随机性

真正的专业短线高手绝对不会去羡慕别人偶然的获利，他们更加痛恨自己偶然获得的成功。

他们清楚地认识到，自己存在的最重要任务就是，凭借自己高超的技术功力持续、稳定、长久地从市场获取属于自己的利润。

任何偶然或一时的成功对他们来说都不具备真正意义。

二、对经典股价走势的反复背诵：实战本能的形成

任何实战投资操作**高超能力**的形成都必须经过系统的艰苦异常的**严酷训练**而得来，绝对不会从天而降。

就像国际象棋大师吧，他们每人都必须要能够轻松背诵几万例各种棋局变化的失败概率，以便在临场实战出现类似情况时能够不假思索地展开条件反射式的正确应对。他们总是将血腥实战得来的经验和前人总结出来的技巧通过不断的刻苦训练质变为自己临盘时条件反射般的获利本能。

当年作者大学时代的一位同学为弹好吉它，无论是刮风还是下雨每天中午雷打不动地坚持刻苦练习，经常是把自己的手指练得鲜血淋漓，后来他在全国吉它比赛中轻松进入前3名，成为了超过专业级的顶尖高手。

请投资者牢牢记住：天道酬勤，世界永恒不变的公理就是一分耕耘一分收获，古今中外概莫能外。

对于专业短线高手来说，必须要求做到：**一定要用一段时期来对自己进行严酷而决不手软的系统化残酷训练**。这是一个专业实战高手绝对不能省略的**成长过程**。

其具体的训练内容包括：对各种投资理论和股市规律以及经典现象反复不断地思考；对各种经典股价波动走势现象反复记忆背诵并不断与新的情况进行对比归纳。

无论自己多么繁忙、劳累，每天都必须对沪深两市涨幅和跌幅前十名的股票的精细走势进行反复的揣摩背诵。

对庄家在不同阶段的各种规则和不规则做盘模式真正做到了如指掌、精通自如。

作者当年为背诵这些经典图形不知道经历过多少不眠之夜，甚至除睡觉外无时无刻不在思考，就连吃饭时也无法停止日思夜想。这样的训练工作我足足持续了两年之久。

我想经历过这种残酷的专业化系统训练的专业选手在中外股市中都绝对不会有太多的。

也正是因为如此，作者的投资理论功底有了根本的提高。

只要你愿意努力，并掌握正确的专业化训练方法，作者坚信任何人都能

够取得巨大的成功,都能成为顶尖级的专业高手。作者按照专业化、系统化、科学化的模式对投资者进行过两期全封闭式的高级培训都获得了极大的成功。

三、股价运动典型走势举要：典型模式举一反三

包括：经典攻击走势类型、典型出货走势类型

股价运动的即时走势从本质上说是没有固定不变的规律的。关于这一点,早在百年前伟大的道氏就明确无疑地告诉了我们。

道氏理论认为股价运动的日间杂波可以被人为控制和操纵,具有极大的随机性特征,其对于投资分析研判和临盘实战操作不具备根本的意义。

因此,我们在此并不准备告诉大家所谓的股价运动即时走势日间杂波的规律。我们仅仅是希望大家运用只铁战法系列所讲过的原理,根据我们讲过的上述内容从日间杂波的现象中总结出一些典型的经验。

这些典型的经验往往代表着庄家的经典操盘手法,具有一定的心理和行为方式上的借鉴意义。

庄家也正是靠着借助于变幻莫测的股价运动即时日间杂波的欺骗性来部分地达到其操盘控盘意图的。

因此,对于一些经典的即时走势图形,希望投资者能够仔细揣摩并进行大量的背诵。

在分析、研判各种不同的即时走势图形的时候,如下要点必须引起我们高度的注意：

（一）该股目前所处循环阶段的位置：循环阶段

只要目前该股处于股价运动上涨阶段的初中期,则无论其即时走势盘中如何波动,庄家如何玩弄花招,其最终的目的还是为了要上涨。故所有的卖出战术都是错误的。

只要目前该股处于股价运动下跌阶段的初中期,则无论其即时走势盘中如何波动,庄家如何玩弄花招,其最终的目的还是为了出局。故所有的买进战术都是错误的。

只要目前该股处于股价运动盘底阶段的初中期,则无论其即时走势盘中

如何波动，庄家如何玩弄花招，其最终的目的还是为了盘底建仓。故观望、等待是最好的战术。

只要目前该股处于股价运动盘头阶段的初中期，则无论其即时走势盘中如何波动，庄家如何玩弄花招，其最终的目的还是为了盘头出货。故离场、休息是最好的战术。

（四大循环阶段，位置的技术含义请参阅后文"寻宝图"相关内容）

（二）关键位置突破时的气势和力度：角度、量能

目标股票突破重要技术关口的向上或向下的攻击角度直接表明了该股**走势的强弱力度**。该股盘中买卖**成交量手笔**的大小直接反映出了庄家投入或撤离的资金大小。放量上攻表明庄家投入资金多，庄家实力和做盘的决心大；放量下跌表明庄家出逃撤离的资金多，庄家出货的决心坚决。

目标股票的图表系统中，3日、10日、30日均线的向上攻击角度和向下攻击角度的大小直接制约着我们对该目标股票即时走势中所产生的波动走势的技术判定。

在临盘实战操作中，我们绝对不能不考虑该股目前所处的技术位置及向上或向下攻击力度的大小及其成交量配合的情况，就随便对其即时走势展开盲目的判定和随意地进行操作。这是区别专业还是业余水平的关键。

（三）经典波动走势背诵：反射式操作本领的形成

熟记图形，形成临盘实战操作的反射本能是专业选手的基本功。具体总结时请牢牢记住四个关键要素：

1. 均价线的运行方向
2. 股价在盘中形成最低、最高价前的进退反应
3. 股价走势总体波动的气势
4. 昨天收盘和今天开盘价的阻力和支撑情况

只要你能够细心把握上面的原则和这里所讲的四大要素并进行反复不断的刻苦训练，那么，你动态看盘和操盘的技术必将有一个巨大的飞跃。

（四）经典攻击买进图例：分高开、平开和低开攻击三种

下面分别举例说明：

1. 高开、回调不破开盘价、均价线上行、多均线多头排列：买进

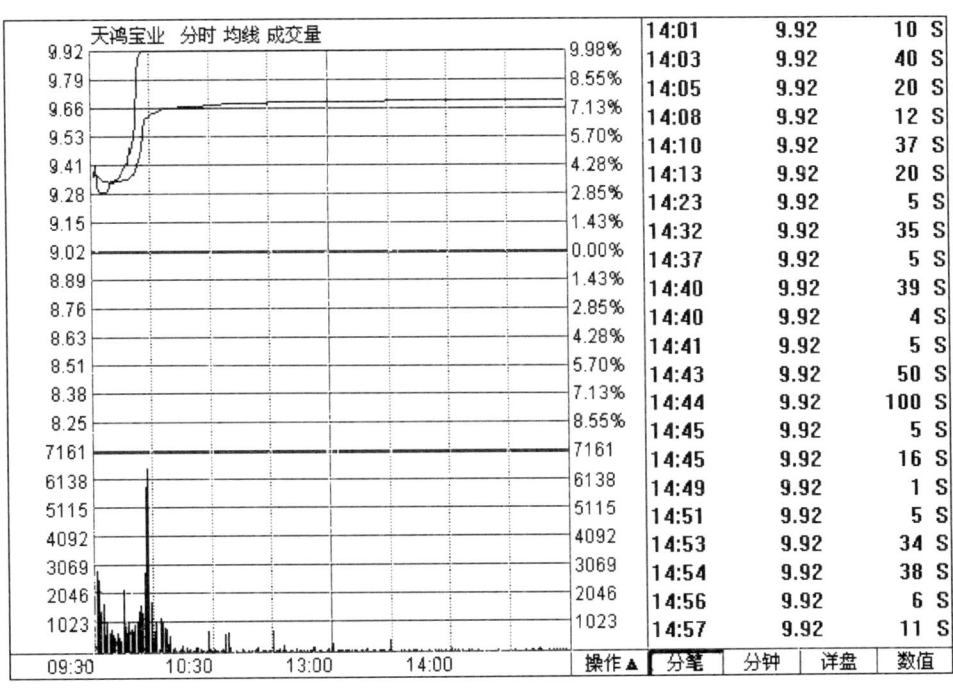

图 2-1 攻击态势

★ **图形要领：**

① 多方一马当先跳高开盘；

② 空方立即还击，但在昨收盘上方止跌；

③ 股价被多方快速拉起，冲破均价线和开盘价；

④ 均价线方向朝上；

⑤ 多均线多头排列，股价处于循环运动技术中低位。

结论： 买进。

2. 高开、回调不破昨天收盘价、均价线上行、多均线多头排列：买进

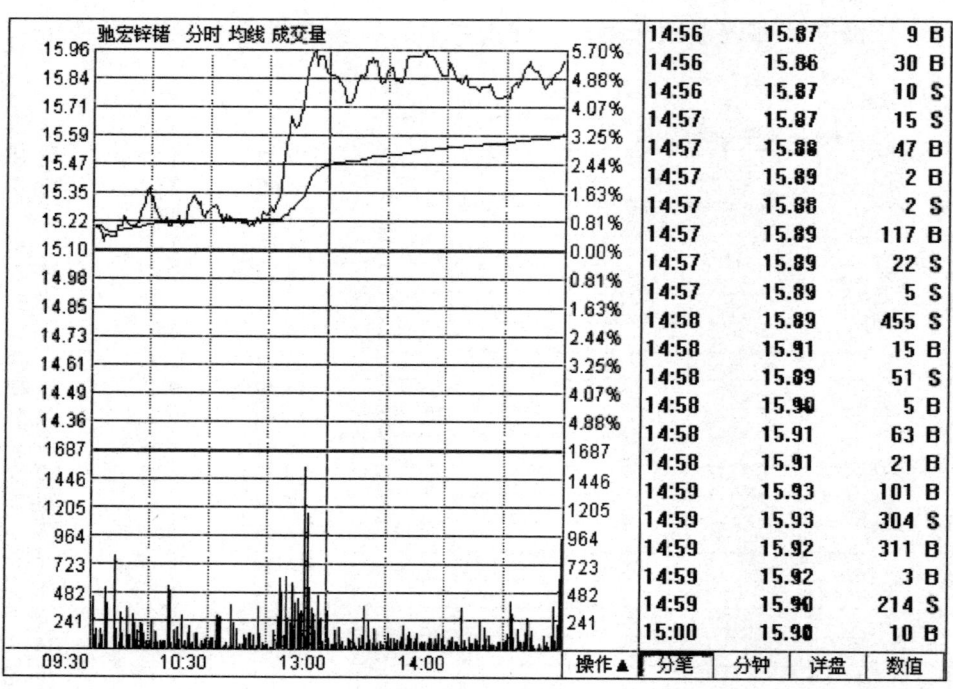

图2-2 攻击态势

★ 图形要领：

① 多方一马当先跳高开盘并展开上攻；
② 很快遭空方还击，跌破开盘价，但在昨收盘上方明显有多头护盘；
③ 股价被多方快速拉起，冲破均价线和开盘价；
④ 均价线方向朝上；
⑤ 多均线多头排列，股价处于循环运动技术中低位。

结论：买进。

3. 低开、放量过均价线、拉起后探底不创新低、放量突破均价线，均价线朝上、多均线多头排列：买进

图 2-3　攻击态势

★ **图形要领：**

① 股价低开，但被多方迅速拉起；

② 拉起后回调不破开盘价；

③ 均价线方向一直没有向下；

④ 一底高过一底，表明承接有力，多头强于空头；

⑤ 放量过均价线；

⑥ 多均线多头排列，股价处于循环运动技术中低位。

结论：买进。

4. 低开、攻击超过开盘价、均价线朝上、多均线多头排列：买进

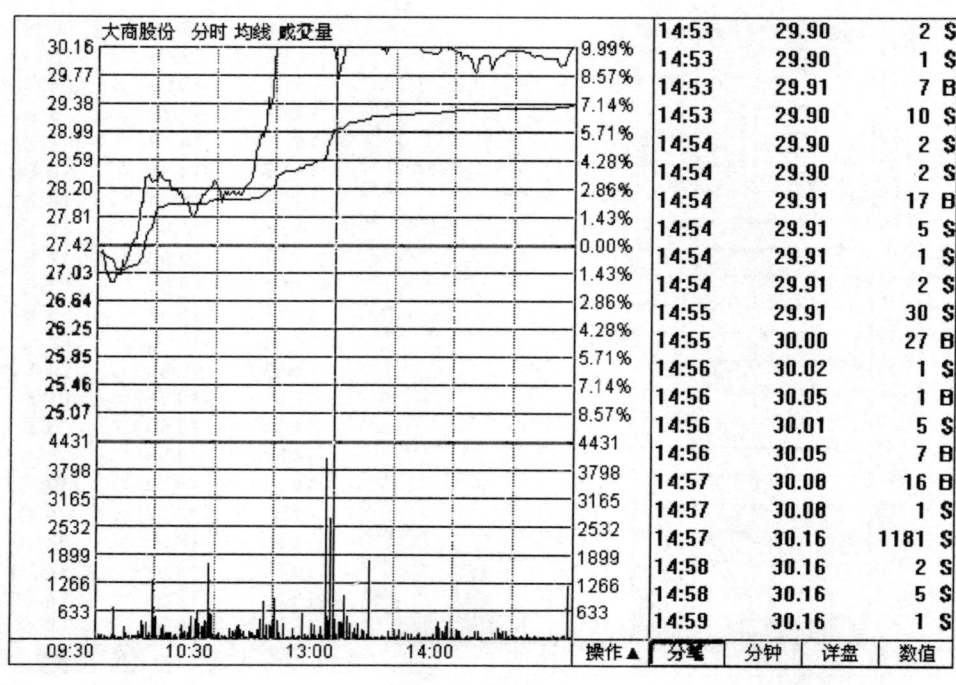

图 2-4　攻击态势

★ **图形要领：**

① 开盘空方力量占据上风，低开并迅速下探；

② 瞬间便遭遇多方势力的有力还击，以大角度的气势不但突破均价和开盘价，还直奔昨收盘价；

③ 均价线方向向上，对股价构成有力支撑；

④ 多均线多头排列，股价处于循环运动技术中低位。

结论：买进。

5. 平开、均价线没有朝下、股价围绕均价线上下窄幅波动、多均线多头排列：买进

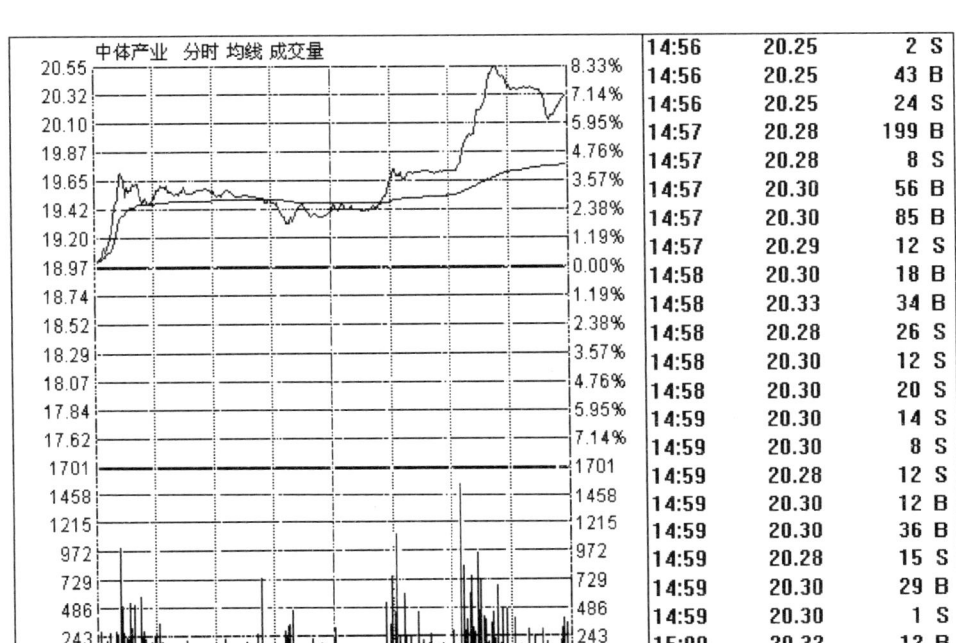

图 2-5 攻击态势

★ **图形要领：**

① 平开，多空势均力敌；

② 开盘后多方占据主动；

③ 均价线一直没有向下，股价围绕均价线上下窄幅波动；

④ 多均线多头排列，股价处于循环运动技术中低位。

结论：买进。

6. 平开高走、均价线朝上、股价回试均价线有支撑、成交量放大、多均线多头排列：买进

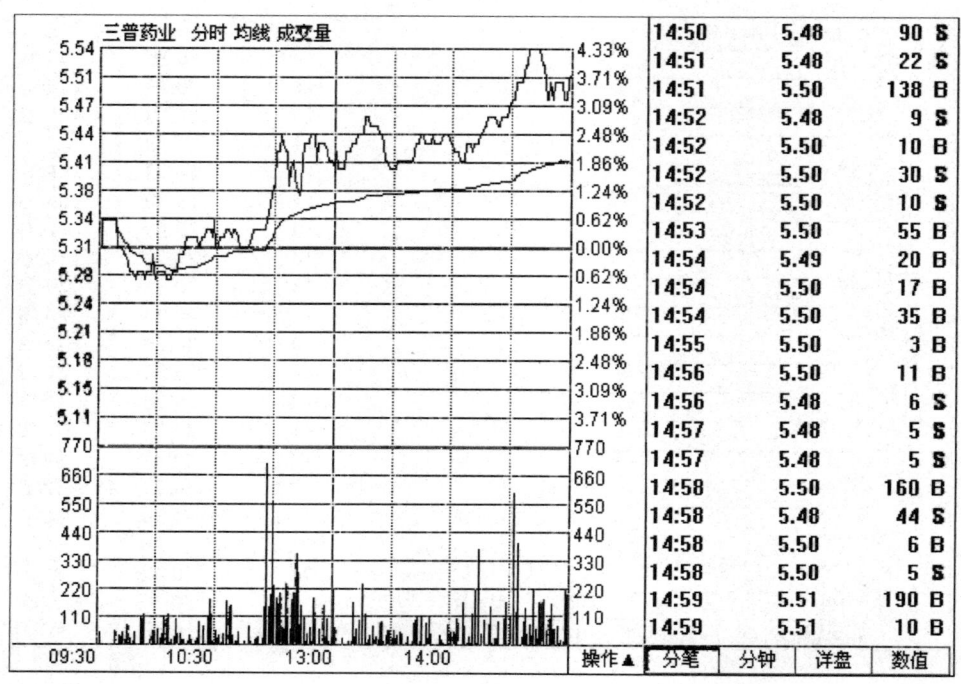

图2-6 攻击态势

★ 图形要领：

① 平开，多空势均力敌；

② 开盘后空方占据主动，股价走低；

③ 拉高后带动均价线微微向上，股价回落到均价线和昨收盘便轻松止跌，支撑有力；

④ 盘中放量上攻；

⑤ 多均线多头排列，股价处于循环运动技术中低位。

结论：买进。

（五）典型逃跑卖出图例：分高开、平开和低开出货三种

请读者自己总结不同的经典卖出即时走势波动图形。

1. 高开出货或高开减仓
2. 平开出货或平开减仓
3. 低开出货或低开减仓

读者应该按照不同的股价循环运动的位置及其对应的各种不同情况来进行细分和总结。

~~~

从心理学和行为学的角度看"潜意识"还不是一种有效的战斗力！

我们必须要把"潜意识"彻底、自觉地转化为行动的本能才能达到真正的投资管理境界。

对股市经典的现象和本质的规律，多看、多练、多背是形成专业化条件反射操作本能的关键。

~~~

（六）必封涨停经典图例：牢牢背诵对实战有巨大的帮助

波浪理论在根本上存在哲学误区，主观地认定了和谐结构在事物运动变化模式上的唯一性！

经典涨停走势举要

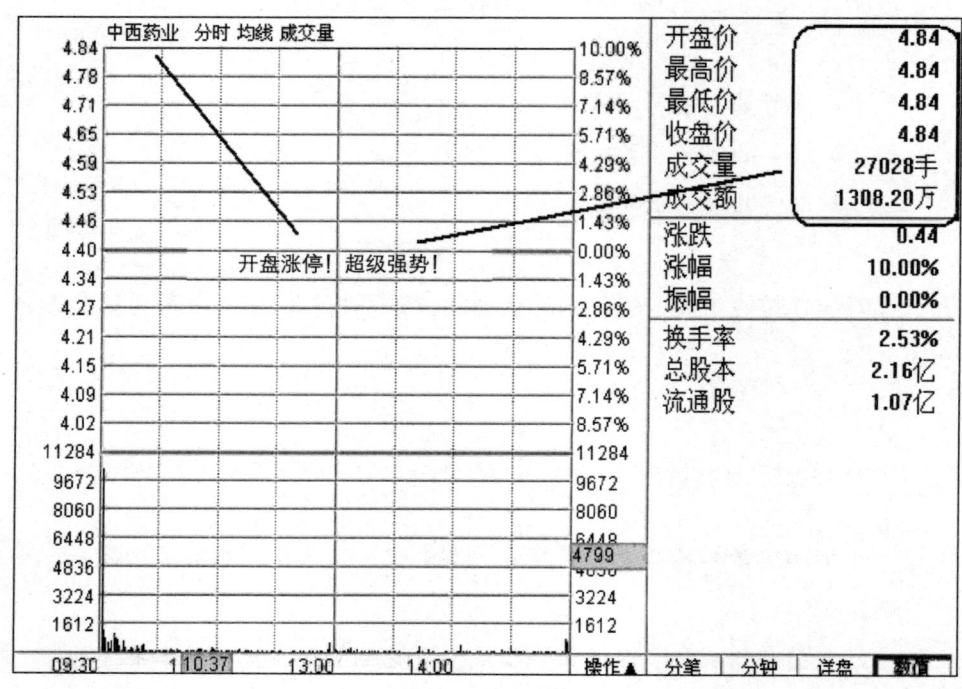

图 2-7　经典涨停走势举要

图例解说：开盘封死涨停超级强势

① 开盘即封死涨停是多头力量强到极至的表现，空头毫无还手之力。

② 成交量越小越好，表明惜售严重。

③ 股价处于循环运动的技术中低位，该种经典走势出现时实战坚决在第一时间排队买进，短线必然赢定；已经持有的投资者可继续看高。

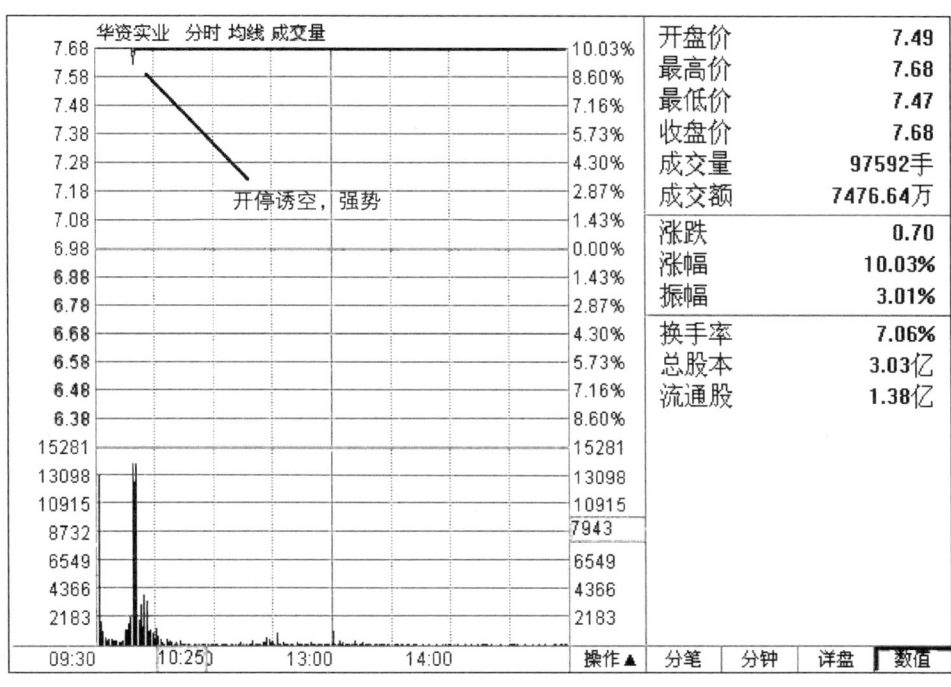

图 2-8 经典涨停走势举要

图例解说：以涨停开盘，随后开停诱空，最终封住涨停

① 开盘涨停，说明庄家有备而来，今日坚决攻击。
② 回调幅度不大，并一举拉停，说明买盘坚决。
③ 开盘后短暂撕开的裂口仅仅是庄家的诱空花招。
④ 盘中均价线始终没有向下成为攻击行情的有力支撑。
⑤ 封停后无量，表明绝大多数抛盘已经缩手兑现，预期提高。
⑥ 股价处于循环运动的技术中低位，该种经典走势出现时实战坚决买进，短线必然赢定。

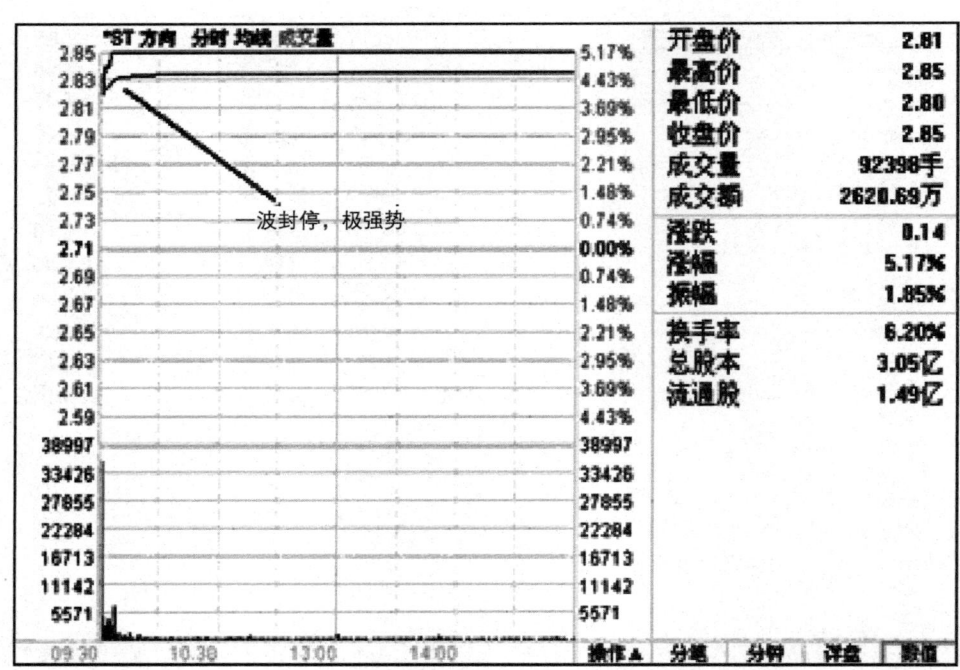

图 2-9 经典涨停走势举要

图例解说：一波封停极强势头

① 大幅高开，说明多头攻击力量强大。
② 开盘后即大角度直奔涨停，并一举封停，说明空方毫无还手之力。
③ 盘中均价线向上成为攻击行情的有力支撑。
④ 封停后无量，表明绝大多数抛盘已经缩手兑现，预期提高。
⑤ 股价处于循环运动的技术中低位，该种经典走势出现时实战坚决买进，短线必然赢定。

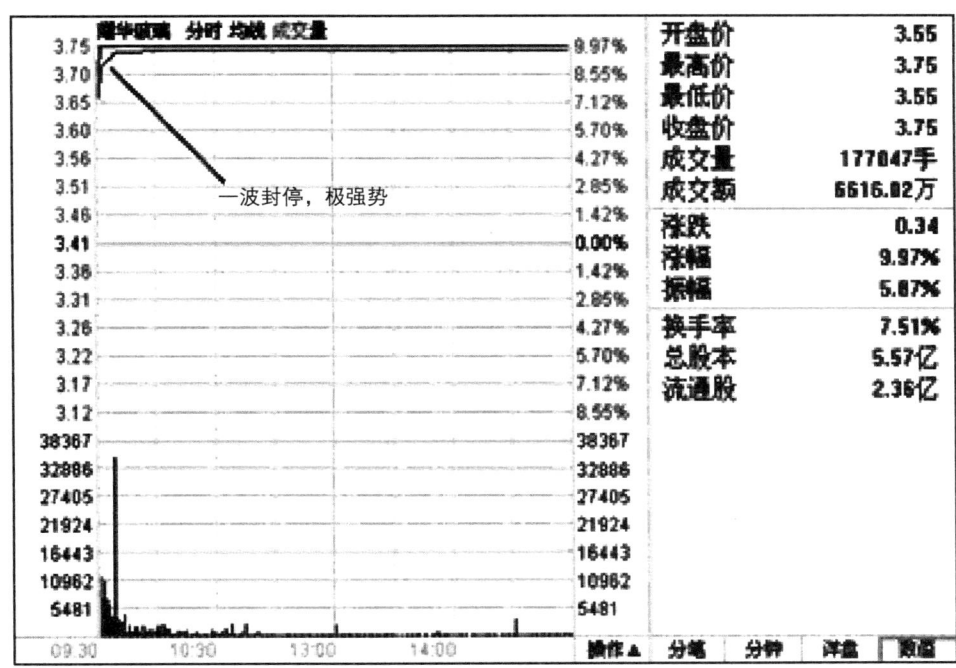

图 2-10 经典涨停走势举要

图例解说：一波封停极强势头

① 大幅高开，说明多头攻击力量强大。

② 开盘后即大角度直奔涨停，并一举封停，说明空方毫无还手之力。

③ 盘中均价线向上成为攻击行情的有力支撑。

④ 封停后无量，表明绝大多数抛盘已经缩手兑现，预期提高。

⑤ 股价处于循环运动的技术中低位，该种经典走势出现时实战坚决买进，短线必然赢定。

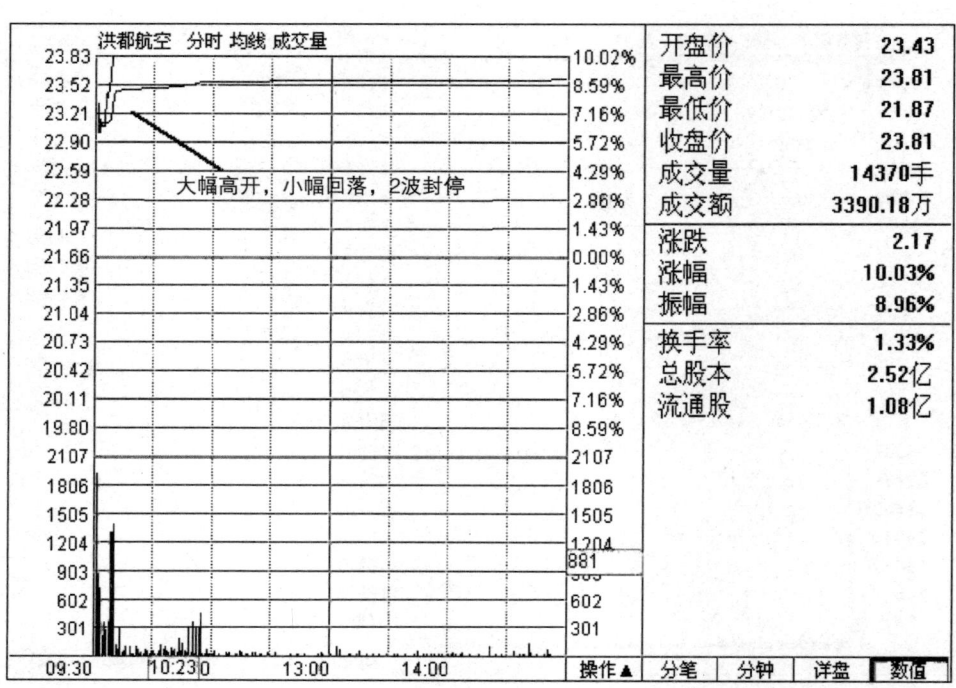

图 2-11 经典涨停走势举要

图例解说：二波封停

① 大幅高开，说明多头攻击力量强大。

② 回调幅度不大，说明庄家不愿让跟风盘得到廉价筹码。

③ 盘中均价线始终没有向下成为攻击行情的有力支撑。

④ 封停快速无波折，表明多头占据控制地位。

⑤ 封停后无量，表明绝大多数抛盘已经缩手兑现，预期提高。

⑥ 股价处于循环运动的技术中低位，该种经典走势出现时实战坚决买进，短线必然赢定。

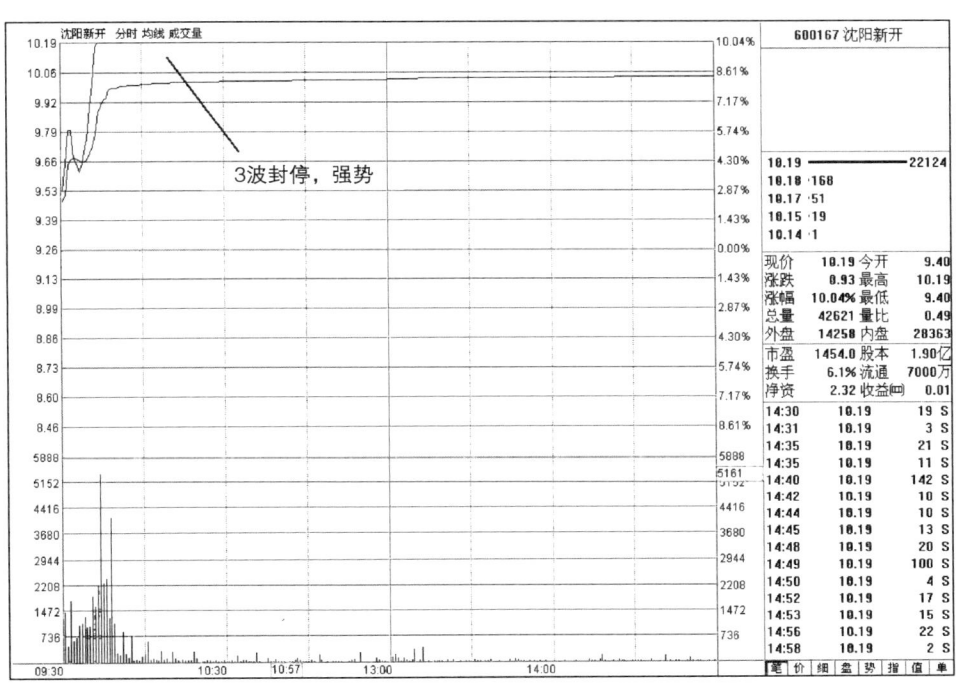

图 2-12 经典涨停走势举要

图例解说：三波封停

① 小幅高开，说明主力仍将加紧收集。
② 回调只到均线处并不破开盘价，说明买盘承接非常有力。
③ 盘中均价线坚定不移向上，成为攻击行情的有力支撑。
④ 股价创新高，说明上档堆积的卖盘被一网打尽。
⑤ 封停后无量，表明绝大多数抛盘已经缩手兑现，预期提高。
⑥ 股价处于循环运动的技术中低位，该种经典走势出现时实战坚决买进，短线必然赢定。

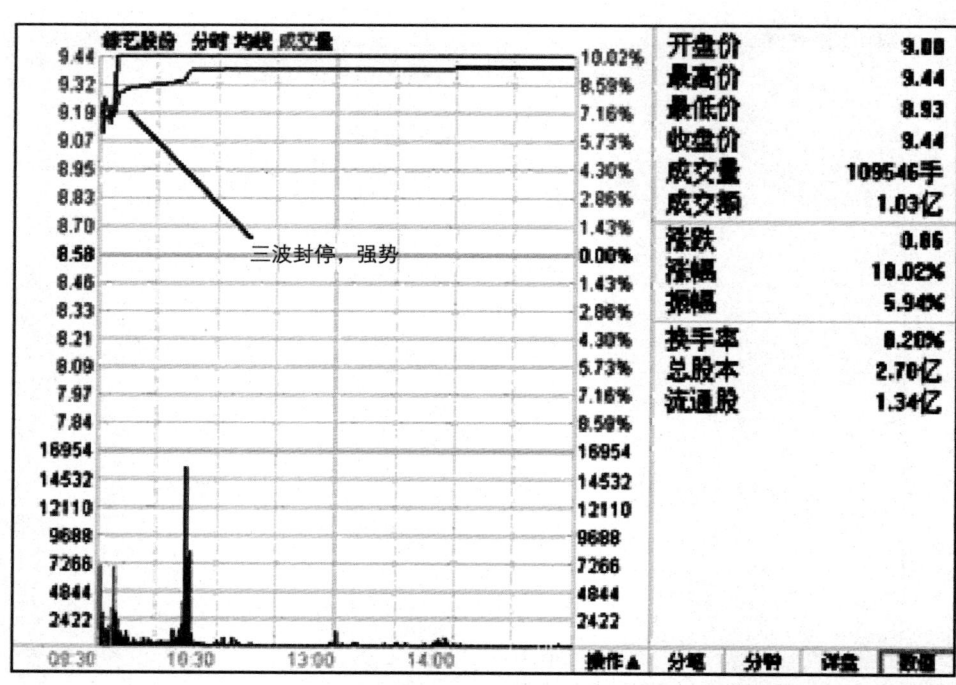

图 2-13 经典涨停走势举要

图例解说：三波封停

① 大幅高开，说明多头力量强大。
② 回调不破开盘价，说明庄家不愿在此反复。
③ 盘中均价线坚定不移向上，成为攻击行情的有力支撑。
④ 股价创新高，说明上档堆积的卖盘被一网打尽。
⑤ 封停后无量，表明绝大多数抛盘已经缩手兑现，预期提高。
⑥ 股价处于循环运动的技术中低位，该种经典走势出现时实战坚决买进，短线必然赢定。

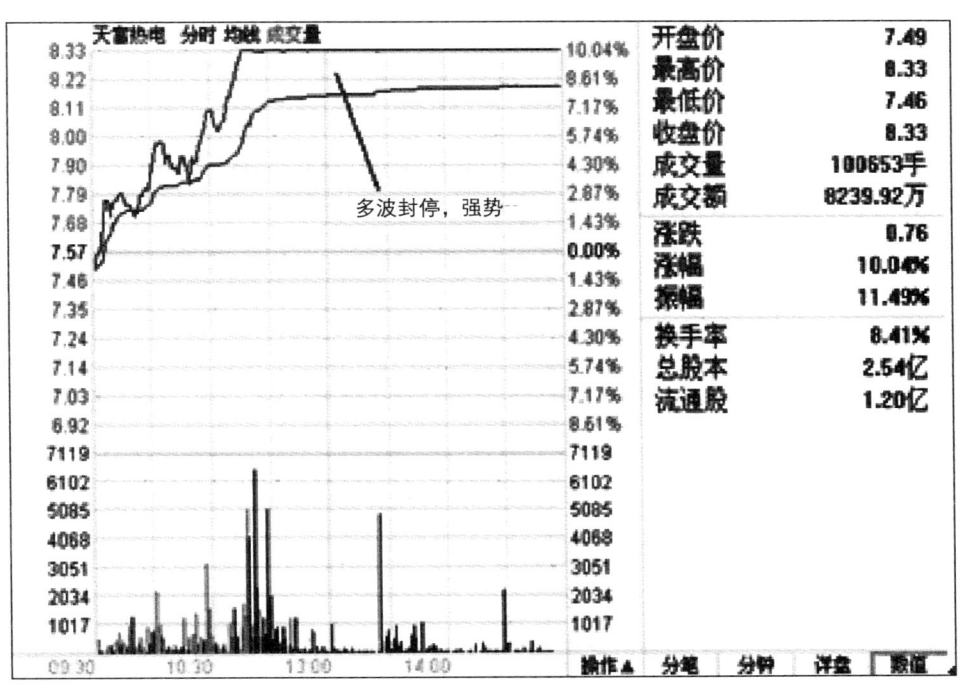

图 2-14 经典涨停走势举要

图例解说：多波封停

① 略微低开，说明空头力量稍强。

② 开盘后被迅速拉起，均价线向上，回调不破均价线和开盘价，多头护盘坚决。

③ 盘中均价线始终向上，是该股能否最终涨停的关键。

④ 股价处于循环运动的技术中低位，该种走势只具备短线突击的价值，进出动作要快。

⑤ 如果大盘背景向好，该种走势只能作次佳选择。

四、沙盘战斗的反复模拟演练：临盘实战局面感

（一）进场操作动作演练：目标捕捉及临盘买点

平时反复练习可以捕捉买进的目标股票，并对自己设定的进场价位进行记录。将该目标股票后续的真正走势，与当时自己制订的买进计划进行对比分析。认真找出自己成功和失败的精细技术原因并做深刻的体悟。

对失败的情况更是要用心分析、细致总结，并将得到的经验教训运用到后续的练习之中。**确保自己通过反复的刻苦练习达到每次模拟操作都能够轻松成功的境界。**

（二）操作动作演练：风险识别及临盘卖点

平时反复练习应该卖出的目标股票并对自己设定的出场价位进行准确记录。将该目标股票后续的真正走势与当时自己制订的卖出计划进行对比分析。认真找出自己成功和失败的精细技术原因并做深刻的体悟。

对操作失败的情况更是要用心分析、细致总结，并将得到的经验运用到后续的练习之中。**确保自己通过反复的刻苦练习达到每次模拟操作都能够轻松成功的境界。**

以上纸上沙盘买卖练习必须长年累月一丝不苟地坚持下去，并要求自己把每一次的练习活动都当成真正的实盘投资来进行专业化的记录和客观的分析。如此训练、不断冥想，长此以往必将能够达到常人无法达到的高超境界！

（三）控盘热点演变：练习集团资金控盘及做盘思路

就算是普通的投资者也必须经常地将自己放在拥有几十、甚至上百亿巨资的地位，也就是我们所说的控盘大主力所处的地位，来反复设想，为了达成自己安全避险、最大获利的目的，在自己的临盘实战中应该怎样做才会达成最好效果，设想各种具体操作计划和实施方案，并仔细对比盘面资金、热点的涌动情况来研判自己的设计布局有无错误。

以此来不断地提高自己的**大局观和盘面感**。如此反复不断地用心练习，最终才能很好地达成雄霸股海，一代高手的专业境地。专心才能达成专业！

而且，只要你愿意如此艰辛付出，最终就一定成功！

（四）黑马捕捉演练：预警、选择、跟踪、结果（时间限定）

对于希望成为专业短线高手的读者，只要**大盘提供机会**，自己就必须练习从盘中快速捕捉黑马的方法。并限定时间段来对自己的选择进行跟踪、对比，将成功和失败的结果进行反复的研究和领悟。

（五）操作日记总结：优点、缺点

对于希望自己成为专业短线高手的读者，**每天都必须对自己的操作练习不怕麻烦地进行专业化记录**，并对相关的市场写出专业化的看盘分析研判日记。

这种方式就是写作自己的专业化交易日记，这是你成为高手的不二法门。

从心理学和行为学的角度看，"潜意识"还不是一种有效的战斗力！我们必须要把"潜意识"彻底、自觉地转化为行动的本能才能达到真正的投资管理境界。

五、百炼成钢条件反射本能：枪就是手、手就是枪

一切的艰辛磨练，都是为了达到临盘实战操作行动展开时出神入化、炉火纯青的神圣境界。以便使自己真正具备常人绝对难以具备的超级武林高手听风辨声，以指为剑这种大家境界和王者风范。只要肯坚持不懈地苦练，付出常人之所不能，就会最终达到捕捉机会出手如电、易如探囊取物，面对陷阱稳如泰山、淡定自如，轻轻松松获利，简简单单赚钱的境界。

（一）心血的付出：一心一意反复研判

我们反复不断地强调，专业选手必须付出常人无法付出的心血才能够取得巨大的成功。

而且还必须要常年累月、**一心一意**地不断去坚持。一分耕耘，一分收获。

作者在 1999 年 7 月大盘暴跌后的跟庄操作中能够率领 500 万元以上资金的会员获取巨额的利润，正是因为作者当时经常通宵达旦地苦心看盘、复盘。我想如果没有如此的付出，也绝对不会取得还算如意的操作成绩吧。

（二）境界的达成：淡定如山、全神贯注于自己的机会

市场机会永远存在，各种利益的诱惑层出不穷。真正的专业高手，能够淡然地抗拒住各种迷人的诱惑而全神贯注于自己的技术系统能够把握和控制住的机会。

他们只赚属于自己技术系统能够确定无疑地赚到的钱。对于其他的赚钱机会，既不眼红，也不心贪。他们总是使自己处于轻松、淡定的安逸境界。

（三）王者风范：操作数量与操作质量

真正的专业高手，经过市场的腥风血雨和自己的刻苦锤炼，总是能够使自己做到不是机会不出手。

他们如炬的目光总是执着于抓大机会、赚大钱。最终达到，不鸣则已，一鸣惊人的大赢家境界。

他们深深知道操作的质量要远远重要于操作的数量的道理。他们打的永远是成功率高的仗！

他们始终让自己具备稳、准、狠的专业素质，具备十盘不开和，一和得天下的王者风范。

本章知识要领总结

成功的途径

刻苦训练、深刻领悟、忍受常人不能忍受的辛苦是成为专业短线高手的唯一途径。除此，绝对没有第二种方法。

条件反射操作本领的形成

对股价运动经典的现象和本质的规律，多看、多练、多背是形成专业化条件反射操作本能的关键。这种本能的最终具备是区别专业选手与业余选手

的最明显标志。

王者风范

操作的质量远远重要于操作的数量！大师级的顶尖专业选手总是能够平淡地对待盘面波动的诱惑，克服距离市场太近、容易过度、频繁交易的致命毛病。

第三章
短线战术展开的前提

任何实战操作战术都存在使用条件的限制，不分前提条件地随意使用，往往事与愿违，将好的实战操作战术做出坏的结果来，遭致投资活动的失败。

这都是业余选手的通病和没有经历过专业化训练的操盘手以及股评家常见的错误。如此，他们投资活动的总体失败就难以避免了。而且这并不是纯粹的战术方法的问题，**而是使用这些方法的人的问题**。就像同样的一把枪，有的人可以用它打十环，而有的人却脱靶。正所谓："运用之妙存乎一心"！

一、我们在什么情况下展开短线操作

（一）大盘背景：近期安全度、当日态势

只有在大盘处于高位或调整的技术态势之中，短线操作战术才是专业选手的首选。

请牢牢记住，**短线操作仅仅是一种获利的方法而绝对不是我们投资的目的**。在临盘实战操作中专业选手绝对不能出现为了短线而做短线的认识性错误。

具体地说，就是大盘处于牛市末期、调整市道及大幅下跌后需要反弹的几种情况下才能展开短线操作战术。

大盘处于加速上涨的主升段绝对不允许做短线。同时大盘处于明确的下降通道也不允许做短线。在此时，我们只能绝对地空仓。不会使用绝对空仓战术就绝对不是专业短线高手。**天天满仓是散户干的事。**

就算大盘或个股目前处于能够做短线的市场背景下，短线操作也不是每天都可以做的，而且也没有必要勉强自己每天去硬做，**犯下普通选手容易犯**

的距离市场太近、过度操作和随意盲目操作的低级错误。

在市场当日不提供短线机会的时候,专业选手一定要耐住寂寞、静静地等待真正机会的到来。

(二) 目标位置:攻击或反弹、盘整与下跌态势

就算在**大盘背景**需要展开短线操作战术的情况下,**目标个股的技术态势**也是我们是否能够做短线的重要判棍。

专业选手一定要明白:做短线的真正目的是不参与个股走势状况不确定的调整,而决非仅仅是为了想单纯地从市场中获取暴利。

对于具体的目标个股来说,专业短线高手是既不参与个股攻击中的调整,也不放过个股调整中的攻击,这是**两种不同性质**行情的获利机会。

(三) 资金压力:时间、业绩、个性、心态

在入市资金有时间限制和较大业绩压力的情况之下,专业选手为了提高资金的收益率,也可能采用**特殊情况下的全程短线操作**。

但是必须注意的是,这里一定要正确理解短线的概念绝对不是持仓操作的时间短或今日进、明日出为券商打工这种意义,**而是指不参与个股的行进停顿和庄家的洗盘调整**。

顶尖高手的短线概念是:**只出击高速行进中产生了非常态行情的目标股只**,而绝对不仅仅是买进能够上涨的股票这么简单的理解。

二、资金量对短线操作战术的制约关系

由于资金的**时间成本**、庄家在**盘口允许的跟风量**、市场本身的交投吞吐和专业短线高手难寻等因素的限制,大额的资金是不适合全线进行短线操作的。

(一) 大资金的区域概念:区域

由于进出吞吐量的限制,大资金是绝对无法在具体而确定的点位进场和出局的。

他们讲究的是**区域性概念**，即关心的是进场的区域和出局的区域。

在临盘实战操作中，大资金只能进场于低价区域，出局于高价区域。而绝不可能是低点和高点。

（二）小资金的点位概念：点位

小资金因其进出方便，因而必须强调**明确的进场、出局信号发生的点位**。在临盘实战操作中，专业短线高手完全可以做到进场在**技术的最低点**和出局于**技术的最高点**。

请注意，我们这里说的**不是股票的最高价和最低价**，投资者千万不要弄混淆了。

（三）仓位的集中和分散：结构、布局

资金使用总的原则是大钱分散，小钱集中。只有大资金才谈的上投资组合。小资金是没有运用投资组合的资格和必要的，对小资金而言必须集中持股。

具体地说，500万资金绝对不允许持仓目标超过3只，而100万左右的资金则只能**精心**操作一只股票。

所谓"10个鸡蛋不要放在一个篮子里"的说教是一种似是而非的错误投资理论。**实质上分散持仓表现出的是投资者对自己选股和操作能力的毫不自信**。这说明了投资者不能够选出一个非常结实的能够放100个鸡蛋的铁篮子来放自己其实并不多的10个鸡蛋。

三、短线操作对错的判别标准是什么：准与不准

对于专业短线高手来说，衡量他们操作对错的标准究竟是什么？是不是以业余选手和普通投资者理解的是否赚钱为标准呢？

绝对不是！专业投资家衡量自己操作对错的**唯一标准是：自己是否按照股价自身运动的规律展开了正确的操作和自己是否自始至终都雷打不动地坚持了自己的操作纪律和操作原则**。而绝对不是以是否赚钱这种实用主义和小农经济的浅视，作为判别自己操作对错的标准。

他们认为：不按照规律、原则和纪律就是赚钱了也是错的；相反，按照规律、

原则和纪律操作就是亏钱了也是对的，因为这能够保证自己长久、持续稳定的成功。

专业选手不可能也不必妄想自己永远看对股价运动的具体走势和细微波动，但是他们能够也必须将自己的临盘实战操作永远地做对。

看对和做对是两个绝对不同的境界。看对了不一定能够做对，而看错了却总是能够做对。

而且，看错了可以用坚守纪律的做对，来弥补因看错带来的损失，而做错了就没有一点办法了。

因此，对于专业选手来说，能否看对，不是最重要的；而能否做对，才是生死攸关的大事。

（一）实用主义标准：局部、暂时、偶然的获利

非专业选手和普通投资者总是用是否能够赚钱来简单实用地衡量一个人投资实战操作水平的高低。

这是一种典型的实用主义的、小农经济意识的极端浅视的无知表现。

其原因是，他们不懂得这个人赚到的钱究竟是凭运气好偶然赚到的呢？还是凭过硬的专业本领必然赚到的呢？

专业选手只对凭真正过硬的技术本领赚到的钱表示敬意。这是他们誓死不渝的追求。

同时，对于亏损我们也能给出正确的评判标准。如果是违背市场规律和技术原则的亏损一定是不可原谅的错误；如果是按照市场的统计规律因为技术系统胜率本身的问题而产生的亏损，我们认为这种操作是对的，而在这种情况下能够赚到钱才是错的。

请有心成为专业投资家的朋友反复体会以上判据。理解这个问题对于指导自己在正确的投资道路上成功前行实在是太重要了。

关于这个问题，目前国内外至少有90%的专业机构对此未必有真正准确的理解和认识。

（二）操作原则标准：全局、长久、必然的获利

专业选手追求的永远是总体、全局、长久、持续、稳定的获利。对于

统计规律允许的局部的、暂时的亏损，他们能够平静、正确地去对待。他们不会用纯粹功利主义的小农意识来限制自己在寂寞的投资之路上的前进脚步。

（三）持续、稳定、长久的获利：专业境界

我们判定专业选手与业余选手的本质区别就是看他们是否能够依据自己的技术系统持续、稳定、长久地从市场中获取自己应得的利润，而无论大盘背景是处于牛市、熊市或调整市道当中。

业余选手和普通投资者在牛市当中也许能赚到钱，但是在其他市道当中就会把凭牛市带给所有人的好运而赚到的钱重新还给市场，并为自己的无知和浅视付出加倍的代价。

我们绝对不能以为能够赚到钱的人都是高手。真正的专业高手总是能够在普通人赚不到钱的时候，凭借自己过硬的专业技术本领赚到属于他们自己的钱。

（四）研判的准与不准与操作的对与错：知行合一

在实际投资活动中，看得准与不准并不是最重要的。因为**市场并不是以你看得准与不准而给你报偿的。**

看准了，但做错了不光不能赚钱，反而还要亏损。做对了既保证你在没有看准的情况下损失最小，又能保证你在看准了的情况下赚到大钱。

达到看对的要求需要：首先掌握知识，我们指的是**正确的知识**而不是错误的知识，其次是**正确地运用**这些知识进行**专业化、系统化、科学化**的分析研判，并据此制订**科学的、完备的投资计划书**。

达到做对的要求需要：规范化、系统化、专业化的操作程序和进场、保护、出局的铁血纪律，坚定不移地执行已经制订好的投资计划书。由看对至做对，彻底实现知行合一。

因此，在我们的实战投资活动之中做的对与不对才是问题关键的关键。

成功的投资管理活动包含如下内容：

正确的心理控制＋正确的资金管理＋正确的分析研判＋正确的实战操作

首先要求掌握正确的知识（许多投资者并没有掌握正确的相关知识）。

其次对已经掌握的正确的知识进行正确的运用从而得出正确的分析研判结果。

再次是根据已经得出的正确的分析研判结果制订出正确的投资计划。

最后是按照正确的投资计划坚决执行并根据实际情况不断的反馈调节取得实战操作的最终成功。

本章知识要领总结

实战操作前提条件的限制

任何技术方法使用效果的好坏都与是否掌握了该方法的各种使用限制条件有绝对的关系。实战中切忌不分场合和条件随意地展开短线操作。

实用主义、小农思想的克服

简单地以是否获利赚钱来衡量专业短线高手水平的高低，是地道的小农经济特有的功利主义短视。

错误理解准与不准的纠正

对于看得准与不准的错误理解是限制投资者朝着专业短线高手晋级的境界障碍。市场和他人的行为是外在的，我们的确无法绝对看准。但是，能否做对，却绝对是由自己决定的。我们不能控制市场和他人，但我们绝对要能够控制自己！我们不要求每次看对，但我们必须要求每次都做对。

第四章
专业短线高手如何快速看盘

凡是**理论范畴**的东西都必须最终落实到**具体的运用**项目上才能够达到最后的成功。

在下面的内容之中，我们将详细地阐述快速掌握高明的专业化投资技法的要领。它们都有**明确、合理、规范的标准次序**。请投资者在临盘实战操作中**严格按照专业化的规范进行运作**。

一、如何用几分钟判断当日大盘强弱

专业选手通过如下正确的方法**快速抓住问题的关键**，以帮助自己展开高水平的临盘实战操作：

（一）第一板个股的涨幅：最强势力的云集

沪深两市都可以通过**市场要素**快速排序的方法告诉我们市场运动的真正实质。

市场量价要素排序的功能是专业选手快速掌握市场运动真正情况的窗口，也是专业看盘的标准次序。

涨跌龙虎榜 61、63 的第一板直接告诉我们当日、当时市场中最强大的庄家的活动情况。如果连力量最强大的庄家都不敢出来表现，则市场的强弱可以立即得出判定。

在第一板中，如果有 5 只以上的股票涨停，则市场处于超级强势，所有短线战术可以根据目标个股的状态坚决果断地展开。此时，**大盘背景为个股**

名称	开盘	成交	涨跌	总手	现手	最高	最低	买入	卖出	涨跌幅%
N伊力特	1400	1420	▲794	395046	5	1468	1359	1420	1421	▲12684
长江投资	2135	2307	▲178	59204	17	2309	2132	2307	2309	▲836
同仁铝业	1520	1620	▲100	40345	31	1626	1513	1619	1620	▲658
宜宾纸业	1315	1385	▲068	23873	6	1420	1290	1381	1385	▲516
ST东碳	900	947	▲045	15271	10	947	900	947	948	▲499
轻工机械	1531	1606	▲075	20154	6	1645	1531	1605	1606	▲490
外高桥	1759	1806	▲063	10220	6	1880	1750	1806	1807	▲361
ST金帝	862	890	▲030	18390	14	899	849	890	891	▲349
第一百货	1106	1144	▲038	37754	60	1149	1106	1140	1143	▲344
特变电工	2705	2772	▲076	40672	5	2830	2705	2772	2780	▲281
新黄浦	1610	1630	▲040	18111	10	1675	1607	1631	1632	▲252
兰州民百	1270	1280	▲031	9610	16	1302	1250	1279	1280	▲248
力源液压	980	1005	▲023	19176	17	1014	973	1001	1004	▲234
一汽金杯	692	707	▲016	34609	21	709	679	707	708	▲232
浙江广厦	1075	1105	▲025	14510	58	1138	1075	1106	1107	▲231
厦门建发	1925	1959	▲041	7237	15	1970	1918	1957	1959	▲214
西藏明珠	892	910	▲018	70049	93	937	882	910	912	▲202
宁城老窖	1186	1214	▲024	21108	23	1220	1186	1214	1215	▲202
沪东重机	805	818	▲016	15576	10	825	797	818	820	▲200
ST松辽	1048	1060	▲020	15442	13	1090	1041	1060	1065	▲192
张江高科	2109	2145	▲038	2960	181	2164	2105	2146	2147	▲180
同济科技	1950	1992	▲038	26031	4	1992	1920	1992	1994	▲179
北人股份	910	933	▲016	22286	2	955	887	933	934	▲174
沪:164551 ▼1729 756410万 7315800手						深:414677 ▼2552 554363万 6644310手				
补分时: SZ 0778 OK				-0.61 -9.36 T=20542 [ ] 19:37						

图 4-1　1999年9月16日上海涨幅

名称	开盘	成交	涨跌	总手	现手	最高	最低	买入	卖出	涨跌幅%
民丰农化	996	1072	▲609	318179	310	1110	958	1072	1073	▲13153
深特力A	1375	1440	▲080	18992	5	1460	1336	1433	1434	▲588
鲁石化A	548	572	▲029	125282	331	579	499	571	572	▲534
ST中浩A	550	576	▲027	15052	9	576	550	576	577	▲492
东北电A	660	677	▲031	124247	52	687	660	677	678	▲480
长安汽车	540	564	▲024	84553	10	575	538	563	564	▲444
宏源信托	1205	1254	▲049	140430	95	1305	1205	1252	1256	▲407
ST中华A	518	536	▲018	18925	32	542	518	534	536	▲347
北方五环	789	815	▲026	30714	1	830	788	815	816	▲330
陕国投A	1152	1187	▲035	50008	38	1200	1137	1186	1187	▲304
海洋集团	995	1033	▲029	21877	6	1035	980	1032	1035	▲289
蓝星清洗	1480	1519	▲039	16264	6	1524	1460	1518	1519	▲264
阳光股份	1500	1551	▲038	6999	3	1580	1500	1546	1551	▲251
北海银河	2085	2106	▲050	7647	25	2130	2068	2106	2107	▲243
金狮股份	1680	1753	▲041	5421	48	1799	1680	1753	1755	▲239
ST英达A	761	779	▲018	6532	9	790	746	771	778	▲237
ST海药	692	710	▲016	11167	45	718	692	710	711	▲231
红星宣纸	1980	2025	▲045	2431	9	2028	1980	2023	2026	▲227
茂化永业	1474	1524	▲033	3330	9	1530	1474	1524	1525	▲221
美菱电器	774	791	▲017	79746	33	793	773	791	792	▲220
美利纸业	1058	1081	▲023	13857	5	1086	1058	1080	1081	▲217
ST宝石A	804	821	▲017	5973	12	825	802	818	822	▲211
通程控股	1530	1562	▲032	15220	102	1580	1520	1560	1568	▲209
沪:164551 ▼1729 756410万 7315800手						深:414677 ▼2552 554363万 6644310手				
补分时: SZ 0791 OK				-0.61 -9.36 T=25313 [ ] 19:38						

图 4-2　1999年9月16日深圳涨幅

的表现提供了良好条件。

在第一板中,如果所有个股的涨幅都大于4%,则市场处于强势,短线战术可以根据目标个股的强、弱势状态精细地展开。此时,**大盘背景为个股的表现提供了一般条件**。

在第一板中,如果个股没有敢于涨停且涨幅大于5%的股票少于3只则市场处于弱势,短线战术应该根据目标个股的强势状态小心地展开。此时,**大盘背景没有为个股的表现提供操作条件**。

在第一板中,如果所有个股的涨幅都小于3%,则市场处于极弱势,短线战术必须停止展开。此时,**市场基本没有提供机会**,观望和等待是最好的策略。

(二)即时波动线形态势:运动的轨迹

大盘波动态势低点不断上移,高点一波高于一波,即时盘面中黄白两条

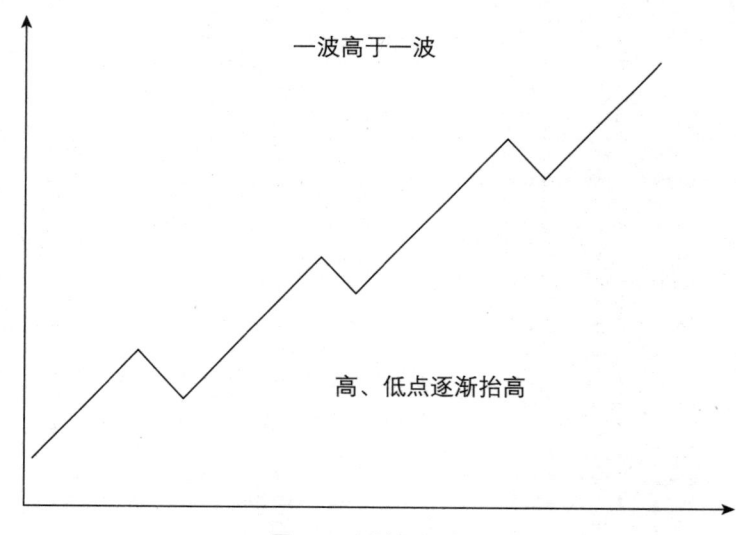

图 4-3 单边上扬格局

线均处于朝上的走势,且涨幅大于3%属于多头完全控盘的超级强势态势,是典型的**单边上扬**。短线操作可以坚决展开。

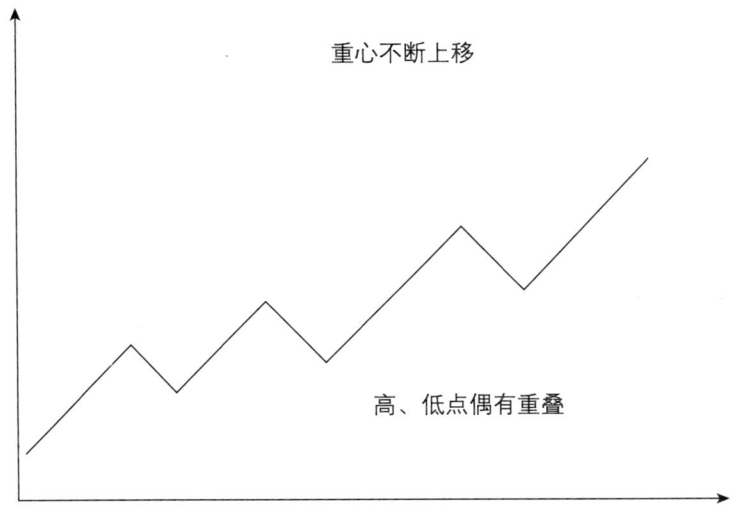

图 4-4 震荡上扬格局

大盘波动态势重心不断上移,高、低点偶有重叠,大盘处于上扬之中,属于典型的震荡上扬态势。短线操作可以视目标个股的具体情况而展开。

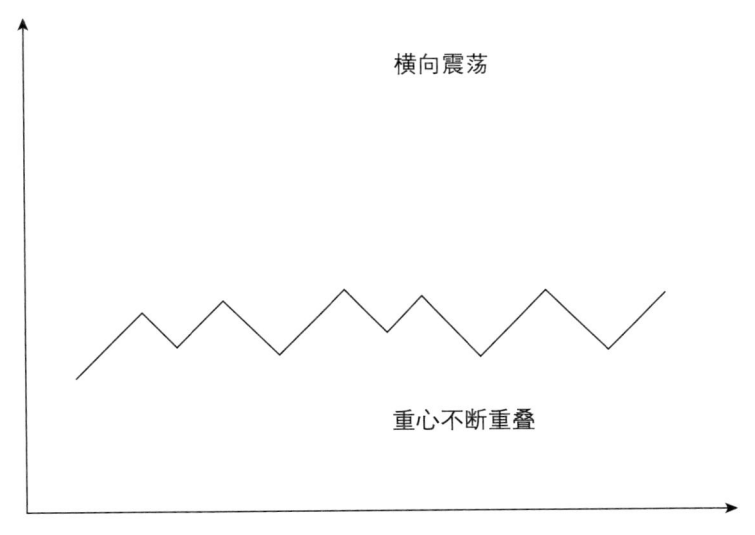

图 4-5 横向震荡格局

大盘波动态势重心横向水平波动,高、低点反复重叠,大盘处于震荡之中。此时,大盘属于牛皮态势。短线操作可以视目标个股的情况小心展开。

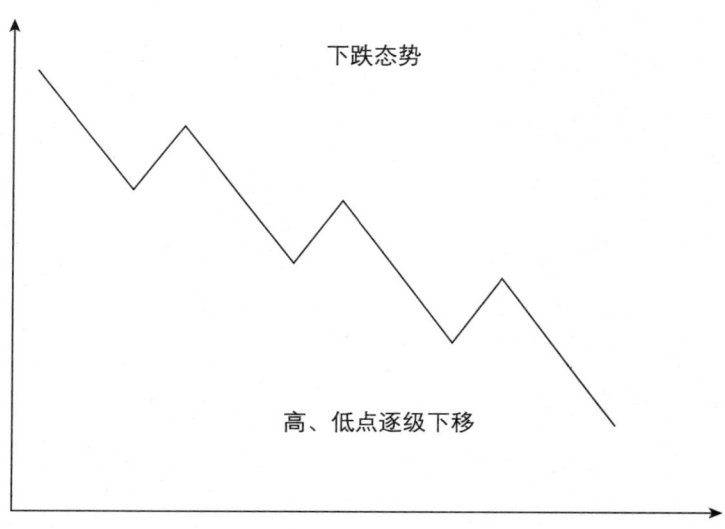

图4-6 震荡下跌格局

大盘波动态势重心向下运动，高、低点逐级下移，大盘处于跌势之中。此时，**大盘属于弱势。短线操作基本停止，千万不要逆大势盲动，妄图海底捞针。**

（三）个股涨跌家数对比：多空争斗表现

统计即时盘中涨跌家数的大小对比情况，体现出的是盘面之中多空双方较量争夺的即时结果，可以反应大盘涨跌的真实情况。

大盘涨，同时上涨家数大于下跌家数说明大盘上涨自然，涨势真实。大盘强。短线操作可以积极展开。

大盘涨，相反下跌家数却大于上涨家数，说明有人拉抬杠杆指标股。涨势为虚涨。大盘假强。短线操作视目标个股小心展开。

大盘跌，同时下跌家数大于上涨家数说明大盘下跌自然，跌势真实。大盘弱。短线操作停止。

大盘跌，相反上涨家数却大于下跌家数，说明有人打压杠杆指标股。跌势虚假。大盘假弱。短线操作视目标个股小心展开。

（四）盘中涨跌量价关系：运动的真实性

大盘涨时有量，跌时无量说明**量价关系健康正常**。短线操作积极展开无碍。

大盘涨时无量，跌时有量说明**量价关系不健康**，有人诱多。短线操作小心展开。

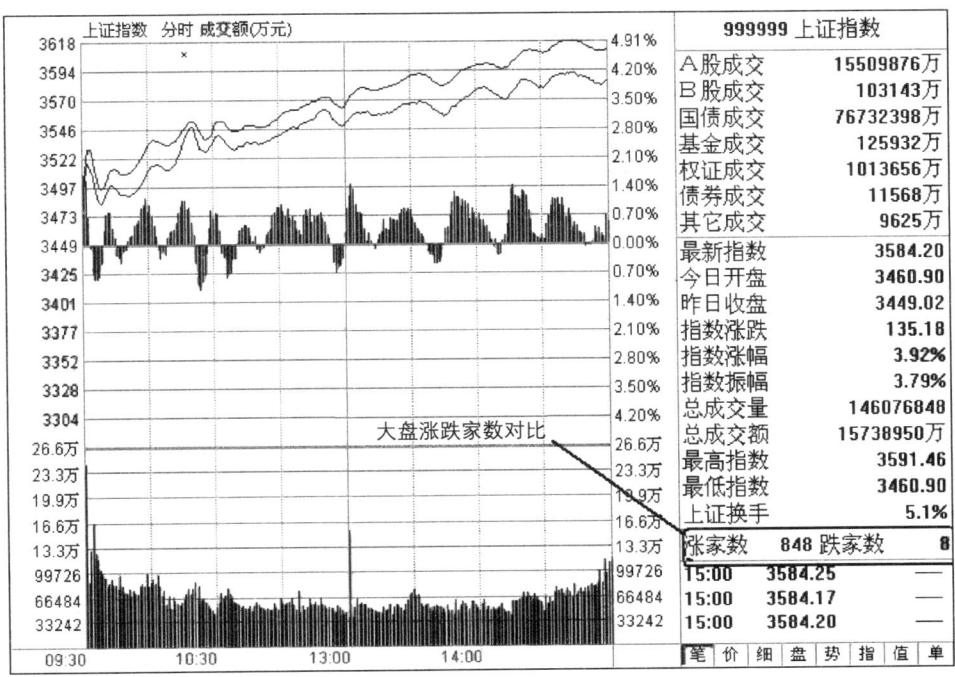

图 4-7 盘中涨跌家数对比

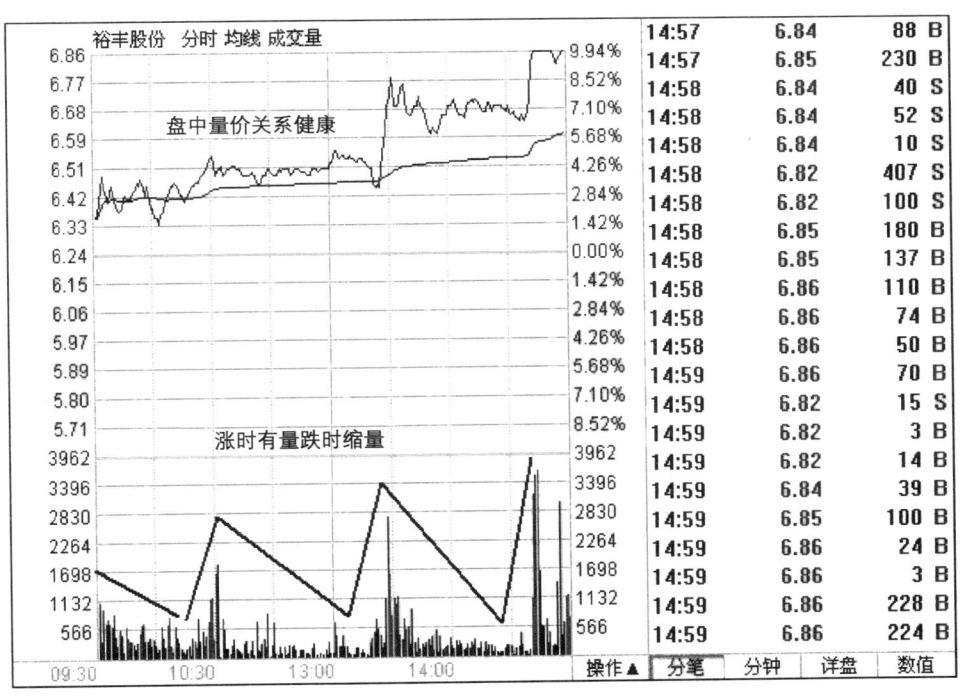

图 4-8 即时盘中量价关系

（五）相关市场连动呼应：沪深、A、B股连动

沪深两市同涨共跌是正常现象。如果B股也产生呼应则是最佳。**全部市场在共涨时，短线操作大胆展开。**沪深两市涨跌互现且与B股背离，短线操作小心。

二、如何判断当日是否具备短线获利机会

（一）个股攻击力度要求：涨幅、量

如果当日盘中涨幅榜第一板个股涨幅没有超过5%的，则可以判定所有庄家都慑于大盘淫威，不敢动作，因此不具备短线操作机会。量比排行榜上没有量比数值大于3倍且涨幅大于3%的个股则当日不具备短线操作机会。

（二）群庄协同分化情况：盘中热点

如果当日盘中涨幅榜第一板的股票混乱，不能形成横向或纵向关联，也就是说热点散乱，则当日基本不具备短线操作机会。这种状况暗示的是盘面中基本都是游击散庄在活动。集团大资金处于局外观望。

（三）敏感问题情况要领：技术敏感、时间敏感

在大盘处于敏感的技术位置如高位巨量长阴、重大技术关口跌破及关键的变盘时间之窗时，实战操作必须提高警惕，考虑回避。各种临盘买进操作战术不允许展开。

三、个股实战操作与资金具体布局的原则

（一）满仓操作条件的实战限定：限制条件使用

在大盘背景良好的前提下，只有少于300万的小资金而且该笔资金有较大短期业绩压力要求的时候，短线才可以考虑进行一次性满仓操作。否则都

今日涨幅排名			2分钟涨幅排名			今日委比前六名		
淄博基金	289	989%	张江高科	1869	+213%	长江投资	1523	+9764%
沈阳万利	308	621%	益民百货	862	+141%	铁龙股份	1751	+9412%
沈阳公众	310	580%	东海股份	1060	+095%	四维瓷业	953	+9364%
上海钢管	1112	530%	诚成文化	1326	+084%	成量股份	928	+8616%
云 天 化	1179	489%	基金金泰	124	+081%	中国化建	709	+8491%
宝鼎基金	422	471%	云维股份	989	+071%	南京中达	1257	+8476%
今日跌幅排名			2分钟跌幅排名			今日委比后六名		
综艺股份	2673	-1000%	基金兴和	106	-093%	综艺股份	2673	-9861%
宜宾纸业	1200	-950%	山川股份	941	-084%	重庆啤酒	2206	-9618%
明天科技	1710	-563%	凤凰股份	990	-080%	ST松 辽	930	-9498%
黄河旋风	1120	-508%	中技贸易	1570	-076%	云南马龙	1310	-9228%
ST松 辽	930	-501%	宝华实业	2930	-068%	精密股份	1044	-9196%
明星电力	1663	-475%	沪东重机	732	-054%	大众科创	1104	-8826%
今日震幅排名			今日量比排名			今日总金额排名		
淄博基金	289	+989%	宁城老窖	1099	2292	申能股份	1279	1444674
宜宾纸业	1200	+958%	丰华圆珠	1230	1084	综艺股份	2673	918603
华联商厦	739	+910%	淄博基金	289	933	爱使股份	1252	863867
明天科技	1710	+883%	上海钢管	1112	851	远洋渔业	1378	476753
综艺股份	2673	+865%	云 天 化	1179	670	沈阳公众	310	426802
建业基金	242	+858%	黄山旅游	1482	657	宁城老窖	1099	402631

沪:151375 ▼3004 264842万 3713400手 深:379231 ▼5917 229715万 3663570手

补分时: SZ 0910 OK -24.01 -28.00 T=3745426 [ ] 13:54 /

图 4-9 盘中热点是基金板块

应该采用分批、相互保护的复合方式进场。

（二）分仓操作的战术运用技巧：限制条件使用

无论大盘好坏，大于 500 万以上的资金量绝对不允许一次性全部进场。每一次进场时都必须充分考虑到出现意外情况时该如何处置。任何时候都应该保留一定的救援资金，时刻使自己处在进可攻、退可守的主动位置。具体做法分为持仓目标分仓和投入资金分仓，或组合采用的方式。

（三）目标集中与分散操作原则：科学地布局

如果是 100 万以下的资金，则只能考虑一次操作一只股票，绝对不适合多面出击分散持仓。

品种多样、持仓分散未必就能够分散风险。这只能说明操作者对自己选股的能力毫不自信。

如果是 500 万以内的资金，则持仓股票品种绝对不允许超过 3 只。实战中绝对不能看到这个股票好，买一点；看到那个股票好，再买一点，最后成了开杂货铺。

集中持仓，精心研判目标股票的做盘细节，用心来操作才是专业选手最为重要的资金管理和实战操作进出原则。

本章知识要领总结

快速看盘关键

市场各大要素及其相互关系的正确理解是快速准确看盘的关键。利用各种排序功能是最好的专业看盘方法。

行情态势的区分

正确辨别投资目标的实际状态是采用操作战术的前提条件。任何目标股票都必将处于我们所描述的上涨攻击、横盘蓄势、下跌溃败态势之中，绝对没有例外。

资金管理原则

盲目地集中或分散都是对资金的滥用。正确地使用资金是保证投资资金安全和投资最大限度获利的关键。

不要把十个鸡蛋放在一个篮子里的说法是没有运作过大资金亲身参与实战者的信口雌黄。

第五章
如何以最快速度捕捉短线黑马

每天动态盘中交易的时间有限，个股最佳的获利机会稍纵即逝。如何使用一整套高效率的方法来快速、正确地对获利机会进行成功的捕捉就成为攸关实战操作成败和操作质量好坏的关键。

在下面的内容中，作者将介绍专业选手使用的标准化、程序化、科学化了的正确看盘、操盘的方法：

一、快速发现黑马目标：盘口语言

什么是看盘？所谓看盘，就是看市场的各种要素及其相互之间的关系。这些要素就是市场的信息和盘口的语言。

（一）市场要素：价、量、时、人

市场有四大要素，它们分别是股票的价格、成交量、时间（速度、角度）和参与的投资人。这几大要素的盘中变动及其相互关系是看盘发现获利机会和规避亏损风险的关键。

价格的变动情况通过涨跌幅排序功能能够以最快的速度得到了解。钱龙、胜龙等分析软件的61、63键就能完成这一功能。

价格涨幅排列在前面的目标股票，说明有庄家在对其股价进行往上拉抬做盘；价格跌幅排列在前面的目标股票，说明市场中有人在抛售，庄家在减仓或出货。

成交量的变动情况能够通过量比排序功能以最快的速度得到了解。钱龙、胜龙等分析软件的＊键连续按动，就能完成这一功能。

量比排列在前面的，说明该股今日在放量，参与的投资者多；量比排列在后面的，说明该股今日缩量，参与的投资者少或投资力量弱小。

名称	开盘	成交	涨跌	总手	现手	最高	最低	买入	卖出	量比
山东铝业	905	893	▲020	108180	128	928	886	892	893	354
飞龙实业	1287	1252	▲006	12032	5	1343	1238	1252	1254	346
兰陵陈香	1009	1009	▼112	23309	6	1050	1009	1009	1010	331
望春花	1162	1101	▼075	4414	10	1197	1101	1101	1102	330
长江包装	1360	1377	▲033	8797	9	1400	1350	1376	1377	302
新农开发	1088	1110	▲022	11574	50	1120	1085	1110	1111	291
东风汽车	680	660	▼021	34572	43	680	658	659	660	283
远洋渔业	1091	1156	▲058	41268	44	1160	1086	1156	1157	269
通化东宝	923	908	▼012	4393	1	923	900	907	908	202
ST东碳	885	912	▲027	4398	10	912	885	910	912	197
九发股份	1755	1705	▼050	1630	6	1755	1701	1703	1705	182
基金安顺	113	112	▼002	162638	31	114	111	112	113	166
基金汉盛	123	121	▼002	172760	101	123	120	121	121	163
离合器	1480	1487	▲036	6093	9	1508	1471	1486	1488	160
航天机电	1545	1516	▼038	3954	10	1558	1505	1515	1516	155
天津港	1000	977	▼025	2819	11	1000	970	974	977	150
华源股份	1275	1263	▼007	8146	50	1296	1245	1260	1263	150
中国嘉陵	720	727	▼005	6019	60	730	716	722	725	150
中西药业	1978	1970	▼007	1906	80	1998	1960	1951	1970	147
上实联合	1797	1735	▼062	1622	6	1800	1710	1736	1739	146
海星科技	2088	2080	▲030	7057	16	2100	2061	2076	2080	145
多佳股份	1038	1050	▲014	11546	168	1051	1021	1049	1051	141
杭州解百	865	830	▼035	2719	20	865	830	831	832	139

沪:153451 ▼3612 262581万 3307830手 深:387179 ▼9604 256360万 3543280手
PgUp,PgDn翻页, /*切换, Enter看个股   -9.50 +4.73   [*] 20:11

图 5-1　61 沪市涨幅

名称	开盘	成交	涨跌	总手	现手	最高	最低	买入	卖出	量比
凯迪电力	1807	1800	▲1141	351531	17	1856	1660	1797	1800	3515
成都华联	1578	1589	▲027	6753	100	1689	1571	1573	1600	698
ST英达A	768	806	▲038	23647	52	806	761	806	807	577
深长城A	1600	1648	▲048	25396	3	1670	1585	1645	1650	504
ST深华源	816	860	▲041	45168	4	860	811	860	861	423
金果实业	1500	1421	▼078	9756	1	1518	1410	1418	1420	336
安凯客车	1048	1058	▲018	17531	12	1065	1043	1058	1059	308
港澳实业	845	851	▲015	24446	14	868	840	852	853	268
湖北金环	1245	1198	▼050	13178	2	1246	1188	1196	1198	256
广东福地	709	704	▲027	163921	42	709	661	703	704	234
基金普丰	107	107	▼001	459270	6	108	106	107	108	222
ST海虹	1986	2046	▲060	11921	4	2081	1986	2047	2048	219
ST华发A	880	891	▲016	8550	6	908	863	891	892	208
河南思达	1475	1497	▲040	2434	6	1599	1469	1495	1497	204
飞亚达A	950	930	▼020	4815	11	950	918	926	930	200
ST白云山	497	500	▲013	34272	6	505	488	500	501	195
唐山陶瓷	935	940	▲007	10034	62	949	920	939	941	192
银广夏A	1312	1284	▼026	10765	7	1315	1280	1283	1286	188
云内动力	923	914	▼009	6006	7	923	912	914	916	184
广州浪奇	745	755	▲015	9948	5	767	743	755	756	183
南方汇通	1351	1343	▼007	3613	3	1374	1328	1349	1350	181
凯地丝绸	1037	995	▼023	4990	3	1037	950	994	995	181
韶能股份	940	937	▼041	6474	5	960	926	935	936	179

沪:160420 ▼1285 458299万 5485310手 深:405159 ▼1423 460849万 6445760手
补分时: SH 600888 OK   -12.23 -12.67 T=2858295 [*] 18:18

图 5-2　63 深市涨幅

名称	开盘	成交	涨跌	总手	现手	最高	最低	买入	卖出	量比
金丰投资	1710	1639	▼071	43135	28	1760	1601	1639	1639	3108
N 四维瓷	928	924	▲524	282387	20	985	911	925	926	2824
华东电脑	1800	1825	▲057	13092	7	1880	1771	1823	1825	570
中国高科	2139	1980	▼168	39472	55	2139	1932	1978	1980	541
重庆啤酒	2307	2339	▲017	9702	15	2398	2306	2338	2339	514
东海股份	1193	1180	▲004	37911	26	1208	1165	1179	1180	473
金健米业	1753	1796	▲043	25588	1	1848	1753	1792	1796	430
ST郑百文	535	564	▲027	88972	6	564	535	564	565	377
百隆集团	1380	1339	▼020	22856	5	1470	1320	1335	1339	321
上海贝岭	2680	2704	▲047	23550	4	2748	2655	2704	2705	307
工益股份	926	910	▼016	12977	1	930	901	909	910	285
前锋股份	1820	1867	▲038	6873	45	1880	1810	1867	1868	282
大唐电信	2931	2989	▲077	19847	5	3039	2920	2989	2990	273
达尔曼	1600	1600	000	4323	2	1628	1588	1598	1600	272
离合器	1425	1448	▲015	2711	13	1452	1420	1448	1449	240
新锦江	959	962	▲003	7345	53	979	955	963	967	238
上海金陵	1350	1333	▼017	8003	26	1368	1330	1331	1333	234
雅戈尔	1836	1819	▼020	5152	12	1842	1815	1817	1820	219
天鹅股份	1035	1010	▼030	15108	2	1058	1001	1009	1010	218
海欣股份	1240	1211	▼019	3986	15	1243	1190	1210	1211	218
宝硕股份	1458	1488	▲034	15705	5	1499	1400	1483	1485	209
中储股份	2139	2030	▼090	43095	554	2150	1925	2030	2034	203
凤凰光学	1210	1177	▼028	7057	4	1210	1150	1177	1178	203
沪:160420 ▼1285 458299万 5485310手 深:405159 ▼1423 460849万 6445760手										
补分时: SH 600861 OK -12.23 -12.67 T=2844766 [ ] 18:17										

图 5-3 沪市量比排名图示

名称	开盘	成交	涨跌	总手	现手	最高	最低	买入	卖出	量比
凯迪电力	1807	1800	▲1141	351531	17	1856	1660	1797	1800	3515
成都华联	1578	1589	▲027	6753	100	1689	1571	1573	1600	698
ST英达A	768	806	▲038	23647	52	806	761	806	807	577
深长城A	1600	1648	▲048	25396	3	1670	1585	1645	1650	504
ST深华源	816	860	▲041	45168	4	860	811	860	861	423
金果实业	1500	1421	▼079	9756	1	1518	1410	1418	1420	336
安凯客车	1048	1058	▲018	17531	12	1065	1043	1058	1059	308
港澳实业	845	851	▲015	24446	14	868	840	852	853	268
湖北金环	1245	1198	▼050	13178	2	1246	1188	1196	1198	256
广东福地	709	704	▲027	163921	42	709	661	703	704	234
基金普丰	107	107	▼001	459270	6	108	106	107	108	222
ST海虹	1986	2046	▲060	11921	4	2081	1986	2047	2048	219
ST华发A	880	891	▲016	8550	6	908	863	891	892	208
河南思达	1475	1497	▲040	2434	6	1522	1469	1485	1497	204
飞亚达A	950	930	▼017	4815	11	950	918	926	930	200
ST白云山	497	500	▲013	34272	6	505	488	500	501	195
唐山陶瓷	935	940	▲007	10034	62	949	920	939	941	192
银广夏A	1312	1284	▼026	10765	7	1315	1280	1283	1286	188
云内动力	923	914	▼009	6006	7	923	912	914	916	184
广州浪奇	745	755	▲015	9948	5	767	743	755	756	183
南方汇通	1351	1343	▼007	3613	3	1374	1328	1349	1350	181
凯地丝绸	1037	995	▼023	4990	3	1037	950	994	995	181
韶能股份	940	937	▼041	6474	1	960	926	935	936	179
沪:160420 ▼1285 458299万 5485310手 深:405159 ▼1423 460849万 6445760手										
补分时: SH 600888 OK -12.23 -12.67 T=2858295 [*] 18:18										

图 5-4 深市量比排名图示

其他市场要素还可以通过看资金流向的成交额排序、相对强弱排序及委比排序等进行细致的了解，以便我们能够更加全面地了解市场的真实情况。

专业选手由于各种技术功力的娴熟，因此总是采用最快捷的方式完成自己的任务。

这种方法就是专业选手秘不示人的通过涨幅、量比等盘面线索，以图表最后确定目标股票是否是黑马的快速交叉选股法。当然还有比这更快、更好、更科学的选股方法，那就是作者研究的《征战英雄》交易软件之系列选股系统。

（二）经典快速看盘程序：81、83排序功能活用图解

各种分析软件都有一个共同的功能：技术指标综合排序。该功能充分快捷地反应了市场中各大要素最强和最弱的目标股票的情况，是市场中各种力量最典型的汇聚之地。对综合指标排名榜的很好研究利用能够提供捕捉获利机会的捷径，有利于快速出击爆发性黑马，因此也叫黑马窗口。

下面是市场各大要素的综合排行榜：

今日涨幅排名			2分钟涨幅排名			今日委比前六名		
沈阳公众	244	563%	ST水仙	856	+130%	大唐电信	2801	+9213%
上海九百	1140	364%	宝华实业	3030	+107%	ST黄河科	759	+8677%
运盛实业	1238	334%	基金汉盛	121	+083%	双虎涂料	1291	+8562%
离合器	1535	302%	申能股份	1129	+080%	永生股份	1300	+8529%
沈阳银海	197	260%	锦州港	980	+072%	工益股份	863	+8491%
建业基金	216	237%	ST永久	840	+072%	益鑫泰	962	+8391%
今日跌幅排名			2分钟跌幅排名			今日委比后六名		
郑州煤电	2210	-359%	XR爱使	1200	-164%	重庆啤酒	2228	-9696%
XR爱使	1200	-268%	巨化股份	1050	-132%	宁波华通	1486	-9478%
宁波华通	1486	-224%	啤酒花	1212	-130%	蓝田股份	1810	-9321%
兰花股份	861	-216%	昌九股份	840	-118%	新华百货	1430	-8906%
真空电子	1421	-200%	湖南海利	1274	-109%	华联商厦	770	-8904%
ST金帝	765	-192%	武汉电缆	1850	-107%	伊利股份	2520	-8813%
今日震幅排名			今日量比排名			今日总金额排名		
泰山旅游	1097	+1081%	沈阳公众	244	1277	海星科技	2264	198736
广州控股	1162	+1008%	上海九百	1140	925	长江投资	1551	163335
冰熊股份	1408	+634%	离合器	1535	907	郑州煤电	2210	80274
沈阳公众	244	+563%	莱钢股份	725	851	离合器	1535	55785
宁波中百	1872	+503%	海星科技	2264	772	同仁铝业	1980	53385
运盛实业	1238	+492%	金龙基金	230	714	生益股份	1391	50707
沪:153631	▼148	25914万	287310手		深:385580	▼001	21626万	262190手
天鹅股份	1031	22↑	▲128%	-27.05	-14.85	T=359902	[ ]	09:55

图5-5　81沪市综合指标排序图示

今日涨幅排名			2分钟涨幅排名			今日委比前六名		
新华制药	1350	506%	古汉集团	1193	+153%	格力电器	1689	+9398%
牡 石 化	993	398%	草原兴发	1020	+099%	国际大厦	1018	+9289%
南方基金	178	349%	基金天元	105	+096%	新华制药	1350	+8944%
华信基金	188	273%	基金裕隆	110	+092%	银山化工	1075	+8756%
粤 TCLA	1123	246%	ST华发A	846	+071%	深圳华强	2230	+8519%
ST深华宝	1310	242%	广证基金	187	+054%	福建三农	1100	+8125%
今日跌幅排名			2分钟跌幅排名			今日委比后六名		
广东福地	709	-367%	四川锦华	1560	-201%	茂炼转债	11691	-10000%
辽 房 天	880	-308%	成都华联	1505	-157%	经纬纺机	1160	-9625%
ST中浩A	638	-289%	深 赛 格	1989	-153%	国风塑业	1083	-9524%
涪陵建陶	1035	-273%	ST 海 药	645	-153%	安凯客车	1013	-9488%
美利纸业	960	-264%	ST琼能源	730	-082%	法 尔 胜	1519	-9328%
海洋集团	871	-246%	基金普惠	124	-080%	燃气股份	1575	-9257%
今日震幅排名			今日量比排名			今日总金额排名		
豫白鸽A	854	+920%	新华制药	1350	2724	中 关 村	2352	163970
武汉中百	995	+809%	武汉石油	1465	1454	广东福地	709	113635
新华制药	1350	+809%	惠天热电	1350	671	粤 TCLA	1123	89783
武汉石油	1465	+709%	陕西金叶	1505	609	湖北中天	1579	89265
华天酒店	1327	+483%	ST吉诺尔	2120	558	深发展A	2245	66823
大冷股份	820	+452%	武汉中百	995	504	豫白鸽A	854	60055

沪:153584 ▼195 26468万 293280手 深:385619 ▲038 22010万 268010手

原水股份 838 5↓ ▼071% -26.76 -15.68 T=368823 [ ] 09:56 ¦

图 5-6 83 深市综合指标排序图示

今日涨幅排名			2分钟涨幅排名			今日委比前六名		
淄博基金	289	989%	张江高科	1869	+213%	长江投资	1523	+9764%
沈阳万利	308	621%	益民百货	862	+141%	铁龙股份	1751	+9412%
沈阳公众	310	580%	东海股份	1060	+095%	四维瓷业	953	+9364%
上海钢管	1112	530%	诚成文化	1326	+084%	成量股份	928	+8616%
云 天 化	1179	489%	基金金泰	124	+081%	中国化建	709	+8491%
宝鼎基金	422	471%	云维股份	989	+071%	南京中达	1257	+8476%
今日跌幅排名			2分钟跌幅排名			今日委比后六名		
综艺股份	2673	-1000%	基金兴和	106	-093%	综艺股份	2673	-9861%
宜宾纸业	1200	-950%	山川股份	941	-084%	重庆啤酒	2206	-9618%
明天科技	1710	-563%	凤凰股份	990	-080%	ST松 辽	930	-9498%
黄河旋风	1120	-508%	中技贸易	1570	-076%	云南马龙	1310	-9228%
ST松 辽	930	-501%	宝华实业	2930	-068%	精密股份	1044	-9196%
明星电力	1663	-475%	沪东重机	732	-054%	大众科创	1104	-8826%
今日震幅排名			今日量比排名			今日总金额排名		
淄博基金	289	+989%	宁城老窖	1099	2292	申能股份	1279	1444674
宜宾纸业	1200	+958%	丰华圆珠	1230	1084	综艺股份	2673	918603
华联商厦	739	+910%	淄博基金	289	933	爱使股份	1252	863867
明天科技	1710	+883%	上海钢管	1112	851	远洋渔业	1378	476753
综艺股份	2673	+865%	云 天 化	1179	670	沈阳公众	310	426802
建业基金	242	+858%	黄山旅游	1482	657	宁城老窖	1099	402631

沪:151375 ▼3004 264842万 3713400手 深:379231 ▼5917 229715万 3663570手

补分时: SZ 0910 OK -24.01 -28.00 T=3745426 [ ] 13:54 /

图 5-7 81 沪市综合指标排序图示

今日涨幅排名			2分钟涨幅排名			今日委比前六名		
粤 TCLA	1154	1001%	涪陵建陶	1076	+346%	ST 南洋	525	+10000%
ST 南洋	525	500%	东方宾馆	621	+252%	中兴商业	876	+9397%
PT 振新	674	482%	ST粤富华	761	+242%	江淮动力	1042	+9389%
威达医械	1070	439%	南京中北	1072	+210%	托普软件	2735	+9200%
广东福地	721	363%	深益力A	1085	+179%	中国服装	882	+9184%
甬中元A	1425	326%	天歌集团	1688	+169%	徐工股份	1232	+9117%
今日跌幅排名			2分钟跌幅排名			今日委比后六名		
金城股份	851	-908%	合金股份	3300	-120%	深圳华强	2276	-9760%
红星宣纸	1795	-865%	深特力A	1084	-082%	泰达股份	1631	-9636%
吉林敖东	1576	-778%	蓝天基金	130	-076%	ST中华A	560	-9578%
天兴仪表	1092	-662%	豫白鸽A	868	-069%	ST中浩A	683	-9422%
渝开发A	1466	-651%	渝开发A	1466	-061%	燕京啤酒	1631	-9330%
青岛国货	842	-582%	石狮新发	1042	-057%	新兴铸管	998	-9324%
今日震幅排名			今日量比排名			今日总金额排名		
福建双菱	1004	+1380%	粤 TCLA	1154	598	中关村	2298	1582169
涪陵建陶	1076	+1066%	威达医械	1070	444	深发展A	2263	1216859
渝开发A	1466	+906%	第一纺织	1026	383	粤 TCLA	1154	701721
粤 TCLA	1154	+896%	湖北中天	1430	360	吉林敖东	1576	665171
豫白鸽A	868	+818%	吉林敖东	1576	316	广东福地	721	596156
深特力A	1084	+785%	福建双菱	1004	315	ST 海虹	2159	521117

沪:153451 ▼3619 262581万 3307830手 深:387179 ▼9604 256360万 3543280手
PaUp,PgDn翻页, /*切换, Enter看个股 -9.50 +4.73 [   ] 20:15

图 5-8 83 深市综合指标排序图示

下面我们将详细介绍通过该综合排行榜以最快速度捕捉黑马的方法。

（三）黑马捕捉：概念及专业化捕捉方法

黑马——在一波行情之中涨幅大于 30% 的股票。

1. 黑马股只静态图表的条件框定依据

一只股票成为大黑马必然是集团大资金有计划地对它进行彻底而连贯运作的结果。

那么，从 K 线图表的价量关系上看，它就必然会具备许多大资金有计划持续控盘、操盘动作的特征。这是最狡猾的庄家也都必然要露出的马脚。大黑马的产生绝对不是偶然的小庄家临时打游击、赚小钱的操作行为。

从静态的 K 线图表看，一只大黑马的诞生必然是做盘的庄家用资金实力控制了该股票绝大部分的在外流通筹码。**只有这样庄家才能对该股票进行随心所欲的价、量操纵。**

因此，该股票在爆发前必然具有庄家大规模建仓的成交量特征：要么长时间大规模隐蔽建仓；要么以横扫一切的抢盘动作坚决、彻底不计成本地拔高突击建仓。其共同的特征都是庄家必须持有该股60%以上的流通筹码。

这在该股票**成交量分布结构**上会有充分的体现：资金进而未出。并且庄家还必须具备有充足的后援拉高再放量的资金实力。

从日K线图表看，该股票的图表必须是30日均线走平向上处于股价循环运动第一阶段盘底已经胜利结束，或第二阶段上涨初、中期的时候。该股票的短期均线系统必须全部形成向上攻击的多头排列，并且必须以大成交量：量比放大1倍以上，支持3日均线的大角度≥50度陡峭上扬的向上攻击态势。这是大黑马股票的**重要特征之一**。

对有翻倍能力的超级大黑马必须附加其他的图表条件。不具备该条件的股票短线也可能有相当惊人的涨幅，但是该情况的出现必须是整体大盘背景的健康良好，并具备有板块股群向上助攻的人气鼎沸的市场氛围条件。（翻倍黑马详见后文《战无不胜》寻宝图部分。）

2. 黑马股只的动态盘面——第一时间同步捕捉技巧

首先打开钱龙、胜龙或其他股票分析软件的综合指标排名龙虎榜，开始进行专业化看盘选股。

① 第一道专业搜索程序

我们的搜索目标直指涨幅榜：大盘上涨时要求目标个股涨幅大于3%，大盘振荡、调整时要求目标个股走势强于大盘的有异常波动的股票。初步发现目标股只X股、Y股、Z股。这是**第一次筛选**。

② 第二道专业搜索程序

我们将搜索视线放到综合排名榜的量比榜，搜索量比放大超过1倍以上的股只，越大越要引起关注。这说明庄家投入的资金越多，向上做盘的欲望越强。然后将第一道程序筛选出的X股、Y股、Z股拿来进行排名对比，确认它们是否也同时在量比排名之中。

如果没有则立即剔除，这说明庄家不是用实力而是用技巧在做盘；如果X股、Z股也同时出现在量比排名龙虎榜中则作**第二次确定**。

③ 第三道专业搜索程序

打开X股、Z股的日K线图表，看该目标股票的3日均线是否正在带量上扬、前期是否有一组K线止跌、今日该股是否为最近时期的第一次放量。

如果满足这些条件，那么就可以立即作**最后的确定**。

④ 黑马股只的最后确定

如果只有 X 股满足前面三道程序，则立即打开该 X 股的周 K 线图表。如果该 X 股在周 K 线图表中的 KDJ 指标刚刚低位金叉或正在强势区向上运动，则可以确定该目标股票已经具备短线展开攻击的条件，获利机会已经到来。

它就可能是一只短线黑马。如果出现误判，该股票的 3 日均线一旦走平失去短线向上攻击的能力，我们就必须按计划展开预先拟定的实战保护措施，绝对不能抱有一丝一毫的侥幸和幻想。能否做到这一点是判断投资者是否是专业选手的关键，切记！

这就是专业选手秘不示人的通过涨幅、量比等盘面线索，以图表最后确定目标股票是否是黑马的快速交叉选股法。

下图是 1999 年 9 月 16 日选出同仁铝业的图示

今日涨幅排名			2分钟涨幅排名			今日委比前六名		
N 伊力特	1420	12684%	南洋实业	2628	+292%	伊利股份	2820	+9733%
长江投资	2307	896%	ST石劝业	1229	+225%	三星石化	982	+9459%
同仁铝业	1620	658%	同济科技	1922	+163%	厦门大洋	1570	+9445%
宜宾纸业	1385	516%	第一食品	1065	+143%	ST东碳	947	+9027%
ST东碳	947	499%	天鹅股份	975	+135%	长春长铃	782	+8950%
轻工机械	1606	490%	物贸中心	1249	+130%	氯碱化工	1152	+8854%
今日跌幅排名			2分钟跌幅排名			今日委比后六名		
金健米业	1700	-845%	金牛实业	1287	-674%	戴梦得	1628	-9145%
金牛实业	1287	-807%	金健米业	1700	-455%	金健米业	1700	-8836%
湖北兴化	938	-667%	鞍山信托	1060	-093%	浙江天然	1554	-8792%
华资实业	2030	-624%	江西纸业	931	-085%	良华实业	1520	-8621%
宝华实业	2991	-602%	厦新电子	1760	-085%	鞍山信托	1060	-8459%
西宁特钢	1109	-570%	永生股份	1422	-077%	巨化股份	1140	-8382%
今日震幅排名			今日量比排名			今日总金额排名		
N 伊力特	1420	+1741%	N 伊力特	1420	3950	N 伊力特	1420	5569233
华资实业	2030	+1058%	同仁铝业	1620	868	厦新电子	1760	2813977
宜宾纸业	1385	+987%	长江投资	2307	536	伊利股份	2820	2422654
一钢异型	962	+932%	轻工机械	1606	386	华资实业	2030	1882352
金健米业	1700	+889%	西藏明珠	910	376	长江投资	2307	1314897
金牛实业	1287	+864%	陆家嘴	1488	327	长春经开	2027	1260871
沪:164551	▼1729	756410万	7315800手	深:414677	▼2552	554363万	6644310手	
补分时:	SZ	0721 OK		-0.61	-9.36	T=3943	[ ] 19:36	

图 5-9　81 沪市综合指标排序

该股现在已经改名为东盛科技（代码为600771）。捕捉时股价为16.20元，而在后续的行情中该股最高曾到达37.2元的价位。这就是专业化选股方法的威力。

二、盘中量价不规则异动：红包、巨量

选择黑马目标股票的第二种方法就是捕捉盘中量价大幅度异常波动的股票。**看盘、看盘，看什么？看的就是量价异动**，而绝对不是空洞地乱看，也绝对不是看其他莫名其妙的东西。

在盘面中最常见的异动有：

（一）红包：转仓、降温、暗号

盘中某只股票在较低的位置突然莫名其妙地有巨量成交，而且成交后股价被迅速拉起恢复原状。这种现象在股市中实在太多。

该种异动现象隐含着如下几方面的可能性，对投资者来说都是一种获利的大好机会。

1．坐庄机构不同分仓席位间进行转仓布局；
2．制造最低价做价格类指标之技术骗线；
3．庄家向关系户发放红包、变相送礼；
4．坐庄主席位向各分仓席位发出攻击或撤退的做盘暗号。

（二）低开、巨量、长阳：战术布局

某只股票当日突然大幅低开，市场中该股的投资者莫名其妙，首先想到的就是可能有利空。但是该股盘中却不断巨量成交，股价不断上行，让不明真相产生了恐慌的投资者有出局的机会，最终该股以长阳报收。如此，庄家既达到了快速收集筹码的目的，同时又很好地震了仓。

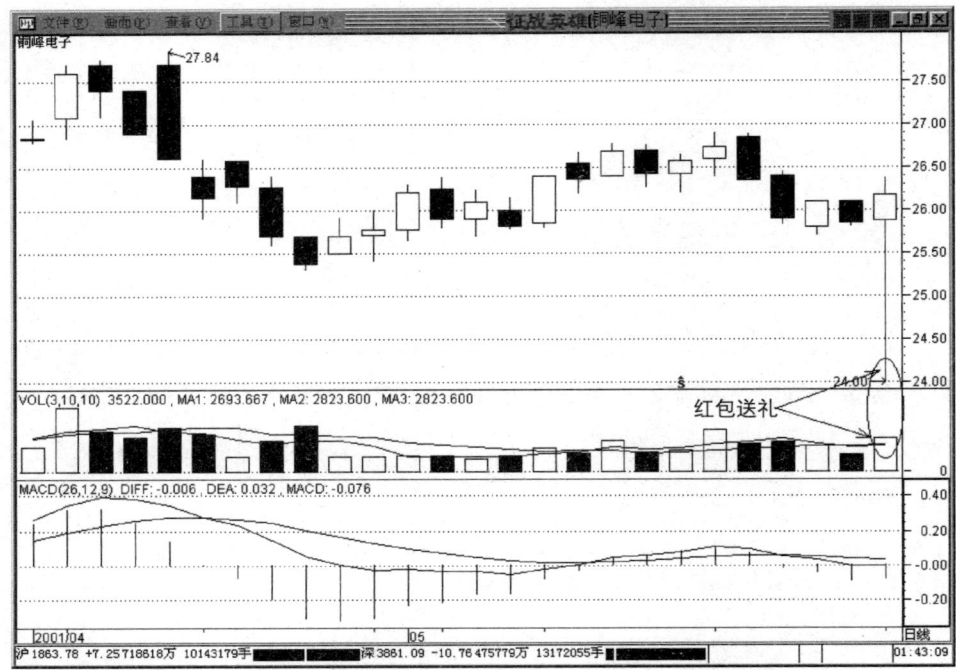

图 5-10 铜峰电子红包送礼

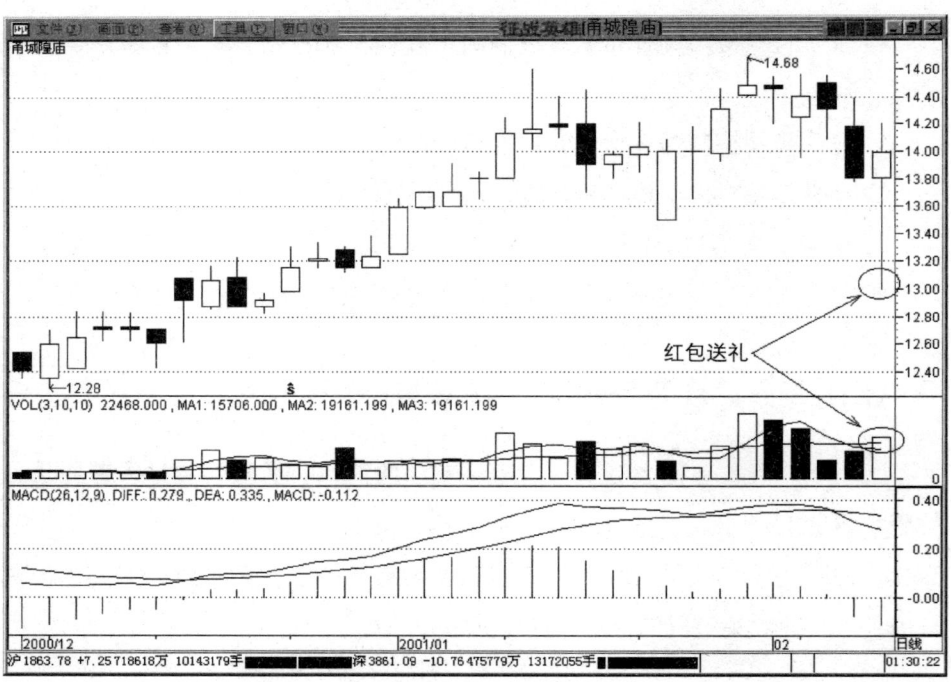

图 5-11 甬城隍庙红包送礼

图 5-12 西藏圣地红包送礼

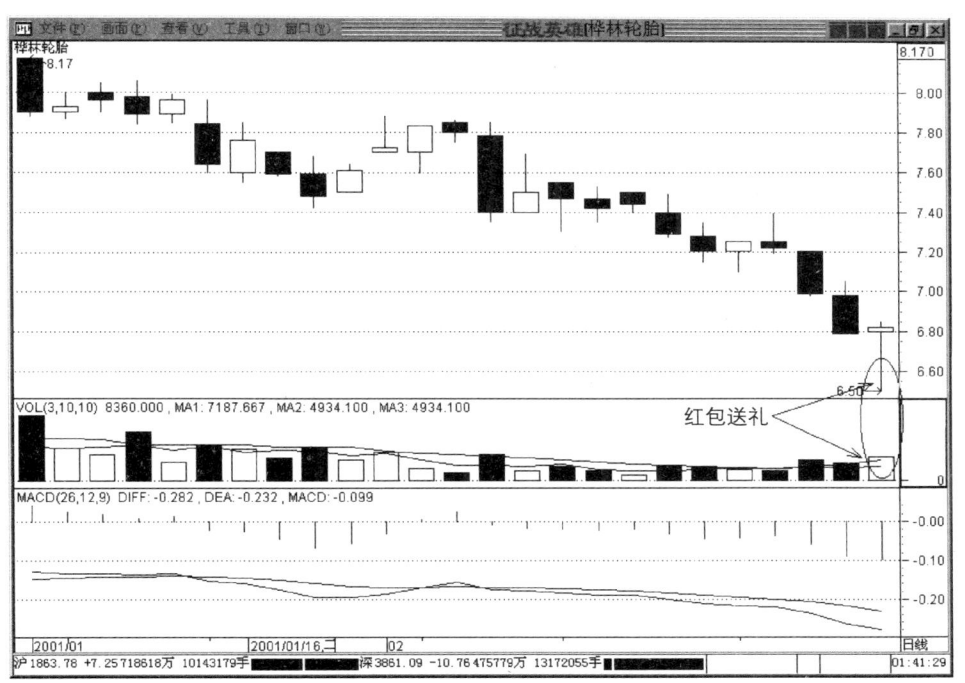

图 5-13 桦林轮胎红包送礼

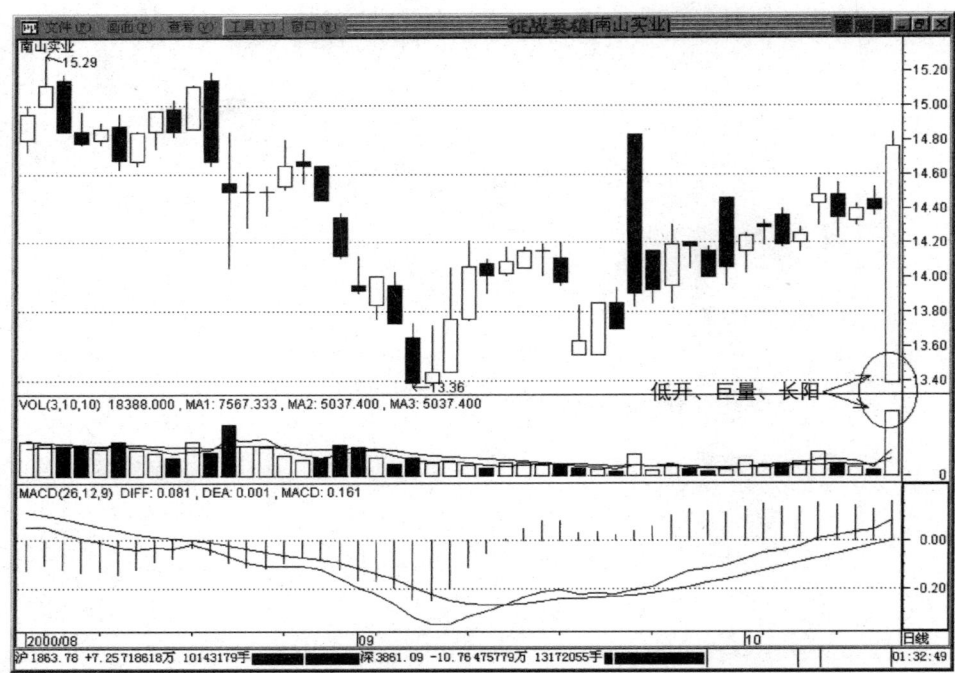

图 5-14 南山实业低开巨量

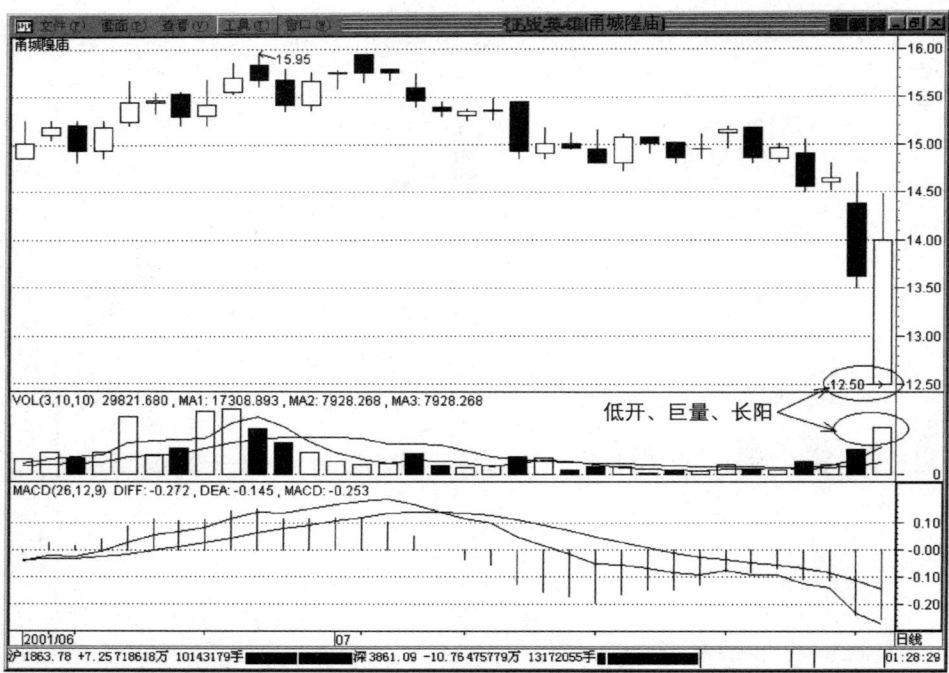

图 5-15 甬城隍庙低开巨量

图 5-16 哈飞股份低开巨量长阳

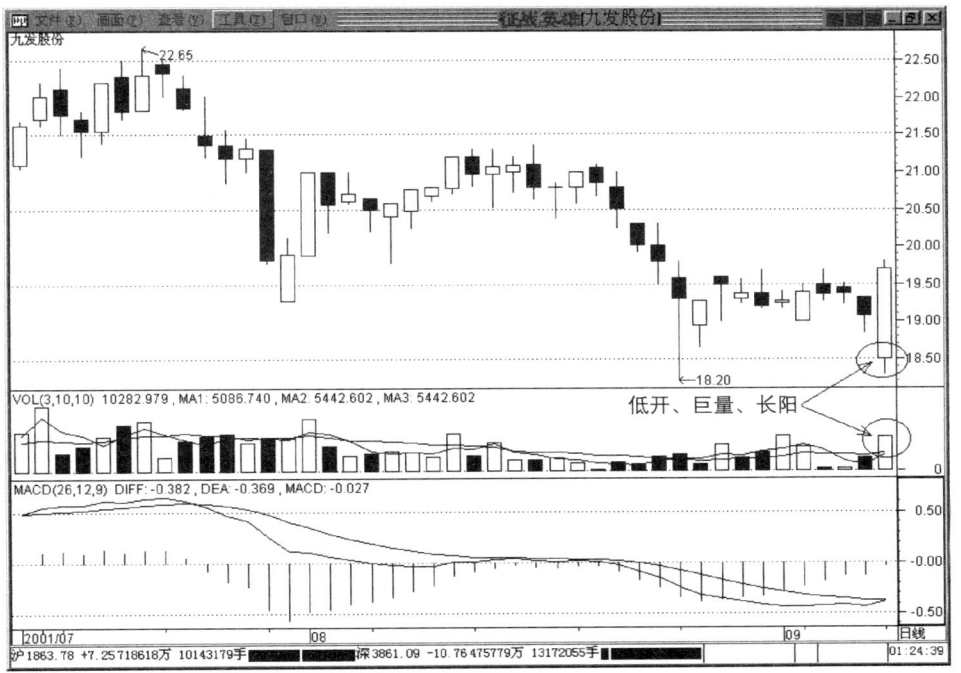

图 5-17 九发股份低开巨量长阳

以上例举的股票，在出现低开、巨量、长阳后股价的后续表现有目共睹，都极为精彩。

盘中捕捉黑马的方法还有很多，有机会的时候，我们会再做更精彩的讲解。

三、短线操作对应的技术系统：小级别、短周期

任何周期的操作战术动作的展开，都必须有对应的技术依据。**对于专业高手来说，绝对不允许随意凭所谓的感觉来展开操作战术。**

所谓的投资高手告诉你凭借自己的市场感觉取得巨大成功的故事，可以肯定都是骗人的把戏。

古往今来，从来没有谁凭自己的市场感觉能够长久、稳定、持续地在市场中取得成功。告诉你他自己凭感觉投资的高手，可以说连专业选手的门都还没有入。

曾经在报上看到某银行的首席外汇交易员写文章说凭借自己敏锐的市场感觉为该银行在一次投机中赚了多少钱的故事。我真为该银行担心，也为连真正专业选手的门都还没有入的该首席交易师悲哀。

这是目前国内机构判别标准短视，同时也是现实中高水平的实战操盘手缺乏的真实写照。

有太多的国内机构的操盘手是业余成长起来的而且至今仍然是业余的水准。他们从来没有经历过系统、严酷的专业化训练，而且也不知道专业化系统训练的重要性。

他们将不停地向市场交学费，永远在业余的水平打圈子，终身得不到晋级。下面我们简单地讲解以下专业高手常用的分析研判和操作技术系统。

（一）图表系统：均线、指标、K线组合、成交量、形态

由市场各种要素的记录组成了我们常见的图表系统。它包含着市场的价格、时间、成交量等要素，以及由此派生出来的均线、技术指标、K线组合、形态以及波浪等技术系统。

有关这些技术系统的知识，市面上有众多的书籍都进行了详尽的讲解。

由于本稿不是为刚入市的投资者写的入门读物，因此在这里我们不做更

多讲述。有兴趣的读者可以参照作者附录四中所推荐的书籍进行精心阅读。

（二）时间系统：即时、1分、5分、15分、30分、60分、日线

由于短线操作的真正目的是为了不参与走势不确定因素太多的调整。只要一只股票的攻击力消失，无论其是否下跌都要离场，这是我们的原则要求。

因此短线操作所依据的技术系统的时间周期都较短。通常使用3日均线、日线、60分钟、30分钟、15分钟、5分钟以及1分钟的分时走势图，甚至盘中的即时走势图。

实战使用的要点也是金叉、死叉、背离、协同等常规法则。不同的是专业选手总用多周期、多要素之间的相互共振作用来提高、确认技术系统的信号质量而已。

（三）攻击力的判据及时间效力：4～8个小时

不同周期的技术系统信号所产生的作用是不同的。超级短线高手往往在实战中重点使用盘中即时股价波动图、1分钟、5分钟、15分钟K线图，力争使自己买卖操作在股价的最低或最高点。当然，**时间越短操作难度越大**。

在明白技术系统的时间周期长短在实战中使用难度大小的同时，专业高手还应该知道不同技术系统作用的时间效力。比如60分钟KDJ在低位金叉，一般情况下能够支持股价上扬8～12个小时左右，反之也成立。对于其他周期技术系统的作用时效规律，请读者自己摸索。

本章知识要领总结

盘中黑马线索

善于使用各种软件的技术指标综合排序功能，迅速发现黑马行踪。切记：仅仅是线索不是依据。

黑马的具体捕捉方法及其筛选

一只股票成为大黑马必然是集团大资金有计划地对它进行彻底而连贯运

作的结果，在图表上一定会留下技术特征，露出其控盘的马脚。熟练掌握这些动态及静态的特征是捕捉黑马所必须具备的本领。

盘中典型量价异动的类型、含义及其实战意义

看盘的关键就是看量价的异动，这是第二种发现黑马目标股只的方法，读者朋友也应熟练掌握并不断总结。

短线操作所对应的技术系统

任何周期的临盘实战操作战术动作的展开，都必须有对应的技术依据，而绝对不是盲目的随意行为。

第六章
必须掌握的经典短线战术

有许多经典的短线战术必须得到投资者彻底的掌握后，实战中才能更好地熟练使用。下面介绍常见的短线战术。

一、短线基本概念

（一）追涨不是追高

股谚有云：不明朗市不入。而追涨，追的是确定无疑的涨势。非常符合顺势而为的经典投资方法，是专业高手实战操作获利的重要手段。

理论上请注意区分追涨和追高的概念，追涨不等于追高。这里所指的高，绝对不是指的股价的高，而是指的技术状态的高（低的概念也是同理）。

比如一只60元的股票，其月KDJ处于20以下的低位刚刚金叉向上，另外一只6元的股票其月KDJ在80以上刚刚死叉朝下。那么实战考虑的是买进60元的股票而绝对不是股价较低的6元的股票。因为60元的股票在技术上处于低位，安全。相反，6元的股票在技术上却处于高位，危险。

追涨同时也可以回避涨势不确定的下跌或横向盘整。只要已经明确无疑地涨起来了，就说明有市场力量在做多大力买进，我们应该跟随参与。理论上我们必须明确认识一只股票不跌并不简单等于要涨，因为该股还有可能长期横盘，急于参与会增大参与者资金的时间和机会成本。这对专业高手来说是极为不利的。

（二）杀跌不是杀低

股谚有云：君子不立危墙之下。**而杀跌，杀的是确定无疑的跌势**。也非常符合顺势而为的经典投资方法，同样也是专业高手实战操作的重要手段。

理论上请注意区分杀跌绝对不是杀低。这里所指的低，绝对不是指的股票价格的低，而是指的技术状态的低（高的概念也是同理）。

比如一只60元的股票，其月KDJ处于20以下的低位刚刚金叉向上，另外一只6元的股票其月KDJ在80以上刚刚死叉朝下。那么60元的股票就是低，而6元的股票就是这里所说的高。实战应该考虑的是卖出股价低而技术状态高的6元的股票，而绝对不是股价较高的60元的股票。因为60元的股票在**技术上处于低位，安全**。相反，6元的股票在**技术上却处于高位，危险**。

杀跌同时也可以避免错失涨势未尽的行情。只要已经明确无误地跌下去了，就说明有市场力量在大力做空，我们应该跟随卖出。

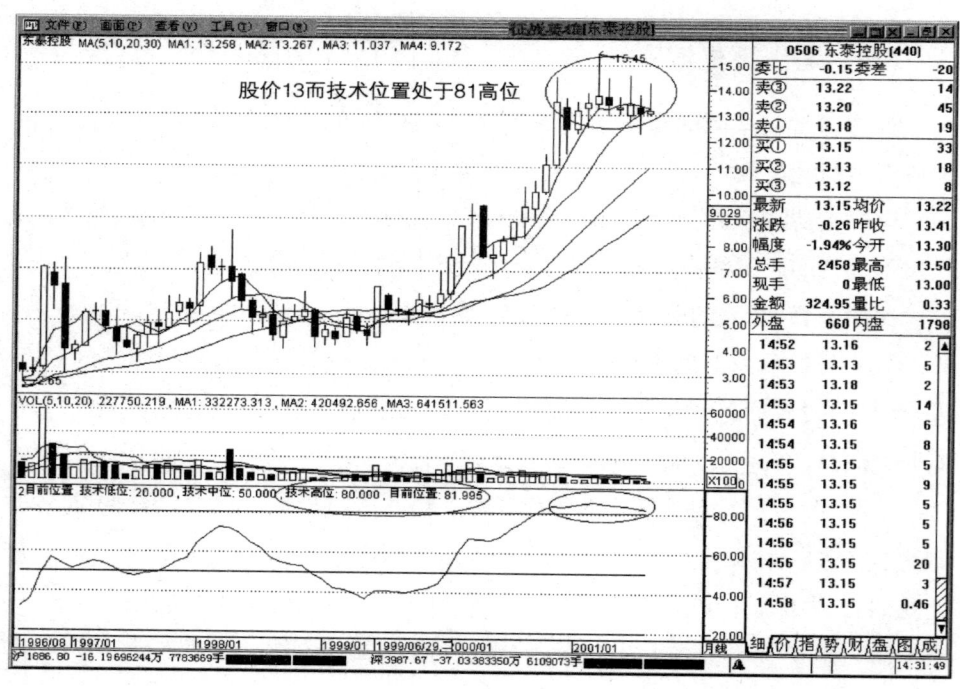

图6-1　东泰控股股价较低而技术状态很高

(三)左侧交易与右侧交易

图解概念:(股价行进方向与行进速度)

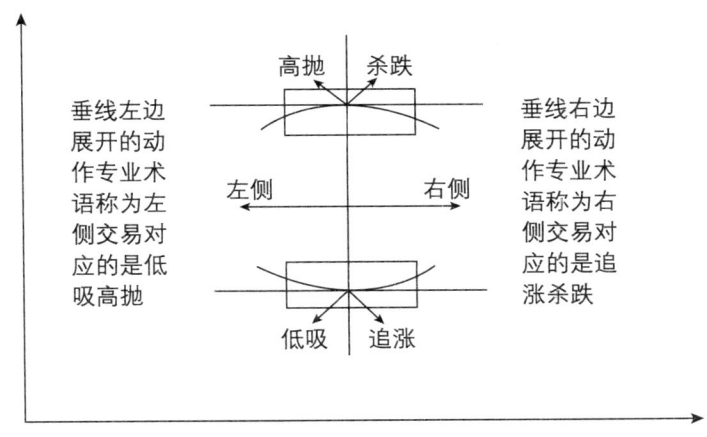

图6-2 左右侧交易的概念

专业与业余的思维和行为方式:

股价处于上图垂线左边时展开的操作行为,无论是低吸还是高抛我们通称为左侧交易。**左侧交易逆势而为带有极大的主观预测成分。**一般情况下属于业余水平的交易。

股价处于上图垂线右边时展开的操作行为,无论是追涨还是杀跌我们通称为右侧交易。**右侧交易顺势而为带着极大的客观追踪成分。**一般情况下属于专业水平的交易。

当然对于大资金的操作,因其建仓动作展开时需要其他更加精深的方法来判定股价的底部进场区域和高位出局区域,因此,其对于左右侧交易的方法将会混合使用。

二、短线技法的具体运用

(一)追涨战术的展开条件:右侧交易用于短线

大盘最好处于涨势阶段,至少也需平稳,不能处在大跌趋势中。30日均线要朝上。除非超级短线，否则绝不允许追击 30 日均线朝下的股票。追涨战术还适用于周均线组保持走平或朝上的标准或非标准多头排列；周 K 线为中、小阳线；日线图中 3 日均线首次带量攻击，且攻击阳线涨幅力度较大；技术面的图表系统和指标系统最理想的是全部金叉共振，多头向上。

其他情况下最好采用低吸战术，轻易不要追涨。追涨战术最适合于短线热点股群的突击操作。

追涨失败的实战处理：止损和补仓。

（二）低吸战术的展开条件：股价攻击行进中调整结束或即将结束

股价上涨阶段回调到关键技术位置，止跌缩量企稳时采用低吸战术。在 60 日、30 周均线朝上的前提下，股价回调到这些位置可以坚决低吸。这通常是大手笔补仓战术展开的操作良机。

追涨目标股遇大盘突变而暴跌后缩量时，可以低吸。经历长期下跌后股价远离均线系统，周线图表处于低位，日 KDJ 两次金叉出现时，可以用短线抢反弹的眼光低吸。

技术面上从分时到周、月线系统，所有的指标均处于低位金叉将成时可以低吸。抢反弹操作的仓位应轻。60 分钟技术系统发出卖出信号时无论盈亏必须坚决出局。

特别提醒，下降通道中低吸战术的展开一定要小心、小心又小心。宁肯放弃机会不可错抓机会。

（三）杀跌战术的展开条件：右侧交易用于短线

上涨行进中的目标股票应该让其彻底表现。只有等待其向上的攻击能力消失后才可以判定是否出局。

实战中 30 分钟或 60 分钟图表、指标系统死叉是临盘杀跌出局的实用法则。

在目标股票没有发出技术上的卖出理由之前绝对不能只凭感觉，因恐惧、担心其可能下跌就随便将股票卖出，这是非专业投资者的通病。

（四）高抛战术的展开条件：左侧交易用于中线

投资分析界或业余操盘手推崇的所谓低吸高抛的高抛不具备专业操作价值。

其高抛的"高"，低吸的"低"，在实战中无法确定出客观定量的可操作性标准。

该方法纯粹是业余水平的思维方式和操作方法，实战中不宜在专业选手中提倡。

在目标股票没有发出技术上的卖出理由之前绝对不能只凭感觉，因恐惧、担心其可能的下跌就随便将目标股票卖出，**这是企图比市场聪明的投资者的致命通病。其隐含着极大的投资哲学思想上的错误。**

三、短线操作错误的实战处置

我们是人不是神，既不能每次都看对，也不能一次都不做错。对于专业选手来说，如果是偶然看错了，可以原谅，但做错了就很难给予原谅。因为操作标准和操作原则已经非常明确。不能像捍卫自己生命一样严格遵守操作纪律和操作规则是专业境界不高的具体表现。

一般来讲，出错的情形有以下两种：高位出错和低位出错。所对应的处理办法分别为：高位出错必须严格止损；低位出错采取补仓策略；中位出错采取观望。如果是做错了，则必须回头认真检查心态控制的问题。

四、关于长线是金、短线是银的认识性错误

无论是国内还是国外，在投资分析界以及投资实战界关于长线是金、短线是银的说法由来已久。且长线、短线双方总是各执一词、争论不休。

其实在真正的专业高手看来，长线既不是金，短线也决不是银，它们都是方法，都是用来从市场中获取利润的方法。**用得好，则都是金；用不好，则都是废铜烂铁。**

从理论高度上一定要搞明白投资的根本目的是为了获取收益。而长线或短线都仅仅是为了获取收益的一种方法，绝对不是投资的目的。因此在不同的市场背景条件下，哪一种方法能够更好地获取收益就应该采用哪一种方法，绝对不能偏废。

实际投资中必须注意，**股价运行在下降通道中绝对不能做长线，而股价运行在强烈的上升趋势中最好不要做短线**。这就是两者的辩证关系。至于更加精细的具体做法，作者在今后的书籍中将有更深、更细的论述，以便读者能够掌握更加全面的专业投资技术。

五、短线出击捕捉黑马的科学方法汇总

（每种方法都有实战统计成功率测试，其方式为国内首创）

（一）黑马线索及捕捉依据

套马线索之黑马窗口：81、83综合排名龙虎榜

能够同时出现在钱龙等股票软件81、83综合排名榜涨幅前几名和量比前几名以及资金流向前几名的股票，我们可以100%地肯定有庄家目前正在运作。该目标股票能否成为未来黑马我们用如下方法进行把握。

（二）各种经典短线技法举要

常规短线技法：3日均线带量上扬

在大盘背景良好的前提下，该目标股票3日均线带量上扬就初步具备了常规的短线参与价值。具体限定条件如下：

1. 3日均线朝上
2. 股价涨幅大于3%
3. 盘中量比放大到1倍以上
4. 股价运行在日线、周线循环低位
5. 成交量大于5日均量1.5倍以上
6. 实战可于放量当日买进1/3仓位
7. 若股价冲高回落既可获利出局也可在回落2天后补仓
8. 该方法为常规捕捉黑马方法，其实战成功率为78%

9. 若将目标股票的涨幅要求提高到 8% 以上，则其成功率马上可以提高到 82%

特别短线技法：红包、低开长阳

低开巨量或盘中突然出现极低价这种量价异动是发现黑马的又一重要看盘线索。具体捕捉必须配合如下条件：

1. 低开、下跌幅度大于 2% 以上
2. 成交量要求巨大，实时量比必须大于 2
3. 股价必须在周线图形的上升通道中运行
4. 如果日 K 线也处于上升通道则为最佳选择
5. 对盘中出现送礼红包情况只要求量有温和放大即可
6. 对于低开长阳必须要求成交量有巨幅纵、横向放大
7. 买进方法可于发现后马上跟进，也可比红包价略高挂单
8. 此两种方法为捕捉盘口异动黑马的特别战法，其实战成功率为 80%

超级短线杀着：狙击涨停是一种最凶狠的短线技法

能够涨停的股票首先表现出的信息是庄家凶悍。尤其是能够在大盘背景疲软的情况下。这往往是短线出击获利的最佳机会，实战捕捉时请注意配合如下条件：

1. 盘中谁最先涨停就瞄准谁
2. 成交量为近期首次明显放大
3. 股价运动处于日线和周线循环运动低位
4. 股价封停前成交量巨大，封停后成交量萎缩
5. 实战时要敢于在涨停板排队，盘中若开停就是机会
6. 用该种方法出击捕捉大黑马的实战成功率为 84%

（三）传统经验选股方法与科学选股方法成功率对比

随着中国加入WTO，资本市场的国际化也日益临近。中国的投资者如果再凭传统经验去对待市场或应对对手就显得非常的落后和危险了。目前，国内外所有的经验炒股方法都没有从成功的概率统计上给出**风险报酬以及胜率大小的准确结果**。投资者的实战活动在极大程度上处于**盲目地靠经验和感觉操作的低级阶段**，而绝对无法顺应国际投资界的最新潮流。

把自己的投资活动建立在有确定概率的科学统计方法之上，必将成为中国投资界务实的当务之急。

以下试图对目前国内比较流行的投资选股方法的成功率做科学的检测。其检验结果纯粹由电脑客观给出，并不代表作者的意见，仅供投资者自行思考之用。

电脑采用的是以买进目标股票20天获利10%的成功率大小的国际标准为测试依据来判别投资方法的好坏。20天内获利不能达到10%就算失败，哪怕曾经产生过9.999%的获利。其检测结果绝对客观。

一些用肉眼看似有效的方法经电脑检测无一不暴露出统计概率上的巨大破绽。而且，这些方法目前仍然在广为传播着。在科技高度发达的今天，我们每一位投资者都应该对自己所用的投资方法问一问成功率究竟有多大，再也不能盲目迷信所谓名家传授的方法了。实战成功率的大小是检验方法好坏的唯一标准。

科学检测的统计结果充分地将各种投资方法的胜率表现出来。投资者可以就此通过自己的思考确定在多大的风险水平上进行使用。能够真正做到跨越经验投资这种投资方法的初级阶段，逐渐用科学的方法来管理自己的投资。

（以下成功率测试实例，由于取样时间的不同，故与《短线英雄》第1版的成功率存在细微差异，特此说明。）

1. 价托的测试结果：成功率 44.56%

图 6-3

用电脑对价托作为买进条件进行测试，持股 20 天获利 10% 的成功率仅为 44.56%。实战操作价值和肉眼观察结果有较大差异。这也是人类肉眼观测和经验炒股的盲区。

2. 量托的测试结果：成功率 41.02%

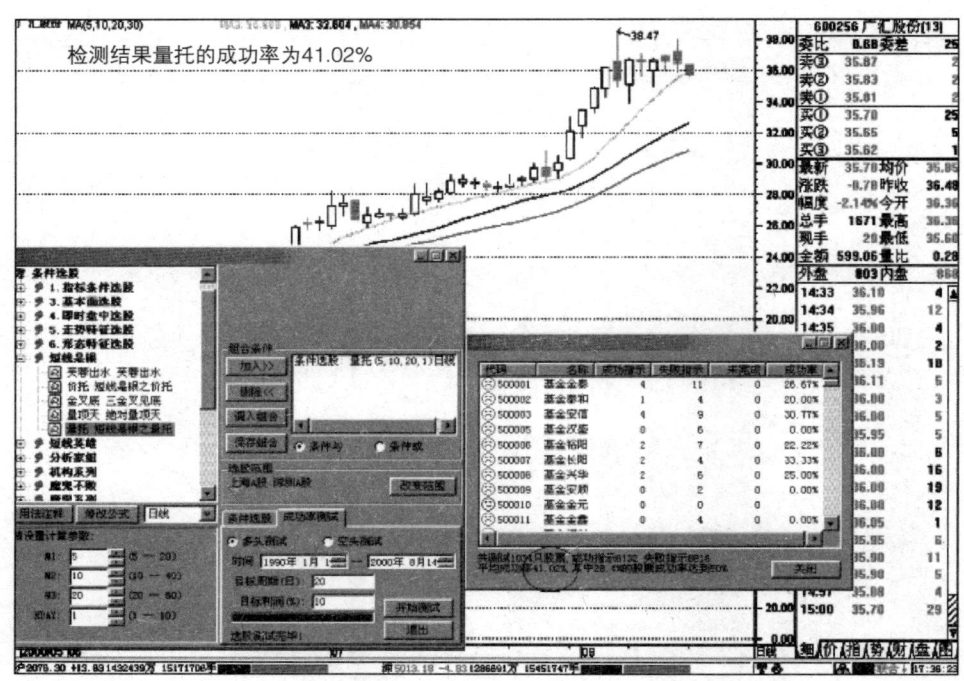

图 6-4

用电脑对量托作为买进条件进行测试，持股 20 天获利 10% 的成功率仅为 41.02%。任何一种方法没有得到统计科学的成功率的检测之前，投资者在使用时都应该谨慎。因为原作者列举的都是成功的事例，对失败的情况有意地进行了回避。

科学化投资

专业化管理！

3. 多方炮的测试结果：成功率 48.73%

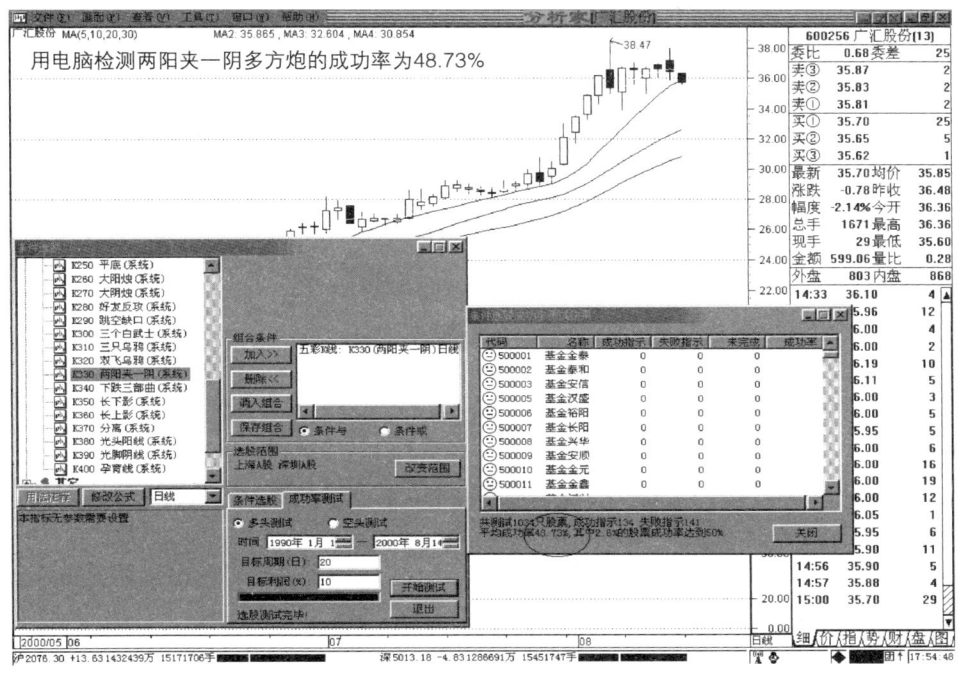

图 6-5

用电脑对多方炮作为买进条件进行测试，持股 20 天获利 10% 的成功率为 48.73%。

4. 芙蓉出水的测试结果：成功率 51.32%

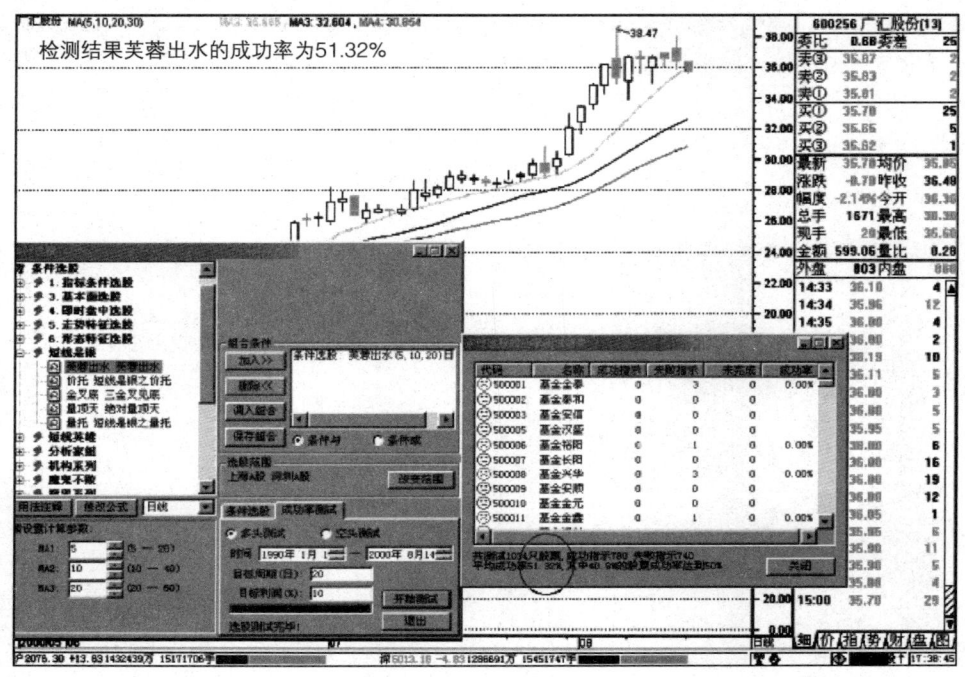

图 6-6

用电脑对芙蓉出水作为买进条件进行测试，持股 20 天获利 10% 的成功率仅为 51.32%。

骗线就是骗心

套牢就是套心。

5. 绝对量顶天的测试结果：成功率 51.37%

图 6-7

用电脑对绝对量顶天作为买进条件进行测试，持股 20 天获利 10% 的成功率仅为 51.37%。

华尔街没有新事物，
　　股市自有其内在规律。

6. 三金叉见底的测试结果：成功率 47.47%

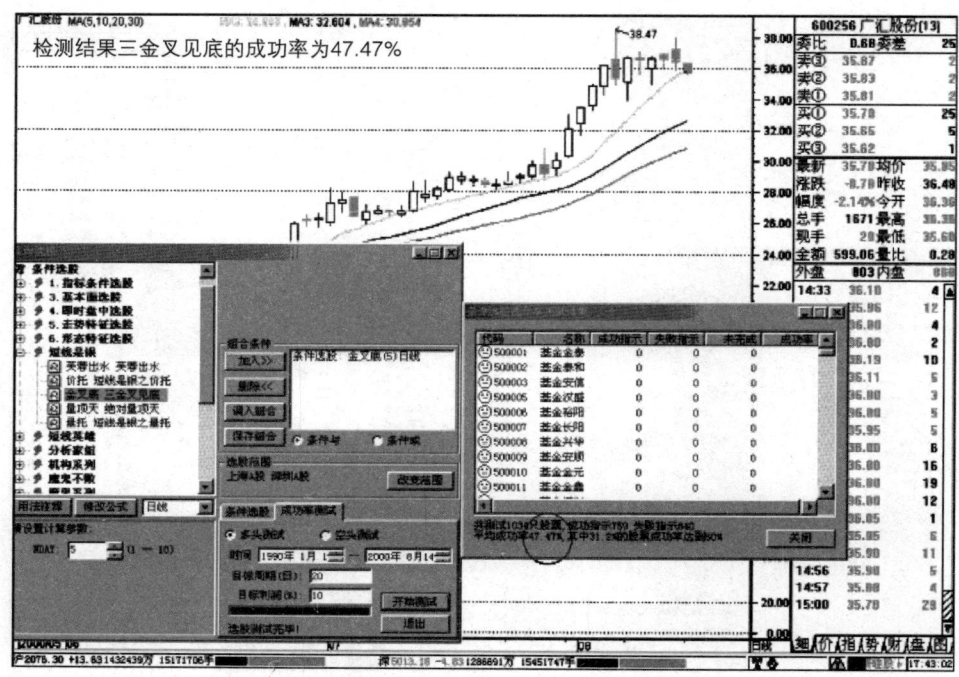

图 6-8

用电脑对三金叉见底作为买进条件进行测试，持股 20 天获利 10% 的成功率仅为 47.47%。

投资就是生活！

7. 周 K 线跳空缺口的测试结果：成功率 47.41%

图 6-9

用电脑对周 K 线跳空缺口作为买进条件进行测试，持股 20 天获利 10% 的成功率仅为 47.41%。实战操作价值和该说法存在巨大的差异。这种理论使众多善良的股民在 600812 华北制药、600688 上海石化、000960 锡业股份上付出惨重代价。其实问题非常简单，该现象只有出现在攻击行情的第一浪或第三浪时其成功率才高。

"牛市有三只脚"

找底不急，逃顶要快！

8. 修改MACD参数的测试结果：成功率42.44%

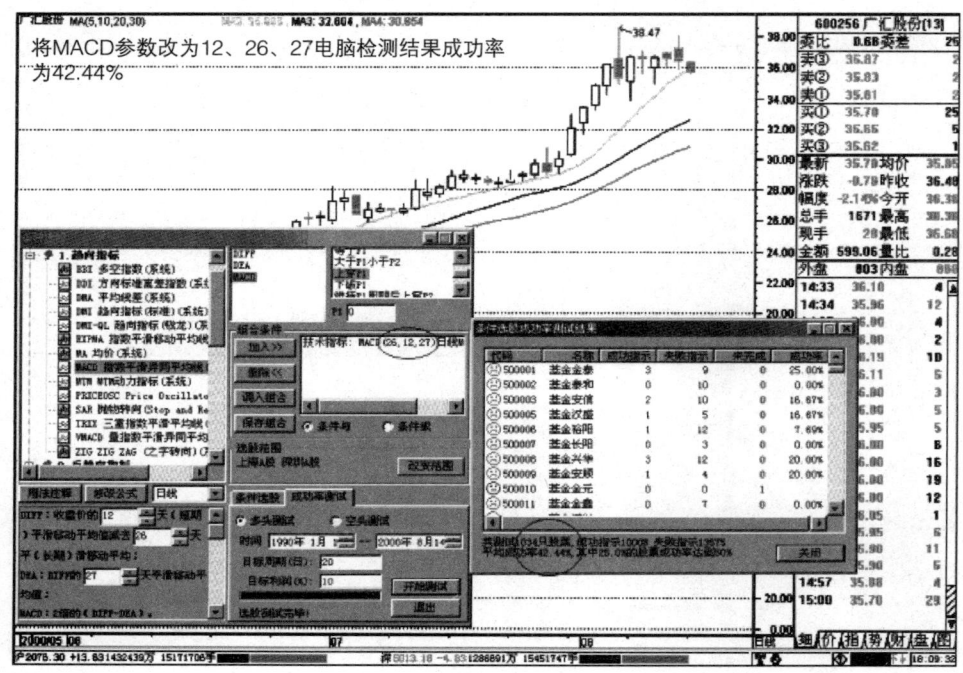

图6-10

将MACD指标参数修改为（12、26、27）作为买进条件进行测试，持股20天获利10%的成功率仅为42.44%。实战价值极低。其实大道若简，越是深刻的东西越简单，千万不要去盲目迷信那些好像很神秘的东西。

"空仓"也是一种很好的战斗！

9. 短线英雄常规战法 3% 测试结果：成功率 71.52%

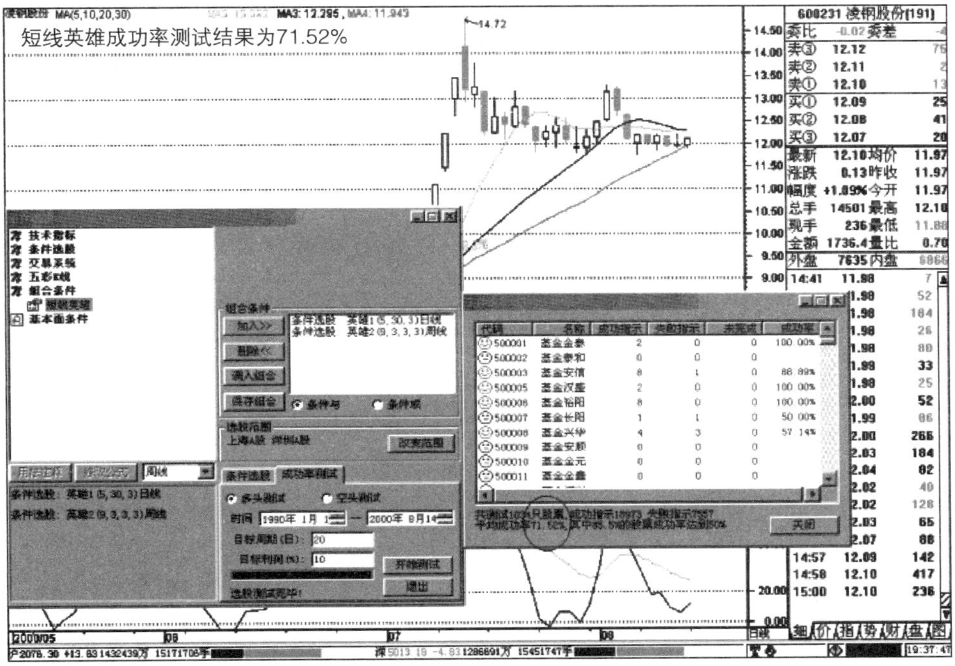

图 6-11

　　该图为短线英雄常规战法之一，即对目标股票的涨幅要求 3% 作为买进条件进行电脑测试，持股 20 天获利 10% 的成功率达到 71.52%，实战价值很高。因此凡是不能给出电脑检测或实战成功率的选股软件，都绝对不可信赖。当然由于软件测试平台本身丢失信号对成功率影响的问题，即时给出了也不可以完全相信。详见《铁血短线》相关论述。

大繁若简、大成若缺、大智若愚！

10. 短线英雄常规战法 8% 测试结果：成功率 75.37%

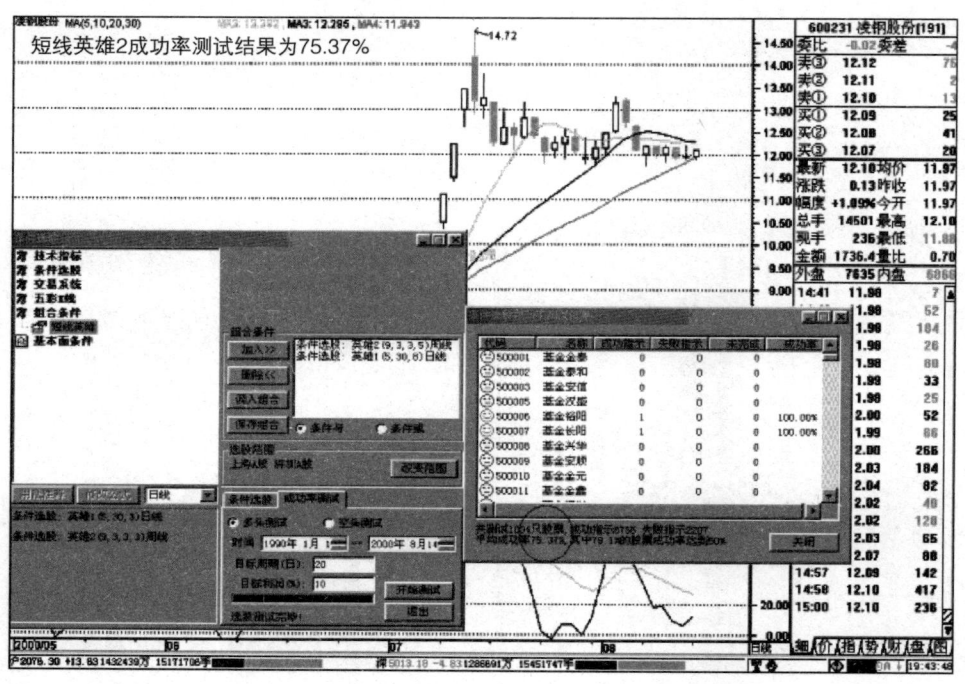

图 6-12

短线英雄常规战法之二，即对目标股票的涨幅要求 8% 作为买进条件进行电脑测试，持股 20 天获利 10% 的成功率达到 75.37%。实战价值很高，其成功率处于领先水平。

11. 短线英雄短线杀着测试结果：成功率 78.13%

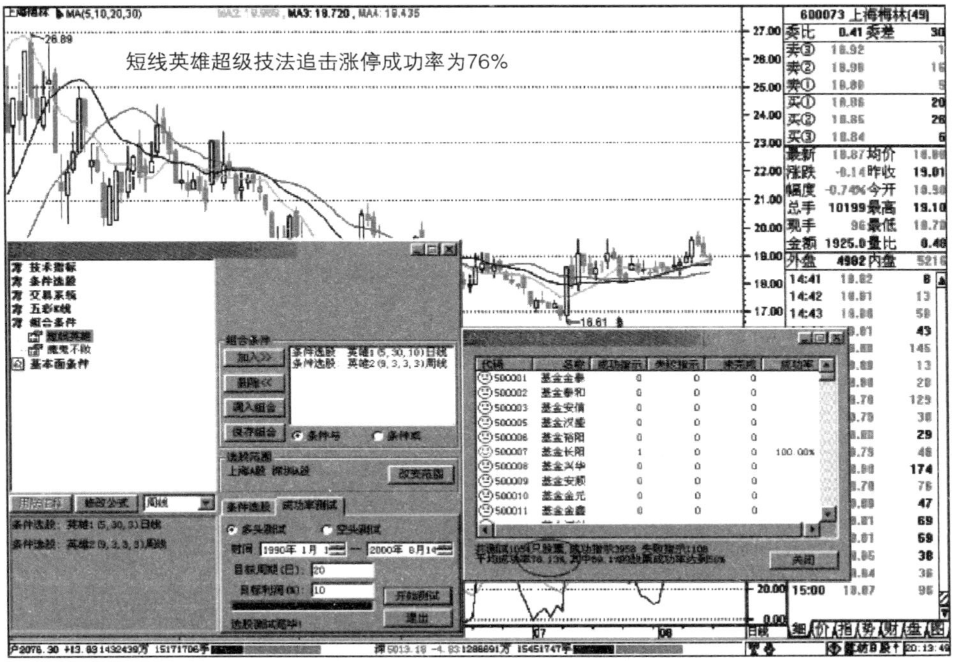

图 6–13

该图为短线英雄常规战法之三，即狙击低位涨停的目标股票作为买进条件进行电脑测试，持股 20 天获利 10% 的成功率达到 78.13%。该战法属于最凶狠的短线出击技法，蕴含着顺势而为的最高实战精髓，请读者朋友反复体会、用心领悟，彻底掌握，必然能够取得巨大的实战收益。

夜雨独行，寂寞如歌！

12. 魔鬼不败之一测试结果：成功率96.18%

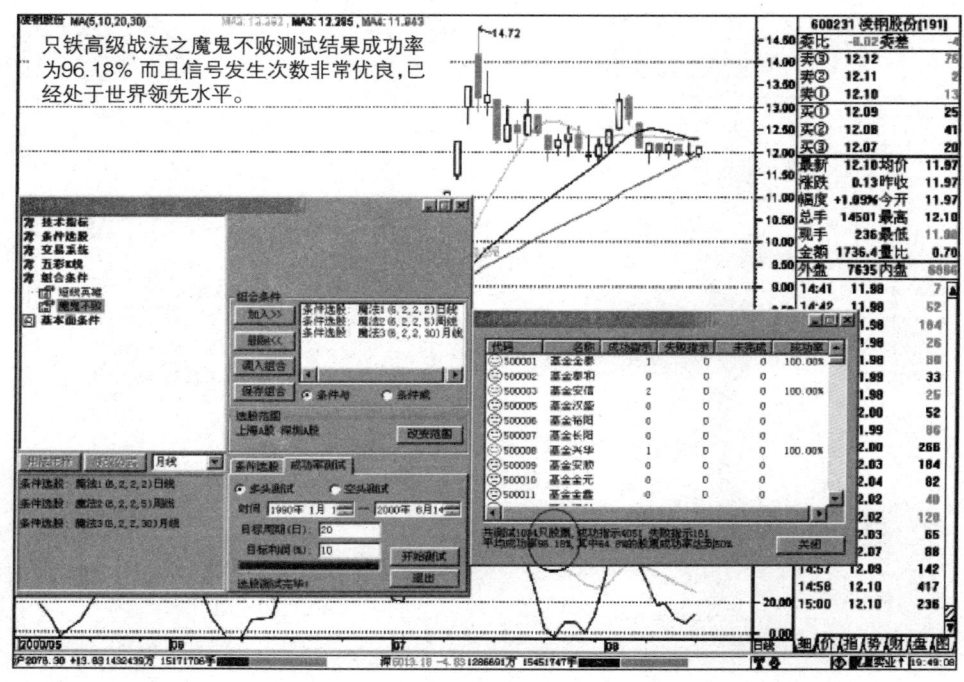

图6—14

魔鬼不败软件是只铁实战家机构版系列选股软件之一，以买进目标股票持股20天获利10%为条件进行电脑测试，实战成功率达到96.18%，且买进信号出现非常理想。请读者朋友注意，买进信号10年时间可能仅仅出现几次的软件是没有实战价值的。

13. 魔鬼不败 20 天获利 50% 成功率测试结果：成功率 82.81%

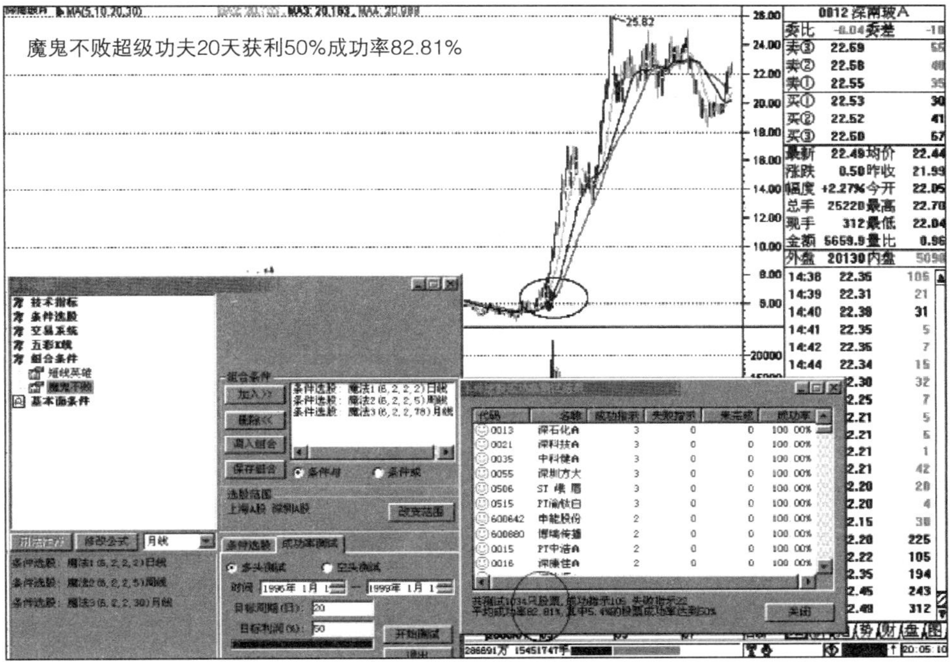

图 6-15

以买进目标股票持股 20 天获利 50% 这种超级大黑马的要求，对只铁实战家机构版选股软件进行电脑测试，从 1996 年 1 月 1 日到 1999 年 3 月 1 日共 3 年时间，经历牛、熊行情的完整循环，其实战成功率达到 82.81%，且买进信号出现非常理想。

本章知识要领总结

专业功力晋级的前提

准确地理解投资的基本概念是区别专业水平与业余水平的第一前提。追涨杀跌绝非坏事。

各种战术正确使用的前提

仔细掌握追涨战术和杀跌战术展开的条件制约是实战获取成功的关键。不分条件地盲目使用，则没有任何方法是正确有效的。

实战操作保护措施的采用

任何操作战术展开前，详尽的保护措施的制订都是必须的。专业高手绝非仅仅使用止损的保护方法。补仓战术的准确运用绝非专业选手可以忽略的问题。盲目止损、盲目补仓都是绝对的错误。

关于长线、短线的理论认识

长线既不是金、短线也绝非是银。正确理解投资概念反映的是投资者的理论功力的深浅。

下 篇

王者不败

专业出击实战日记全程解说

为体现专业战法的巨大威力,本篇全部选用大盘下跌行情段的战例,时间为1999年9月~1999年12月,期间大盘从1695点大跌至1341点,跌幅为21%,而我们的会员3个月获利260%。

只铁戒律

成功的投资等于：

① 严格的心态控制

② 正确的资金管理

③ 过硬的技术功力

炒股最终就是炒心！

短线操作铁律：

● 短线出击非常态高速行进中的股票，其内部子浪运行结构安全且无破绽。

● 耐心等待最完美图形出现，作最精彩的临盘实战出击！

第七章
短线实战出击日记全程解说

引言——实战与空谈：看对与做对

国内有太多的股评家每次都推荐四五只股票，全年几乎推荐了近千只，其中上涨的，尤其是大涨的股票绝无例外地成为了他们光荣战绩的最好证明。而下跌的，尤其是大跌的股票绝对再也闭口不提，好像自己从来就未曾推荐过似的。其实就算从未推荐过下跌的股票，但是上涨的股票他们自己就真的有信心敢买吗？未必！

作者接触到的事例就足以说明以上问题。2000年泰山旅游（现更名为浪潮软件，代码为600756）大涨几倍，而某知名股评家也的确多次大力向全国股民推荐，事后该股评家也因此名声大噪，但是非常遗憾的是该股评家所直接指导的会员却没有一个人买了该股。可笑吗？并不可笑，这里面包含着如下关键问题：

实战投资家与股评分析家有根本的区别。实战投资家承担着巨大的资金安全和获利压力，也就是说实战投资家不光要能够看对，还要能够做对；而股评家只要能够看对就行了，能否做对则是投资者自己的事情了。同时，由于没有资金的安全和业绩压力，股评家在分析研判时比实战投资家少了患得患失的心理障碍，因而能够更加轻松随意。

世界上有许多事情，虽然你知道，却并不表示你一定能够做到。这是人类行为的两个截然不同的问题。知道，表示的是知识范畴的问题；而做到，表示的是能力范畴的问题。

要将知道的知识转化为做到的能力，其中还必须有一个刻苦训练，将知识转化成为能力的艰苦过程。方步人人会走，可要走到国庆阅兵方阵那种脚步落地精确到秒的程度，却必须经历常人难以忍受的封闭式、军事化的反复刻苦训练。请问，在股市的投资知识转化为操作的能力方面，你是否也像军人一样进行了专业的训练呢？知行合一是投资甚至是人生的最高境界。这种境界的达成只有经过严酷的刻苦训练，除此以外，没有其他更好的办法。作者就曾经有过近四年的时间对自己进行严酷的训练，以锤炼自身的专业能力。

因此，实战投资者所肩负的任务远远重于一般水平的股评家。而普通水平的大资金实战操盘手的水平绝对要远远高于最高水平的股评家。普通投资者对一般意义的股评家既不能盲从，更不能迷信。**投资者如果明白了这一点，对并不大规模运作资金的股评家也就不应该有过高的苛求了。**

由此，我们也引申出另外一个问题。市面上有许多投资类书籍所列举的事例，无一例外地全部选用了已经过去的事情，所用的都是历史的图表。**在历史图表上指点江山慷慨激昂，以证明自己方法的成功灵验。实际上是利用**

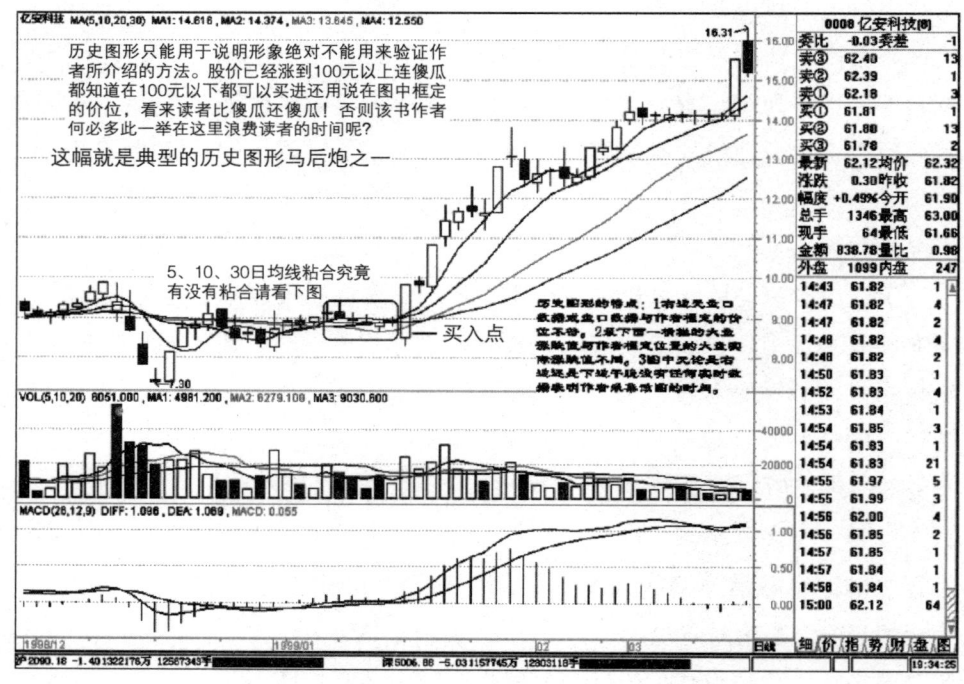

图 7-1　马后炮图例

了图形坐标的变形和人类肉眼识别的盲区，误导了投资者。

每一种股票分析软件的坐标设计随价格变化而变化，所以当时没有任何买进迹象的股票在涨起来以后看都应该买进。下面将用另外一幅图来说明其马后炮性质。

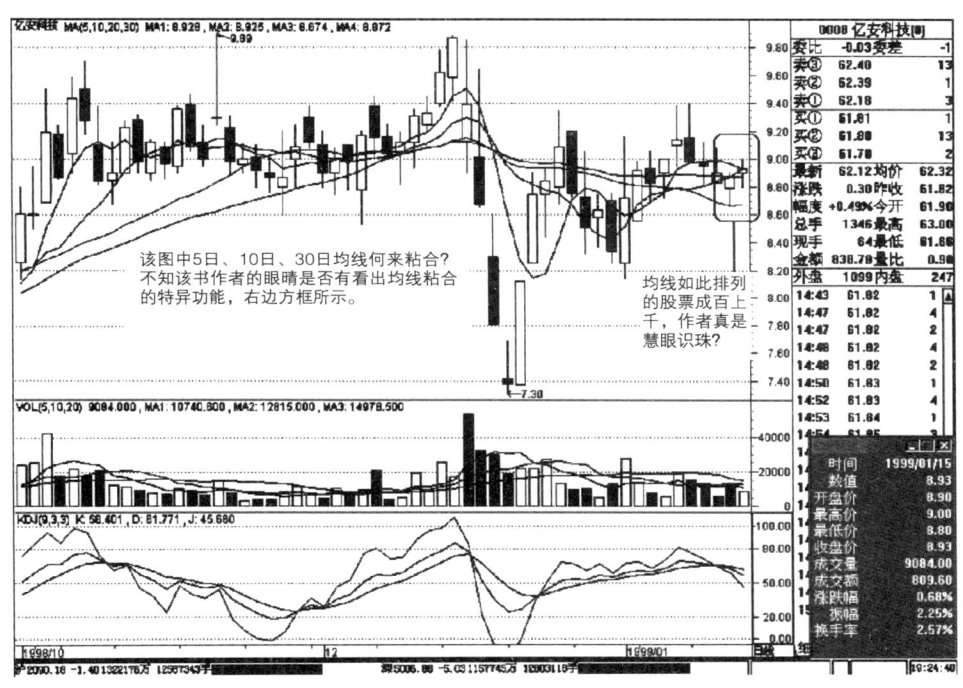

图7-2 图形指标变形和肉眼识别盲区

以上两例图形充分说明了历史图表事后聪明的马后炮特征。真正有实战水平的投资书籍应该尽量少用历史图形来验证自己的方法，否则由于图形坐标的变形很容易误导投资者将无效的方法当灵丹妙药来迷信。

一、沙里淘金——激战ST

（一）垃圾股中找黄金

何谓投资？简单地说，投资就是投入资源以获取收益。由此，我们可以明确得出：**获取收益才是投资的真正目的。**

因此，只要能够从中获取收益的合法投资行为都是正确的。而达到获取收益这一目的的方法却有许多种。**从理论高度上绝对不能将投资的方法与投资的目的混淆和等同起来。**

中外投资界所倍加推崇的价值投资确实是众多投资方法中的一种，但绝对不是唯一的一种。巴非特先生就是价值投资理论最为有名的代表人物。他坚定地奉行着没有价值的股票绝对不买的教条。

那么没有价值的股票能否带来收益呢？如果能够带来收益，那么又该不该投资呢？答案显然是肯定的。有价值只是带来投资收益的一种可能。**价值投资仅仅是一种投资方法，绝对不是投资的目的。** 而巴非特先生却混淆和等同了投资方法和投资目的之间的真正关系。

由此可见，巴非特先生也不是绝对完美的，死抱价值投资理论这种投资方法，绝对无益于正确而全面地参与投资实战活动。同时，对投资这一概念能否准确理解也充分反映出投资者的理论功力的真正高低。

我们认为，巴非特仅仅是一个投资赚钱的高手，而绝对不是投资大师。**高手和大师是有着本质的区别的。所谓大师，是有自己独特投资思想的人。** 而巴非特没有，他的投资理论基本来源于他的老师格兰汉姆先生。而格兰汉姆先生晚年也宣布放弃其价值投资方法。

我们不能简单地用是否赚钱这种实用主义的标准来衡量一个投资者成就的大小和理论功力的高低。巴非特并不是靠过硬的技术功力取胜，而是靠无比的耐心，这种良好的心态和科学的资金管理方法而取胜的。因此，我们没有必要对其片面的投资理论和投资方法盲目崇拜。

请读者自己思考诸如"顺势而为"等类似的问题。顺势而为也仅仅是一种获取收益的方法，也绝对不是投资的目的。在没有趋势的情况下，是否就不能获利呢？答案显然是否定的。震荡市道同样也有获利机会。

只要敢于对这些根本性的投资哲学问题反复不断地进行思考，并得出属于自己的结论，则成为真正的投资大师并非是遥不可及的事情。

中国资本证券市场的发展历史不长，在许多技术细节的研究上与发达国家的差距确实很大。但是，**在投资思想上，东方的哲学思想绝对毫不逊色！**

衡量专业短线高手的好坏，并不以获利为惟一依据。更加重要的是其是否坚持按正确的市场规律进退和坚定不移地执行自己制订的分析研判和实战操作纪律。

买卖动作展开的犹豫、迟缓是实战操作者心态控制成熟度低下的特征，也是实战操作者心灵意志力脆弱的表现。这正是妨碍投资者朝专业晋级的最大障碍。

（二）客观图表包容一切

对于真正的技术分析实战投资家来说，**记录股价客观运动的图表已经包容了一切影响股票价格运动的内因和外因**。一只股票有利好的因素刺激，也最终必须要转化为实实在在的买盘，才能推动股价上涨，而只要有买盘进场推动，股价就会被图表客观地进行记录和反映；一只股票有利空因素的打击，只要不转化为实实在在的卖盘，股价就肯定不会下跌，只要利空因素转化为卖盘，导致股价下跌，图表系统就会进行客观而真实的记录和反映。

因此，真正的专业选手非常聪明地把对影响股市内部、外部因素的研究转到对股价技术图表的研究中来。他们只感兴趣对股价波动真正有作用的因素，而不是对所有起作用和不起作用的因素都去胡思乱想。

客观图表已经包容了一切，要炒股必须先学会看图。

ST 渤化战例日记

1999 年 9 月 17 日

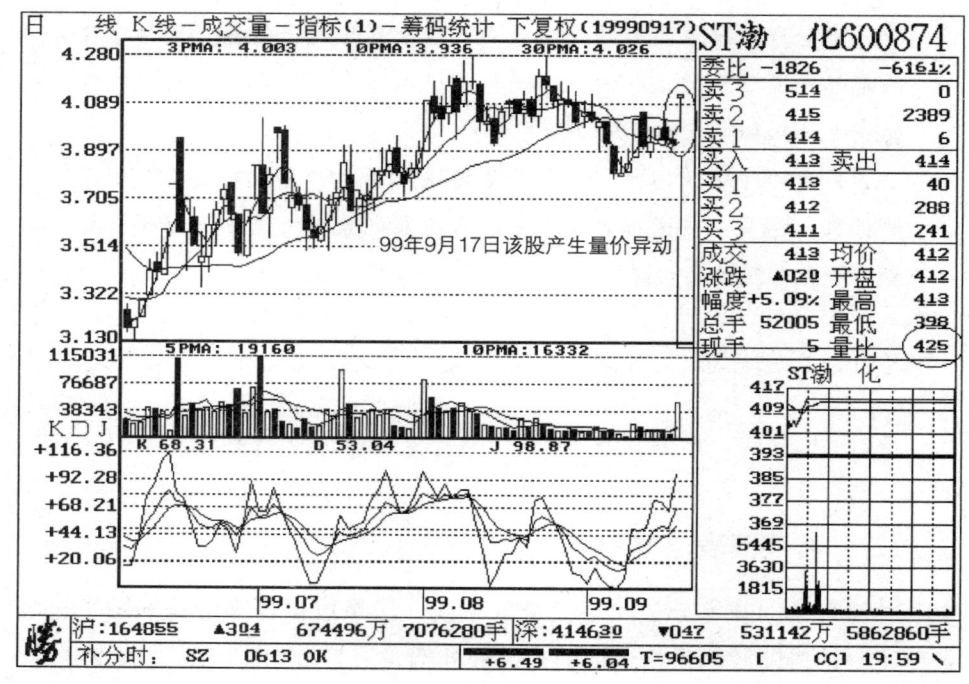

图 7-3

看图精要：逆大盘异常波动引起注意

A. 今日大盘处于加速下跌中的小休整。

B. 该股今日却跳空高开，半小时封停强势凸现。

C. 弱市中凡是能封涨停的个股都是密切关注的对象。

D. 由于该股有回抽 30 日均线的技术要求，故暂时观望。

1999 年 10 月 28 日开盘时分

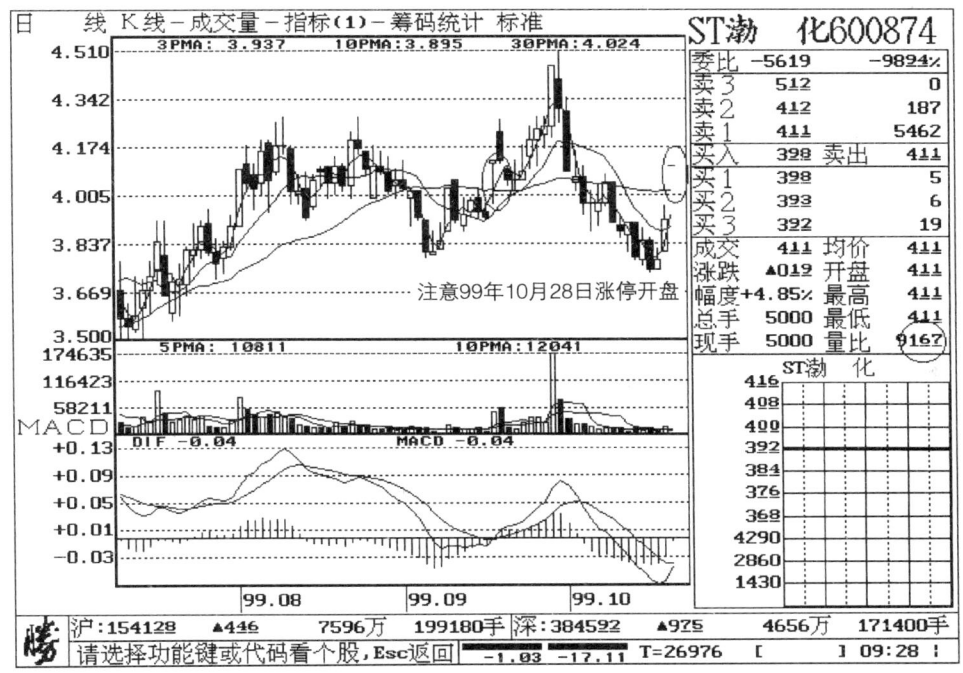

图 7-4

看图精要：再次异动更加关注

　　A．该股第一次异动只产生了 10% 左右的利润空间。

　　B．从前面几周看无量空跌打压骗筹的可能性居大。

　　C．今日该股如能放量坚决封停，则后续走势可以看好。

　　D．盘中应严密关注该股即时走势，采用只欣赏不操作策略。

1999年11月19日

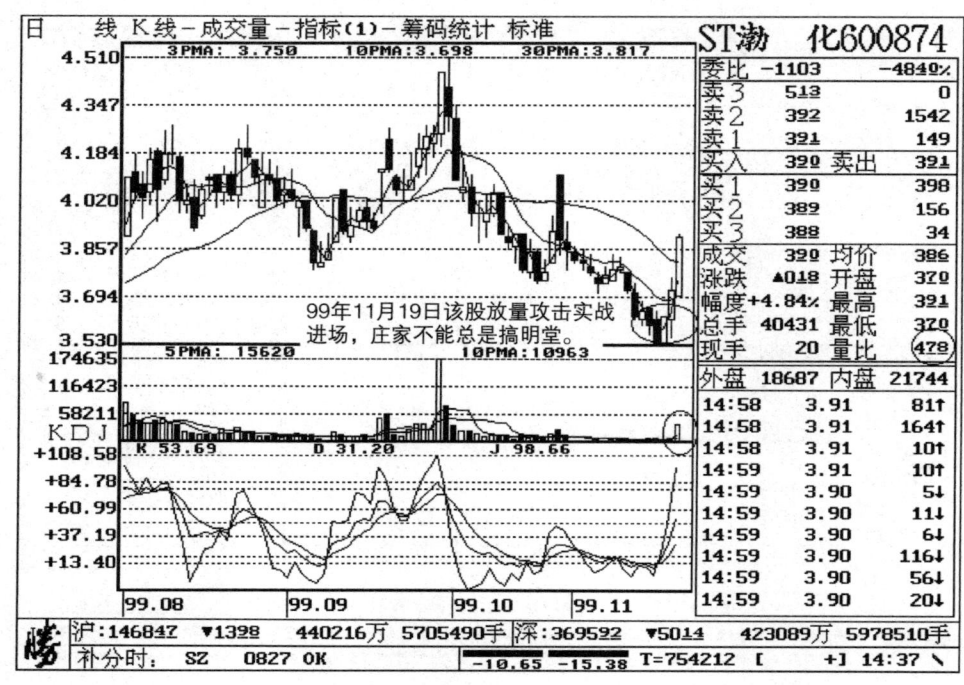

图 7-5

看图精要：放量攻击

A. 经历庄家的两次折腾后，今日该股带量上扬。

B. 日 KDJ 指标系统金叉有效，量比和涨幅均符合要求。

C. 图中圆圈内有 3 根 K 线止跌，小单坚决进场。

D. 请注意本次攻击与前面走势的最大区别是连续阳线。

1999 年 11 月 22 日

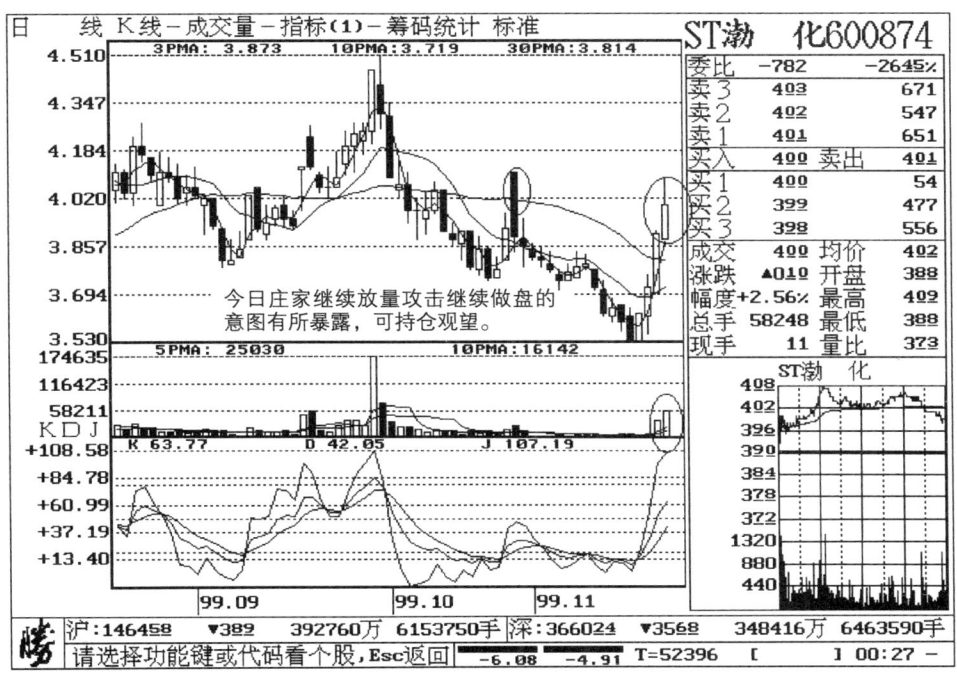

图 7-6

看图精要：继续放量

A. 该股今日继续放量上攻，尾盘遭到刻意打压。

B. 如果明日该股能够缩量，就说明筹码锁定较好。

C. 日 KDJ 刚刚转强，其他短线系统并未产生出局信号。

D. 继续持股并考虑逢低加仓，因为连续三大阳与往日不同。

1999 年 11 月 23 日

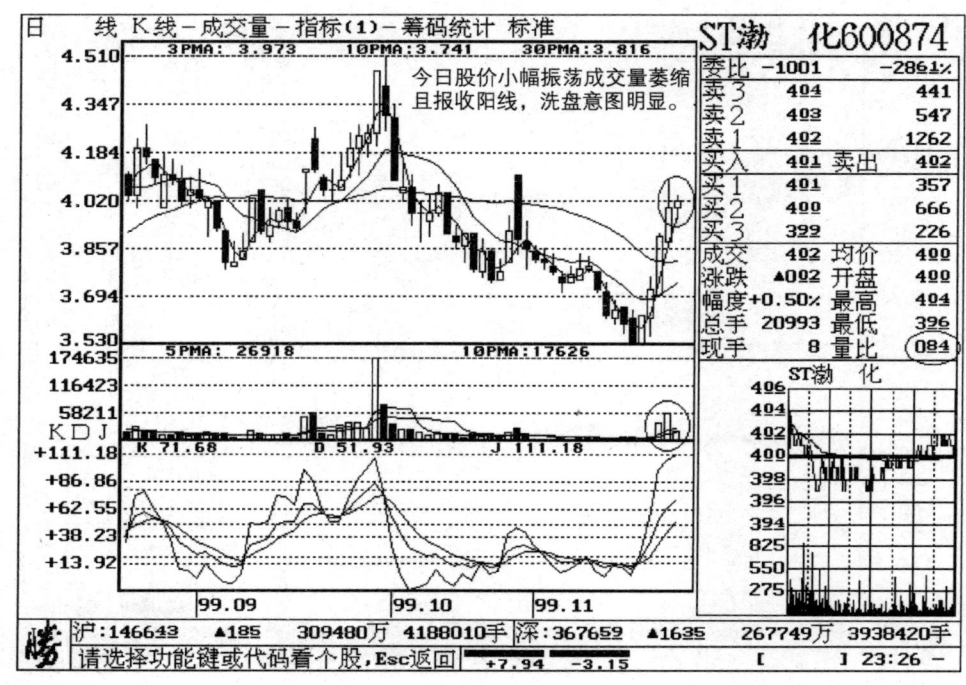

图 7-7

看图精要：缩量收阳强势凸现

A. 股价振荡幅度不大体现明显洗盘特征。

B. 成交量大幅萎缩说明抛盘稀少筹码相当稳定。

C. 该股今日运行在昨天 K 线上影线部分，属极强势。

D. 临盘考虑继续持股，一旦股价重新放量上扬果断加仓。

1999 年 11 月 24 日

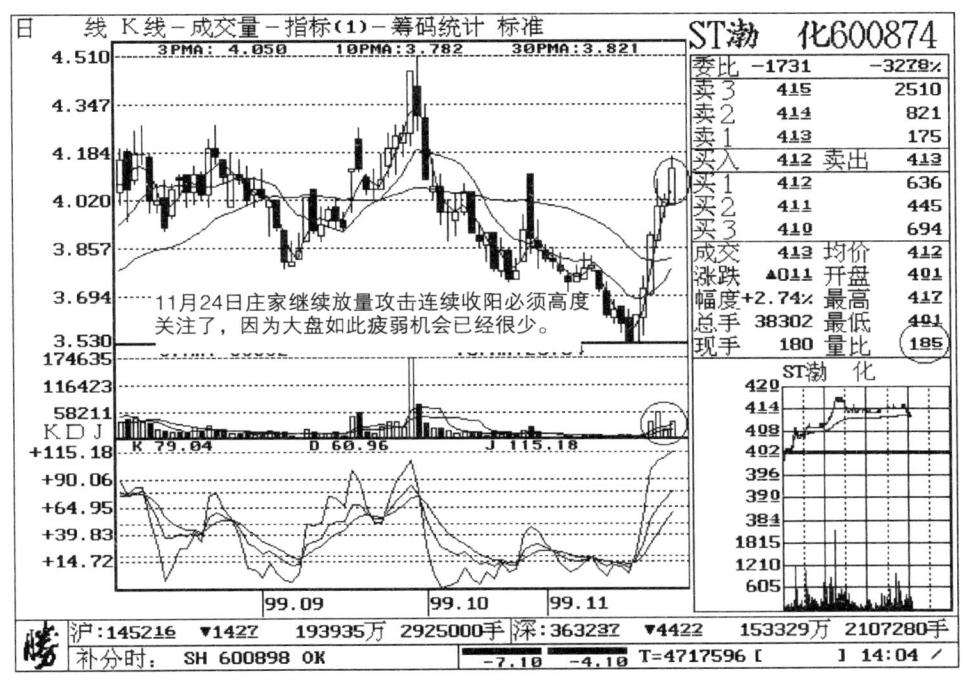

图 7-8

看图精要：再次放量攻击

A. 在经历昨天洗盘后，今日股价再次带量走强。

B. 盘中股价创出近期新高是该股急于抢筹码的表现。

C. 五连阳 K 线走势只能说明该股庄家异常强悍心急。

D. 因该股盘中放量攻击，故坚决按照预定计划加大持仓比例。

1999 年 11 月 26 日

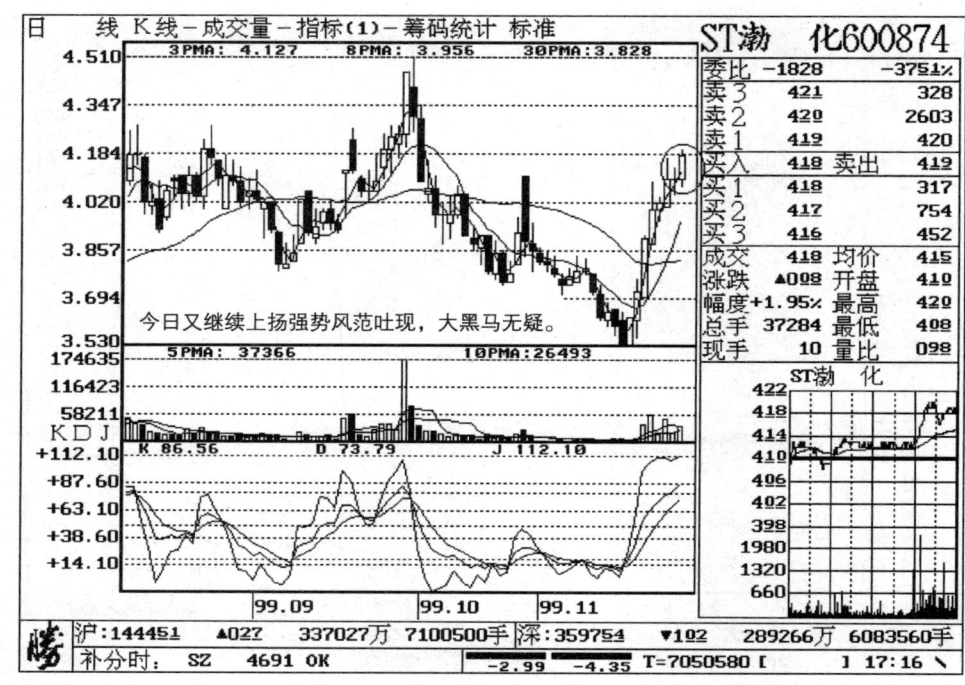

图 7-9

看图精要：股价重心不断抬高

    A. 今日该股几乎以最高价报收。

    B. 成交量与 5 日均量比处于持平，看来收集筹码困难。

    C. 经历前几日的拉高洗盘看来抛盘仍然很轻。

    D. 手中筹码继续持仓观望待涨。量未根本性放大暂不加仓。

1999 年 11 月 29 日

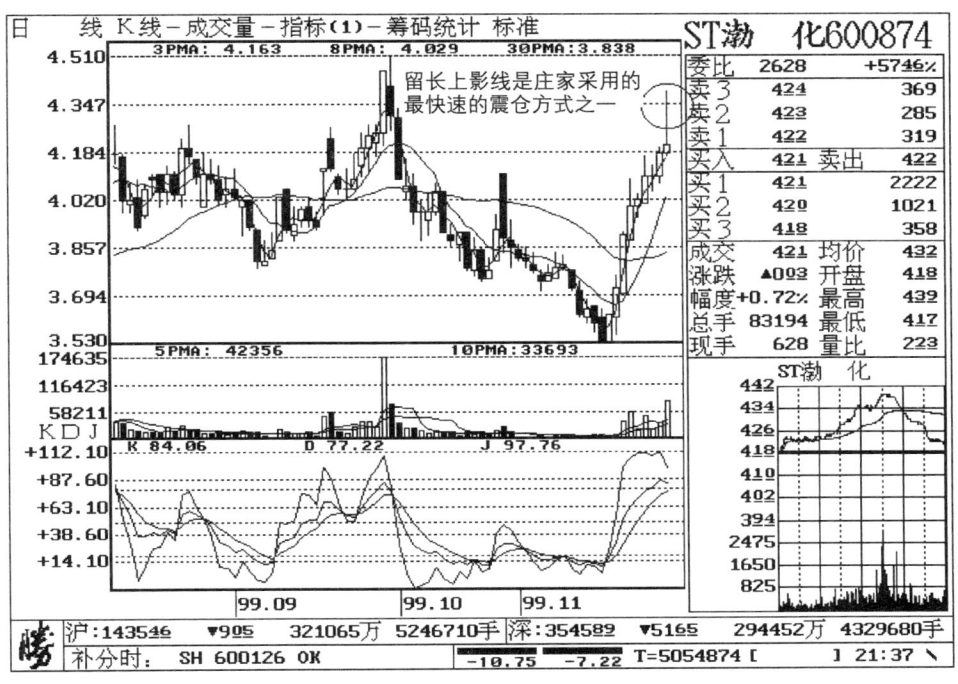

图 7-10

看图精要：冲高不愿封停快速打压洗盘

  A．该股早段量价配合理想具备封住涨停的条件。

  B．下午运行到高点后不愿顺势封停反凶狠打压。

  C．如果出货，庄家应维持高价缓慢派发。震仓无疑。

  D．明日盘中若有低点且不破应考虑继续加仓。

1999年11月30日

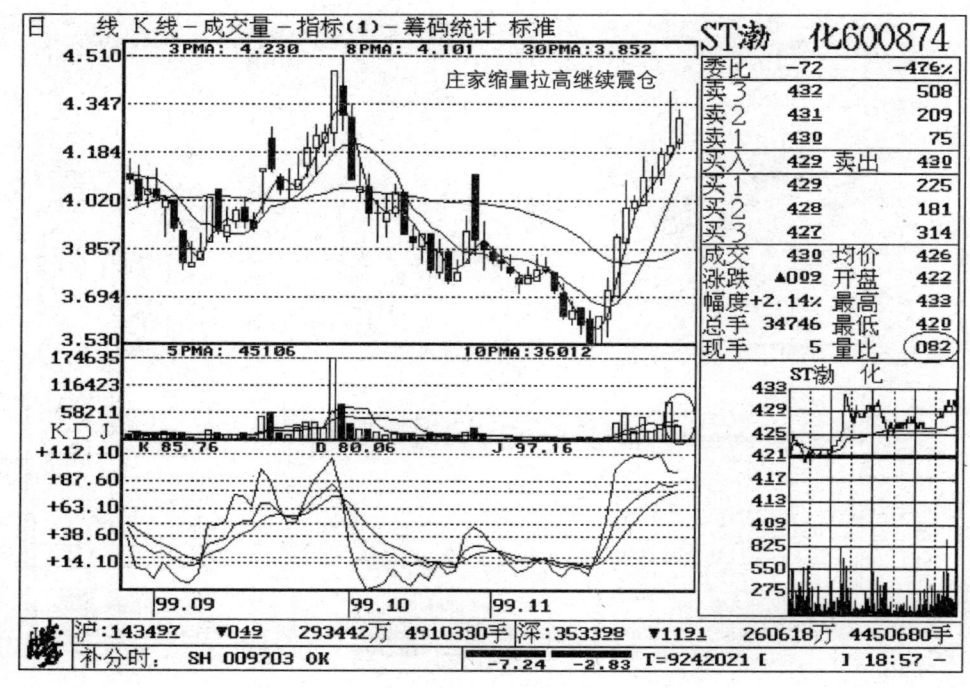

图 7-11

看图精要： 缩量拉高继续震仓

A. 量价不配合是庄家骗技术分析功力较低者的好办法。

B. 昨天下午大跳水而今日又无量上攻一般人均出逃。

C. 从庄家的做盘细节和攻击 K 线应用看庄家还在。

D. 既然庄家还在花心思做盘我们有什么好怕的？持仓不动。

1999年12月1日

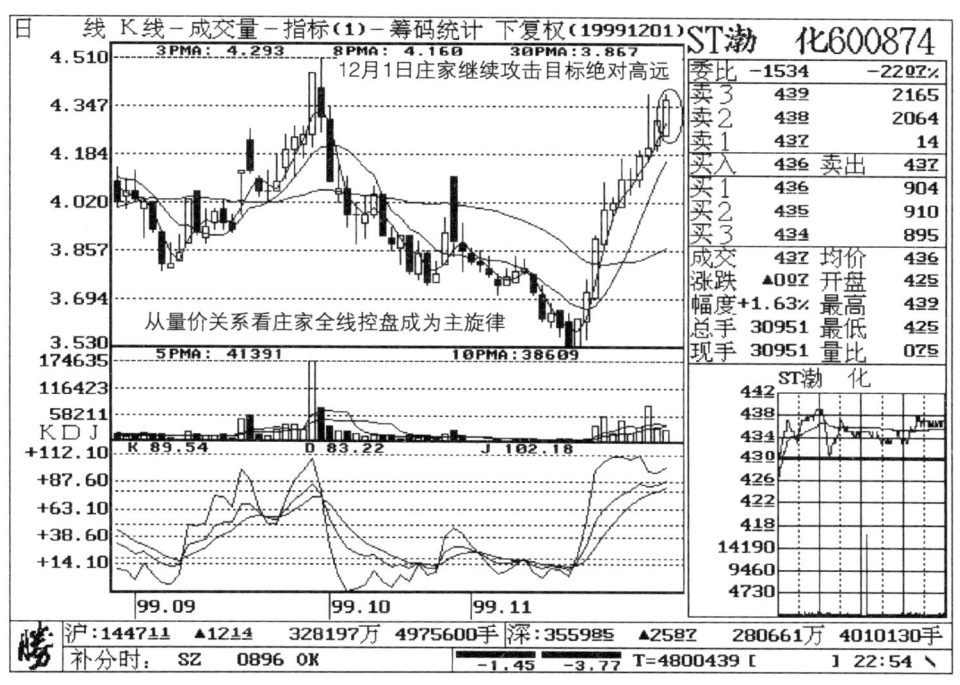

图 7-12

看图精要：继续缩量震仓

A. 庄家不断应用阳线震仓洗盘的手法，看来目标高远。

B. 从量价配合和量价不配合的操盘手法看庄家老道。

C. 庄家运作的股票在高位不放量就是相对安全的。

D. 前日上影线不攻占暂时不用加仓，持仓观望较为稳健。

1999年12月2日

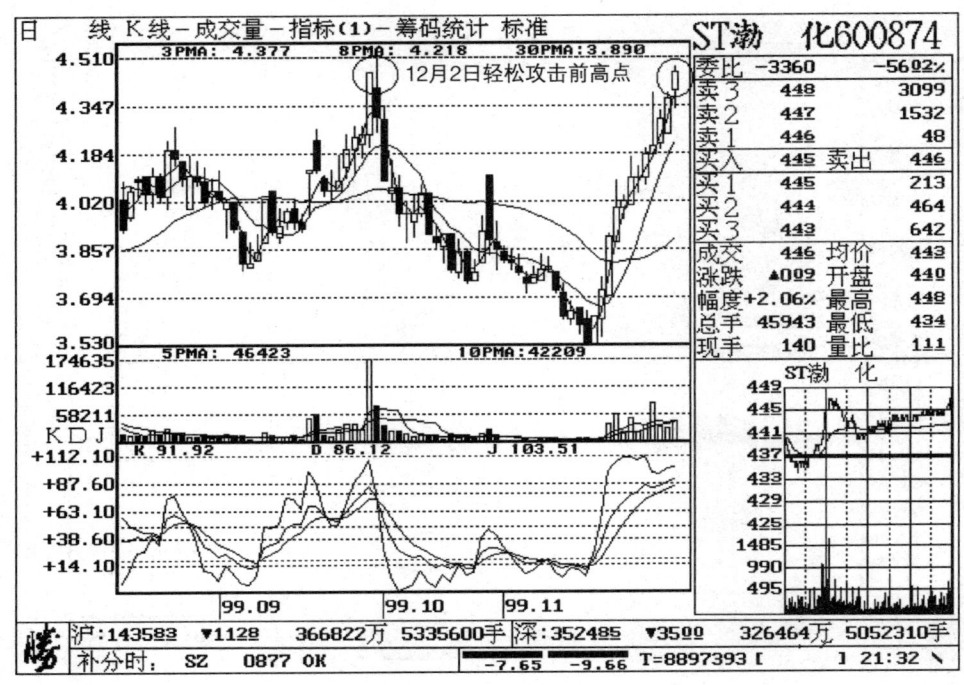

图 7-13

看图精要：轻松挑战前试盘高点

    A．今日股价温和放量继续收阳盘中抛压极轻。

    B．庄家敢于解放前期头部套牢的股民说明志在高远。

    C．股价只要在该价格区域站稳则向上至少还有30%。

    D．严密关注此区域庄家的做盘手法准备重仓参与后续行情。

1999年12月3日

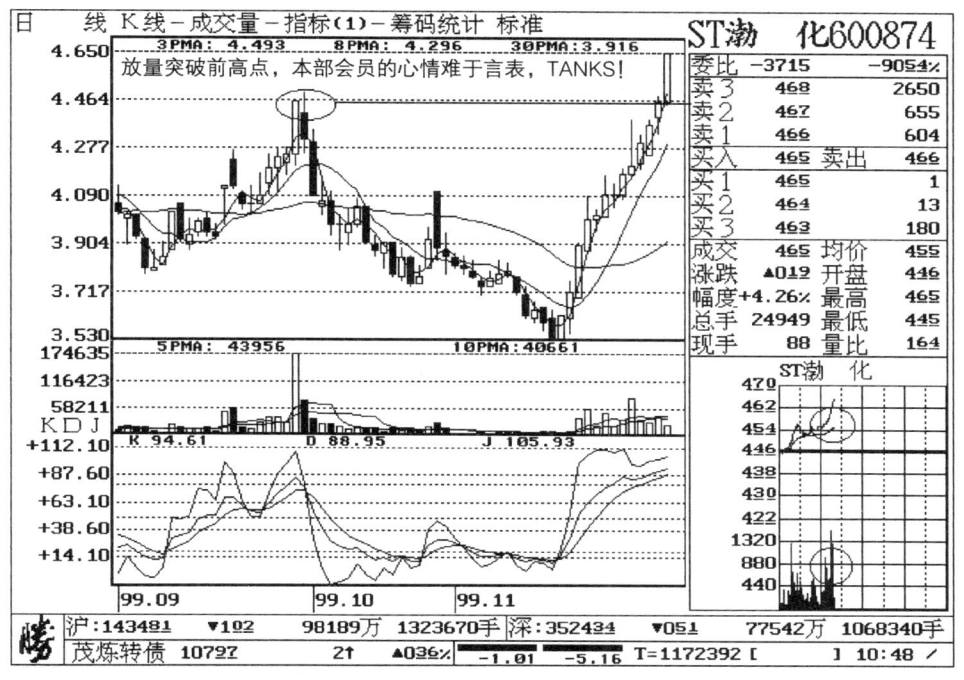

图 7-14

看图精要：放量过顶

A. 庄家不蓄势就敢于放量过顶，强悍异常。

B. 庄家解放了所有的人难道会是想套牢自己。

C. 坚决加仓、加仓！盘中千万不能犹豫、等待。

D. 同时由于过顶前庄家未充分蓄势，短线冲高后肯定回抽。

1999年12月6日

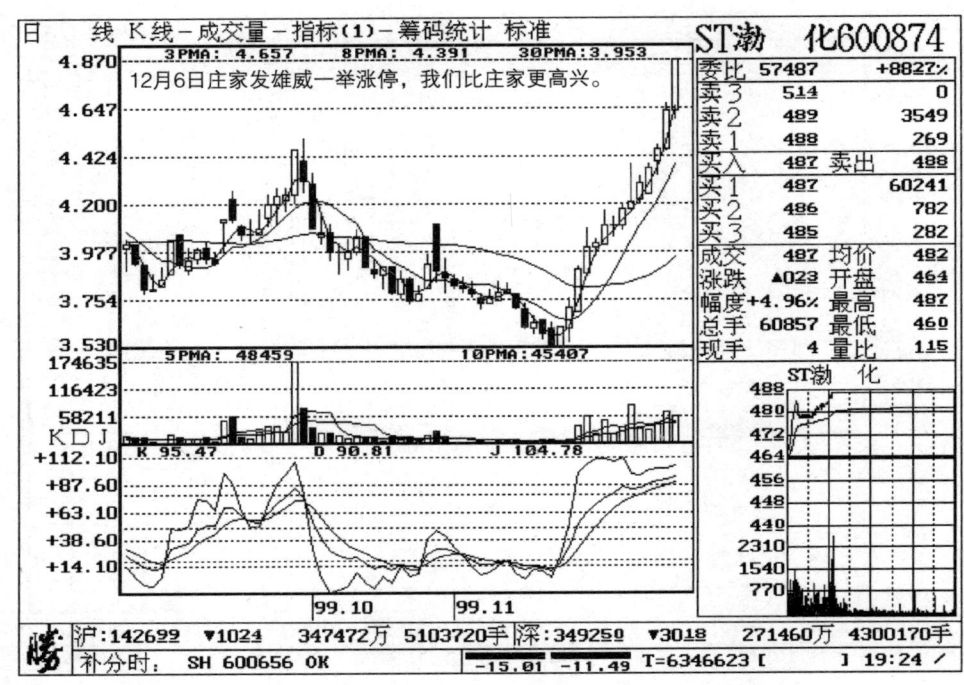

图 7—15

看图精要：盘中三浪封停，强！

A. 平开后股价火箭式冲高并回落震仓。
B. 部分胆小的筹码出局后庄家坚决封停。
C. 明日该股至少还有惯性冲高动作。故持仓不动。
D. 冷静的专业短线高手已经考虑股价应有的回抽了。

1999 年 12 月 7 日

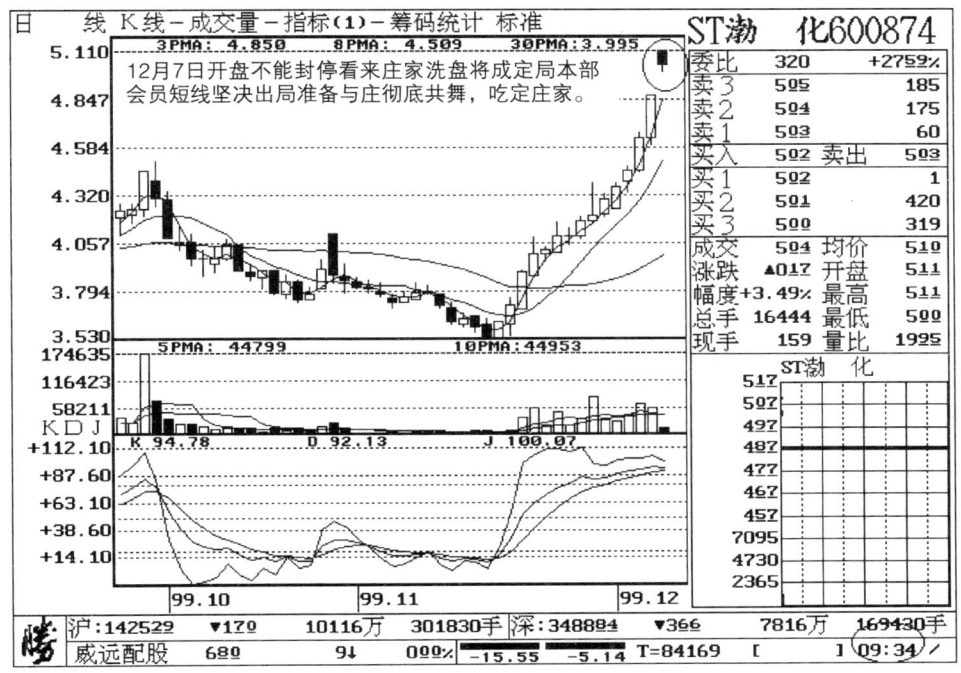

图 7-16

看图精要：开盘不能封停

    A．该股在昨天巨量封停的背景下今日应有强势表现。

    B．而开盘不能封停股价快速回落看来今日必定震仓。

    C．持仓较重，操作组合上考虑半仓先出局。

    D．股价回抽成功时必须坚决买回来。与庄家同时滚动操作。

1999 年 12 月 7 日盘后

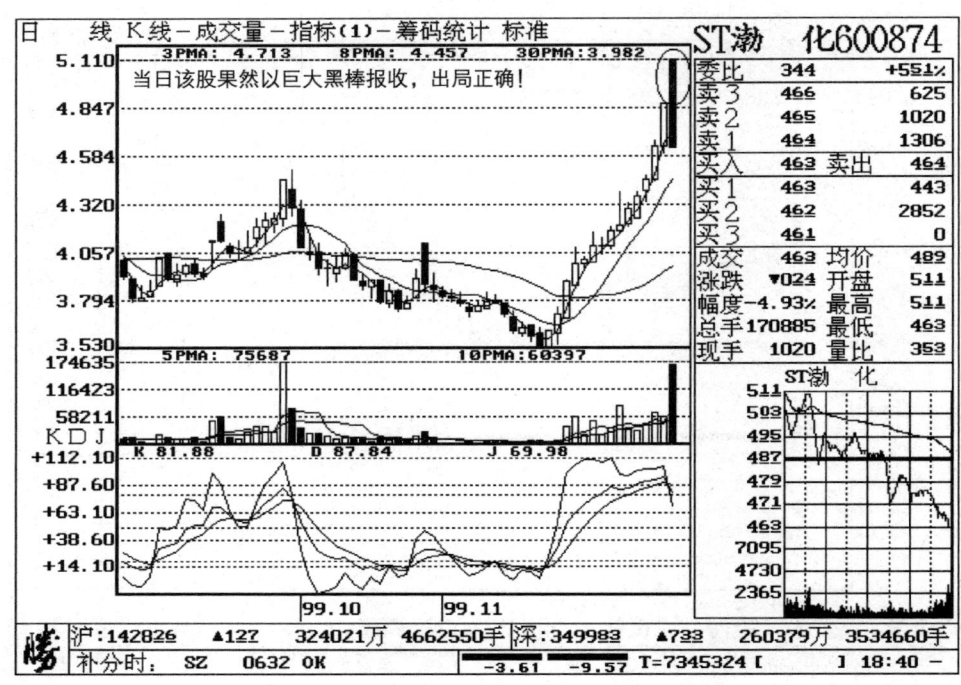

图 7-17

看图精要：两次不能封停

    A. 这是庄家经典的震仓手法。

    B. 两次不能封停，短线必须出局回避是常识。

    C. 如果是出货，庄家会维持股价高位震荡不会急杀。

    D. 明日 10 日均线能否止跌成为短线看盘的关键。

1999年12月8日盘中

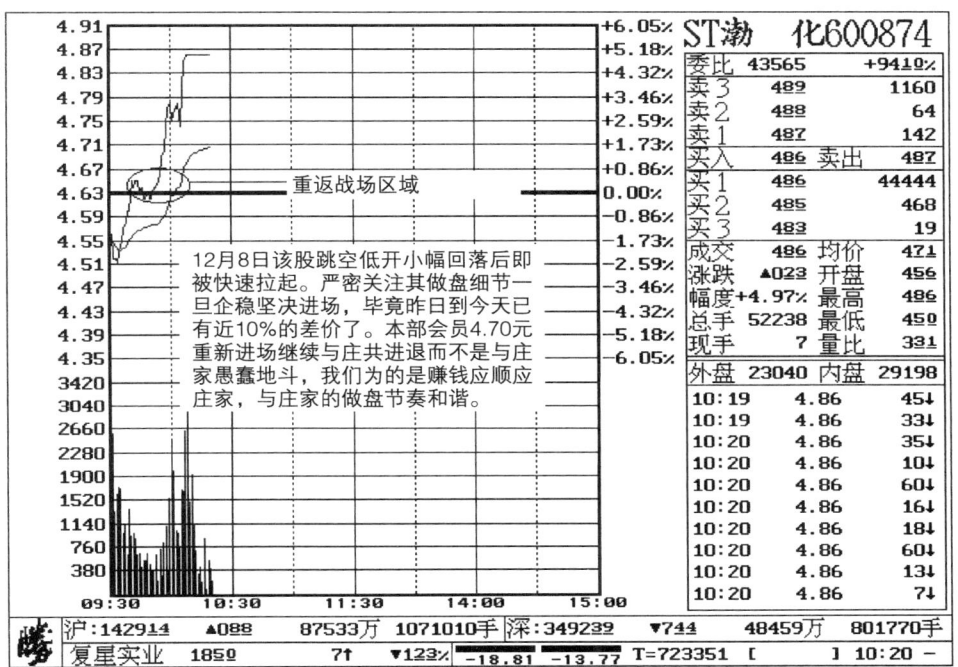

图 7-18

看图精要：关键位置获得支撑

  A．承接昨天惯性今日跳空低开让持股者恐慌。

  B．快速放量打压于10日均线上获得支撑。

  C．缩量攻击到昨天收盘再次回落震仓。五波封停。

  D．过昨天收盘价全部补回昨天高抛出去的筹码。

1999年12月8日盘中

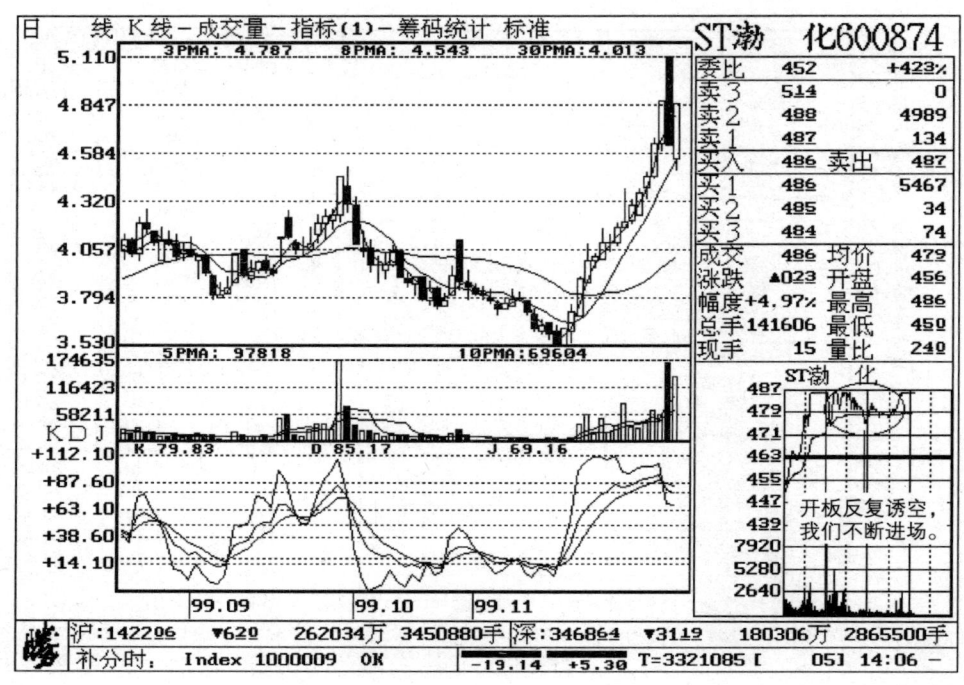

图 7-19

看图精要：开板诱空

  A. 庄家利用日线指标死叉反复打开涨停诱空。

  B. 今日大幅放量，在昨天巨量长黑后有谁敢进场。

  C. 看来只有庄家在拼命地吃货承接才会如此表现。

  D. 从控盘细节看庄家闪电般结束了调整，开板是加仓良机。

1999年12月9日复牌

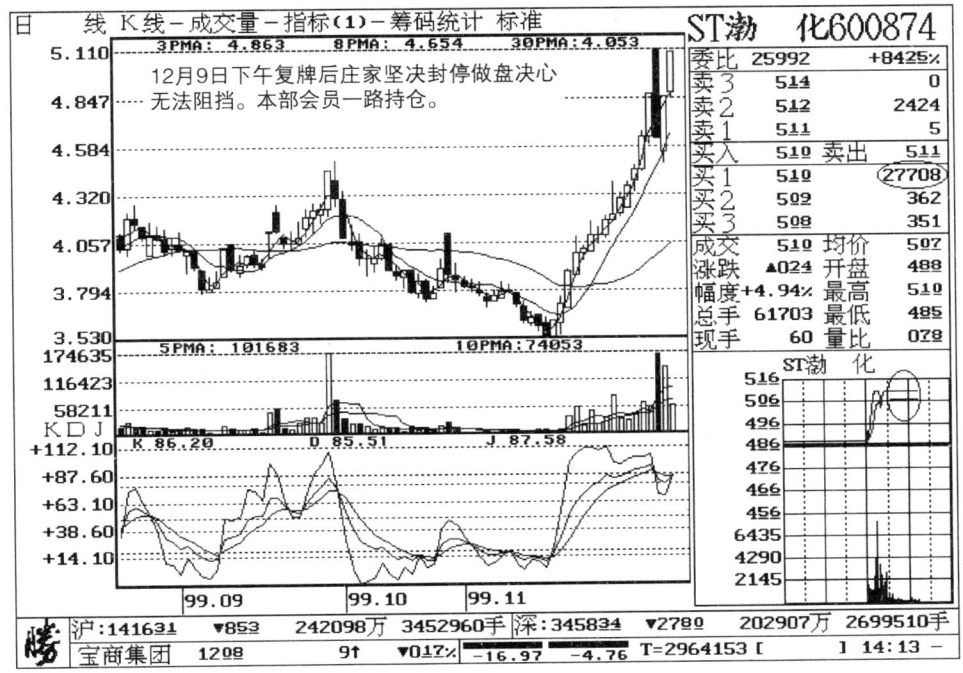

图 7-20

看图精要：一举涨停全解放！

    A. 277万股巨量封停并将前天巨量解放。

    B. 庄家用闪电般的速度完成了震仓洗盘工作。

    C. 强庄风范凸现，无股者应敢于在涨停板排队。

    D. 好戏还在后头，巨量大幅震仓的股票都会演化成为长庄。

1999 年 12 月 10 日

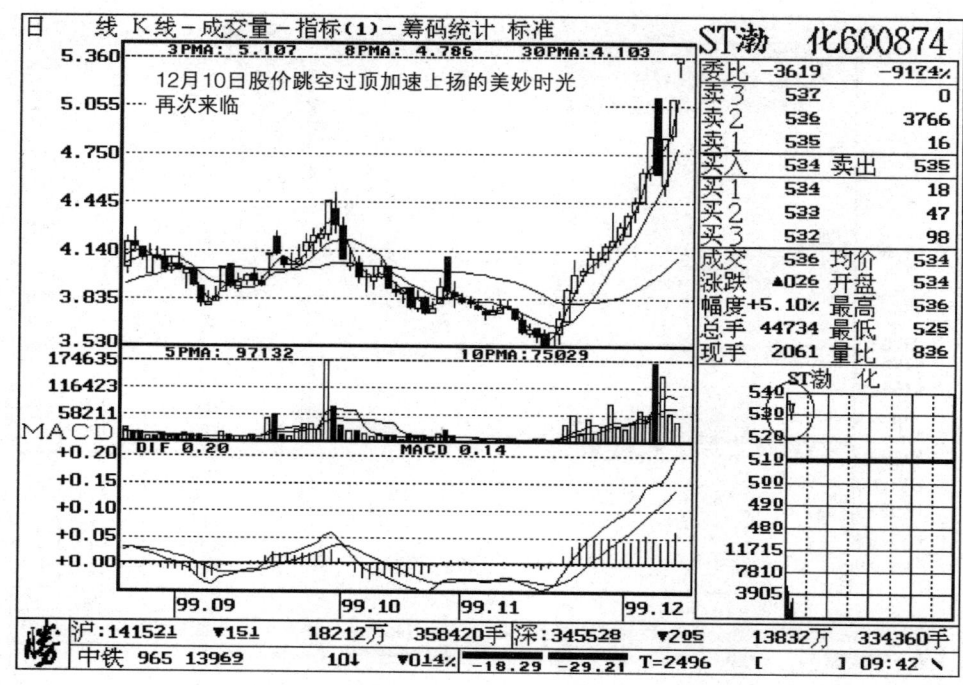

图 7-21

看图精要：轧空上扬的美妙时光来临

A. 大幅跳空高开瞬间封上涨停。轧空战术展开。

B. 股价刚刚开始加速排队还有最后搭车的机会。

C. 前两日的大幅震仓使今日的强势令人非常安心。

D. 短线超级大黑马就是这样诞生的。请反复体会图形精要。

1999 年 12 月 13 日盘中

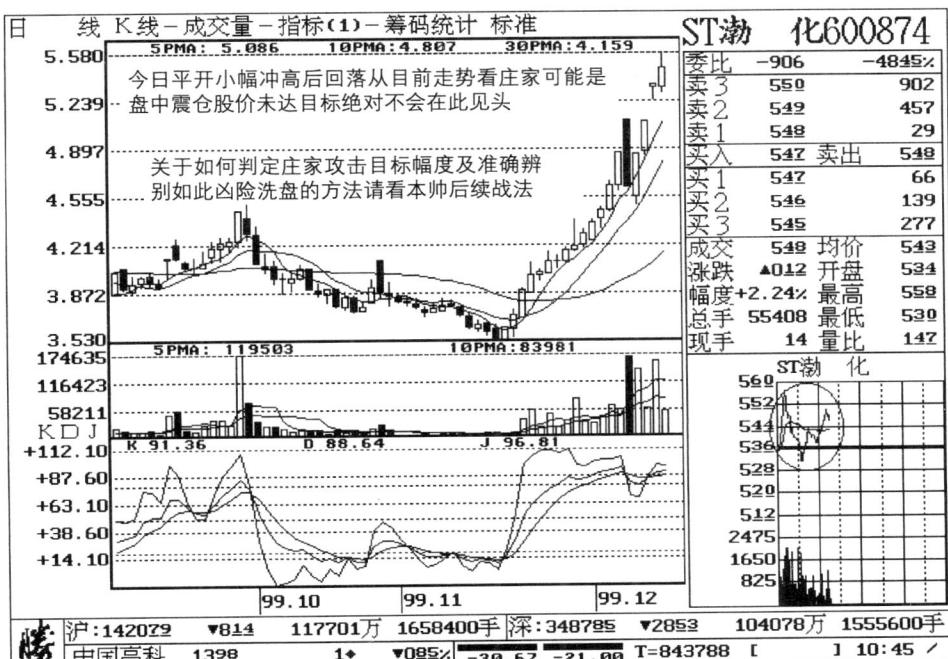

图 7-22

看图精要：盘中震仓

A. 这个位置见头，那么庄家为什么花这么大力气解放前面巨量长黑的套牢盘？根本没有获利空间。

B. 由此判定这种走势绝对是庄家在震仓，应持股、加仓。

C. 盘中只要多动脑筋冷静分析就绝对不会被庄家所骗。

1999年12月13日盘中

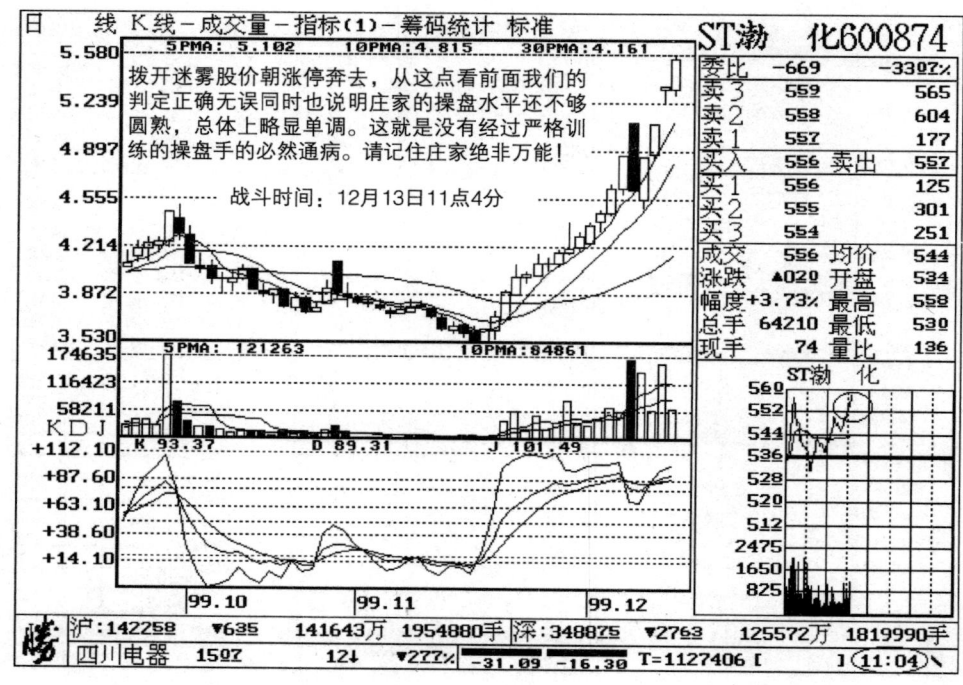

图7-23

看图精要：创盘中新高

A. 股价创盘中新高说明前面的判断正确。

B. 许多未经过系统训练的人都是被盘中的波动所骗。

C. 临盘实战中丰富的看盘经验对操作成功是非常重要的。

D. 见多才能识广，而这些本领通过严格的训练都能掌握。

1999 年 12 月 14 日

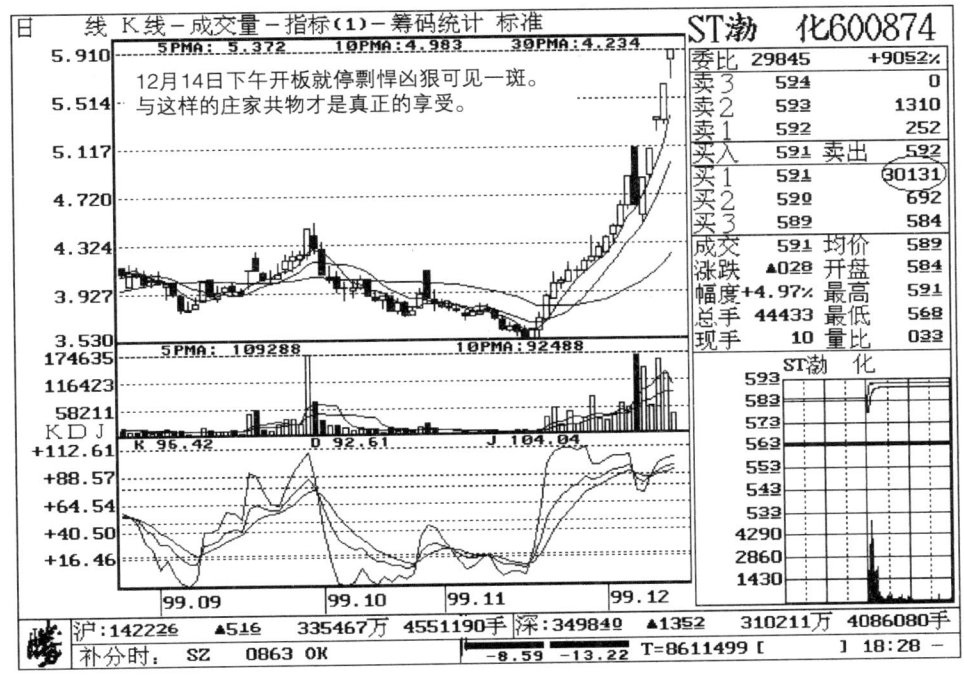

图 7-24

看图精要：一举封停

A．一举封停，成交量迅速萎缩。

B．封停无量说明抛盘稀少，次日仍将有高点。

C．短线高手应严密关注封盘买单的数量大小，由此明晰庄家的控盘操盘意图吃定庄家。

1999年12月15日开盘

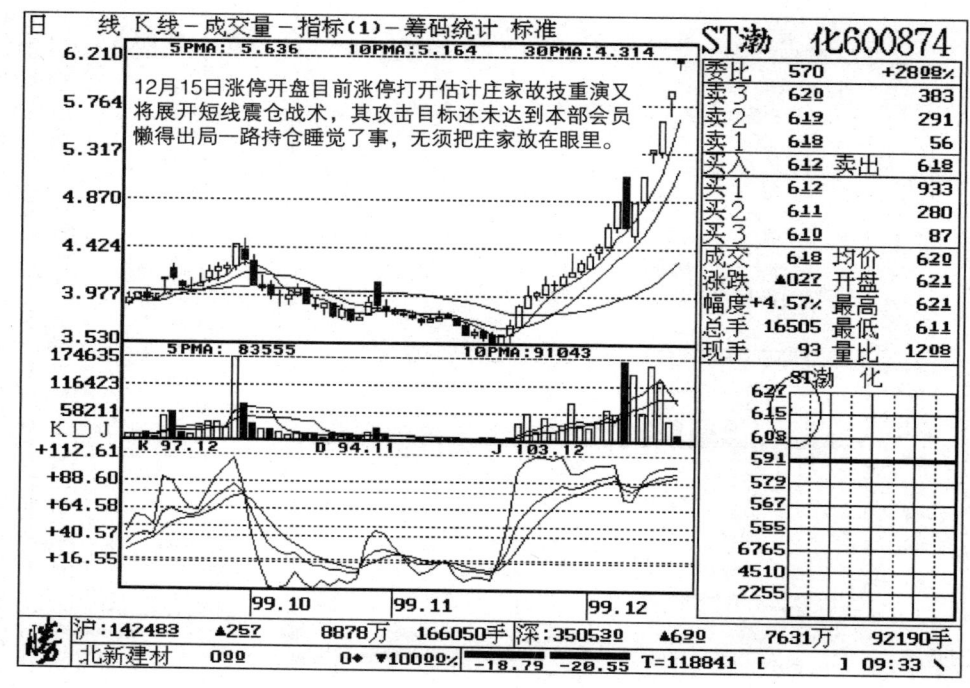

图7-25

看图精要：以不变应万变

A. 开盘涨停印证昨天预期。

B. 从攻击目标看涨幅还未达到。

C. 庄家是否大力洗盘或出货，看回落低点出现的情况。

D. 持仓绝对不能在此时恐慌，许多大黑马就是如此跑掉的。

1999年12月15日盘中

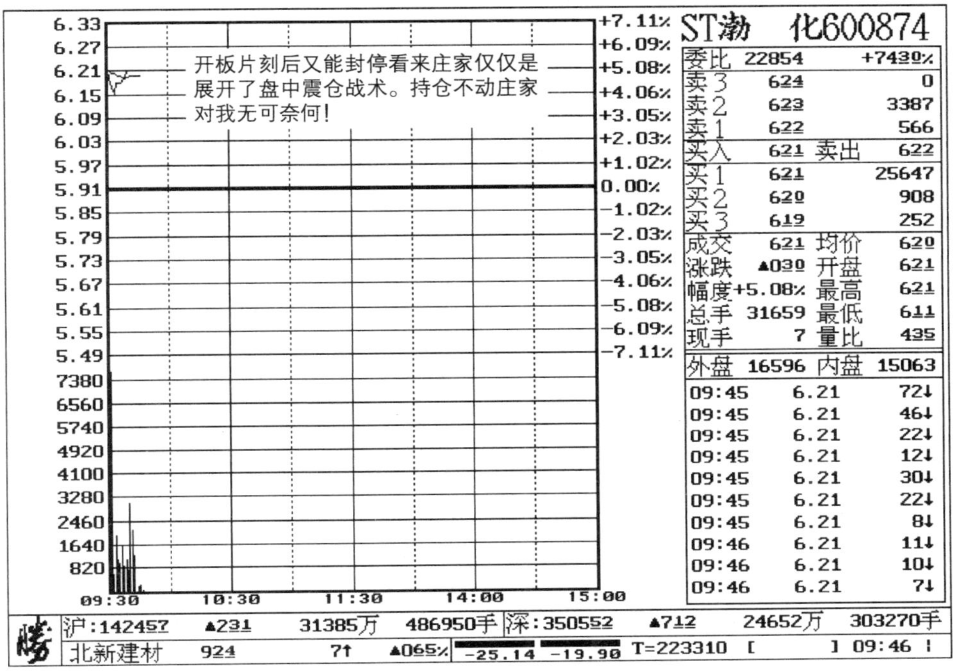

图 7-26

看图精要：抗拒震仓

A. 股价快速回落但回补跳空缺口的 1/3 都不到，极强！

B. 股价拉起时并未用巨量说明盘口抛压极轻。

C. 股价大单一举封停超级强势凸现可以追仓加买。

D. 注意封单量为 250 万股，比昨天略小的精微细节。

1999 年 12 月 15 日盘中

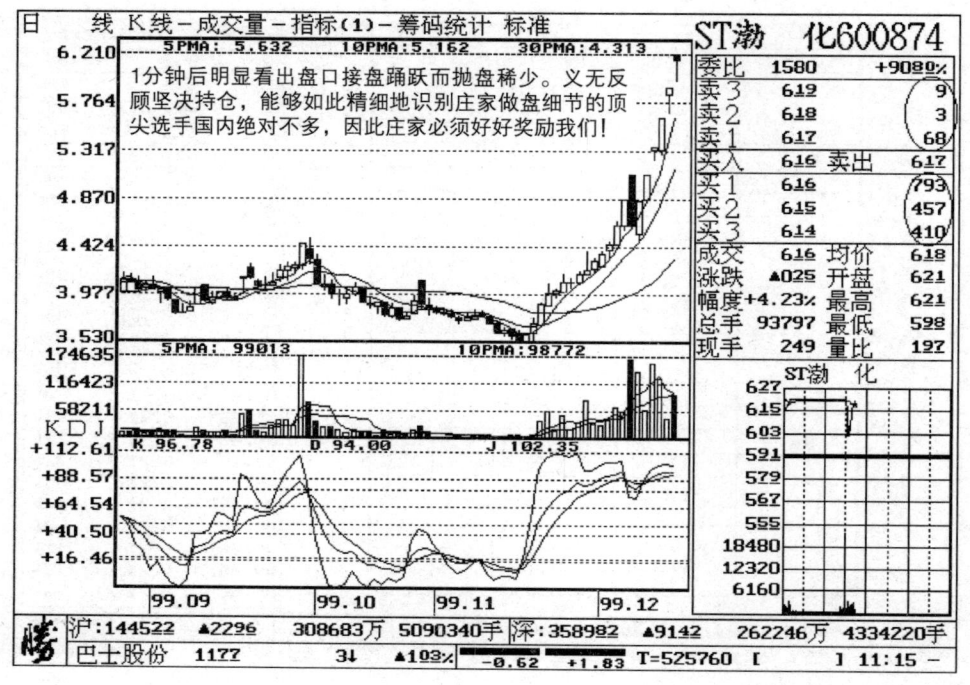

图 7-27

看图精要：开停诱空

A. 涨停被汹涌的抛盘打开。

B. 实战中必须精细辨别买卖力量的真假变化。

C. 细节把握的精细程度直接体现着短线选手的功力。

D. 实战操盘手绝对不能像股评家浮于表面华而不实。

1999年12月16日盘中

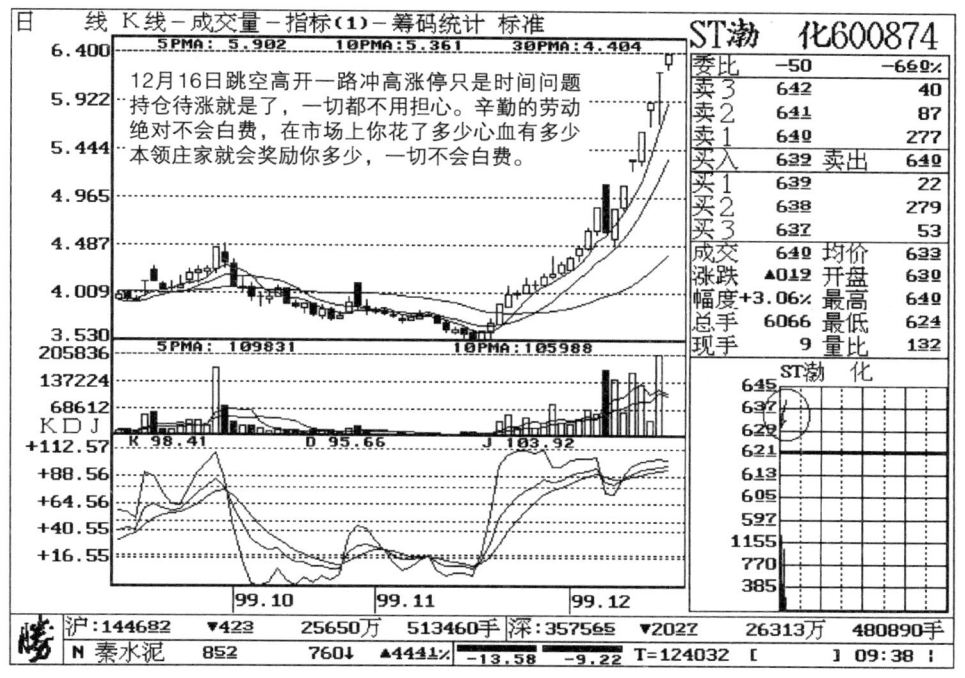

图7-28

看图精要：震仓后的缓慢攻击

A. 昨天盘中大幅震仓后庄家进出费力巨大。

B. 今日的缓慢攻击为后续做盘调整好新的节奏。

C. 量的巨幅放大说明昨天的多空分歧延续到了今天。

D. 今日封停后成交量的大小将关系该股后续的命运。

1999 年 12 月 16 日

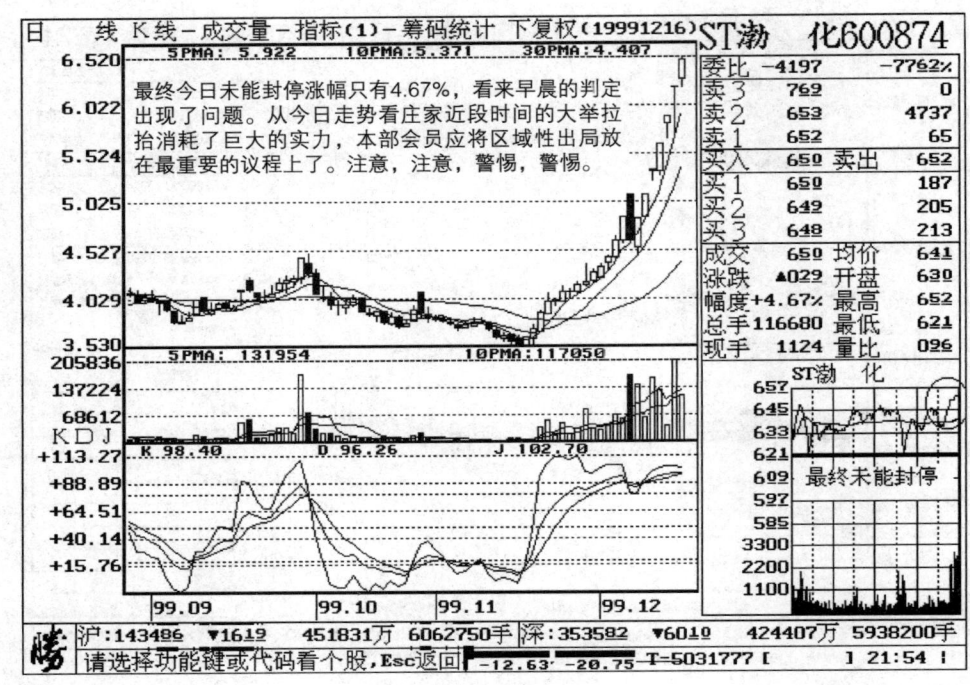

图 7-29

看图精要： 震荡加剧未能封停

A．多空围绕均价线反复争夺。

B．股价未能封停，但能够收于次高点说明多头略强。

C．明日走势事关重大，短线应提高百倍的警惕。

D．寻高点出局成为下一步操作的最重要工作。

1999 年 12 月 17 日

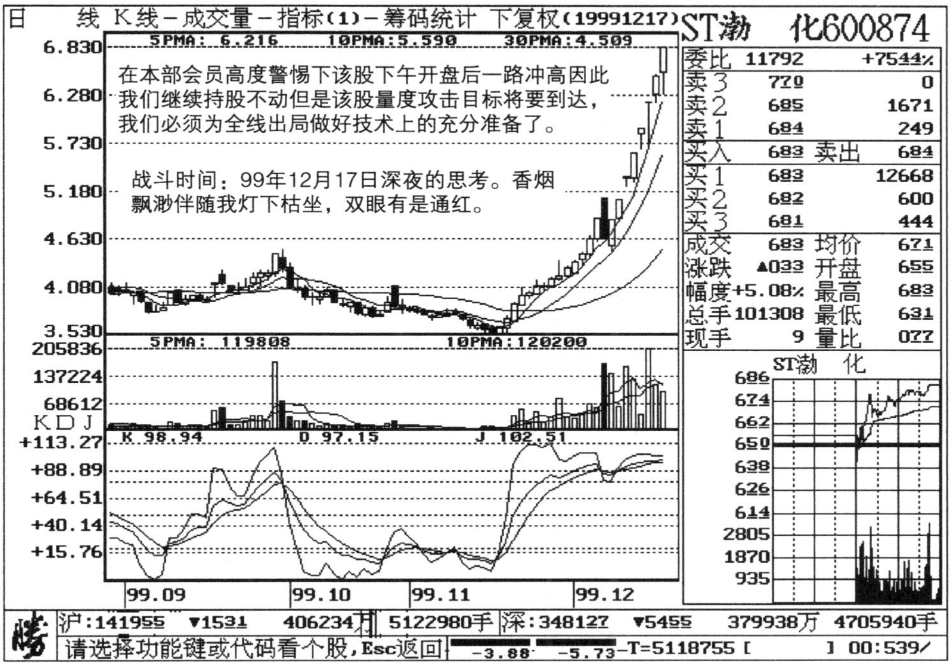

图 7-30

看图精要：尾盘刻意封停

A. 复牌后一路走高尾盘封停。

B. 尾盘封停量只有 120 万股说明庄家力量减弱。

C. 庄家在尾盘封停表明自己在回避可能产生的抛压。

D. 将按信号积极准备出局避险。

1999 年 12 月 22 日

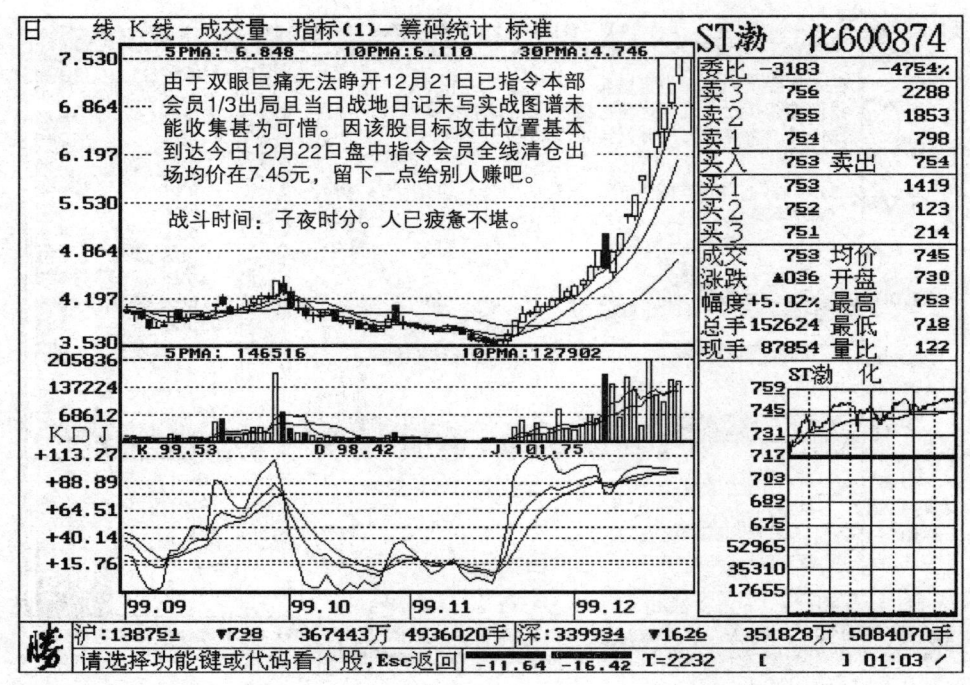

图 7-31

看图精要：清仓出局

A. 从量度目标涨幅看该股短线将要回调。

B. 盘中的攻击态势也不如前期轻快明朗。

C. 涨停封板已经变得并不像前期轻松容易。

D. 获利已经翻倍仓位又重，故提前一步区域性出局。

1999年12月23日

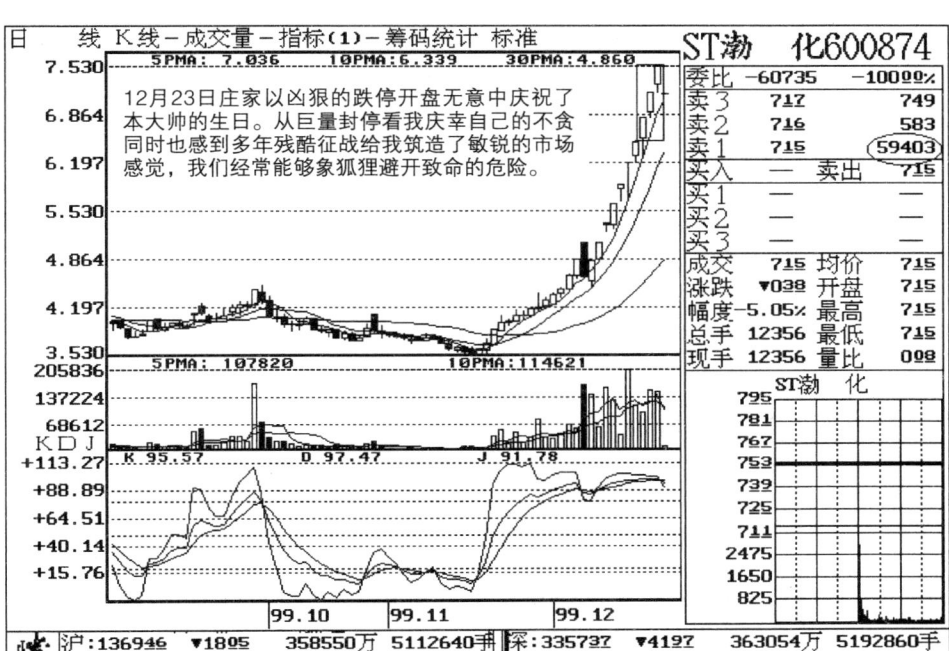

图 7-32

看图精要：好运关照

A．今日复牌后跌停开出。

B．近600万巨量抛单如泰山压顶，气势超过涨停时。

C．好运气和不贪心的大资金左侧交易帮了我的忙。

D．大资金不可能像小资金一样采用点位信号的方式进出。

〰〰〰〰〰〰〰〰〰〰〰〰〰〰〰〰〰〰

　　顶尖高手的短线操作铁律——短线出击非常态高速行进中的股票，其内部子浪运行结构安全且无破绽。而绝对不是仅仅满足于买进能涨的股票这么简单。

　　衡量专业短线高手的好坏，并不以获利为唯一依据。更加重要的依据是能否坚持按正确的市场规律进退和坚定不移地执行自己制订的操作计划并誓死捍卫自己的操作纪律。

〰〰〰〰〰〰〰〰〰〰〰〰〰〰〰〰〰〰

二、临盘狙击大黑马的技巧

（一）大黑马的概念

　　大黑马指的是一波行情下来股价至少翻番的股票。而在其股价上升没有发动之前并不引人注目。

（二）大黑马的图形特征

- 股价经历大幅度下跌。做空动量得到彻底释放，盘中无大庄盘踞。

- 曾经有成交量萎缩到地量，表明抛盘枯竭，同时也无大资金活动的特征。随后成交量巨幅放大。

- 多周期技术图形完美，具备发动大级别行情的基础。

- 具体可用魔鬼不败软件进行捕捉。按国际通行的持股20天获利50%这种超级强势黑马股的标准进行测试，成功率达到82%。

- 测试时间段为1996年1月1日到1999年1月1日共3年时间，共发出买进信号106次。

大黑马捕捉方法：魔鬼不败交易软件

魔鬼不败选股软件战例

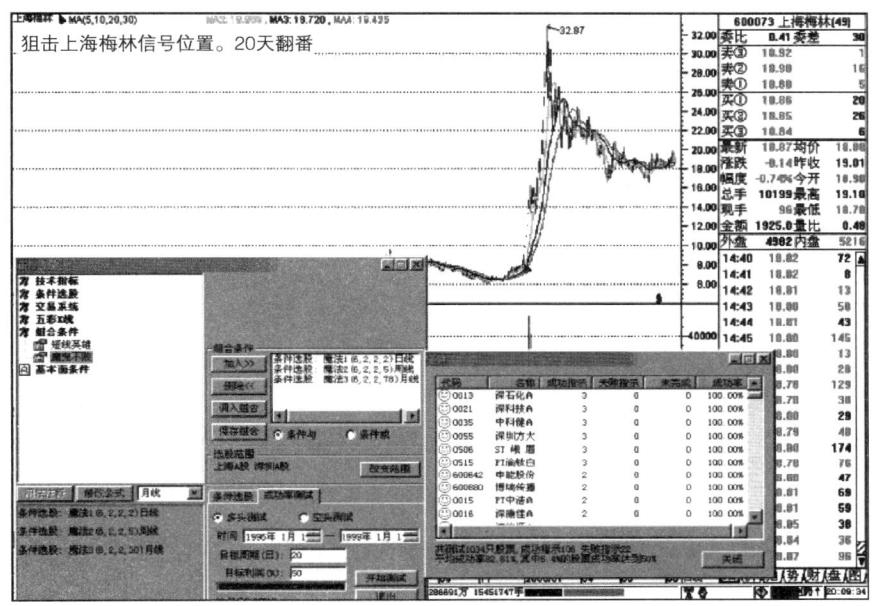

图 7-33

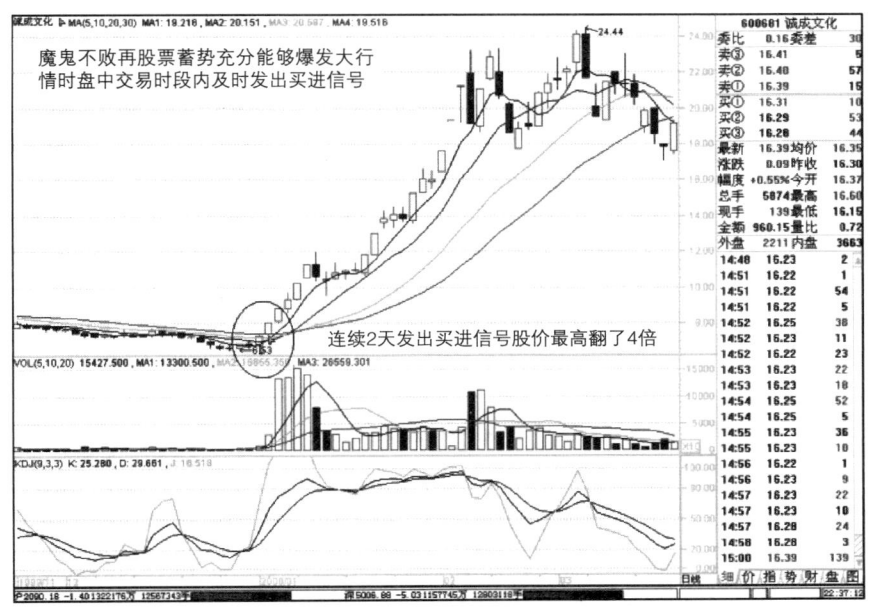

图 7-34

只铁智能交易机器人买卖战例

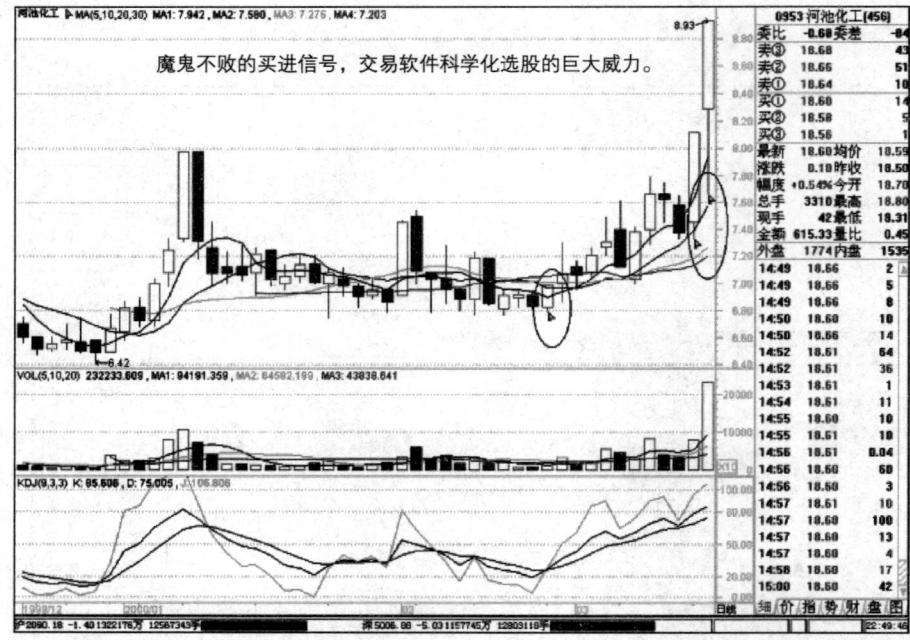

图 7-35

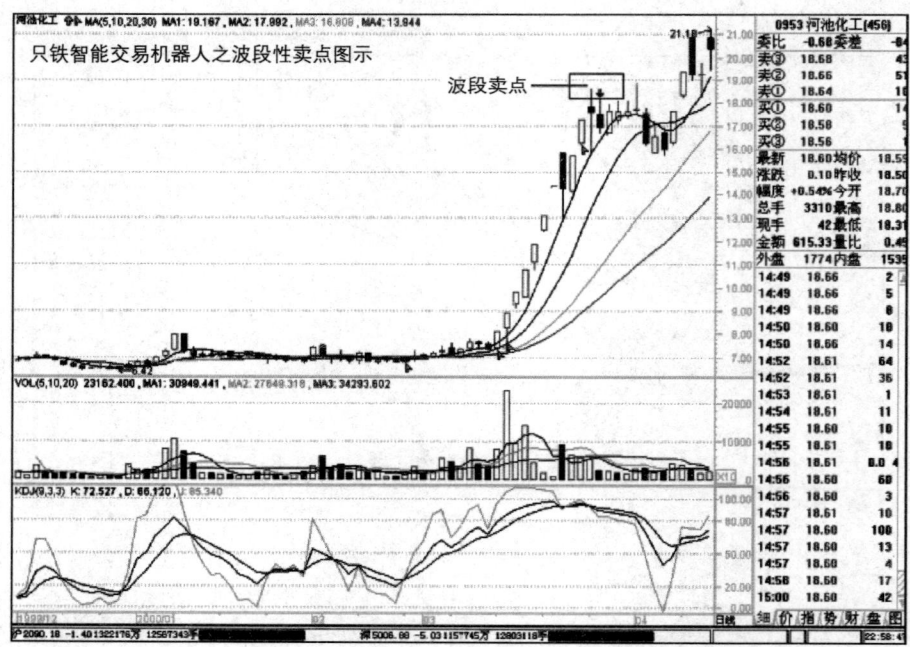

图 7-36

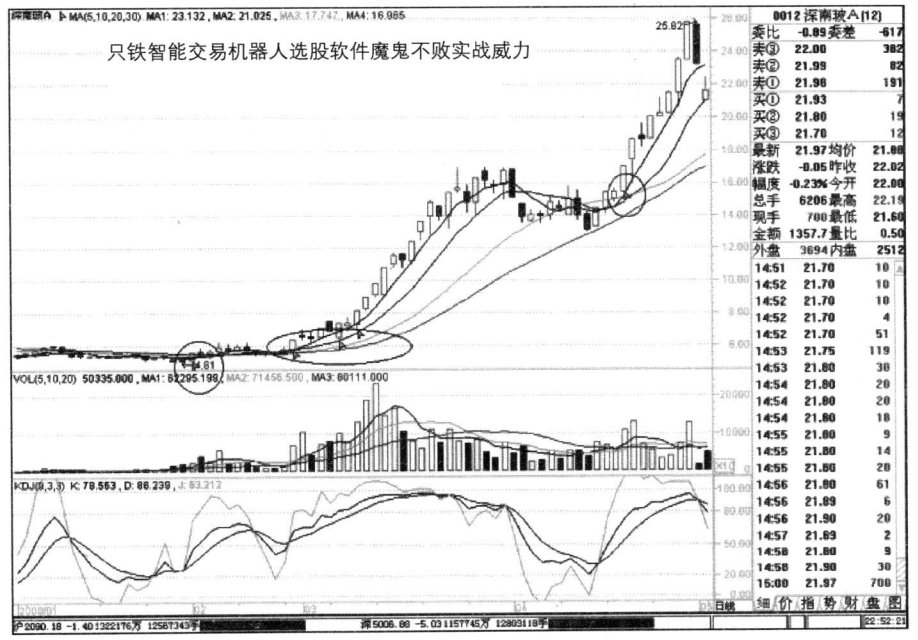

图 7-37

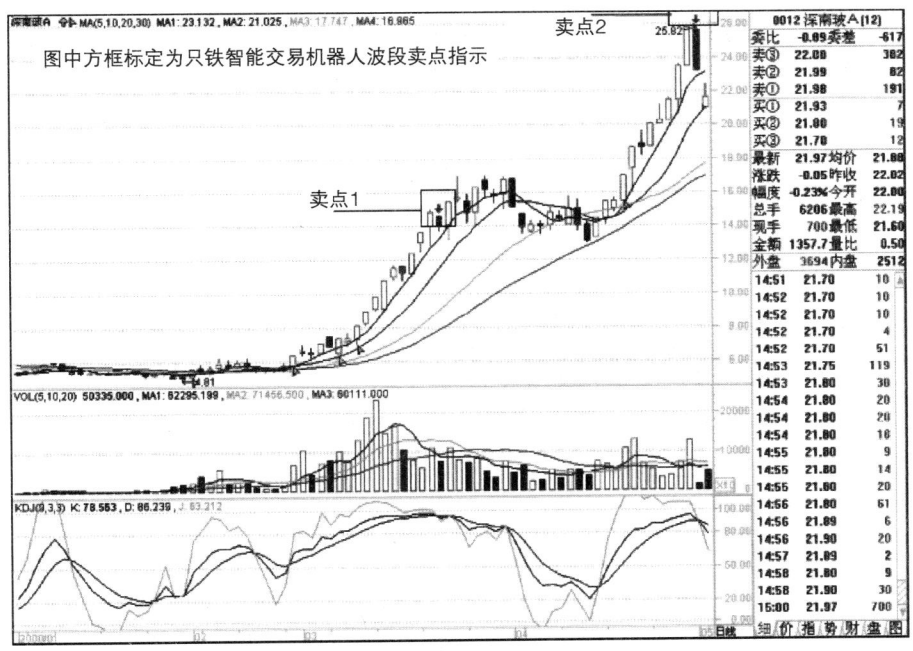

图 7-38

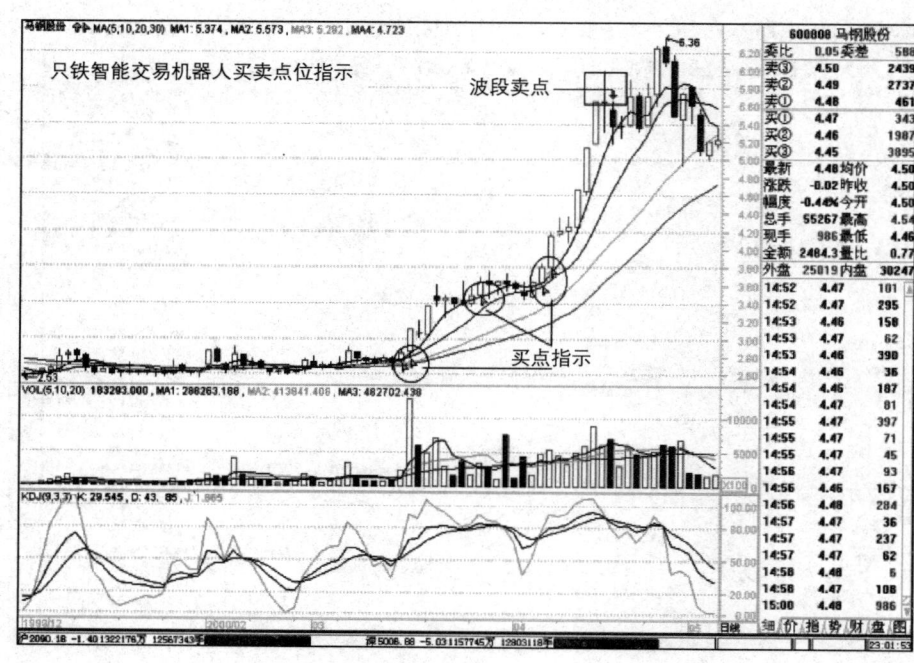

图 7-39

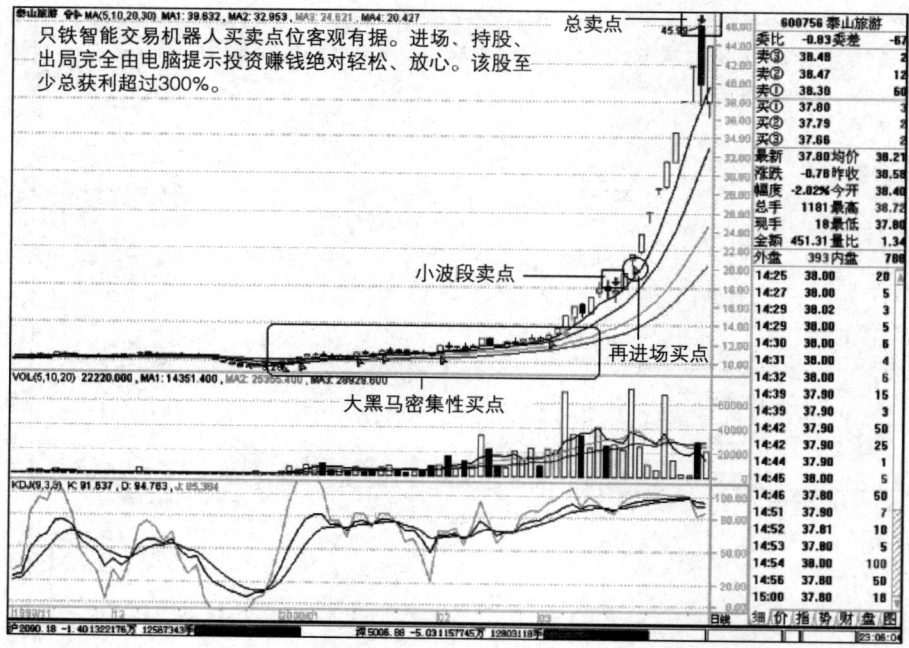

图 7-40

上海梅林战例日记

1999年9月27日上海梅林异动

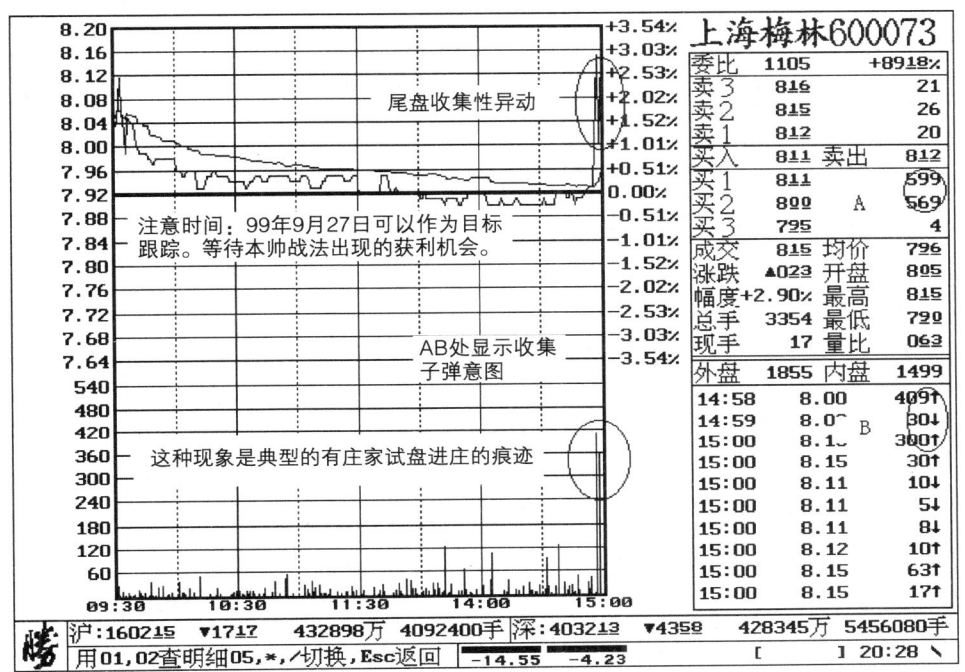

图7-41

看图精要：异动是目标股预警的玄机

A．该股在大盘下跌17点的背景下尾盘放量攻击。

B．从盘口成交明细看庄家准备吃进20万股。

C．这种现象往往是庄家收集筹码为后续建仓打压用。

D．该股历史上从未大涨过可以作为严密关注的目标监视。

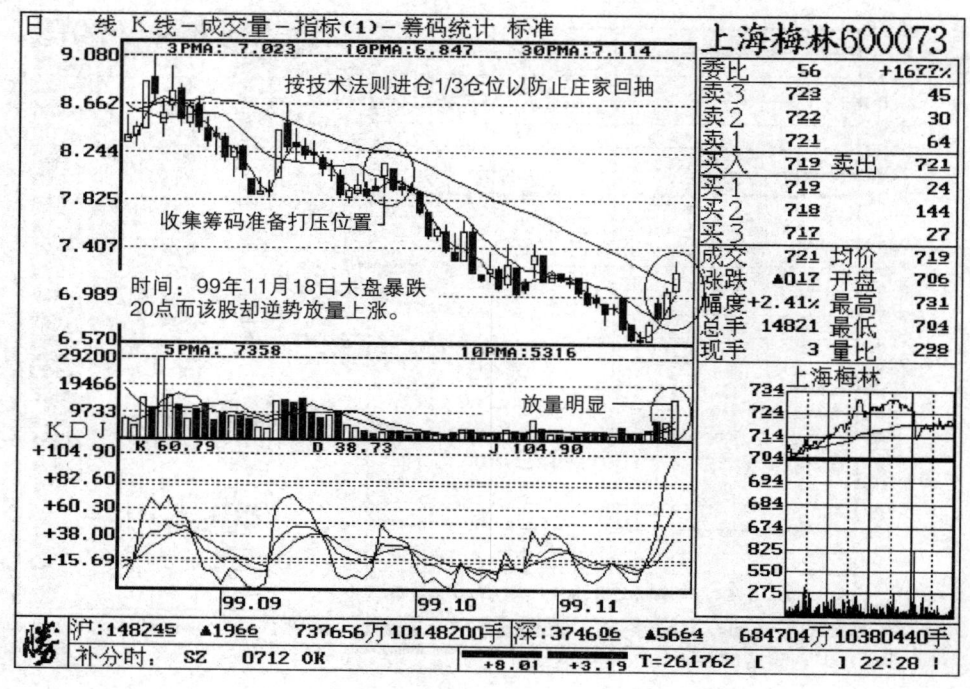

图 7-42

看图精要：放量攻击做盘意图暴露

  A. 今日大盘大跌近 20 点而该股却能逆市上涨。

  B. 大盘暴跌，市场处于恐慌中筹码易于收集。

  C. 对比前图该股尾盘的情况看庄家的大幅收集开始。

  D. 小单坚决进场参与，也算是替庄家底部锁仓吧。

1999 年 12 月 6 日

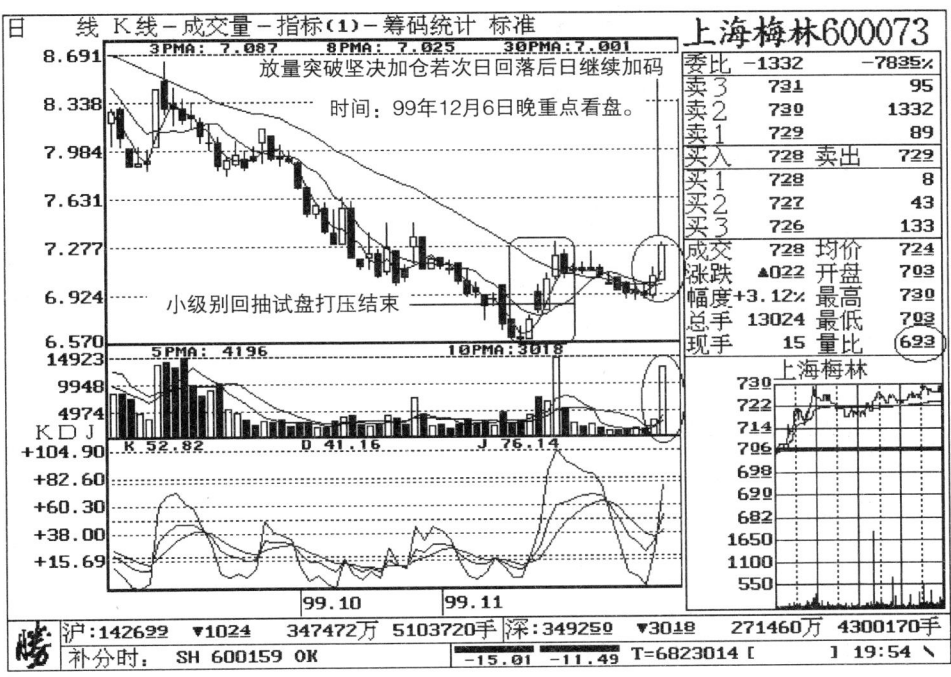

图 7-43

看图精要：回抽后重新攻击

A．经历多日的打压洗盘回抽后跌幅未及启动时 1/2。

B．成交量在整个回抽过程中大幅萎缩洗盘极为成功。

C．今日重新放量，看来庄家在低位已经无法吃进筹码。

D．坚决加仓到预定计划的 2/3 并持股待涨。

1999年12月7日

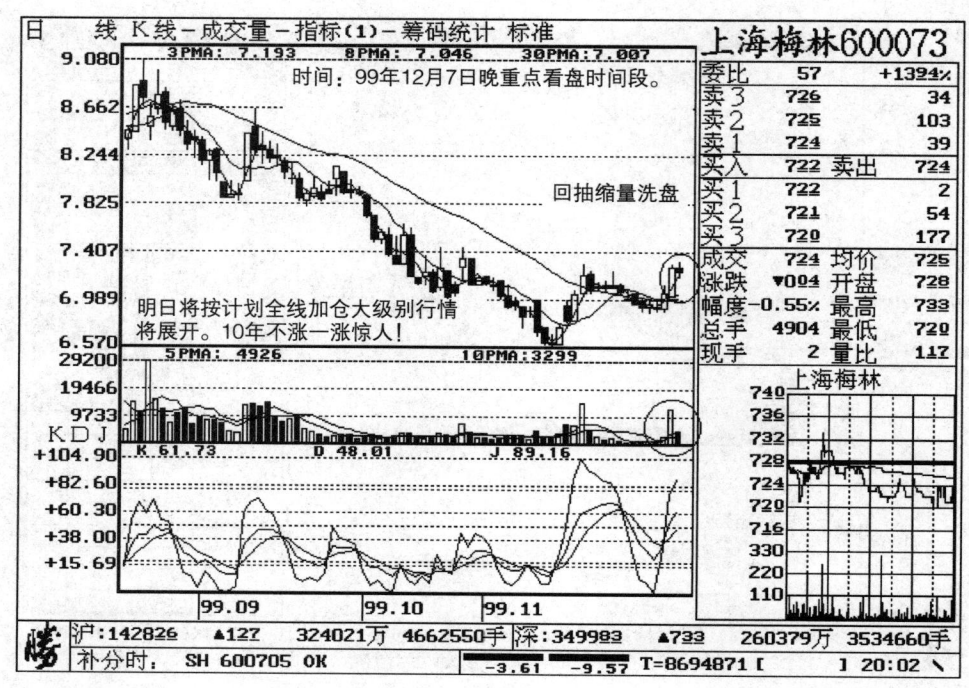

图 7-44

看图精要：健康回抽

A. 今日缩量回抽股价不破昨天 K 线 1/3 是健康标志。

B. 指标低位的攻击态势指明下跌是纸老虎，是假的。

C. 在小周期上捕捉近期低点加仓买进是操作主调。

D. 上下震荡幅度 0.13 元是标准的洗盘格局，请仔细辨别。

1999年12月8日

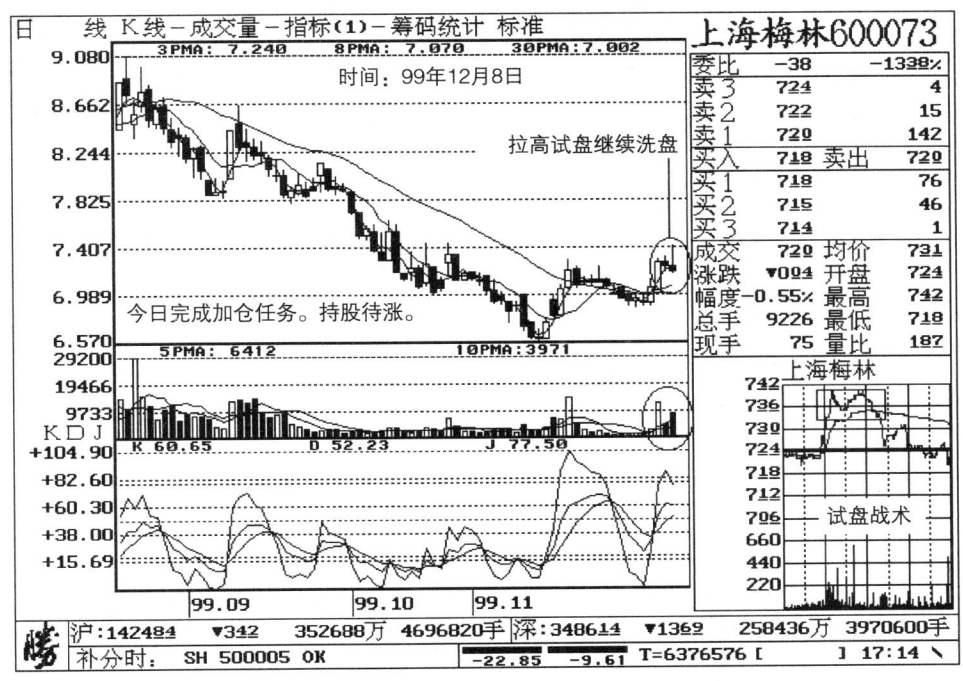

图 7-45

看图精要：两次测试抛压

A．庄家利用大盘的小幅下跌盘中两次拉起股价。

B．从尾盘股价的下滑情况看明日仍然还有洗盘。

C．右图盘口方框内明显堆量表明抛压较重。

D．股价如果企稳则小级别洗盘将结束，可以坚决加仓。

1999 年 12 月 10 日

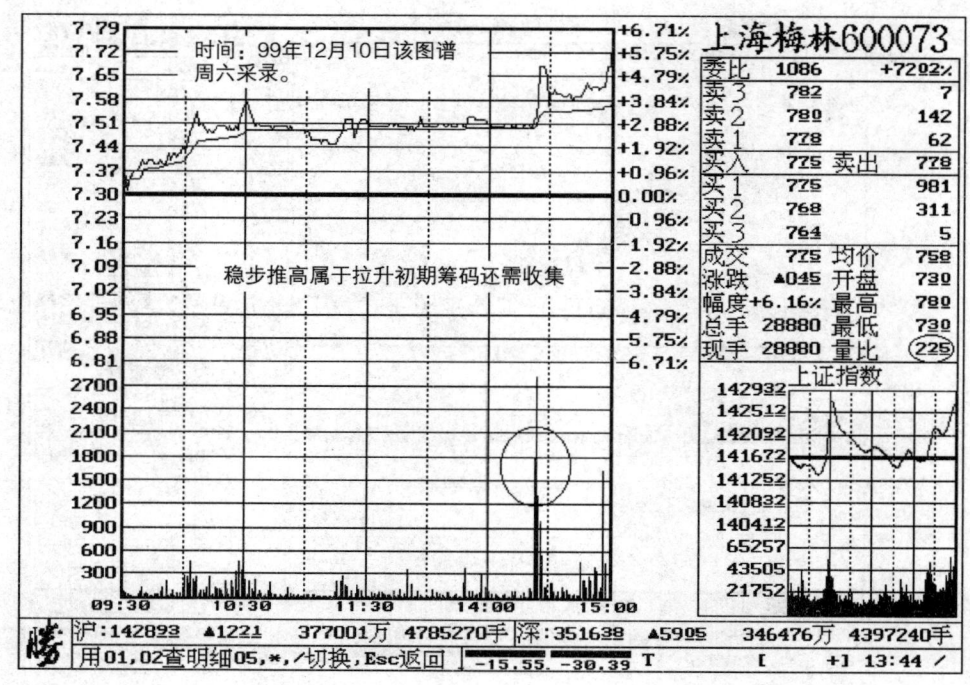

图 7-46

看图精要： 稳健推高

  A．经历昨天的小阳洗盘后，今日庄家稳健推高。

  B．从盘口手法看庄家控筹并不充分，抛盘稀少。

  C．为了加大控盘力度庄家只有拉高股价收集。

  D．昨天加仓后今日的走势证明是对的，可以继续加仓买进。

1999年12月14日

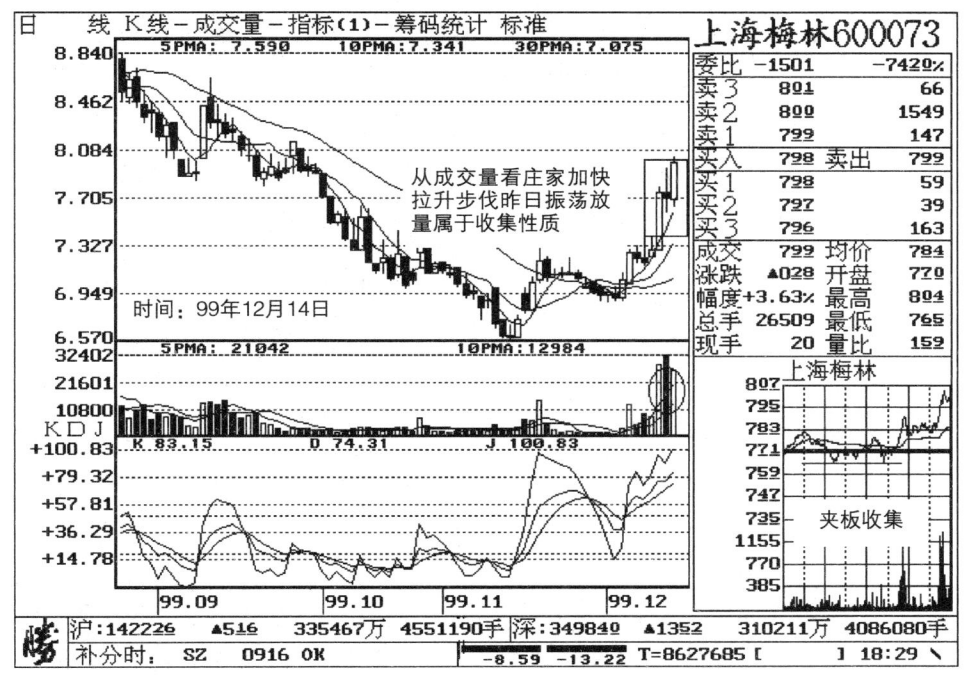

图 7-47

看图精要：震荡推升

A. 昨天放量洗盘的图谱未能打印非常遗憾。

B. 今日股价冲过昨天最高价就可以对昨天巨量放心。

C. 从近3日的盘口看庄家已经加大了做盘的力度。

D. 快速收集、快速洗盘的手法可能成为庄家做盘的主流。

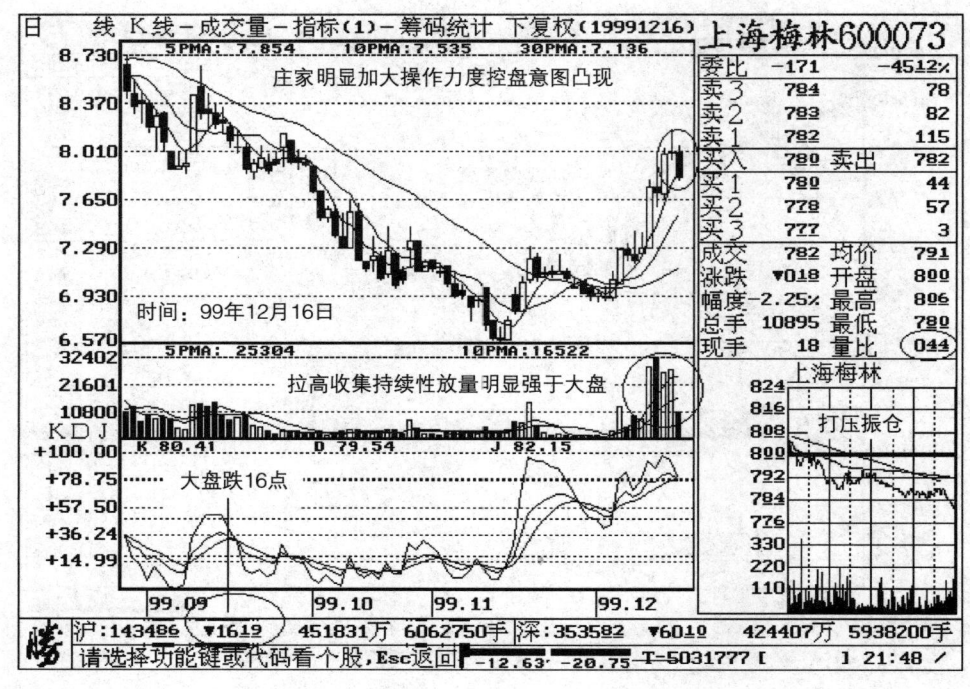

图 7-48

看图精要：打压震仓

A. 昨天冲高未能放量，说明调整将要展开。

B. 今日庄家开盘对敲后的单边下跌，说明震仓开始。

C. 洗盘让你看出明显下跌，若出货是不会让你看懂的。

D. 成交没有放大，庄家绝无出逃，大胆持股待涨。

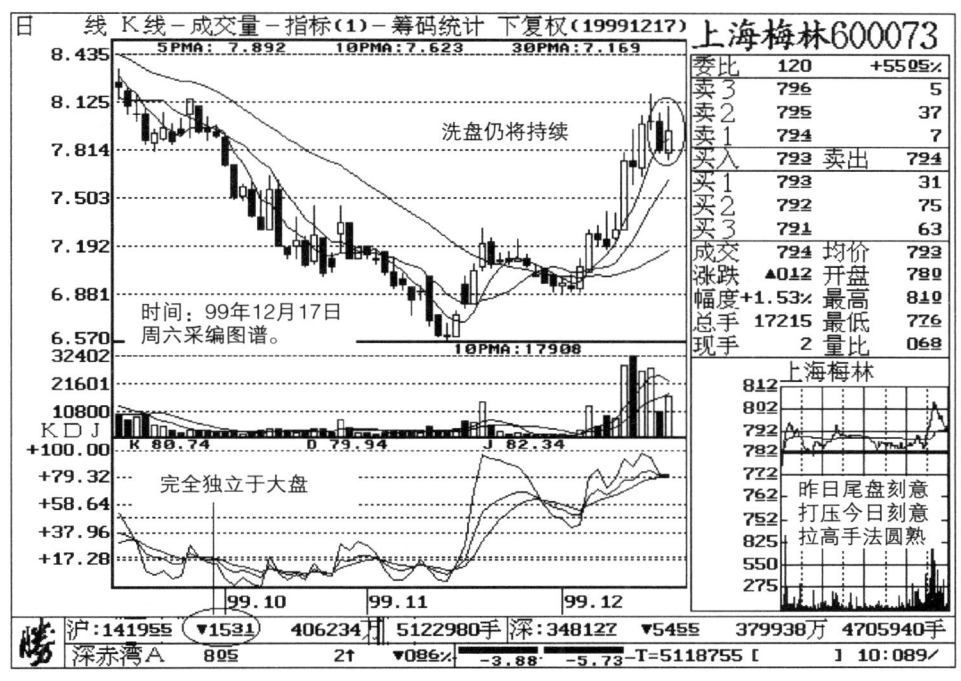

图 7-49

看图精要：震荡收阳洗盘格局不变

A. 今日庄家依托 5 日均线展开上下洗盘。

B. 10 日均线是短线大黑马洗盘的极限。

C. 只要股价重心不大幅下移洗盘时间就不会长。

D. 持仓观望等待其重新放量突破洗盘区域再考虑加仓。

1999年12月23日

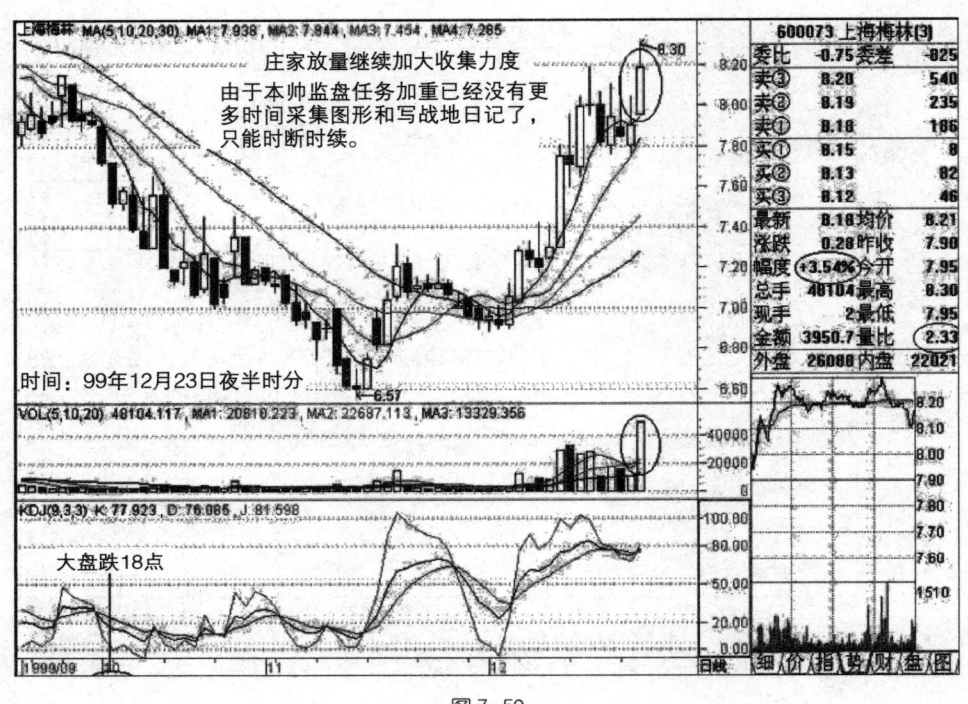

图 7-50

看图精要： 成交量放大级别升高

A. 今日量比放大到 2 倍以上，股价涨幅超过 3%。

B. 昨天 ST 渤化出局资金今日全仓杀入该股。

C. 大盘经历长时间下跌，风险大幅度释放。

D. 盘面有高明的人果断进庄。加大操作力度。

1999年12月27日盘中

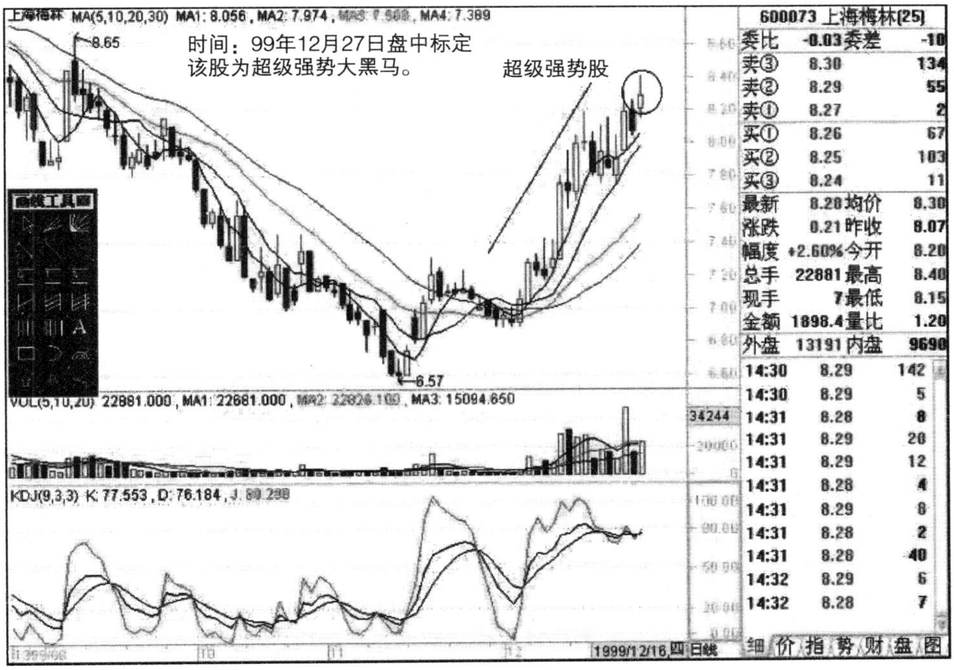

图7-51

看图精要：拉高洗盘过盘局

A．盘中本帅发出全仓出击的决战命令。

B．从斜线标定区域看庄家无疑在使用最凶狠操盘手法也就是边拉高、边洗盘的闪电操作战法。

C．演化为大黑马已成定局。不作短线跟踪了。

亿安科技战例日记

1999 年 10 月 28 日

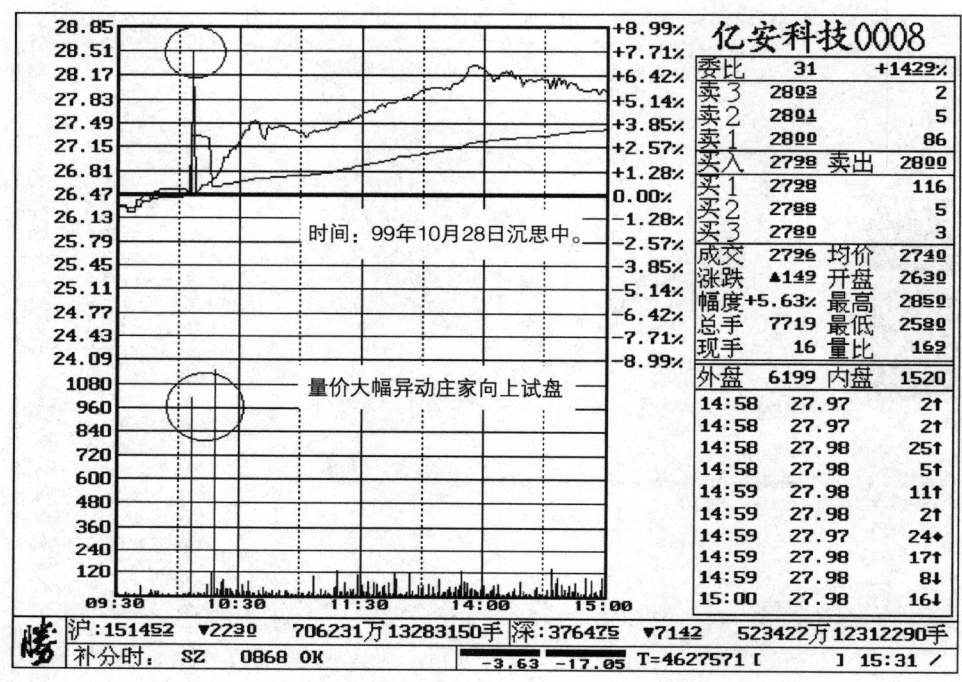

图 7-52

看盘精要：1999 年 10 月 28 日庄家拉高试盘

A. 大盘当日大跌 77 点，而该股却温和放量逆势大涨 5.6%。

B. 盘中庄家用 20 万股两次冲击 28.5 元为明显试盘动作。

C. 每次上涨均出现大单放量，下跌基本无量，属典型控盘。

D. 明日盘中量比是否继续放大将决定该股短线行情生死。

1999年10月28日K线图谱

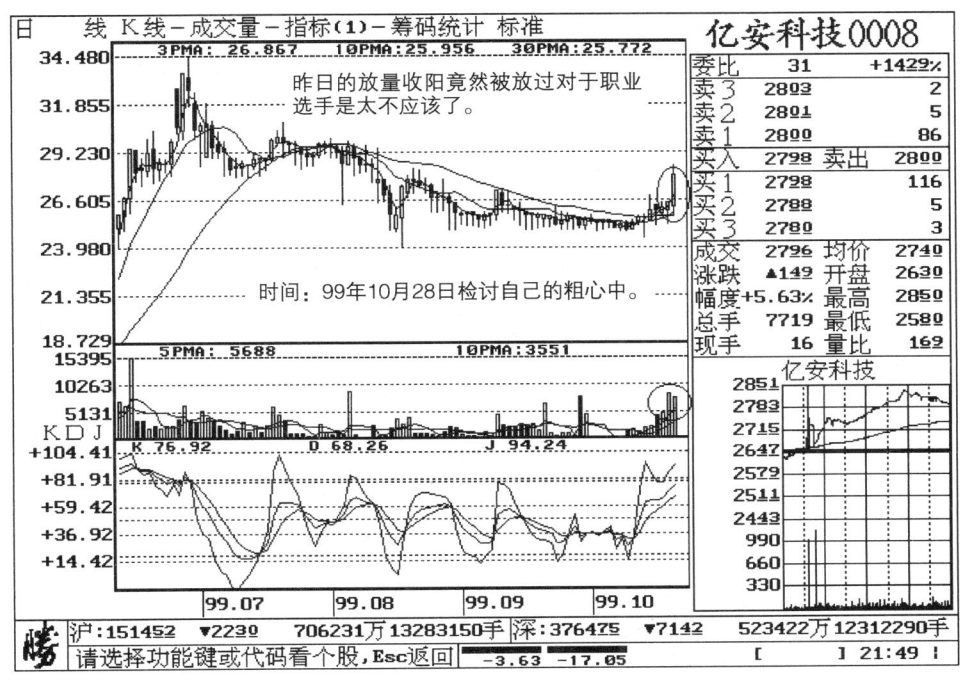

图 7-53

看盘精要：放量启动

A．前几日该股有过明显的上下试盘，测试支撑和抛压。

B．昨日开始成交量明显放大，但价格并无表现未引起注意。

C．今日价量配合极佳，如此大盘背景，完全引发短线欲望。

D．盘中量比放大价格上涨，具备攻击力，实战坚决进场参与。

1999年10月29日即时图谱

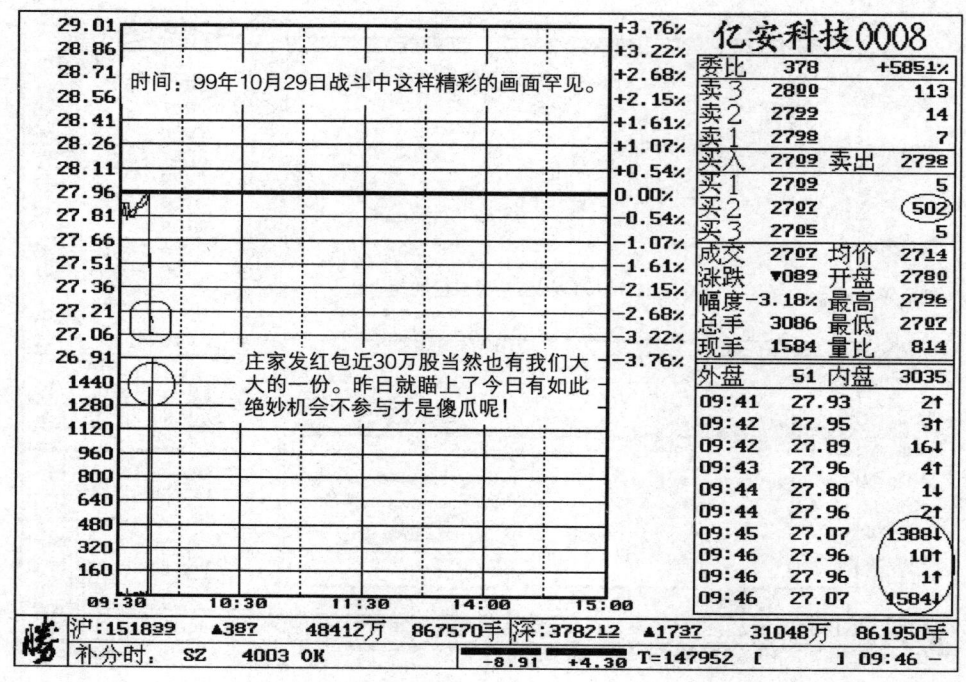

图 7-54

看盘精要：送红包

A. 股价运动上行通道完美，而盘中莫名其妙出现大抛盘。

B. 这种股价和成交量的大幅变动绝对不是一般散户所为。

C. 这种现象往往是庄股发动之前的准备动作：转仓、降温。

D. 短线高手立即以市价进场确保成功买进，同时也挂单。

1999年10月29日上升通道完美

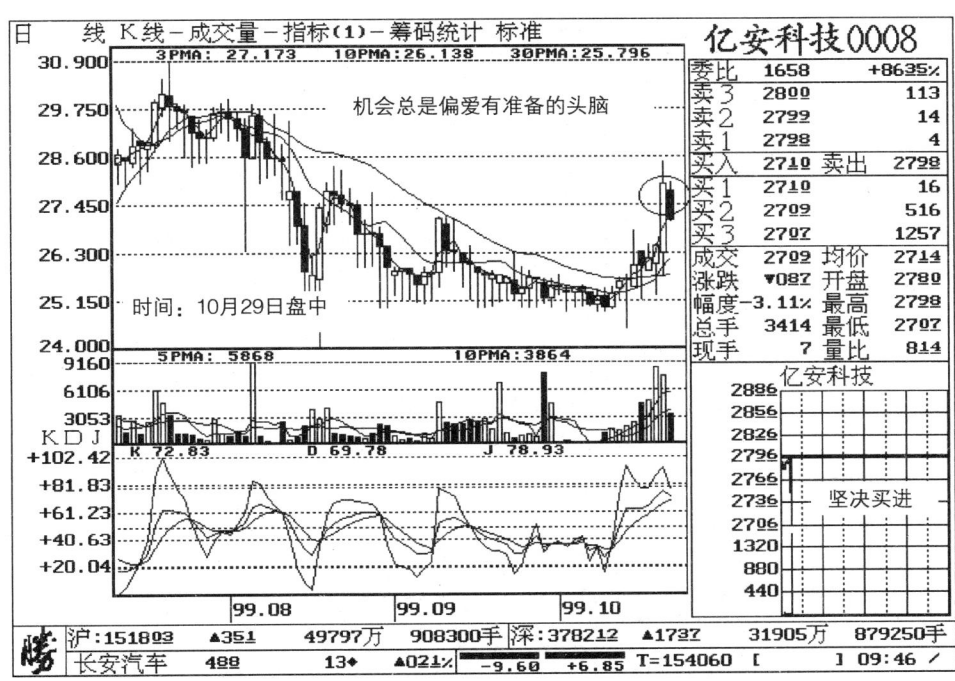

图 7-55

看盘精要：送红包坚决买进

A. 目标股票处于明确的上升通道是实战抢红包的前提。

B. 操作中必须眼明手快果断坚决且两种方法同时展开。

C. 第一笔买单市价追涨确保上轿，第二笔比最低价略高低吸看自己运气如何？

1999年10月29日即时图谱

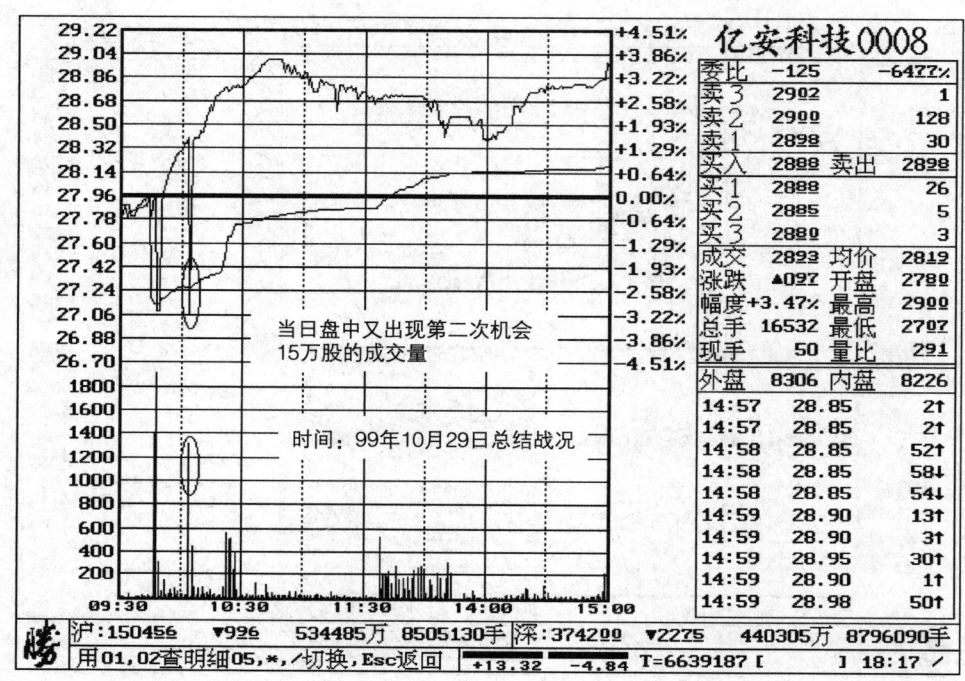

图 7-56

看盘精要：二次送礼

A. 好运总是关心和照顾有准备的人。

B. 两笔买单全部成交且当日全部浮利。

C. 首仓成交价 28.00 元，第二仓成交价 27.11 元。

D. 市场中赚钱的机会真是太多了，不要抱怨市场不公平。

1999年10月29日K线图谱

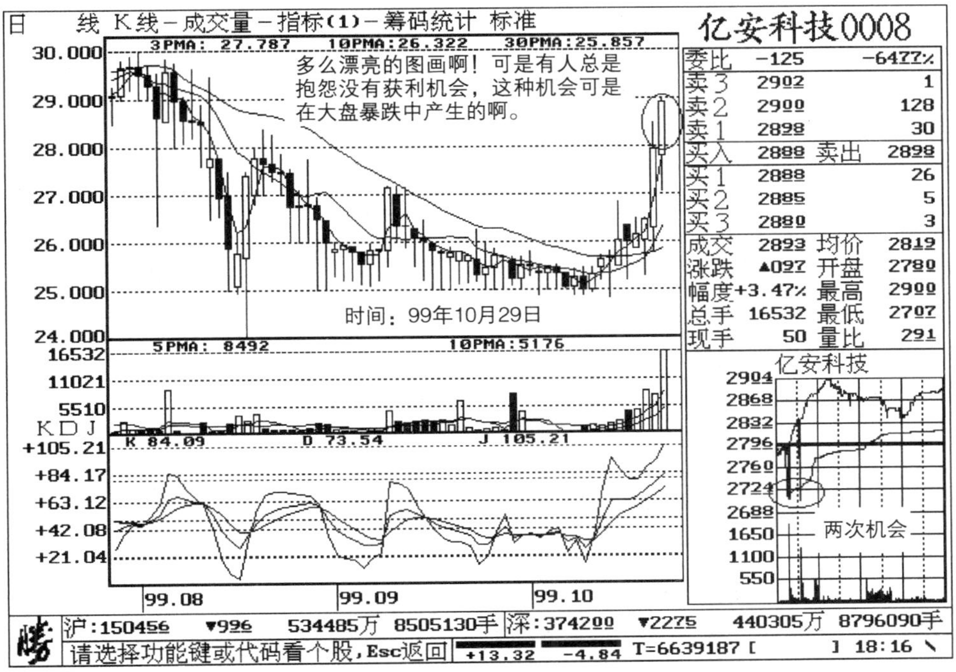

图 7-57

看盘精要：盘中两次送礼

A．今日量比继续放大，庄家持续发动攻击意图明确无疑。

B．从控盘细节和运行轨迹看庄家对该股已经成功控盘。

C．今后该股只要不放巨量，持仓就是绝对安全的。

D．请注意：被全控盘的庄股基本均出现过毛毛虫走势。

1999年11月1日即时图谱

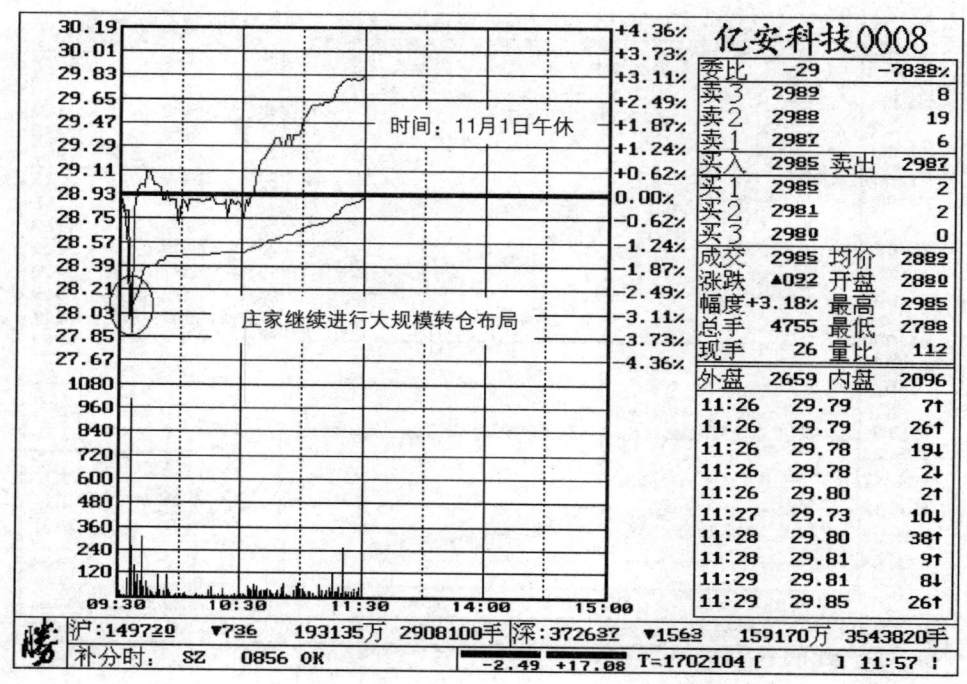

图 7-58

看盘精要：大规模转仓

A. 今日盘中又出现前两日的好事。

B. 量比保持温和，价格攻击态势漂亮，坚决持仓。

C. 今日还在发红包，清楚表明股价涨势绝对未尽。

D. 在盘中股价回档时冷静加仓等待拉高。

1999年11月1日K线图谱

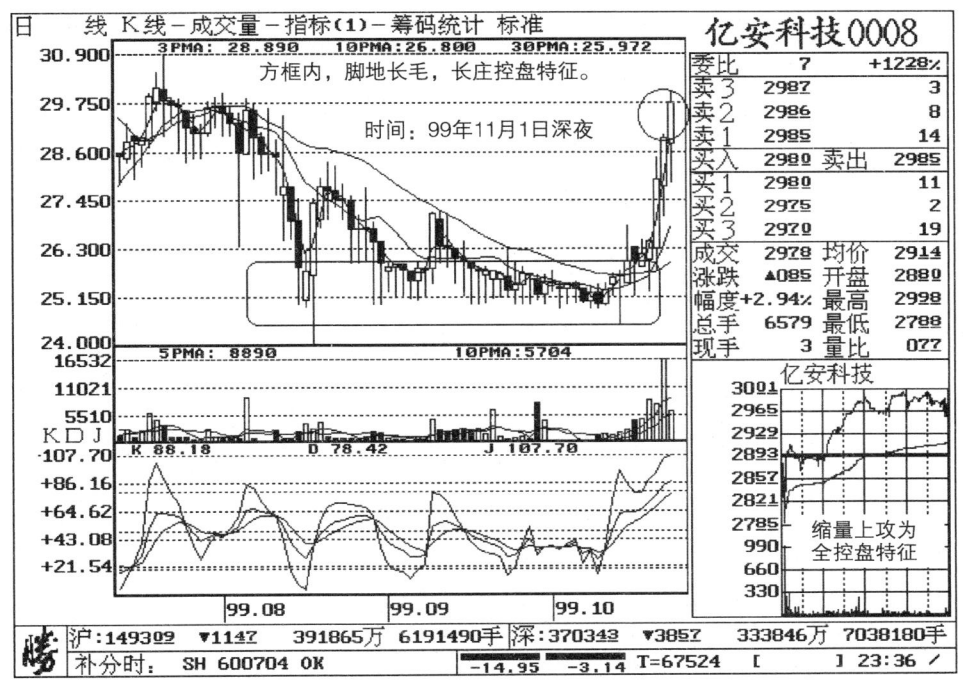

图 7-59

看盘精要：全控盘攻击

A．方框内显示强庄控盘毛毛虫走势。

B．全日成交量呈现萎缩状态，估计庄家将展开震仓。

C．明日看盘关键：股价重心的移动状况。

D．这表明庄家将展开小幅震仓，经典图谱好好背诵。

1999年11月2日K线图谱

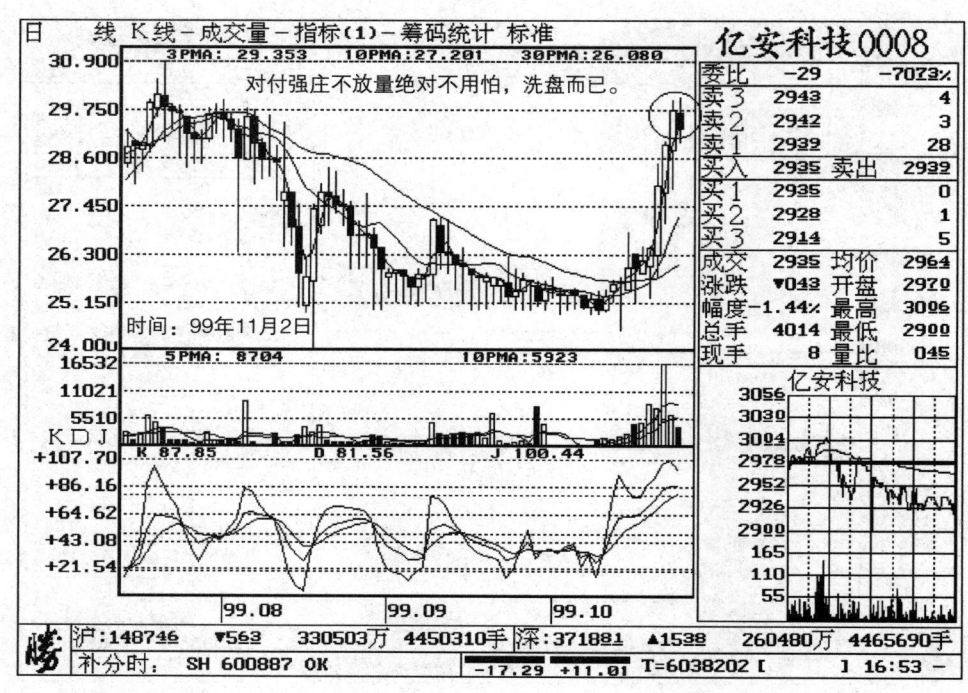

图 7-60

看盘精要：缩量洗盘

A. 今日盘中庄家多次大笔对敲做低股价。

B. 量比迅速萎缩表明筹码锁定情况良好。

C. 不放巨量就坚决持仓，目前洗盘级别不大，可以参与。

D. 暂时也不考虑展开其他操作动作。

1999 年 11 月 3 日 K 线图谱

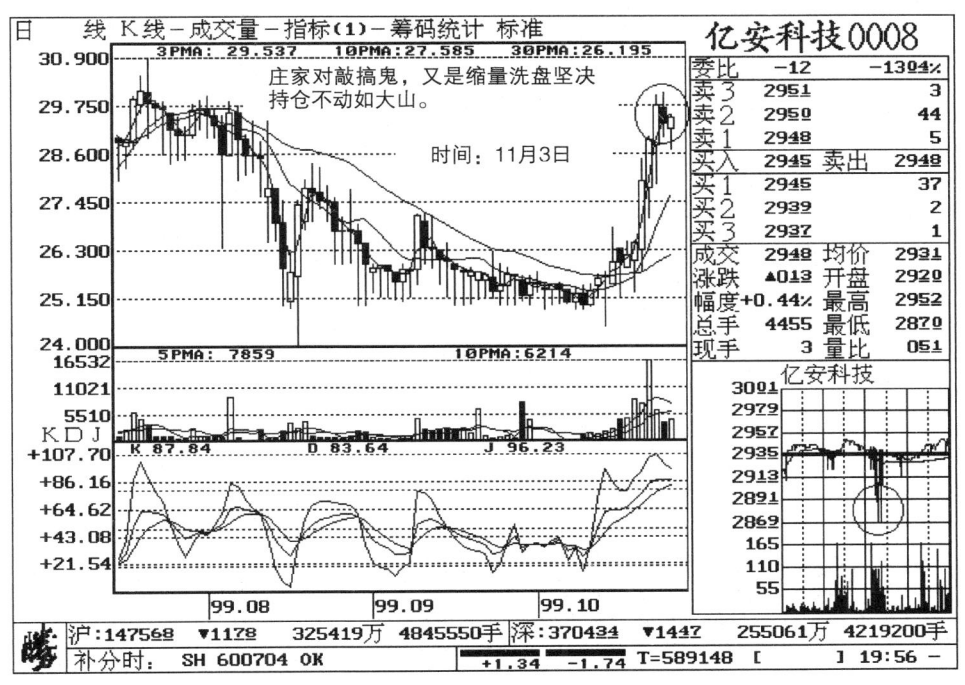

图 7-61

看盘精要：缩量洗盘持股如山

A. 图中圆圈内庄家如此对倒也不能引诱出抛盘。

B. 从目前的拉升情况看，这次的洗盘应该是最小级别的。

C. 不必理会盘中波动，坚决持仓待涨就是了。

D. 非职业选手很难从盘口的变动中把握庄家的做盘细节。

1999 年 11 月 4 日即时图谱

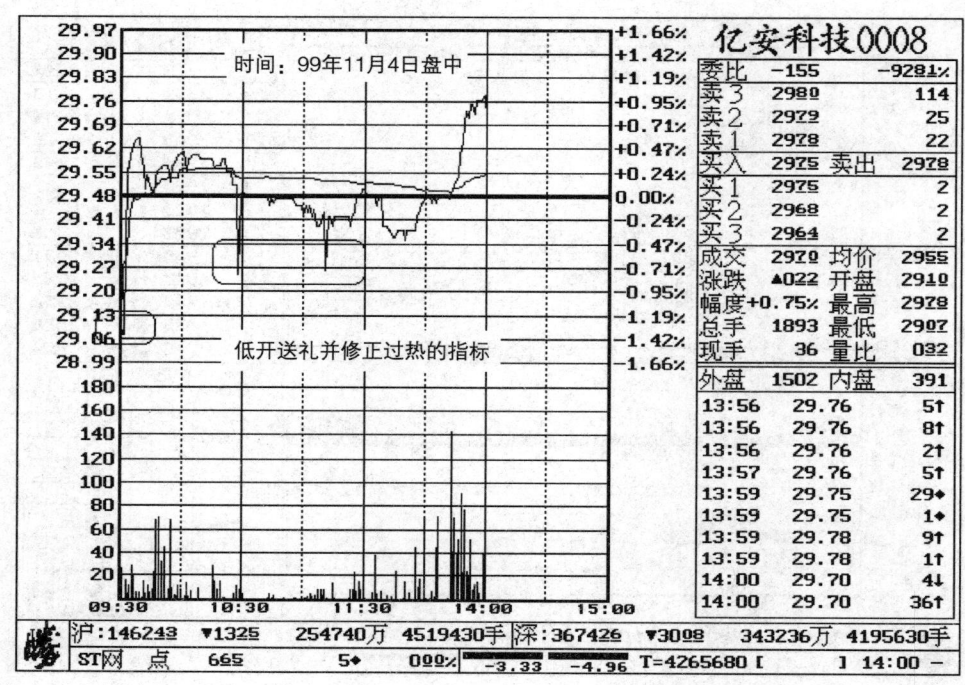

图 7-62

看图精要：修正技术指标

A. 庄家低开让不明真相的人感到恐慌。

B. 该股所有的大单几乎都是对倒盘，如此坐庄也算痛苦。

C. 每天都挂单低几个点应该有赚小差价的机会。

D. 委卖大单压境吓唬一般的人而已，持仓不动。

1999年11月4日盘中

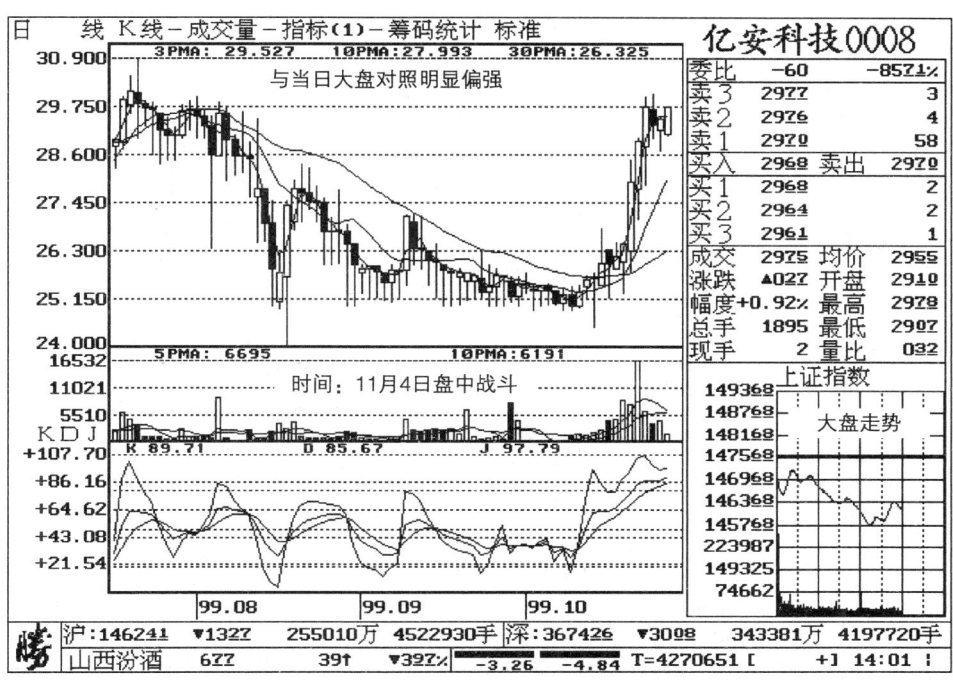

图 7-63

看图精要：走势明显强于大盘

A. 该股运行格局完全脱离大盘，走势自成一派。

B. 目前为止的3根K线组合为明显的洗盘格局。

C. 成交量萎缩得相当理想，抛压基本枯竭。

D. 后市只要股价重心不下移，就可以考虑加仓进场。

1999年11月4日

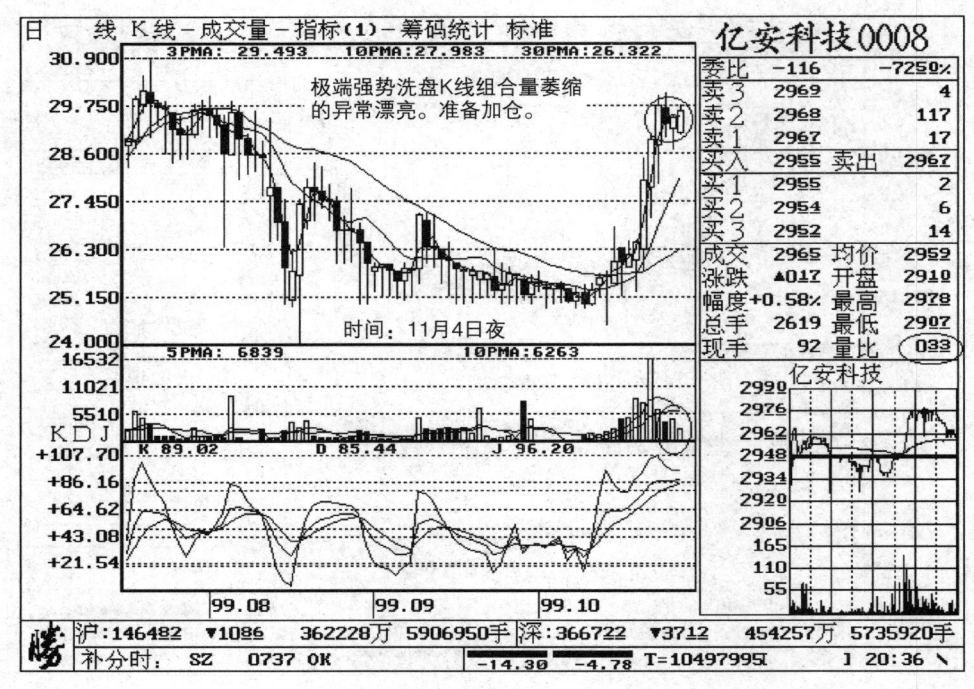

图 7-64

看图精要：强势洗盘

A. 小级别洗盘体现出强势特征。

B. 庄家不敢朝下打压，怕打出去的筹码无法买回。

C. 这样的股票普通人一般是不敢参与的。

D. 别人不敢参与就我和庄家参与，则我的安全就有了保障。

1999年11月5日

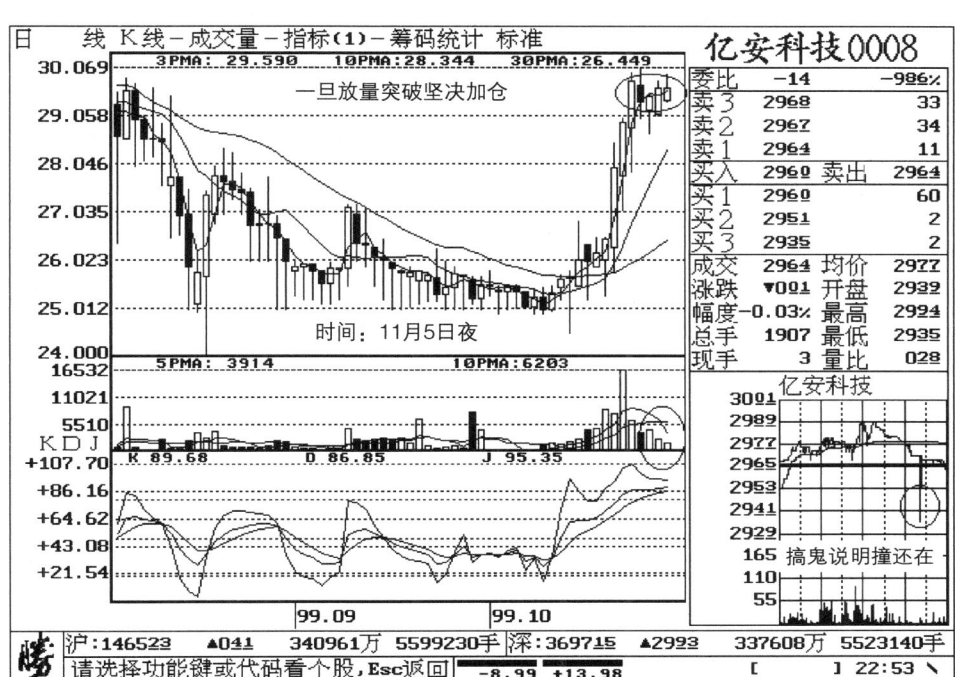

图 7-65

看图精要：庄家仍在

A. 庄家总是采用简单的套路开盘。

B. 昨天的成交量并不是地量，观察什么时候放量。

C. 19万股的交投，可能其中80%以上是庄家的。

D. 只要放量上涨就可加仓跟进。

1999 年 11 月 8 日盘中

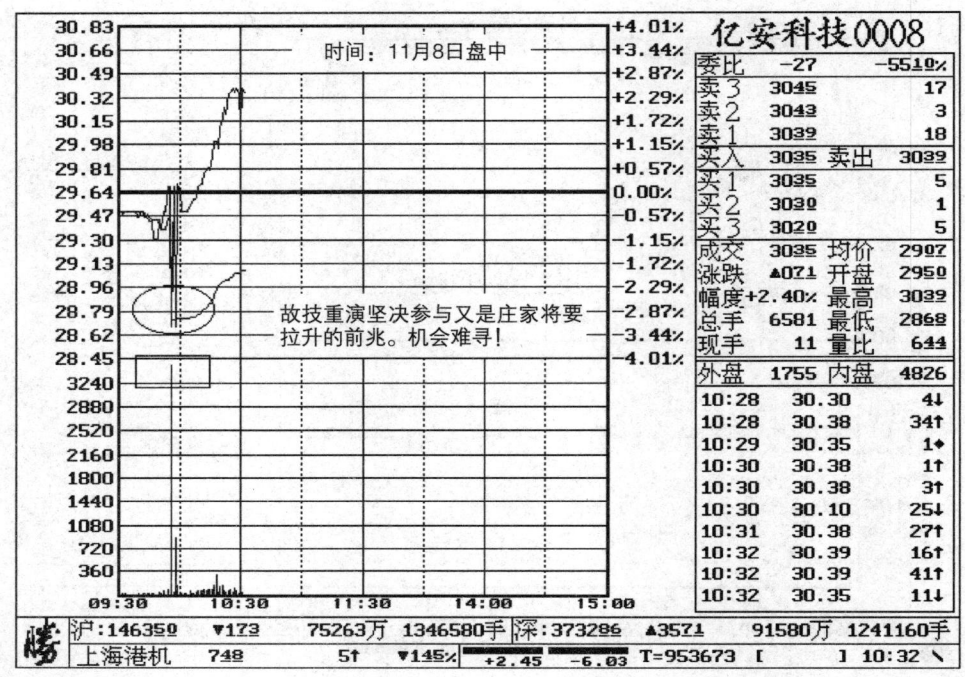

图 7—66

看图精要：再次送礼 30 万股

A. 庄家太大方了，估计也想为券商做点成交量。

B. 量比巨幅放大，我们没有得到礼物怎么行？进场。

C. 28.68 元到 30.39 元差价并不大，送礼不会如此小气。

D. 市价买进风险并不大，一般人不敢参与就是安全的。

1999 年 11 月 8 日

成交价	分 手	成交价	分 手	成交价	分 手	成交价	分 手
30.39	124	29.80	103				
30.38	108	29.78	18				
30.36	3	29.75	24				
30.35	87	29.73	8	时间：99年11月8日盘中			
30.34	7	29.70	132				
30.30	40	29.68	125				
30.25	46	29.64	40				
30.20	6	29.60	46				
30.19	10	29.59	15				
30.18	4	29.56	15	图谱珍贵之极！			
30.17	5	29.55	6				
30.14	22	29.54	12				
30.12	2	29.52	25				
30.10	199	29.50	73				
30.07	4	29.48	7				
30.05	30	29.45	3				
30.00	505	29.44	14				
29.95	17	29.43	3				
29.89	33	29.39	15				
29.87	55	29.30	18				
29.85	50	28.68	4500	拨开庄家画皮红包45万股			
29.84	11						
29.81	11						

亿安科技 分价表　第 1 页

沪:146355 ▼168　75409万　1348720手　深:373286　▲3571　91795万　1248230手
补分时: SH 600850 OK　　+2.77　-1.35　T=957383　[　]　10:32

图 7-67

看图精要：盘口会说话

A. 在 28.60 元的价位成交 45 万股。

B. 谁有运气买去呢？

C. 只要你数年如一日地苦苦分析盘口，水平定会非凡。

D. 请仔细体会这些珍贵图谱，看盘水平只能由此提高。

1999 年 11 月 8 日 K 线图谱

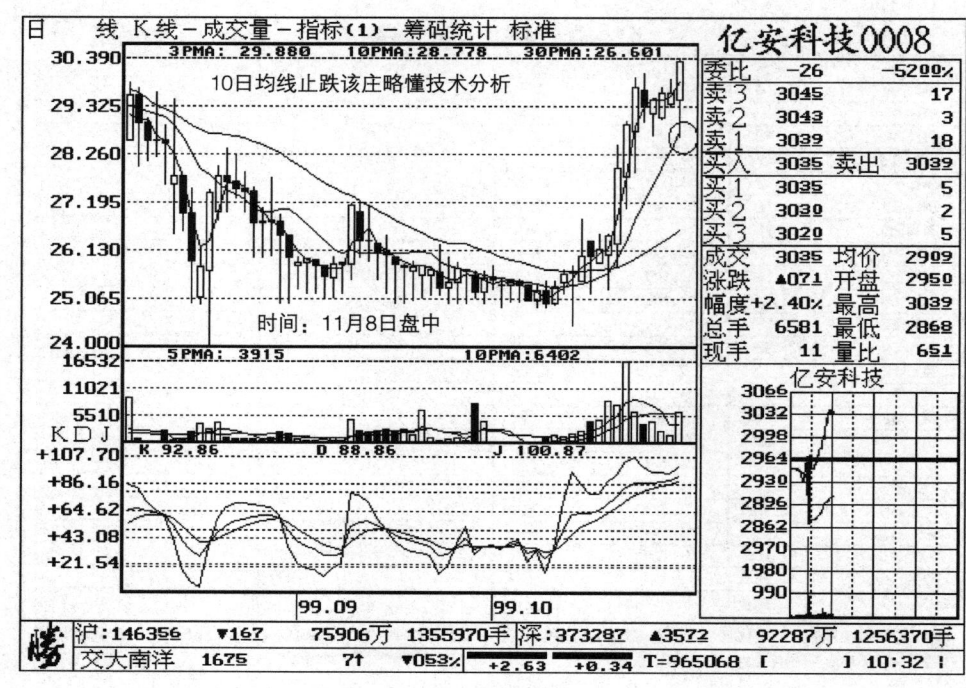

图 7-68

看图精要：对比成交量放大情况

  A. 股价下探到 10 日均线止跌。

  B. 看来庄家略懂技术分析的皮毛。

  C. 这样既修复了指标又达到了预期的目的。

  D. 按放量上扬的计划加仓进场，吃定该股无疑。

1999 年 11 月 8 日

时间	成交价	涨跌值	买入价	卖出价	现手		时间	成交价	涨跌值	买入价	卖出价	现手
09:30	29.50	▼0.14	29.48	29.50	6		09:57	28.68	▼0.96	28.70	29.68	88
09:32	29.50	▼0.14	29.48	29.50	3	特异的大单尾数均是庄家刻意做盘的信号。只要认真研判成功就是你的。	09:57	28.68	▼0.96	28.50	28.68	(788)
09:32	29.48	▼0.16	29.48	29.50	1		09:58	28.68	▼0.96	28.50	28.68	10
09:33	29.50	▼0.14	29.48	29.50	1		09:58	28.68	▼0.96	28.07	29.64	114
09:39	29.50	▼0.14	29.48	29.50	4		09:58	29.50	▼0.14	29.50	29.64	1
09:41	29.50	▼0.14	29.50	29.53	1		09:58	29.64	0.00	29.50	29.64	20
09:42	29.48	▼0.16	29.50	29.53	6		09:59	29.70	▲0.06	28.68	29.70	10
09:45	29.45	▼0.19	29.43	29.44	2		10:00	29.64	0.00	29.50	29.63	2
09:44	29.43	▼0.21	29.43	29.44	1		10:00	29.50	▼0.14	29.50	29.63	2
09:45	29.43	▼0.21	29.43	29.44	1		10:01	29.50	▼0.14	29.45	29.60	8
09:46	29.43	▼0.21	29.39	29.43	1		10:01	29.60	▼0.04	29.50	29.60	1
09:46	29.30	▼0.34	29.30	29.43	5		10:02	29.50	▼0.14	29.45	29.60	2
09:50	29.30	▼0.34	29.07	29.29	8		10:02	29.50	▼0.14	29.45	29.60	1
09:50	29.44	▼0.20	29.48	29.50	4		10:03	29.50	▼0.14	29.45	29.50	2
09:51	29.39	▼0.25	29.28	29.30	4		10:04	29.52	▼0.12	29.45	29.52	25
09:51	29.30	▼0.34	29.28	29.30	5		10:04	29.54	▼0.10	29.45	29.54	6
09:51	29.50	▼0.14	29.28	29.50	40		10:04	29.45	▼0.19	29.39	29.45	1
09:54	29.68	▲0.04	29.28	29.50	16		10:05	29.54	▼0.10	29.50	29.54	6
09:54	29.68	▲0.04	29.50	29.70	58		10:05	29.55	▼0.09	29.50	29.55	6
09:56	28.68	▼0.96	29.68	29.70	(3444)		10:06	29.50	▼0.14	29.39	29.50	2
09:56	28.68	▼0.96	28.68	29.70	56		10:06	29.56	▼0.08	29.39	29.57	10
09:57	29.68	▲0.04	28.70	29.68	11		10:07	29.59	▼0.05	29.39	29.60	15
09:57	29.68	▲0.04	28.70	29.68	13		10:07	29.39	▼0.25	29.39	29.56	1

图 7-69

看图精要：精细研判

A．我们花费如此巨大的心血来研究，庄家感动于我们的苦心一定会报答我们的。

B．盘口语言告诉 3444，然后 788，有趣。

C．只要肯花费常人不愿花费的工夫，则一定会成功的。

1999 年 11 月 8 日

时间	成交价	涨跌值	买入价	卖出价	现手	时间	成交价	涨跌值	买入价	卖出价	现手
14:30	30.50	▲0.86	30.46	30.50	6	14:44	30.45	▲0.81	30.42	30.45	5
14:30	30.46	▲0.82	30.39	30.46	4	14:44	30.46	▲0.82	30.39	30.46	4
14:34	30.50	▲0.86	30.42	30.50	3	14:45	30.42	▲0.78	30.35	30.39	4
14:35	30.39	▲0.75	30.35	30.39	5	14:45	30.48	▲0.84	30.35	30.48	(270)
14:36	30.39	▲0.75	30.39	30.45	595	14:45	30.48	▲0.84	30.35	30.48	2
14:36	30.45	▲0.81	30.39	30.45	300	14:46	30.48	▲0.84	30.39	30.48	5
14:36	30.45	▲0.81	30.39	30.45	61	14:46	30.35	▲0.71	30.31	30.35	5
14:36	30.45	▲0.81	30.39	30.45	39	14:46	30.48	▲0.84	30.31	30.48	30
14:36	30.45	▲0.81	30.39	30.45	100	14:48	30.50	▲0.86	30.42	30.50	31
14:37	30.47	▲0.83	30.39	30.47	500	14:48	30.39	▲0.75	30.31	30.39	3
14:37	30.47	▲0.83	30.39	30.47	7	14:48	30.39	▲0.75	30.45	30.48	4
14:37	30.47	▲0.83	30.39	30.47	3	14:49	30.50	▲0.86	30.45	30.50	5
14:38	30.48	▲0.84	30.42	30.48	10	14:49	30.50	▲0.86	30.45	30.50	4
14:38	30.50	▲0.86	30.42	30.48	6	14:55	30.45	▲0.81	30.39	30.46	2
14:38	30.50	▲0.86	30.42	30.50	15	14:55	30.46	▲0.82	30.39	30.46	1
14:38	30.50	▲0.86	30.42	30.50	2	14:58	30.45	▲0.81	30.39	30.45	1
14:41	30.39	▲0.75	30.35	30.39	11	14:59	30.45	▲0.81	30.39	30.45	3
14:42	30.39	▲0.75	30.35	30.39	3	14:59	30.39	▲0.75	30.39	30.45	1
14:42	30.39	▲0.75	30.35	30.39	2	15:00	30.48	▲0.84	30.39	30.45	(113)
14:43	30.39	▲0.75	30.35	30.39	25	15:00	30.48	▲0.84	30.45	30.48	55
14:43	30.39	▲0.75	30.35	30.39	14	15:00	30.48	▲0.84	30.45	30.48	6
14:43	30.39	▲0.75	30.35	30.39	2			集中做盘和间隙做盘的节奏感			
14:44	30.39	▲0.75	30.42	30.45	2						

图 7-70

看图精要：苦心人天不负

A. 精细地看图，仔细弄明白庄家的做盘细节。

B. 当然非专业选手是不需要研究如此深入的。

C. 只要你认真并用功，庄家的做盘细节就难以掩饰。

D. 谁能数年如一日不分昼夜辛勤工作？是我们。

1999 年 11 月 9 日盘中

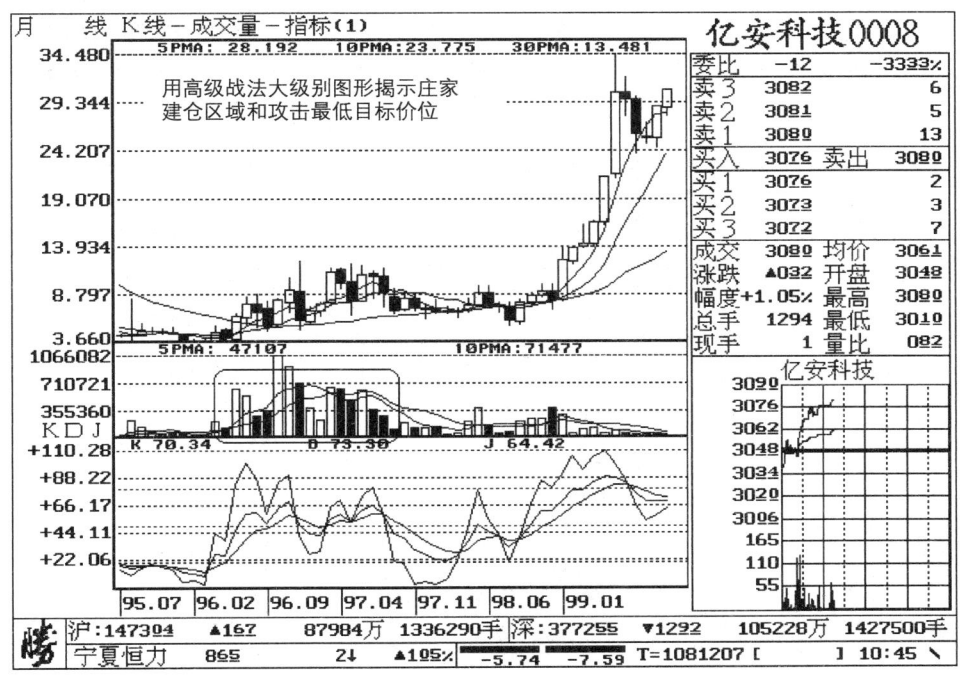

图 7-71

看图精要：判断该股中线命运

A. 打开该股大级别图谱，研判中级行情的可能性。

B. 从图形上看该股在 9 元区域曾经放过巨量。

C. 以后的成交量再也未能超过该区域，庄未能出逃。

D. 轻微放量股价就能上涨，说明庄家已经全部控盘。

1999年11月9日

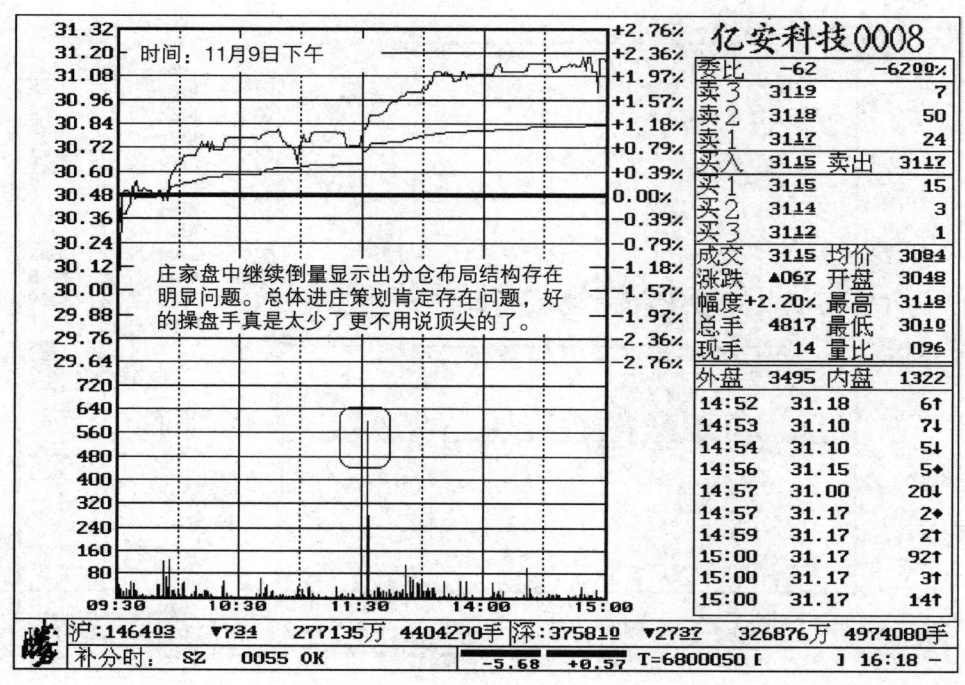

图7-72

看图精要：混乱的放量

A．该庄的操作表现出一种非常外行的手法。

B．在进庄策划和实盘操作布局上均存在巨大问题。

C．该股理论目标位至少可看高到50元，但如何出局呢？

D．跟庄就是要跟笨庄和凶庄，目前这类庄家太多了。

1999年11月10日盘中

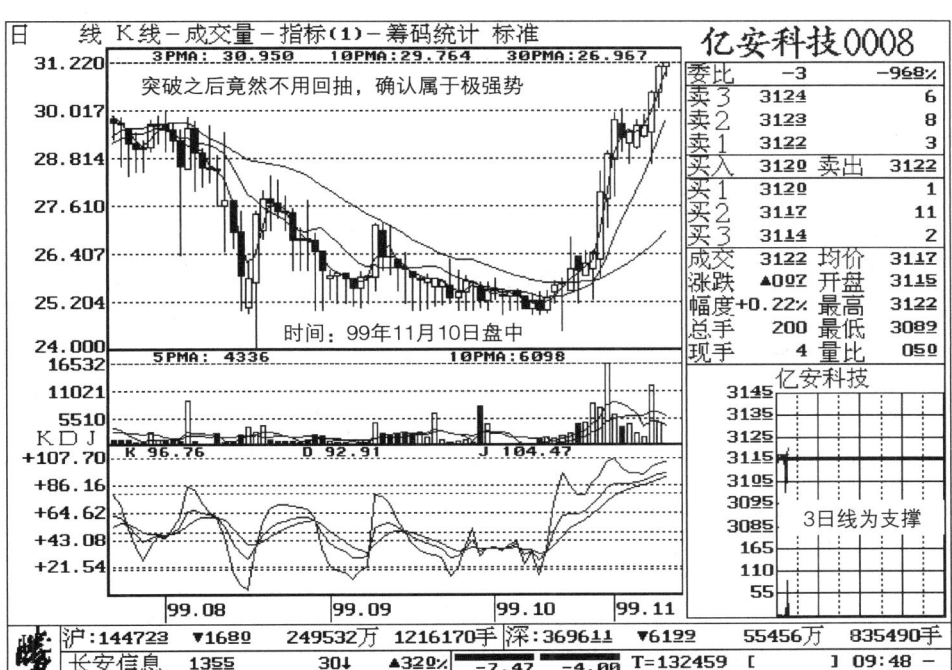

图 7-73

看图精要：股价企图快速离开平台

  A. 该股前两日突破前期平台。

  B. 理论上应有回抽，以便扎实跟风盘的基础。

  C. 突破后不用回抽，从侧面也说明该股被完全控盘。

  D. 完全控盘并不等于做盘技法高超，能拉高不等于能获利。

1999年11月10日盘中

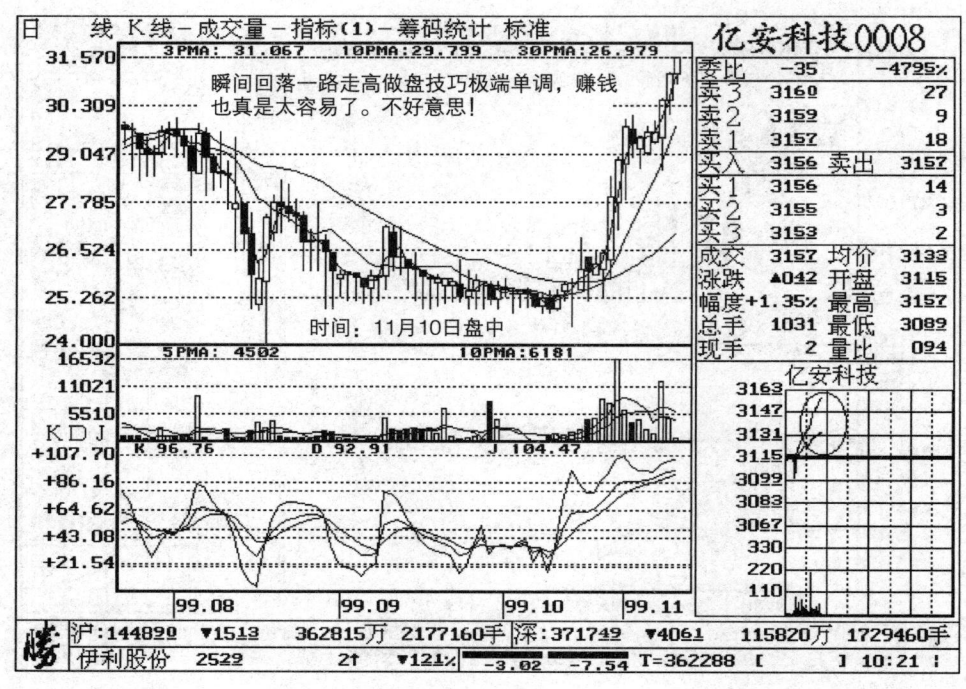

图 7-74

看图精要：简单将付出代价

  A．该股开盘后股价瞬间回落就被快速拉起。

  B．这样操盘谁也不会被恐吓出来的。

  C．难道说庄家在这个价位上还害怕有人拣到低价货？

  D．看来，对该庄的后续攻击目标不能简单看得太低。

1999 年 11 月 10 日

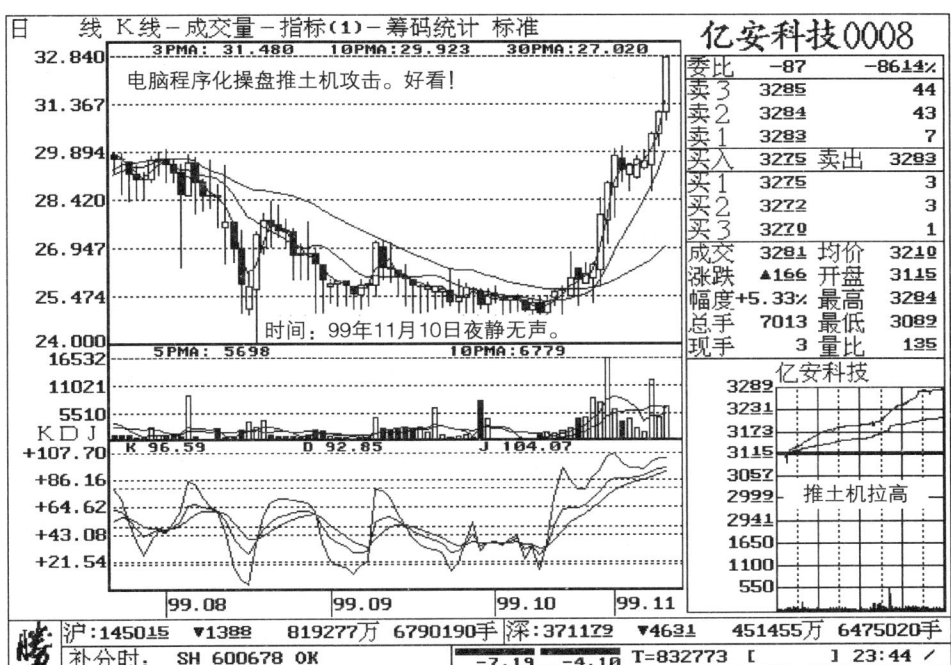

图 7-75

看图精要：推土机运动

A. 今日股价走出推土机运动格局。

B. 这种即时走势的个股 100% 都被庄家全线控盘。

C. 只要成交量不过分放大，在第一天都可以小跟。

D. 在两次出现后应严密提防其突然钓鱼式跳水。

1999年11月11日

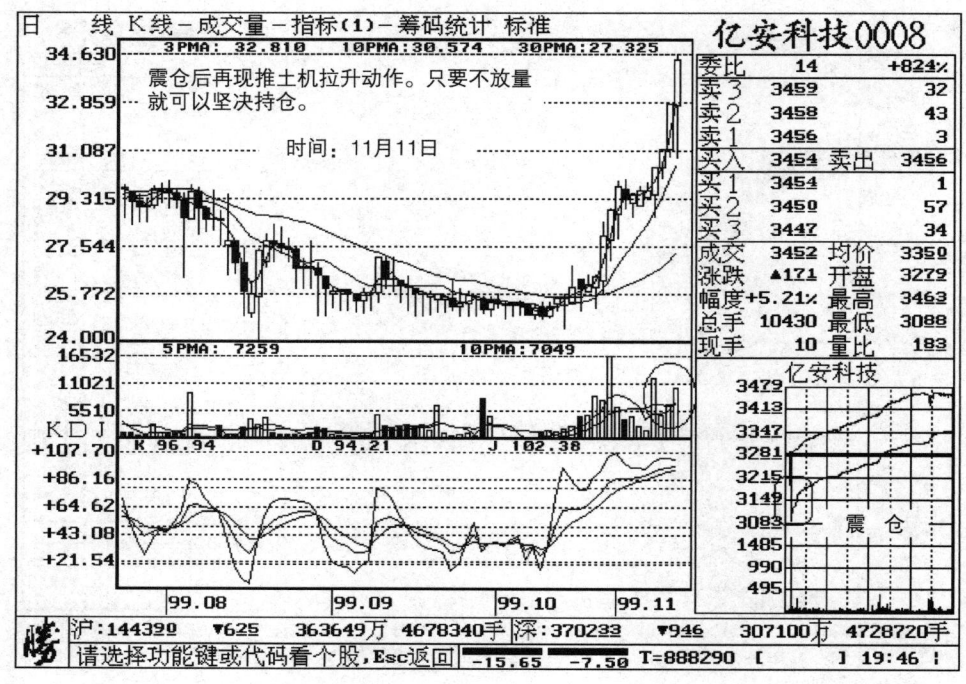

图 7-76

看图精要：瞬间震仓

A. 今日再演推土机运动走势。

B. 连续两次出现，临盘必须严密关注盘口挂单情况。

C. 只要无异常巨量出现，持仓就相对安全。

D. 庄家从今日开始变招。

1999 年 11 月 12 日

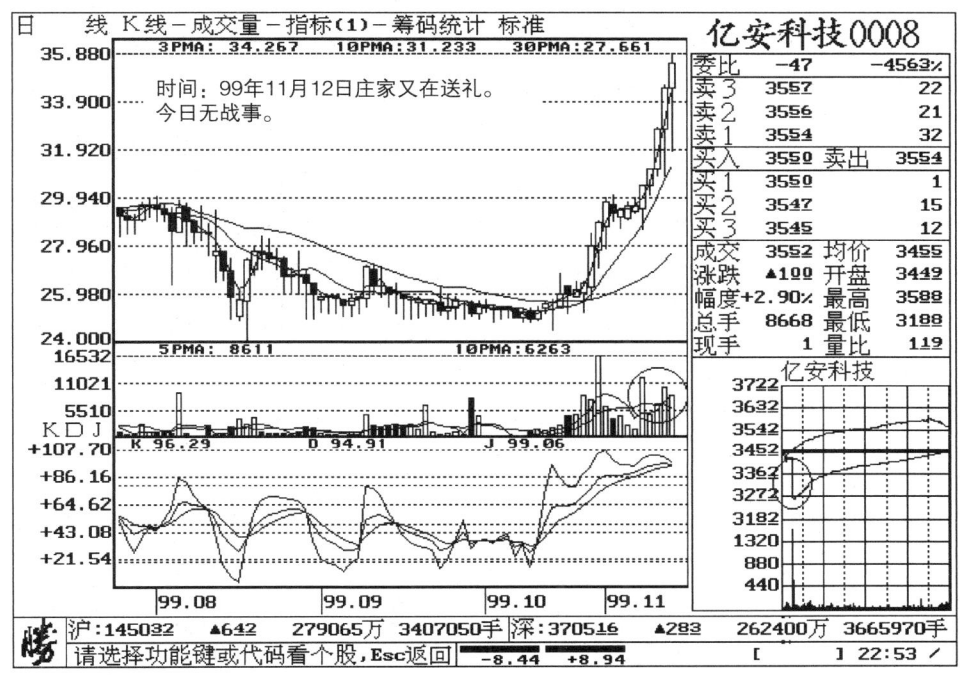

图 7-77

看图精要：调低指标

A. 今日庄家盘中快速打低股价。

B. 从股价所处的位置看转仓的可能较小。

C. 庄家制造最低价，为过高的技术指标降温准备骗线。

D. 在这个位置庄家展开洗盘的可能性加大，临盘小心。

1999年11月12日

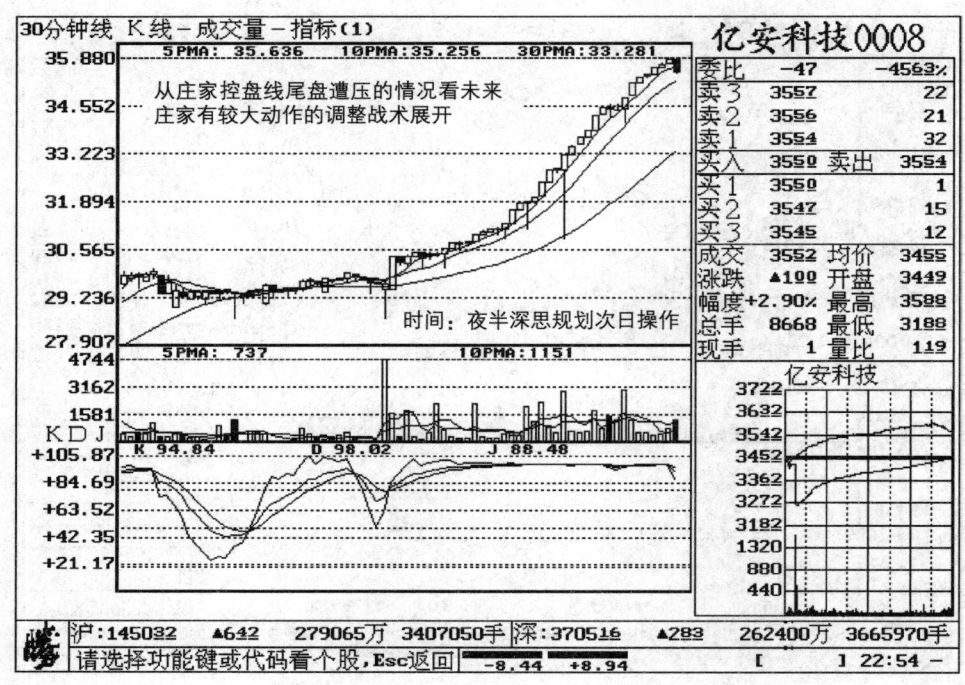

图 7-78

看图精要：小级别精细分析

A. 从30分钟股价行进路线分析庄家控盘思路。

B. 目前的股价通过短时间的行进后已有20%的涨幅。

C. 从总体上看庄家虽然笨，但我们绝对不能也跟着笨。

D. 在战术上可关注短线出局避险的前提条件的出现。

1999年11月15日盘中

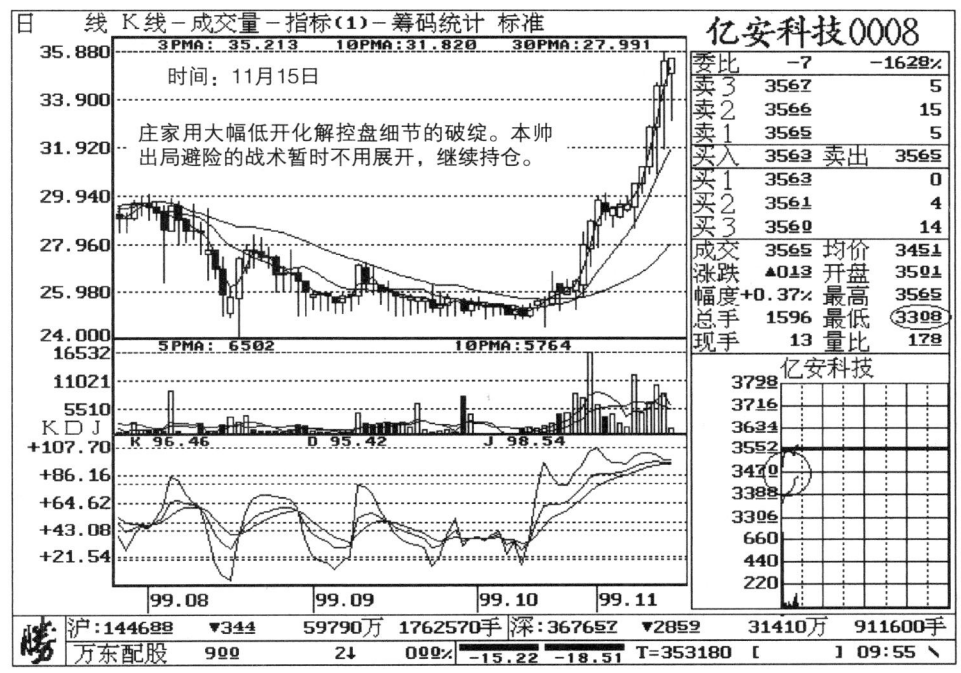

图 7-79

看图精要：低开化解

A. 今日庄家用低开来化解了小级别调整的要求。

B. 股价能否创出昨天的新高并成功站稳是短线关键。

C. 后市严密关注上面一点，否则该股短线将展开调整。

D. 持仓头寸可以暂时保留，实战处于高度警惕状态。

1999年11月16日盘中

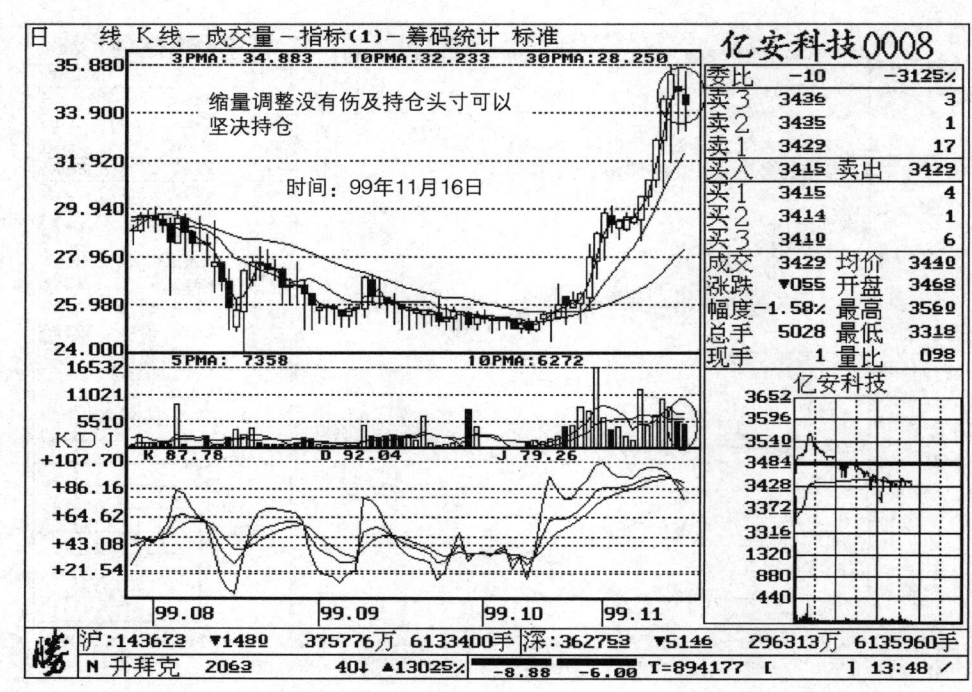

图 7-80

看图精要：洗盘展开

A. 股价重心有小幅下移的趋势。

B. 成交量的逐级萎缩给出了短线还可持仓的依据。

C. 提高警惕，小心放量下跌情况的出现。

D. 在 10 日均线处是否有支撑，作为取舍该股的最后依据。

1999 年 11 月 16 日

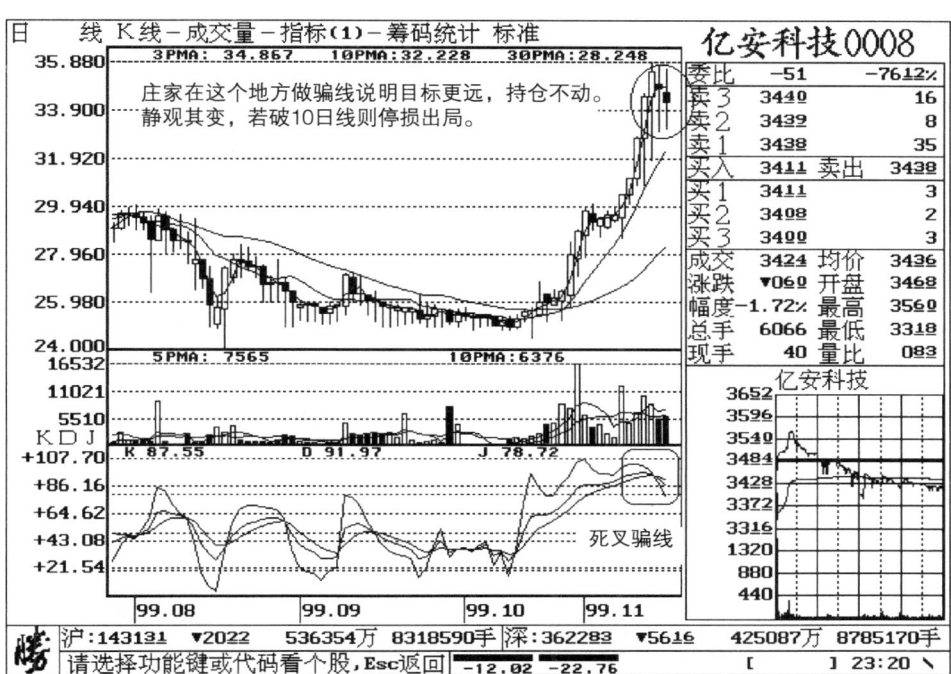

图 7-81

看图精要：盘口都是小单

A. 全天盘口观察发现该股没有出现异常大单。

B. 近几天的小幅震荡走势几乎都是庄家自己的行为。

C. 庄家没有出局是可以肯定的，但这不等于要拉升。

D. 若庄家在这个价位花心思洗盘，可以肯定目标将更远。

1999年11月17日盘中

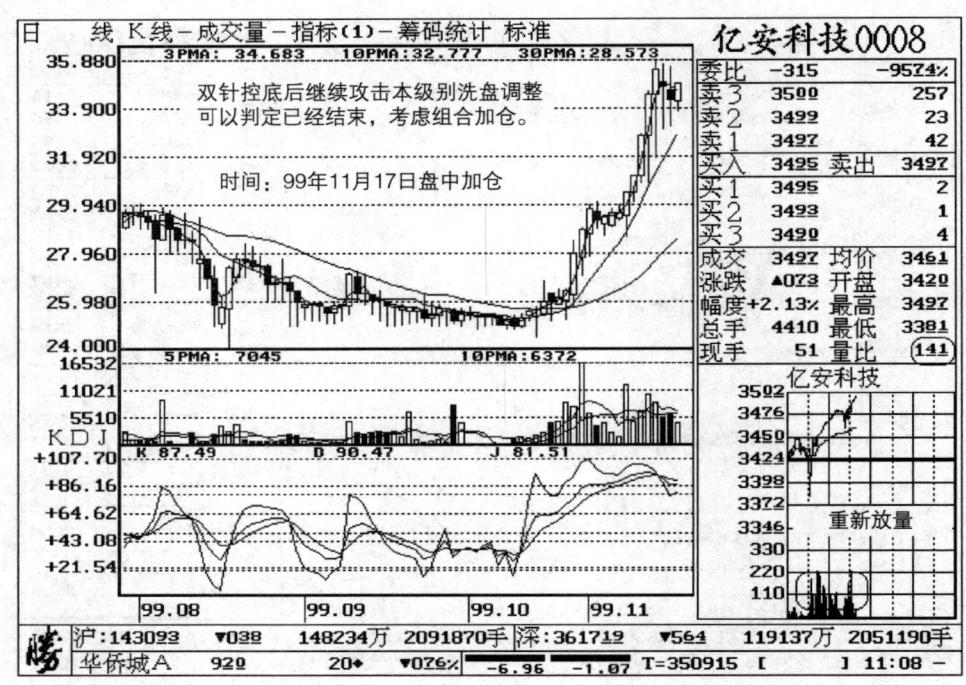

图7-82

看图精要：重新放量

A. 今日的下影线不能触及前两日，低点已经探明。

B. 庄家骗线后如此性急，看来想一网打尽高位抛盘。

C. 如果股价不过前几日高点，则洗盘格局并未改变。

D. 从量比和攻击波动态势上看，今日股价应能收盘在最高。

1999 年 11 月 18 日

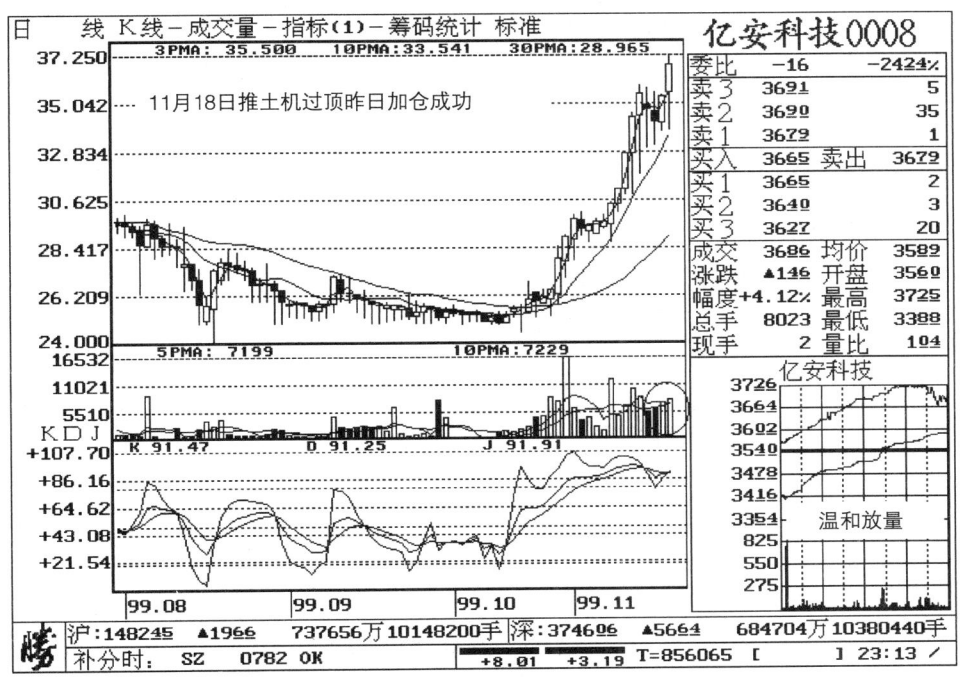

图 7-83

看图精要：推土机过顶

  A．股价探底后，庄家用推土机手法成功过顶。

  B．成交量仅仅是温和放大，股价就能创出新高。

  C．这种现象说明持有该股的普通投资者很少、很少。

  D．庄家有彻底控制股价的能力不等于能够兑现赚到钱。

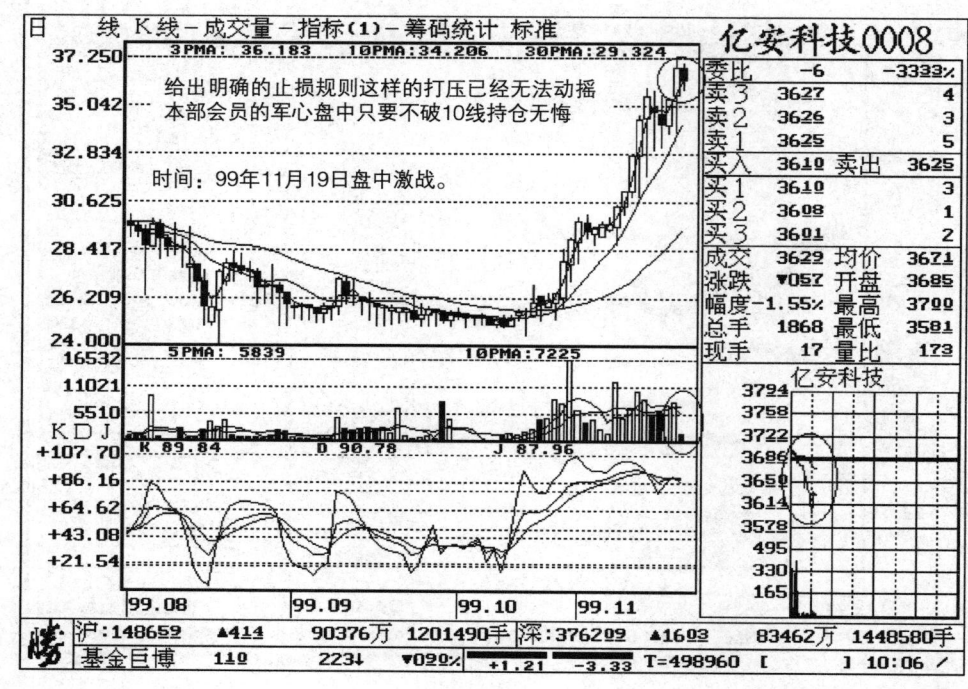

图 7-84

看图精要：快速下跌不是出货

  A. 昨天股价过顶后所有的人都被解放了。

  B. 而今日股价却快速下跌，难道庄家套自己？

  C. 因此这不过是庄家的震仓洗盘手法而已。

  D. 仔细分析用心研究庄家的把戏，就像儿童看的连环画。

1999年11月22日

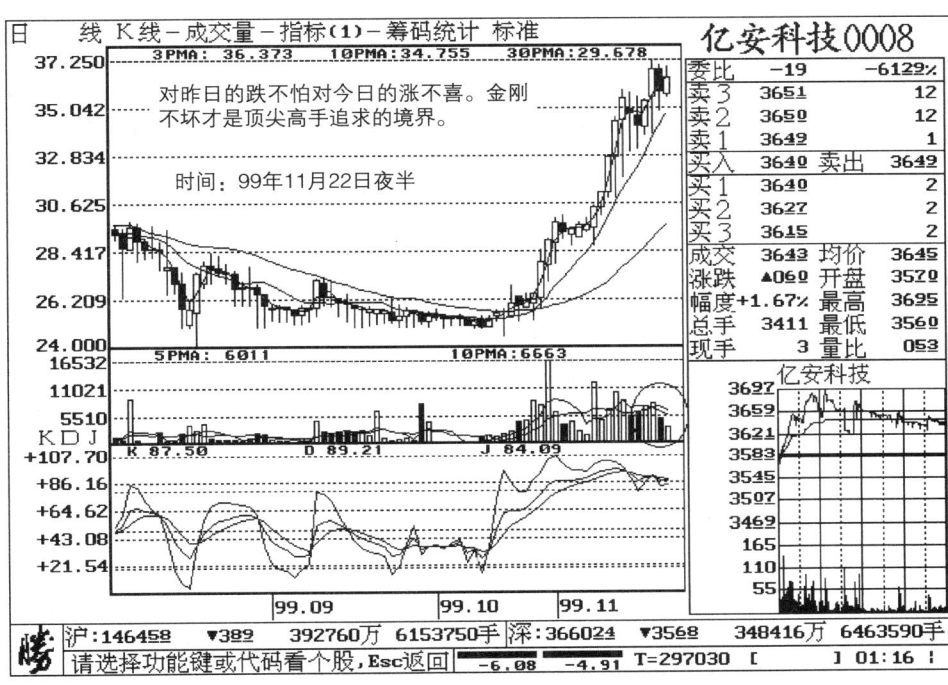

图 7-85

看图精要：K 线组合震荡

A. 昨天股价下探未及 10 日均线就被拉起。

B. 看来庄家并不愿意深幅下调股价。

C. 调整不只调整价格，而是对市场各要素进行调整。

D. 由此看庄家可能从时间和成交量上对该股进行调整洗盘。

1999 年 11 月 23 日

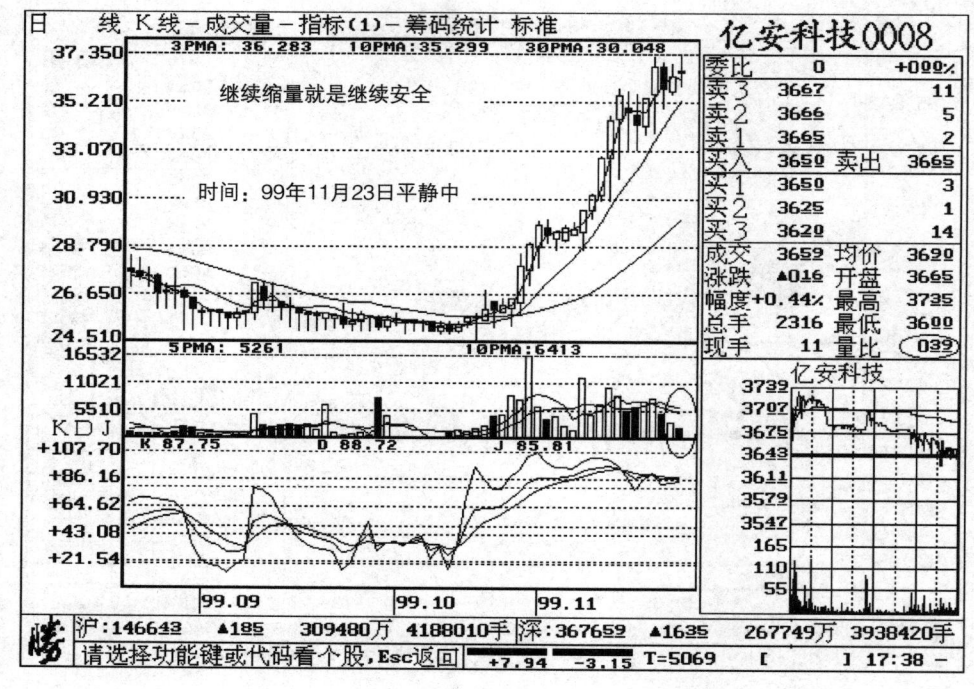

图 7—86

看图精要：小幅震荡

A. 股价小幅震荡并不给短线客提供机会。

B. 这样的波动空间就连顶级高手也无法做出差价。

C. 这就是洗盘的典型特征，庄家不希望有人参与。

D. 而出货时庄家总是希望有更多的人参与进来才好。

1999年11月24日盘中

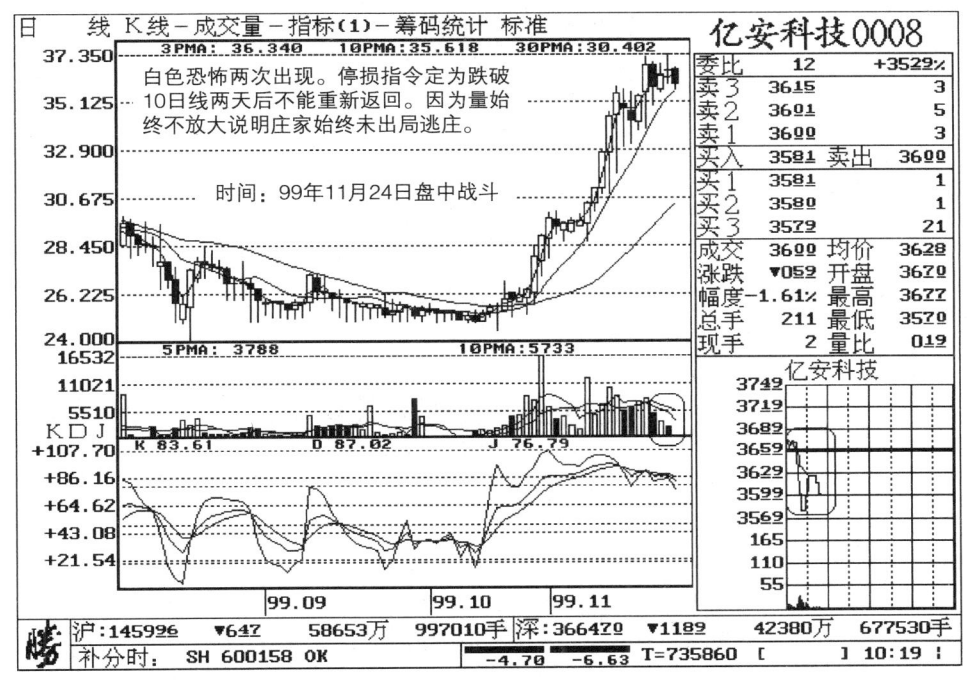

图 7-87

看图精要：假形态骗线

A. 总是支撑股价向上运动的 10 日均线今日将受考验。

B. 从 K 线组合图谱上看，股价有形成小型圆顶的迹象。

C. 技术指标的不断下行也同时支持对股价短线看空。

D. 但是成交量的高度萎缩使这一切都变得明朗。骗线无疑！

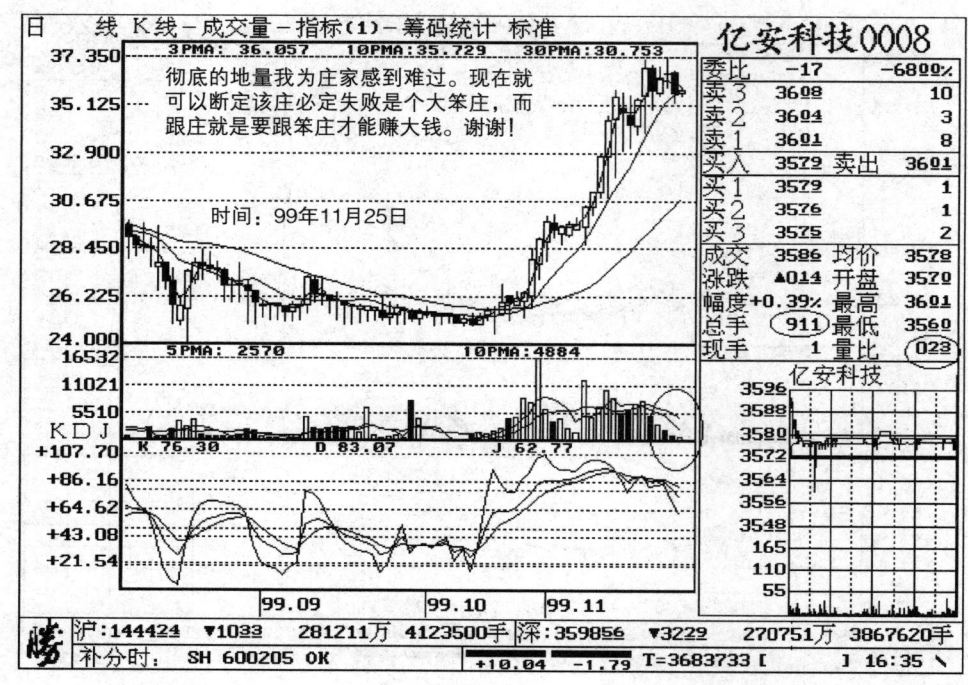

图 7-88

看图精要： 超级地量

  A. 该股全日总成交量为 9.11 万股。

  B. 除了庄家在对倒之外，参与的人几乎没有。

  C. 持仓头寸全线转为复合控制。

  D. 本身就是游击庄现在彻底成为明庄。庄家今后如何出货？

1999年11月26日

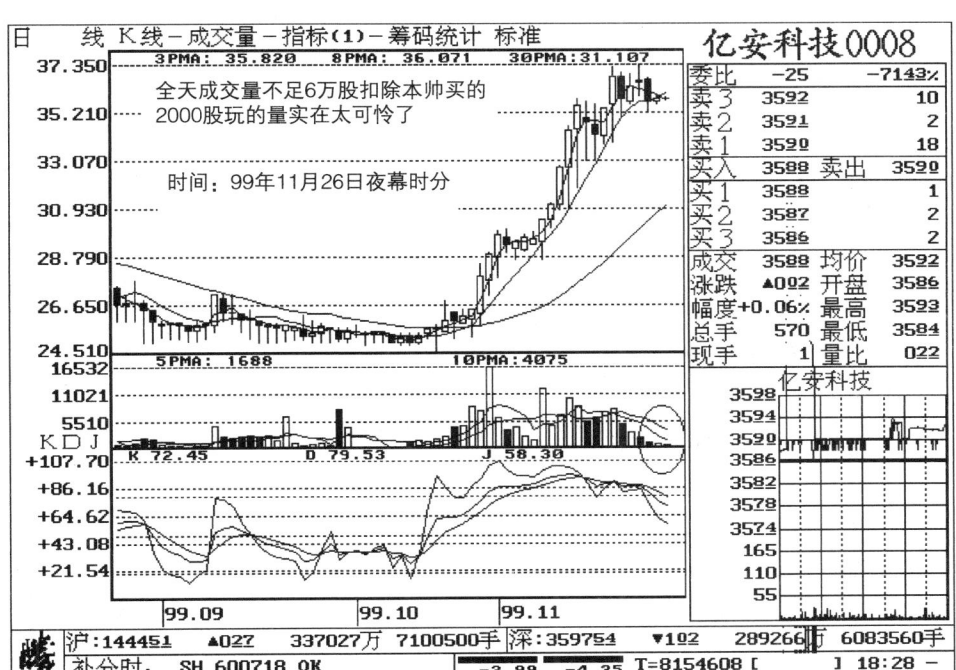

图 7-89

看图精要：再创地量

A. 全天成交不足 6 万股。

B. 地量等于冷门等于死股，笑看庄家如何死。

C. 其实 60% 以上的庄家水平相当低下。

D. 坚决持仓，逢地量就坚决买进，喝庄家的血。

1999年11月29日

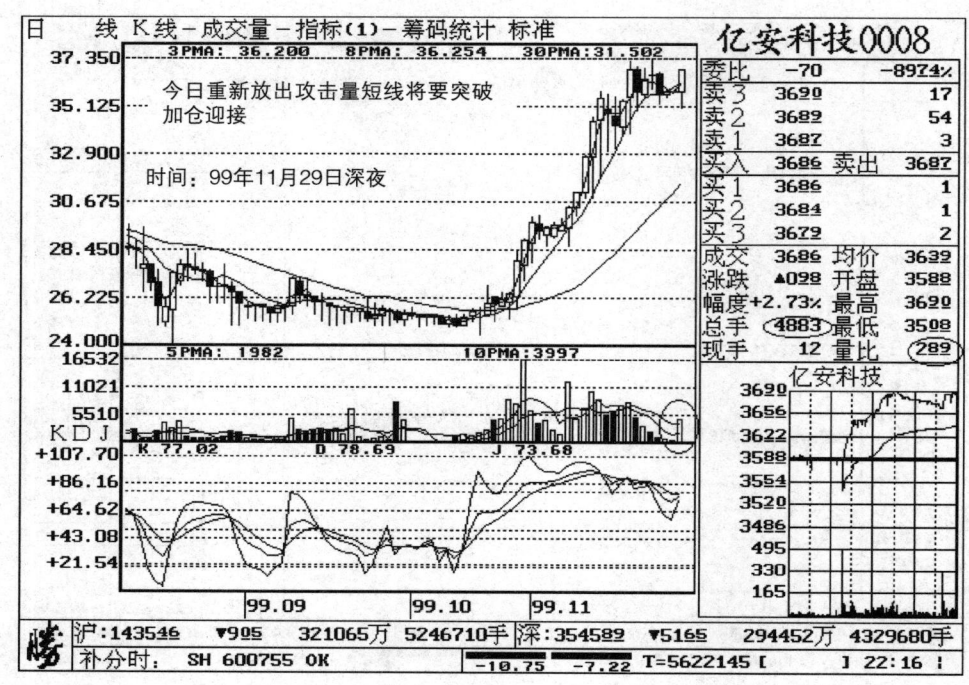

图 7-90

看图精要：再次放量

  A. 只要一放量该股就会攻击。

  B. 临盘操作跟进绝对不会错。

  C. 上亿的巨资竟然有人敢于如此儿戏？

  D. 其实坐庄是非常专业和困难的工作。

1999年11月30日盘中

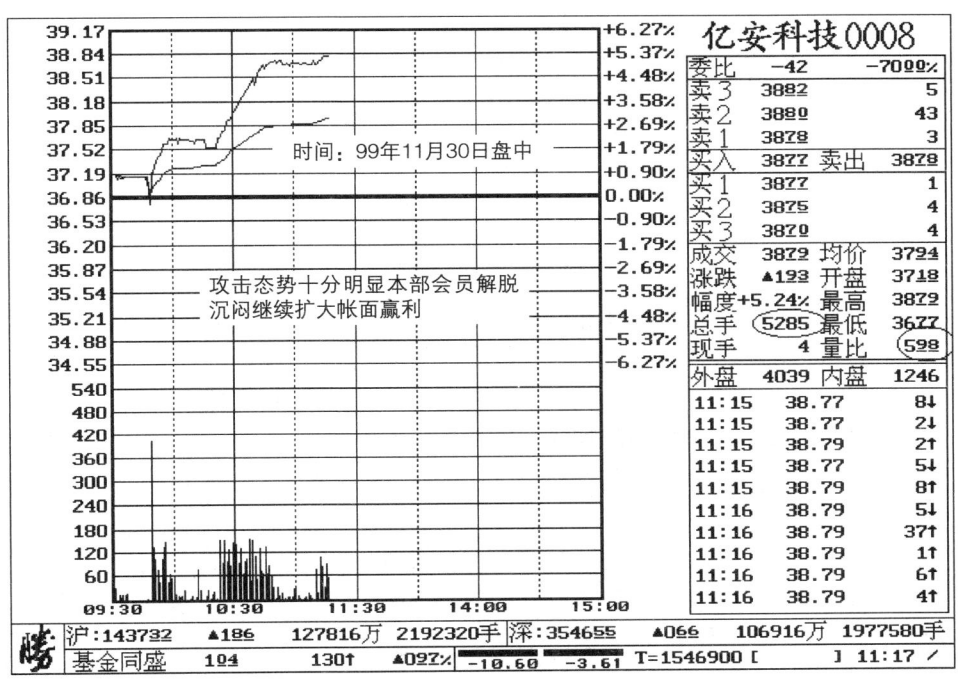

图7-91

看图精要：放量攻击略显生气

A. 今日庄家打破闷局，再次放量上攻。

B. 跟进该股有些时日，庄家操盘手法实在单调。

C. 股市有如此多的笨庄蠢庄让人无法想象。

D. 大资金在资本市场获利绝对需要一流的专业人才。

1999 年 12 月 1 日盘中

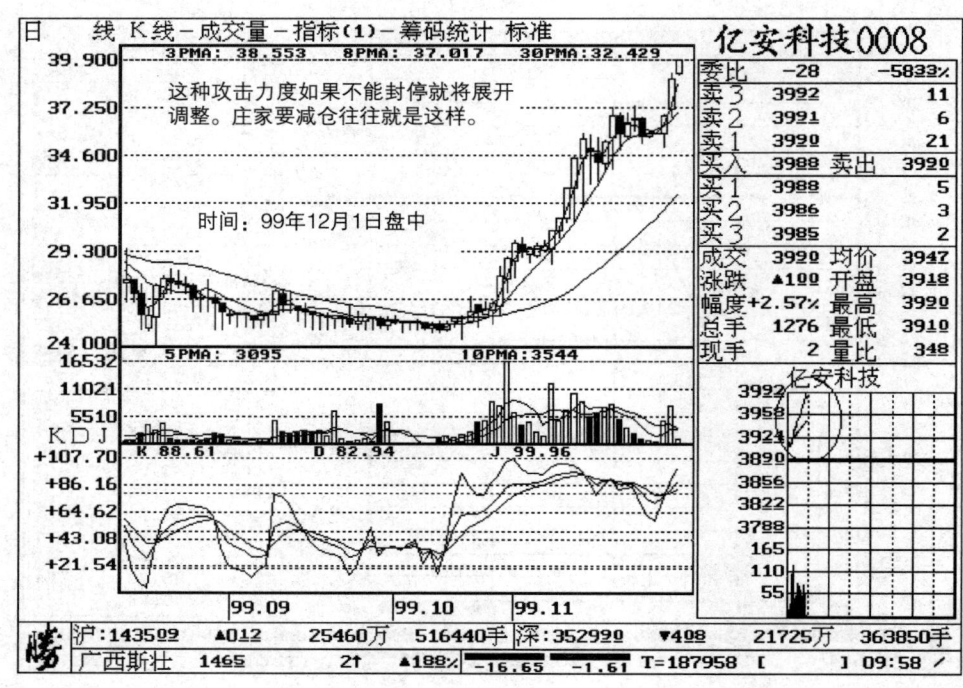

图 7-92

看图精要： 大角度

A. 这种大角度推土机攻击如果不能封停则跳水必然。

B. 如果出现巨量跳水，短线高点就会出现。严密关注。

C. 但对于该股不必顾虑太多，玩尽花招庄家也难逃脱。

D. 给出 10 日均线跌破且两日不回归的止损位。

1999 年 12 月 2 日盘中

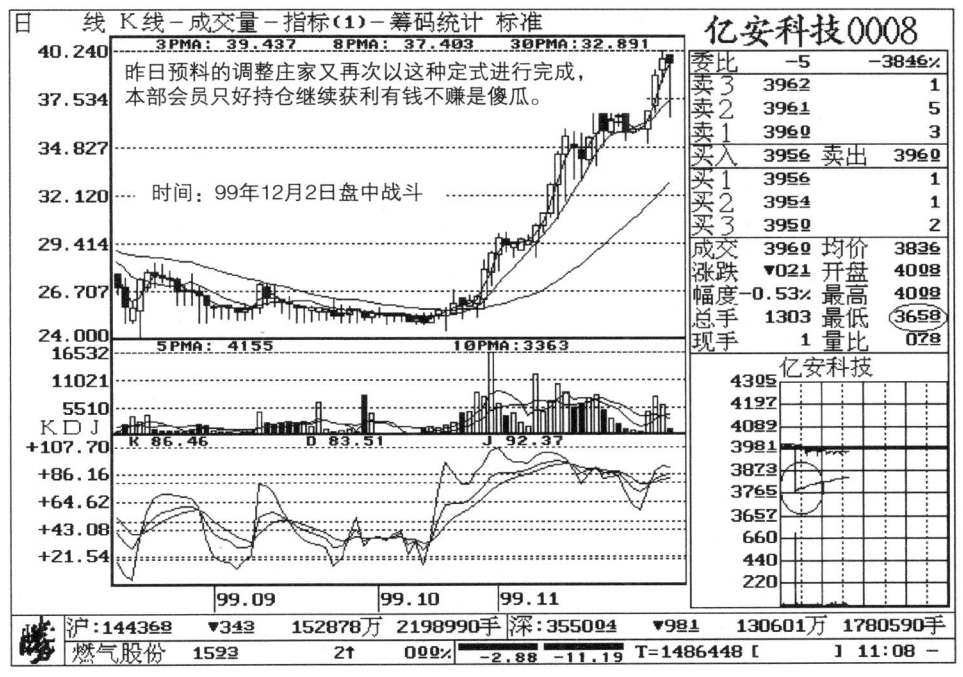

图 7-93

看图精要：盘中完成调整

A. 昨天该股以多级小幅跳水的走势化解了大角度。

B. 今日庄家又采用盘中瞬间出低点的方式进行调整。

C. 击破 10 日均线马上拉回，看来 10 日线是生命线。

D. 对该股一路持有，参与它的每一级缩量调整洗盘，抓大鱼！

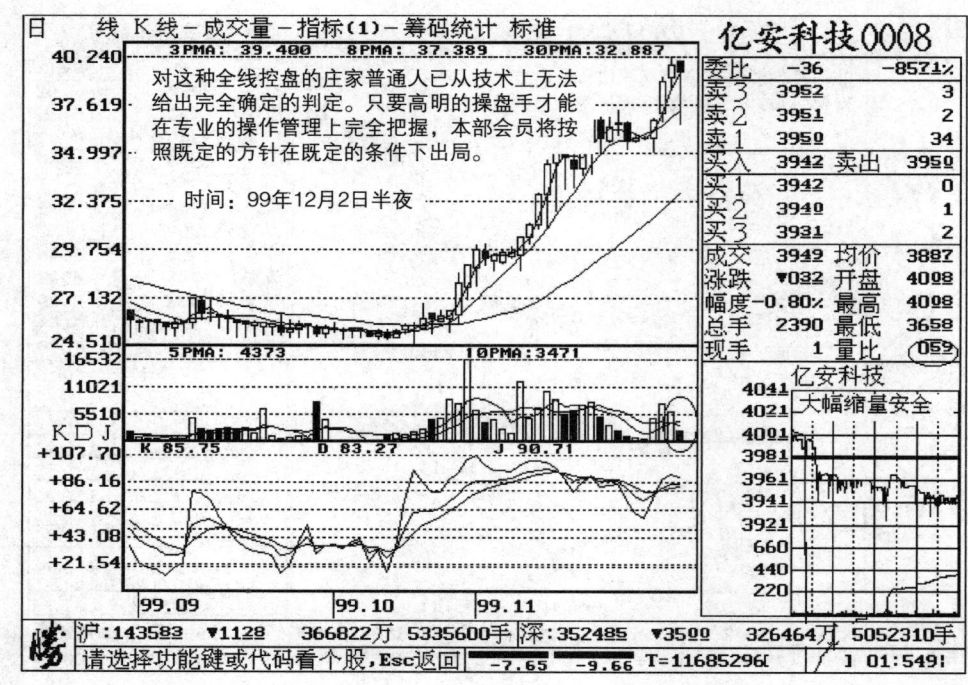

图 7-94

看图精要：地量锤头

A. 该股一旦下跌就高度缩量。

B. 看来除了庄家就是我们才有该股了。

C. 越没有人敢跟对我们来说就越安全。

D. 没有人敢买的股票请你放心大胆地买，绝对没有问题。

1999 年 12 月 3 日

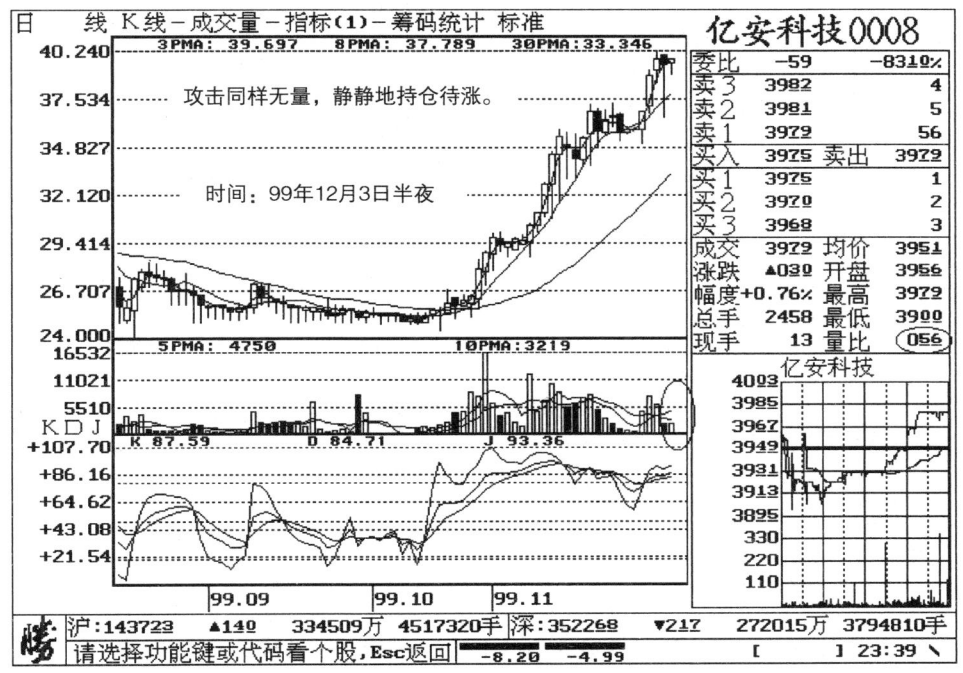

图 7-95

看图精要：缩量小阳

A．缩量也能收阳只说明一个问题：盘子很轻。

B．请不要迷信量价必须要配合的理论。

C．实战家与预测家、股评家绝对是两回事。

D．一般水平的实战操盘手就远远超过最好的股评家。

1999年12月6日

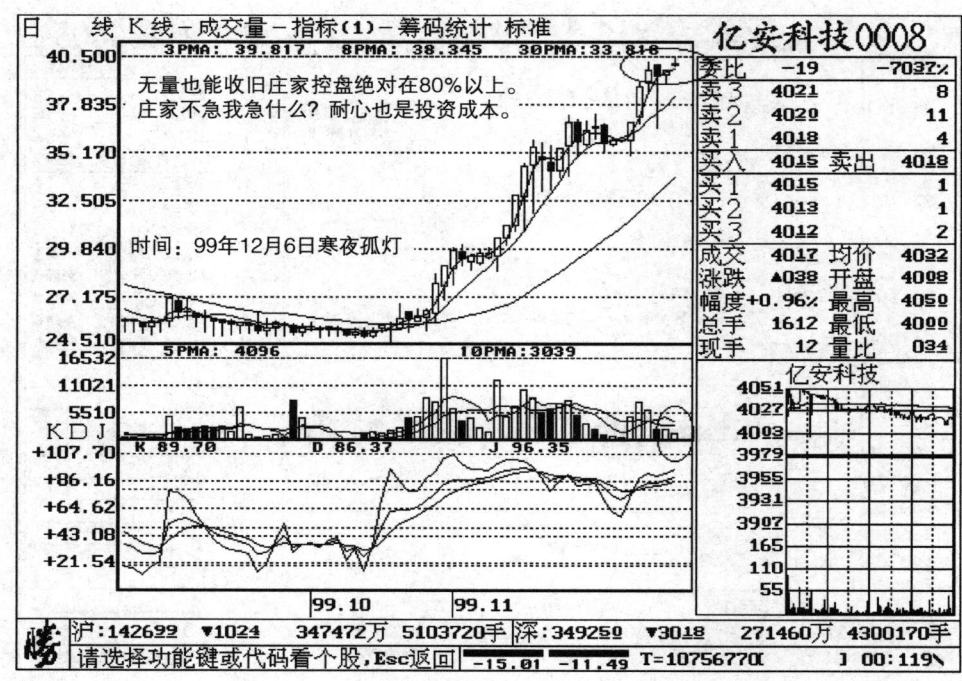

图 7-96

看图精要：冷门

  A. 该股的成交量也像严冬一样冷。

  B. 庄家的痛苦也不是一般人能够想象。

  C. 不懂得很好地利用规律，任何人都会付出代价。

  D. 有太多的庄家需要高手去拯救了，拯救痛苦的庄家！

1999年12月7日

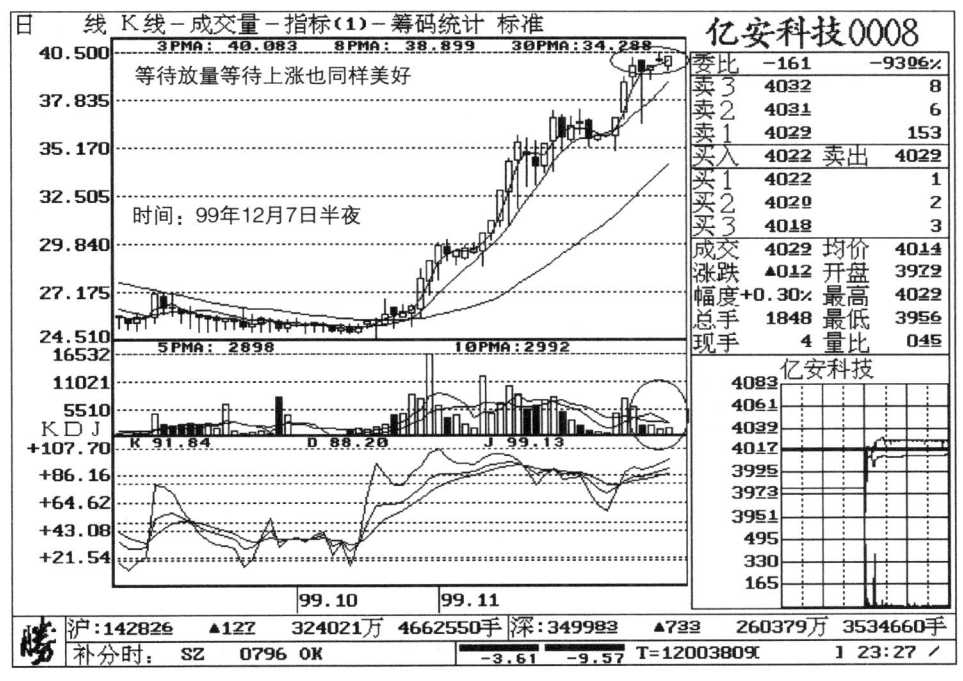

图 7-97

看图精要：沉闷

A. 复牌后股价运动沉闷。

B. 盘口显示只有庄家自己在维持成交。

C. 我设想如果庄家不买卖，日成交量不会超过百股。

D. 这样的庄家进庄前肯定没有想好退路，比散户还蛮干。

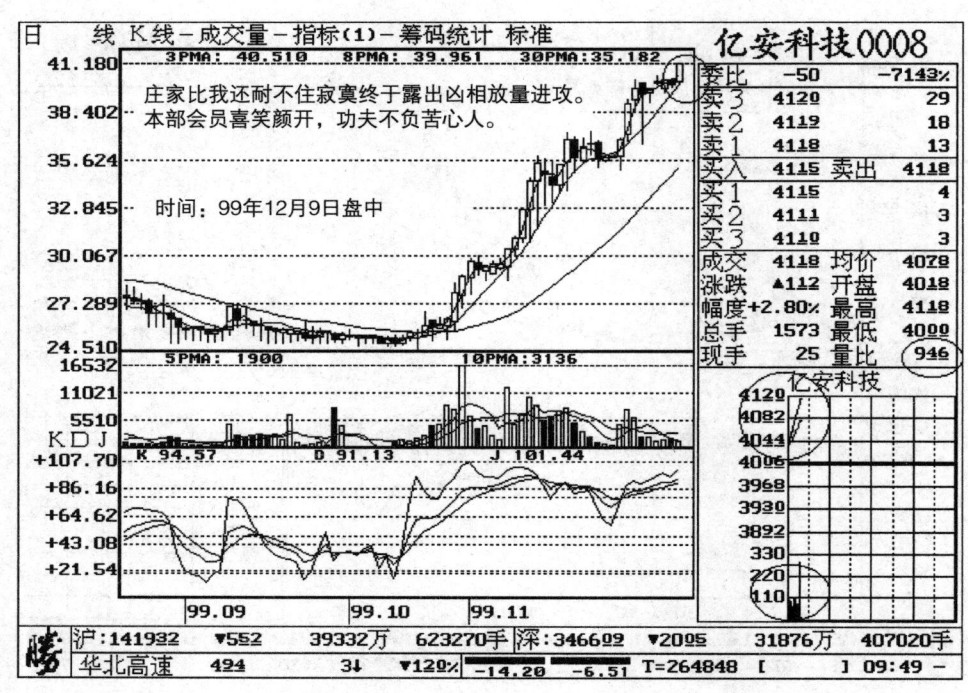

图 7-98

看图精要：故伎重演

A. 今日又要打破闷局让我们高兴一下了。

B. 刚好北京有朋友打电话来，我便作了推荐。朋友说每天都看着它涨，早就把它看成炸弹了。朋友坚信我的技术，但始终还是不敢买。不过天天都欣赏。

1999 年 12 月 13 日

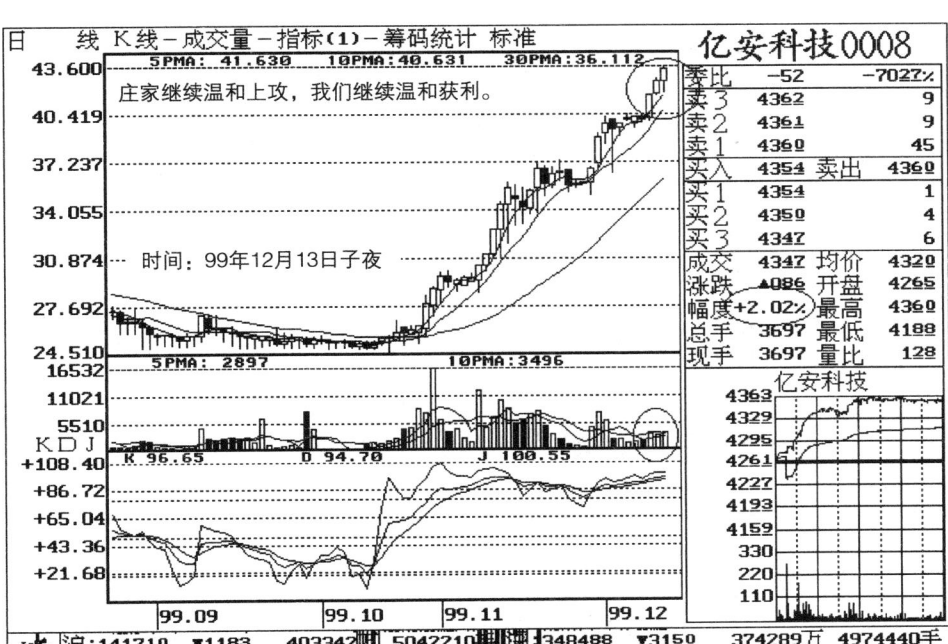

图 7-99

看图精要：温和上攻

    A. 今日该股略为放量涨幅有限。

    B. 这种股票只要没有加速暴涨和出现巨量就会安全。

    C. 从上图看庄家筹码在 30 元区域出现堆积。

    D. 后市无论庄家如何洗盘，长庄格局暂时是不会改变了。

1999年12月14日盘中

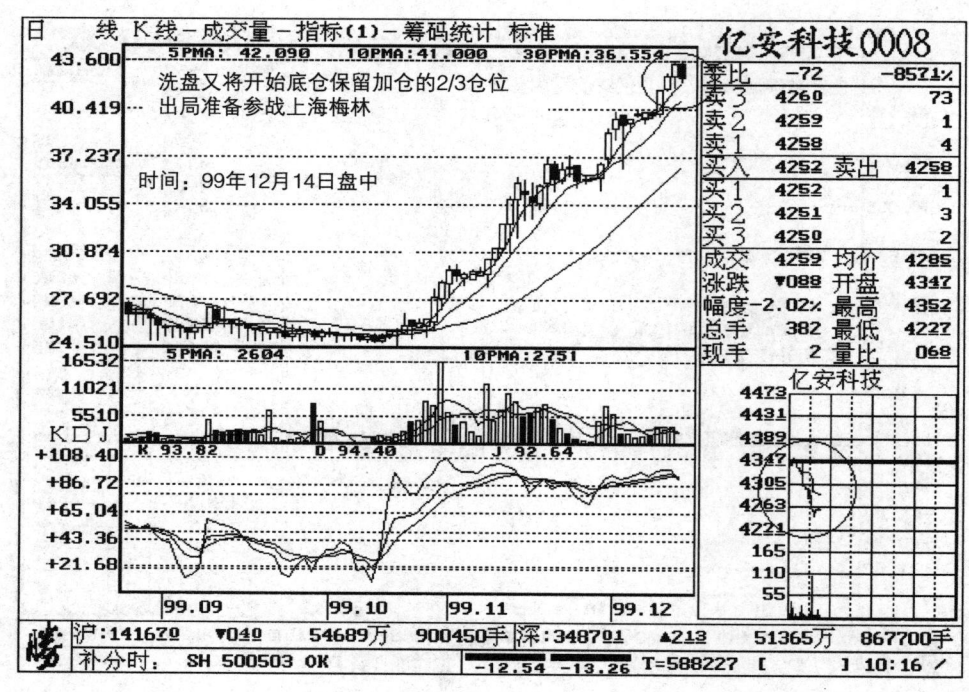

图 7-100

看图精要：洗盘又将开始

A. 从成交量的情况看该股这次又是非价格要素洗盘。

B. 持仓这么长时间总体获利 30% 不到，太慢了。

C. 退出部分资金准备参战梅林，待其加速时再杀回。

D. 耗费如此多的时间和心血一定要吃定该股的加速上升段。

1999年12月16日

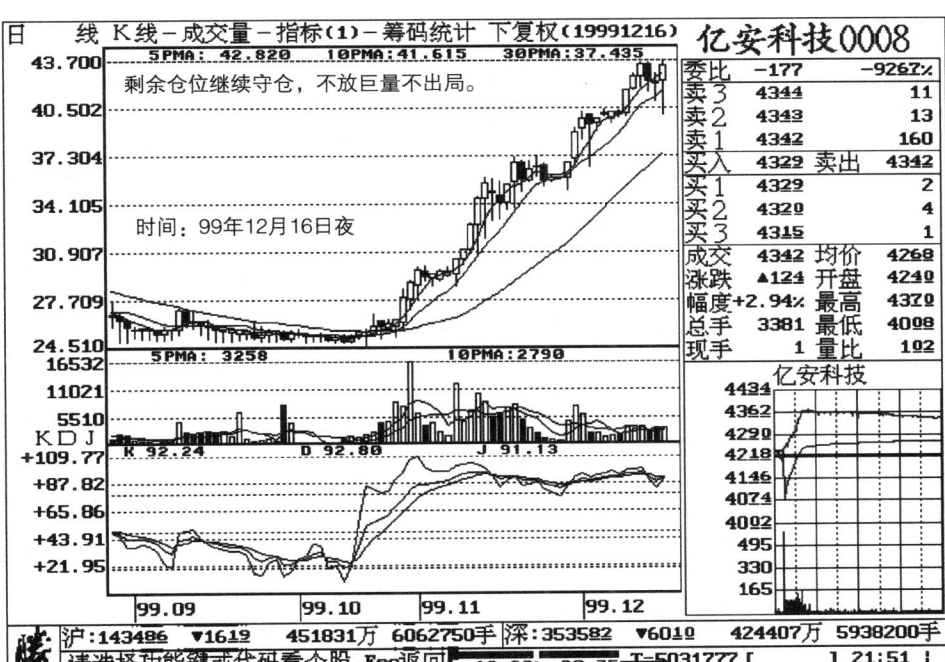

图 7-101

看图精要：持仓观望

    A. 庄家继续震荡洗盘调整。

    B. 持仓头寸的保护措施调整为巨量长阴。

    C. 精力充沛的情况下考虑跟随庄家滚动。

    D. 在30日均线未遭到彻底破坏前庄家绝对无法出局。

1999 年 12 月 17 日

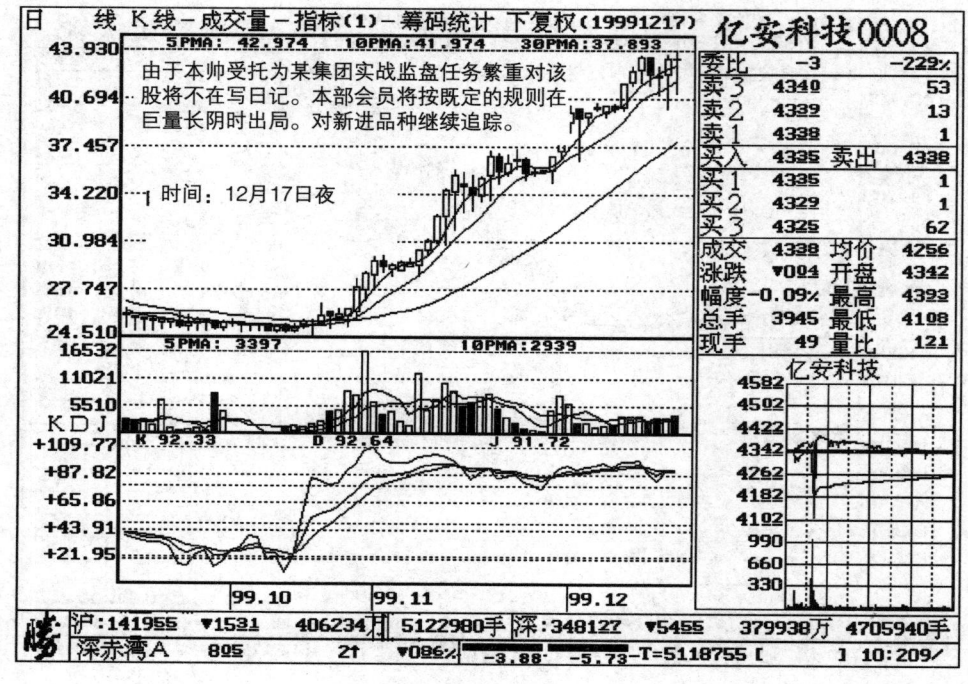

图 7-102

看图精要：重心不变

A．该股继续保持震荡洗盘格局。

B．所持有的仓位继续保留。

C．对该股出局的原则确定为巨量长阴，以后不再调整。

2000年2月17日

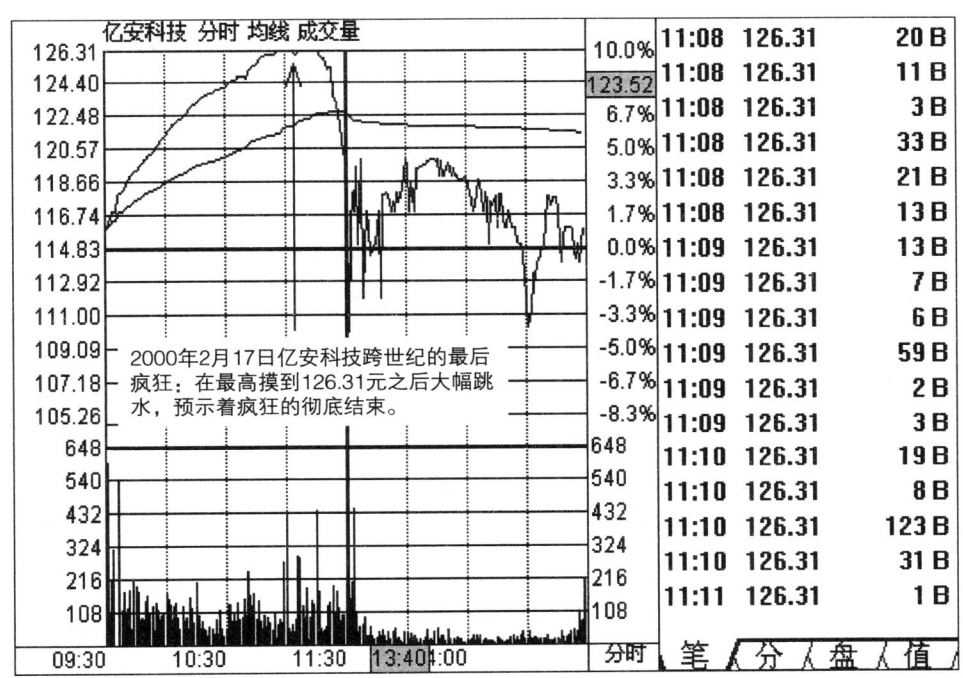

图 7-103

2000年2月17日，在市场的一片惊诧声中亿安科技最高冲到126.31元，上演了跨世纪疯狂的最后一幕，随即股价大幅下泻，从此踏上了漫漫熊途……时过境迁，股是价非；当年的辉煌早已灰飞烟灭，风光难在。

真实的故事

2001年11月18日，一位不速之客来访，此人参与了0008亿安科技的大规模炒作。他惊讶于《短线英雄》一书所描写的内容与他们实际运作细节如此一致，包括送红包、洗盘等做盘机密。

正如《短线英雄》所讲，他们并非专业人士，对股票的运作有太多随意性。实际操盘人员都是大学刚毕业的学生，完全听从并不精通证券的老总指挥，整个运作方案存在极大问题。和外界传言不同，实际运作这只股票他们根本就没赚到钱，靠佣金回扣才勉强保本。最终他们还有150万股没能出货（80万股的说法并不准确，估计有关部门计算的利润是对倒差价）。被处罚的4家公司是他们用来分仓的空壳子。证监会的罚款最终很难实现。

亿安科技出事后，他们树倒猢狲散，也拿了几千万资金到二级市场炒作，结果亏损累累。这才深深感到专业投资科学化管理能力的重要。中国股市最大的庄家用血的代价才换来的教训，发人深省。

这样的例子在中国证券市场中难道还少吗？

三、奇拳怪招——骗线与红包

凡是股价走势奇形怪状的股票，可以肯定地说其中必有强庄，而且已经被彻底控盘，否则庄家绝对无法随心所欲地控制一只股票的股价走势。

对出现这种走势的股票的密切追踪是大资金拥有者狙击庄家的最安全的好方法。

而对于这种股票的捕捉其实并不难，在临盘实战操作中本书前面介绍过的黑马窗口81、83功能，就是最好的发现黑马目标的雷达。

本节将主要剖析最为常见的几种典型类型：

亿安科技：骗线与发红包
青山纸业、东方电子：低开巨量长阳
长江投资：推土机和钓鱼

亿安科技的红包兼技术指标骗线

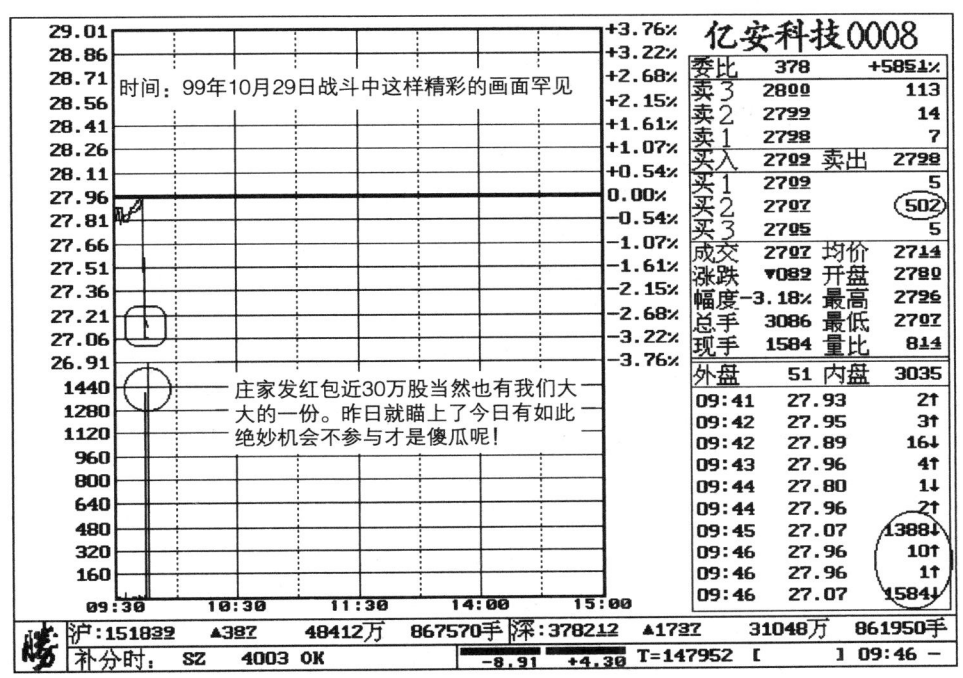

图 7-104

看图精要：巨量红包

A. 巨量红包是典型的盘口异动行为，临盘价值巨大。

B. 一为照顾关系户送礼或还债。

C. 二有可能是庄家转仓布局预备发动行情。

D. 三为过热的技术指标降温并起骗线作用。

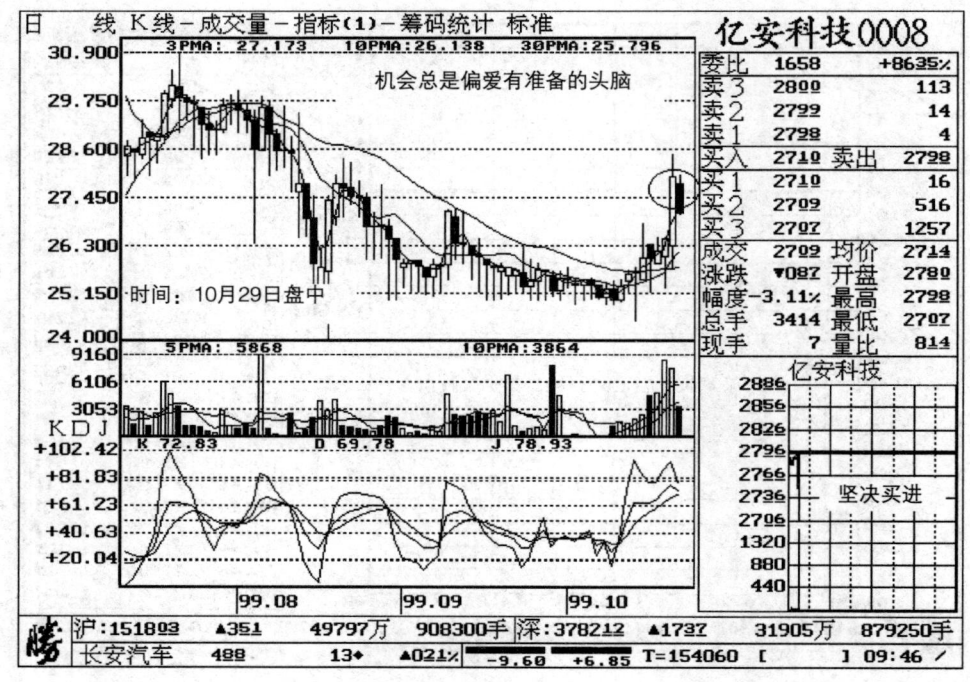

图 7-105

看图精要：

  A．该种盘口现象出现在相对低位意义重大。

  B．高位出现仅仅可能是为过高的技术指标降温。

  C．注意量的大小，往往意味着爆发力度的大小。

  D．在盘中用综合排序方法非常容易发现和捕捉该类股票。

青山纸业巨量低开长阳

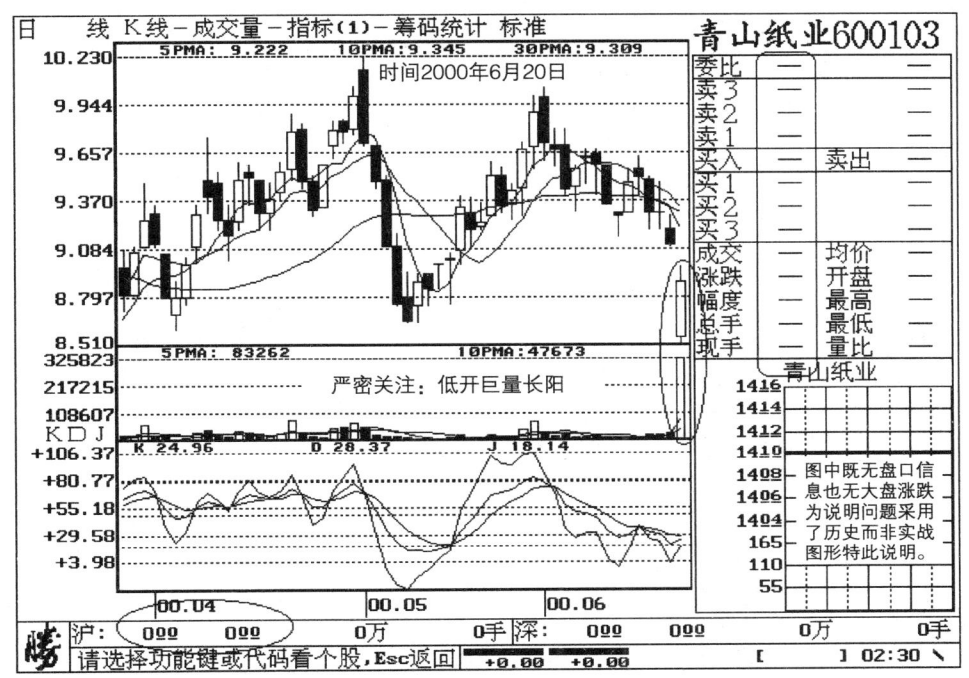

图 7-106

看图精要：巨量长阳

A. 有可能包含红包。

B. 大幅低开让不明真相的人恐惧且给机会让人出逃。

C. 震仓和大量收集是主要的操作动机。

D. 巨量和长阳绝对是有实力的庄家才能完成的行为，参与。

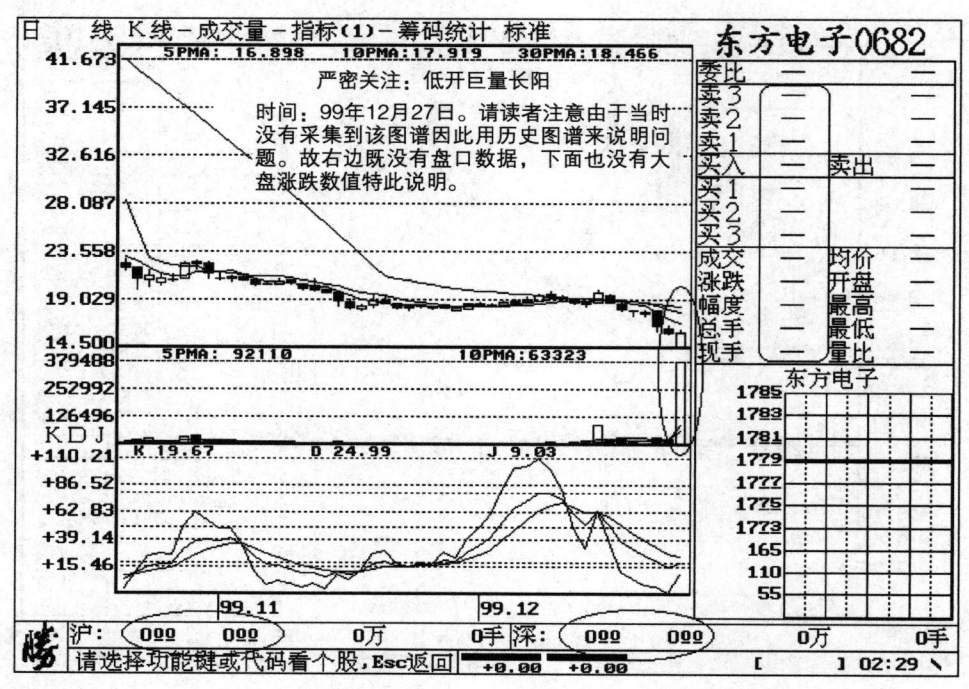

图 7-107

看图精要：位置低是关键

A. 职工股、配股、送股上市时容易出现。

B. 出现在高位绝对是陷阱，低位才是机会。

C. 位置低、量大和长阳是最佳图表特征。

D. 若有模棱两可的情形，则实战中宁可放弃。

长江投资战例——1999年9月15日

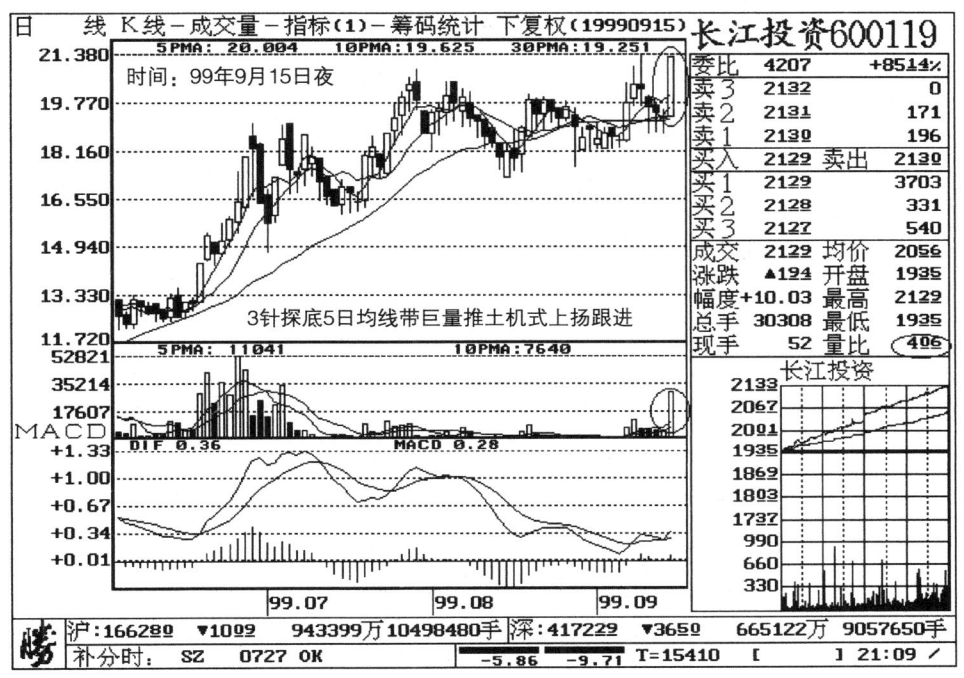

图 7-108

看图精要：推土机

A. 推土机式攻击行为是一种低劣的操盘手法。

B. 聪明的庄家总是在不知不觉中完成自己的任务。

C. 明庄十有八九总是以最后的出局失败而告终。

D. 动简单的脑筋比不动脑筋还差。庄家聪明反被聪明误。

1999年9月15日

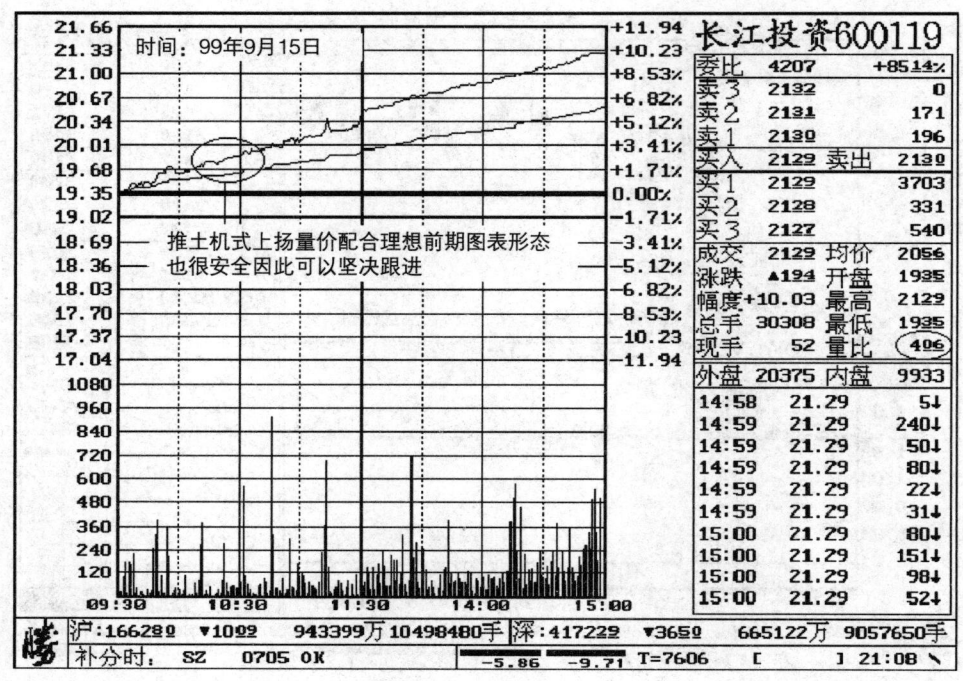

图 7-109

看图精要：与 K 线图对照

A. 该种走势安全系数的高低直接和股价的位置有关。

B. 股价的位置越低则走势的安全系数越大，可以跟进。

C. 位置稍高则可观望和欣赏，不宜贸然参与。

D. 盘口一旦出现大笔抛单必须果断离场，不得贪心。

1999年9月16日

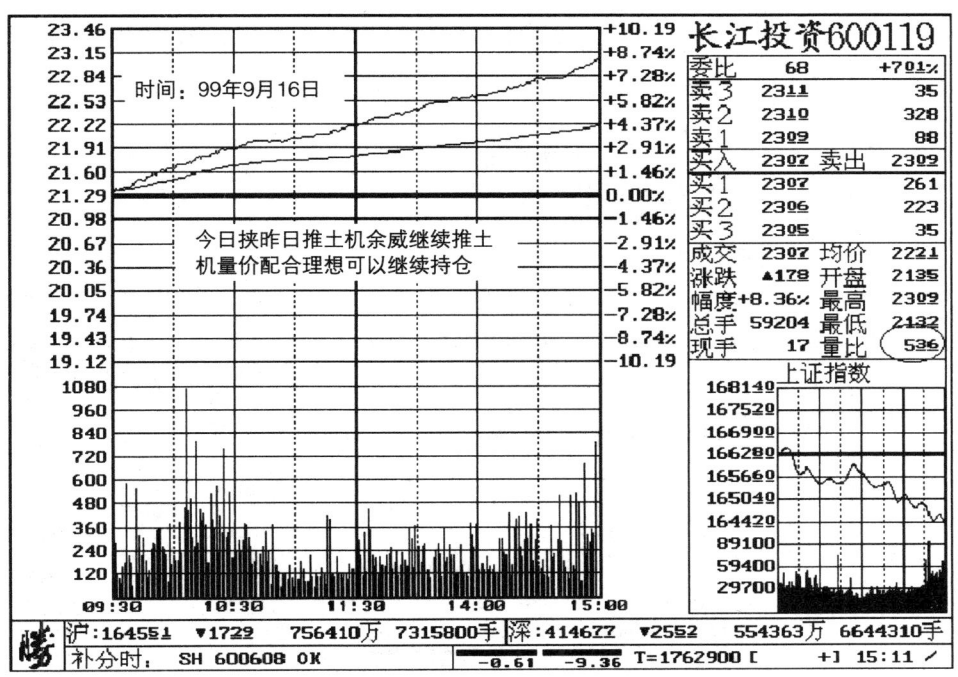

图 7-110

看图精要：早期还能骗人

A. 昨天推土机今天继续重演，有暴露操盘定式的意图。

B. 庄家故意暴露操盘习惯，让跟风盘觉得有机可乘。

C. 这是一种简单的赌博似的较量，智慧的成分少。

D. 该法容易被识破，临盘不宜采用。笨庄例外。

1999年9月16日

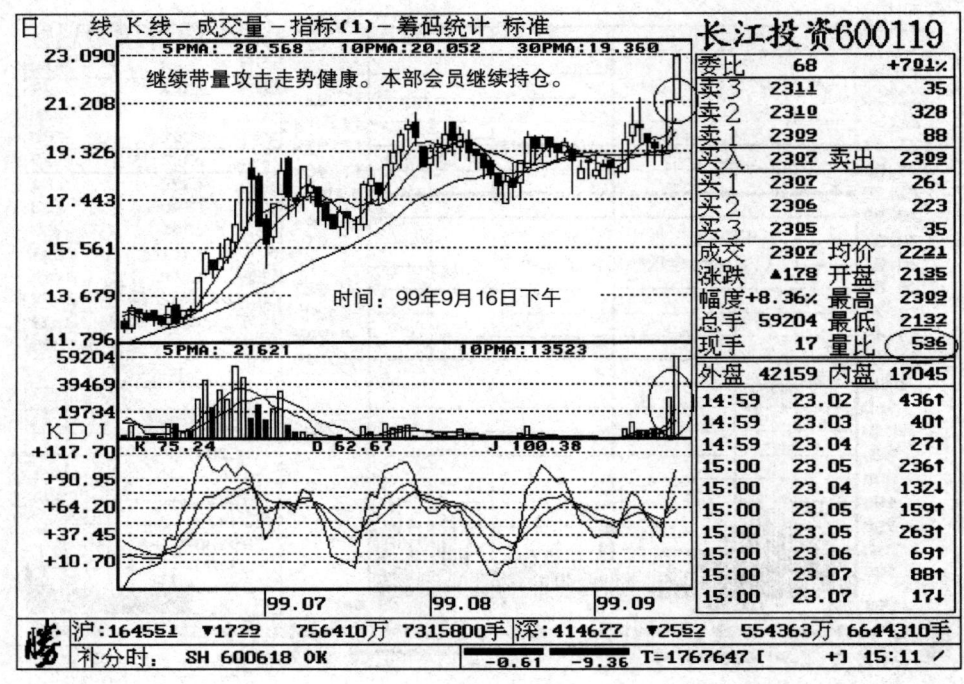

图 7-111

看图精要：配合理想

A. 今日量价配合理想。

B. 股价所处位置也不高，故今天没有钓鱼跳水。

C. 事不过三，明日千万小心。

D. 周末也必须格外小心透支盘出局引发跳水。

1999年9月17日盘中

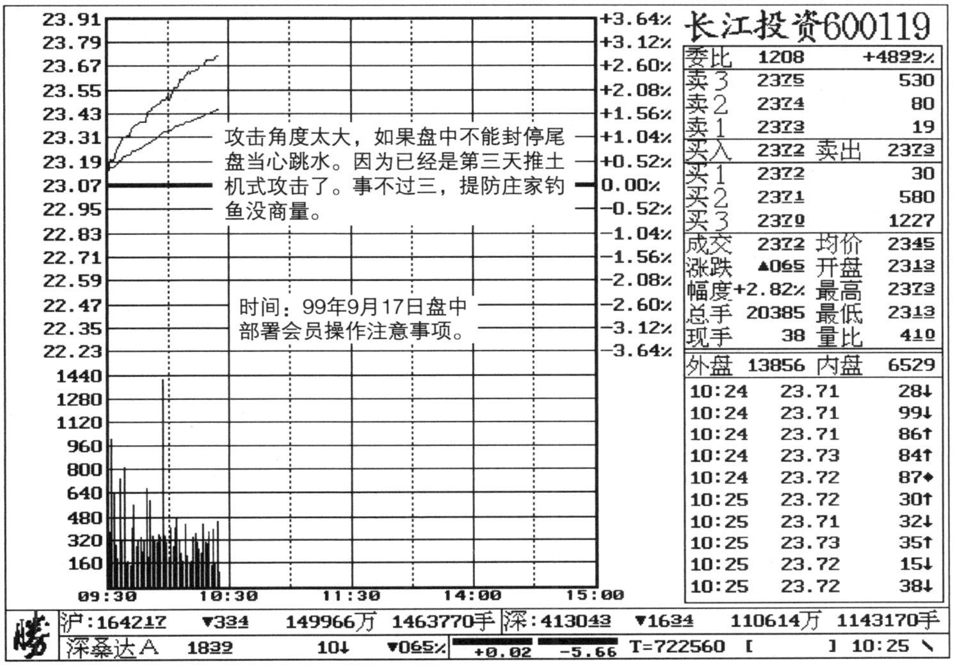

图 7-112

看图精要：事不过三

A．今天是周五，属于重要交易时刻。

B．攻击角度太大，盘中不能封停必然跳水。

C．巨量出现庄家对倒出货迹象非常明显。

D．最迟在下午2点半时必须出局避险。

1999年9月17日收盘后

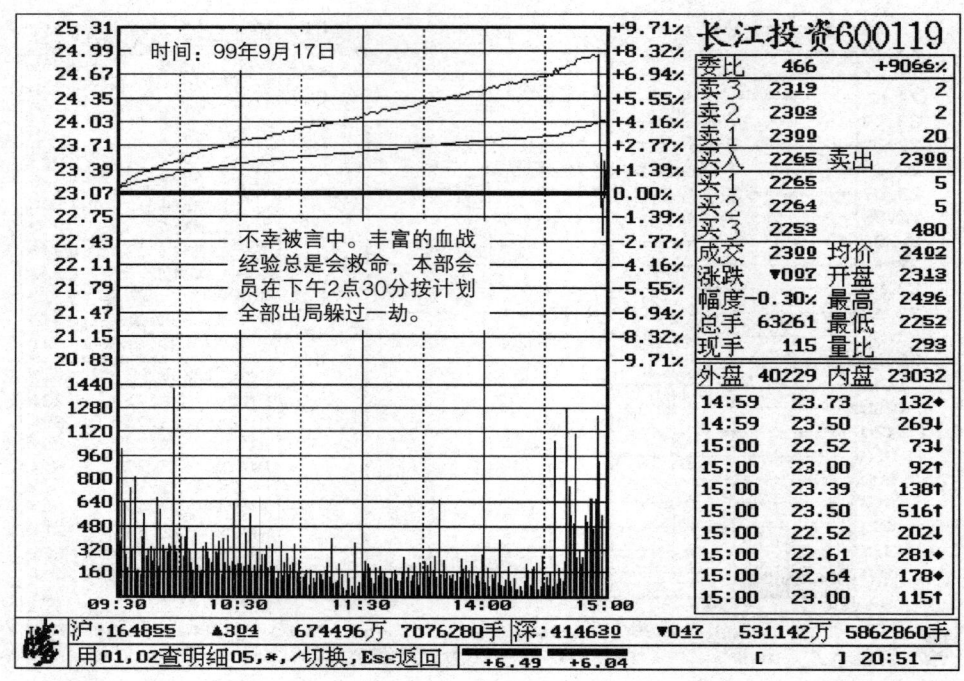

图 7-113

看图精要：不幸言中

　　A. 该股盘中不能封停，尾盘果然大幅跳水。

　　B. 其实如此的跳水并不能出掉多少货，但会把股性搞坏。

　　C. 庄家主要还是利用拉高的战术对倒减仓。

　　D. 今后这种蠢笨的操盘技法绝对是不会成功了。

1999 年 9 月 17 日收盘后

时间	成交价	涨跌值	买入价	卖出价	现手	时间	成交价	涨跌值	买入价	卖出价	现手
14:28	24.60	▲1.53	24.60	24.63	61	14:33	24.65	▲1.58	24.64	24.65	13
14:28	24.60	▲1.53	24.62	24.63	11	14:33	24.64	▲1.57	24.64	24.65	35
14:28	24.63	▲1.56	24.62	24.63	6	14:33	24.65	▲1.58	24.64	24.65	6
14:28	24.63	▲1.56	24.62	24.63	2	14:33	24.65	▲1.58	24.64	24.65	14
14:28	24.63	▲1.56	24.62	24.63	4	14:33	24.65	▲1.58	24.64	24.65	15
14:29	24.63	▲1.56	24.62	24.63	17	14:34	24.64	▲1.57	24.64	24.67	63
14:29	24.63	▲1.56	24.63	24.64	11	14:34	24.68	▲1.61	24.64	24.67	6
14:29	24.64	▲1.57	24.63	24.64	1	14:34	24.68	▲1.61	24.65	24.68	48
14:29	24.64	▲1.57	24.63	24.64	25	14:34	24.68	▲1.61	24.67	24.68	65
14:29	24.64	▲1.57	24.64	24.64	35	14:34	24.67	▲1.60	24.67	24.68	1
14:30	24.64	▲1.57	24.63	24.64	21	14:35	24.68	▲1.61	24.67	24.68	3
14:30	24.64	▲1.57	24.64	24.65	113	14:35	24.65	▲1.58	24.67	24.68	7
14:30	24.64	▲1.57	24.64	24.65	6	14:35	24.68	▲1.61	24.67	24.68	9
14:30	24.64	▲1.57	24.64	24.65	3	14:35	24.68	▲1.61	24.67	24.68	8
14:31	24.64	▲1.57	24.64	24.65	2	14:35	24.68	▲1.61	24.67	24.68	21
14:31	24.64	▲1.57	24.64	24.65	7	14:35	24.68	▲1.61	24.67	24.68	1
14:31	24.64	▲1.57	24.64	24.65	0	14:35	24.67	▲1.60	24.67	24.68	7
14:31	24.64	▲1.57	24.64	24.65	1	14:36	24.68	▲1.61	24.67	24.68	13
14:31	24.64	▲1.57	24.64	24.65	6	14:36	24.68	▲1.61	24.68	24.69	13
14:32	24.64	▲1.57	24.64	24.65	5	14:36	24.68	▲1.61	24.68	24.69	66
14:32	24.64	▲1.57	24.64	24.65	9	14:36	24.68	▲1.61	24.68	24.69	66
14:32	24.64	▲1.57	24.64	24.65	1	14:36	24.68	▲1.61	24.68	24.69	36
14:32	24.64	▲1.57	24.64	24.65	1	14:37	24.75	▲1.68	24.68	24.69	878

本部会员开始出局回避周五支透盘平仓风险

沪:164855 ▲304 674496万 7076280手 深:414630 ▼047 531142万 5862860手
按PageUp,PageDown翻页,Esc返回 +6.49 +6.04 [ ] 20:53

图 7-114

看图精要：盘口细节

A. 在规定时间坚决出局。

B. 不对诱人的攻势抱幻想，是成功的关键。

C. 对怪异的股价走势不贪，普通选手不宜贸然参与。

D. 怪异就是不了解，变数就多，就不好对付，观望是上策。

1999年9月17日收盘后

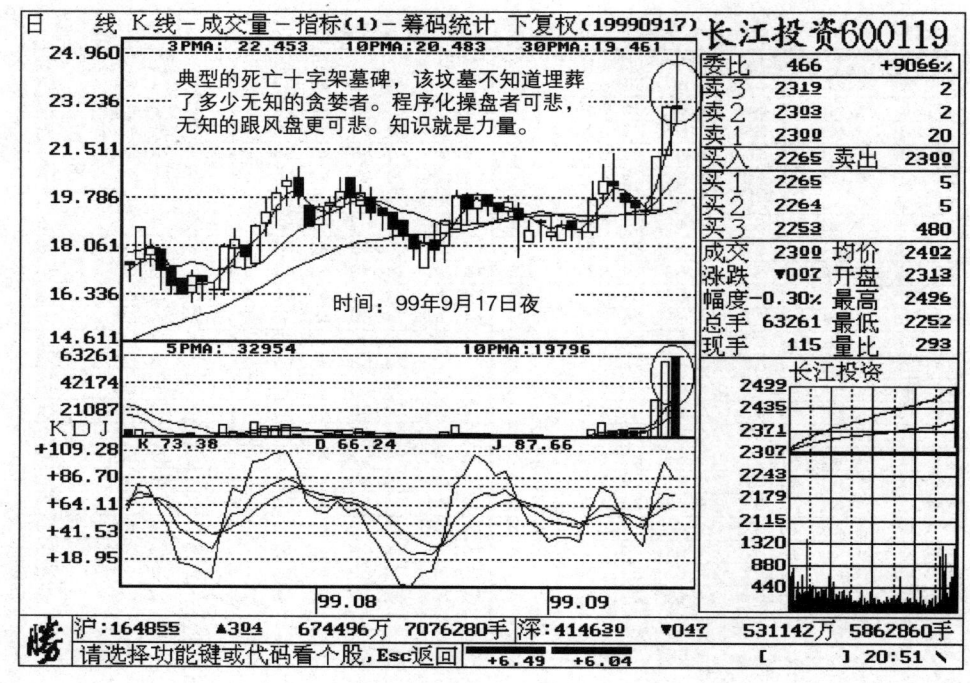

图 7-115

看图精要：可怕的上影线

A. 近两日的巨量不知道消灭了多少愚蠢的人。

B. 故意暴露出来的机会往往不是机会而是陷阱。

C. 武艺不高者千万远离，君子不立危墙之下。

D. 以后的庄家再用此法一定会自己害了自己。

四、指标骗线和胡乱修改参数的经验炒股盲区

(一) 技术指标的三大不可克服的理论缺陷

市场有三大根本要素：**价格、成交量和时间。**

而任何一个技术指标：

1．只能反映其中的一个要素。如 RSI 只能反映市场三大要素中的一个要素：即价格要素。因此其取材的角度是片面的，它根本无法全面地反映市场的真实情况。

2．技术指标的运算公式是否具有真理性未得到证明。如 RSI，它是一个经验性公式，其本身是否正确还是未知数。

3．我们研究任何问题都应该掌握第一手的原始材料，而技术指标如 RSI，却将三大要素之一的价格要素代入它未得到证明的公式进行推导、运算，最后得出一个非原始的推导性结论。

目前任何一个技术指标概莫能外，均有以上缺陷。

(二) 技术指标的优化陷阱

以上三大问题是目前任何一个技术指标均不能克服的致命理论缺陷。这也就是技术指标产生钝化、失效和盲区的根本原因。目前没有任何一本书籍对此进行了彻底的论述。

技术指标的致命理论缺陷绝对不是靠修改、优化一个或几个参数就能够解决的。仅仅靠修改、优化参数就认为自己解决了技术指标的理论缺陷，是未运作过大资金的投资者对实战技术的幼稚认识和理论研究的误区，它将彻底阻止你进入真正的职业操盘手的大门，让你始终在股票投资的幼儿园里生活。问题的实质是每个股票的波动周期都不同，所适用的参数也就不同。绝对没有一个参数对所有的个股都能很好地适合。

其实股票市场的运动规律就掩藏在图表系统和盘口数据这些最原始的材料中，而绝对不存在于别人已经推导出的技术指标的片面结论里。我们对此一定要有清醒的认识，否则你就无法超越自己、超越前人去达到投资成功的

卓越境界!

（三）技术指标骗线简说

由于技术指标存在三大不可克服的致命理论缺陷，因而它在职业操盘手的武器库里只能占据极其次要的辅助研判地位，甚至于也可以根本不看它。同时短周期技术指标也极易做骗线，被庄家用来屠杀对技术分析一知半解的自以为聪明的投资者。

举例说明 KD. 指标如何做骗线

%K=100× （L−Ln）／（Hn−Ln）
%D=100× （H3／L3）
注：H 代表最高价，L 代表最低价，n 代表具体日期

分子变小或分母变大均能使 KD. 值变小，使该指标的升高速度变慢；相反的结论也同样成立。

有时候我们在即时波动图表中经常看到股价莫名其妙地突然被大幅拉高或大幅打低，这就是庄家为了使 KD. 值变小或变大刻意制造最低、最高价，为自己拉高股价出局或吸筹建仓作掩护。

同理，所有的技术指标均可以如此操纵，其真实性何在？庄家就是不搞这些花样，同样也可以利用技术指标的理论缺陷在技术指标高位或低位的反复钝化中实现自己的实战操盘意图。如 600121 郑州煤电从 1999 年 8 月 14 日开始历时 14 天技术指标一直在高位钝化，而股价却反复上涨就是例子。

友情提醒

市面上有许多人靠优化、修改指标参数就宣称自己发现了股市的秘密，找到了市场的规律，解决了实战中棘手的问题等等。这体现出的是其理论素养幼稚，实战水平低能，且从未运作过大资金。否则他们决不会得出如此荒唐的结论，决不会混淆最基本的问题而去搞出这些误人子弟的东西。

个性化参数检测结果

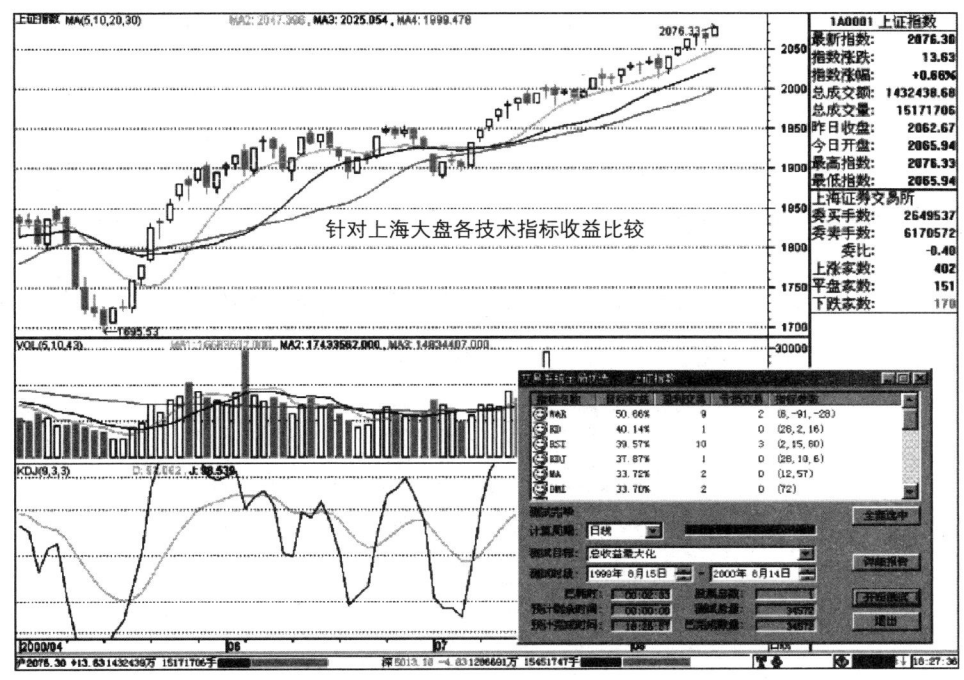

图7-116

股市实战残酷无情,任何技术上的盲目和无知都将带来不可估量的巨大损失。因此任何技术系统都必须经过客观科学的检测后,才能确保在残酷的股市实战中发挥出巨大的威力。技术指标的三大理论缺陷绝对不是靠修改参数就能解决的,因此指标系统只能是业余实战系统,望广大投资者对此一定要有清醒的认识,千万不要迷信修改一个或几个参数就能百战百胜的神话。

普通的投资者绝对不可能对每一只股票的参数用专门的软件进行计算机个性化修改、优化。实战中只需记住参数小,指标敏感,信号发生的次数就多,噪音就大;参数大,指标迟钝,信号发生的次数少就可以了。千万不要去迷信靠经验人工修改的所谓最佳参数这种可笑的谎言。

下图作者将修改的MACD参数进行实战成功率计算机检测,并将检测结果与未经修改的原始参数进行对比。读者可以清楚地看到,修改参数后实战成功率更低。对其他参数的盲目经验性修改的错误同理可知,在此不一一罗列,有兴趣的朋友可自己进行检测验证。

MACD 参数修改为 12、26、27 成功率 42.44%

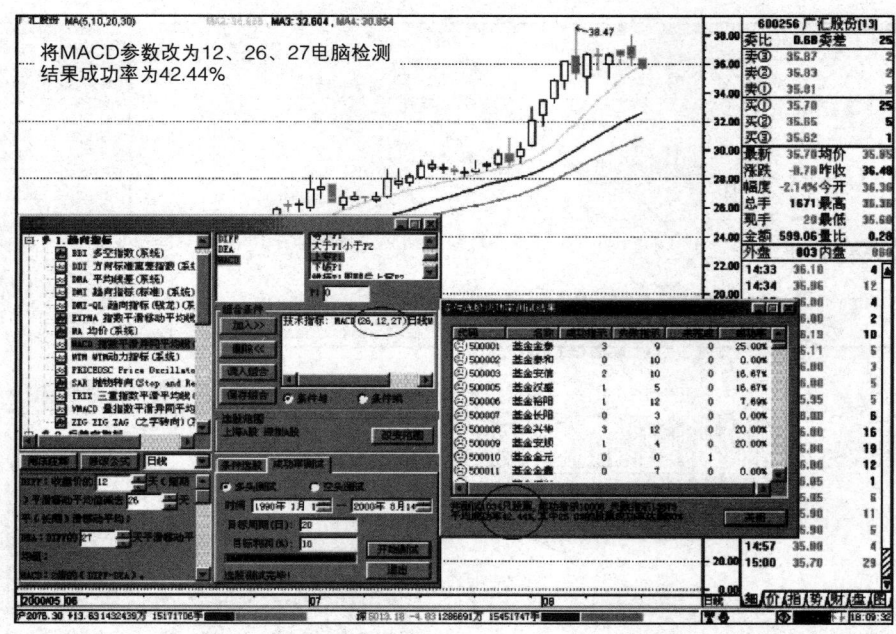

图 7-117

未经修改的 MACD 指标参数成功率 42.78%

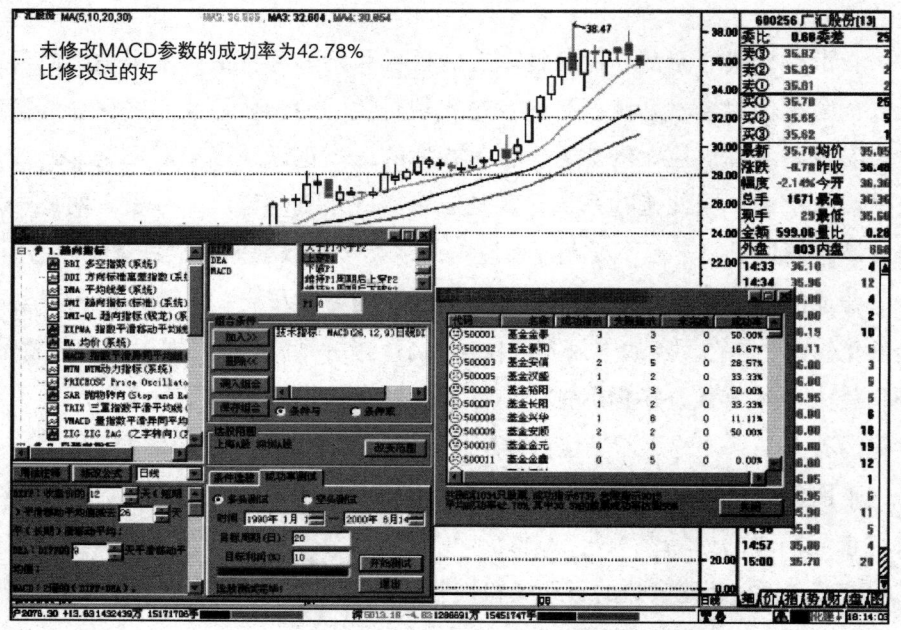

图 7-118

～～～～～～～～～～～～～～～～～～～～～～

买卖动作展开的犹豫、迟缓是实战操作者心态控制成熟度低下的标志，是实战操作者心灵意志力脆弱的表现，也是妨碍投资者朝专业晋级的最大障碍。

专业短线高手绝对不允许在没有充分准备的情况下受盘中股价涨跌波动的诱惑冲动地展开实战操作，无论是在多大的投资规模和投资级别上。

～～～～～～～～～～～～～～～～～～～～～～

五、狙击反弹——饥饿的资金

在股票市场或目标个股处于明确的下降通道时，专业高手总是能处于空仓的最佳操作状态。他们牢牢地把握着自己资金灵活出击的主动权。绝对不像绝大多数业余投资者，无论是牛市、熊市还是平衡市，一年四季都是满仓。牛市还可能拥有账面利润，而熊市和平衡市则处于套牢状态，彻底失去捕捉获利机会的主动权。

专业高手在绝对空仓以后，天天等待的就是股市暴跌的来临。他们手中持有的资金已经非常地饥饿了。一旦机会来临，他们就会像严冬里饥饿已久的猎豹，朝着出现的目标猎物准确无误地扑上去，抓住猎物，美美地吃上一顿，再迅速果断地离去，然后等待下一次出击。专业高手们总是耐心地等待战机，踏踏实实地管理着自己宝贵的资金。即便一年之中只做反弹，资金获利也能接近翻番。

盼望暴跌。暴跌，是专业高手永远的获利机会……

综艺股份战例日记

1999 年 10 月 15 日

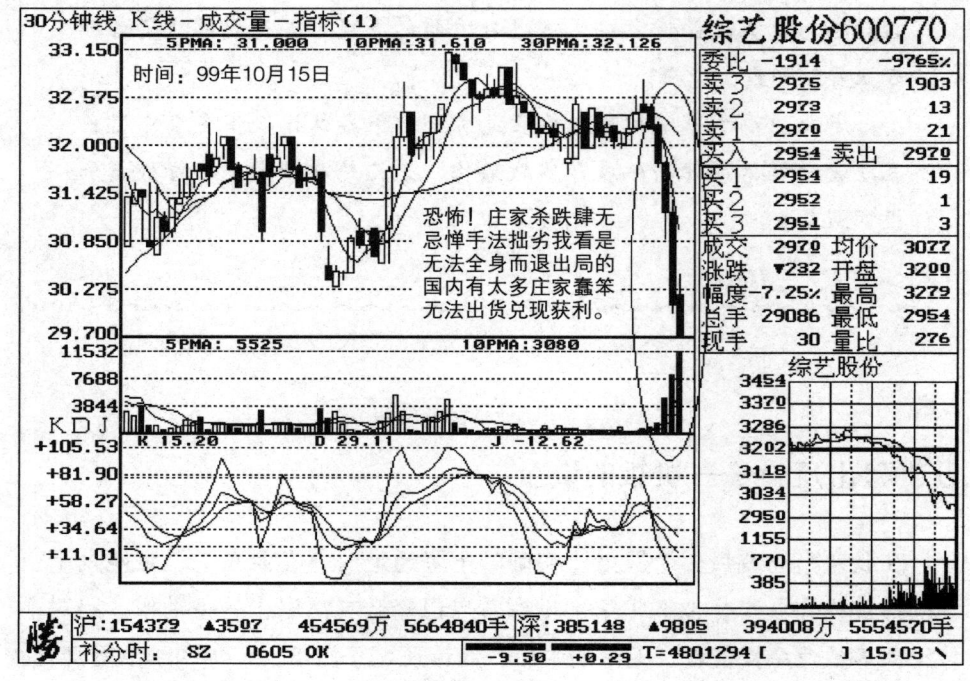

图 7-119

看图精要：见单就打

    A. 该股今日杀跌的凶狠拙劣引起我的严密注意。

    B. 看表现突出股票的庄家控盘思路是每天的必修课。

    C. 表现突出的股票中包含上涨突出，也包含下跌突出。

    D. 视职业为生命的专业选手每天看盘析盘的工作是艰巨的。

1999 年 10 月 26 日

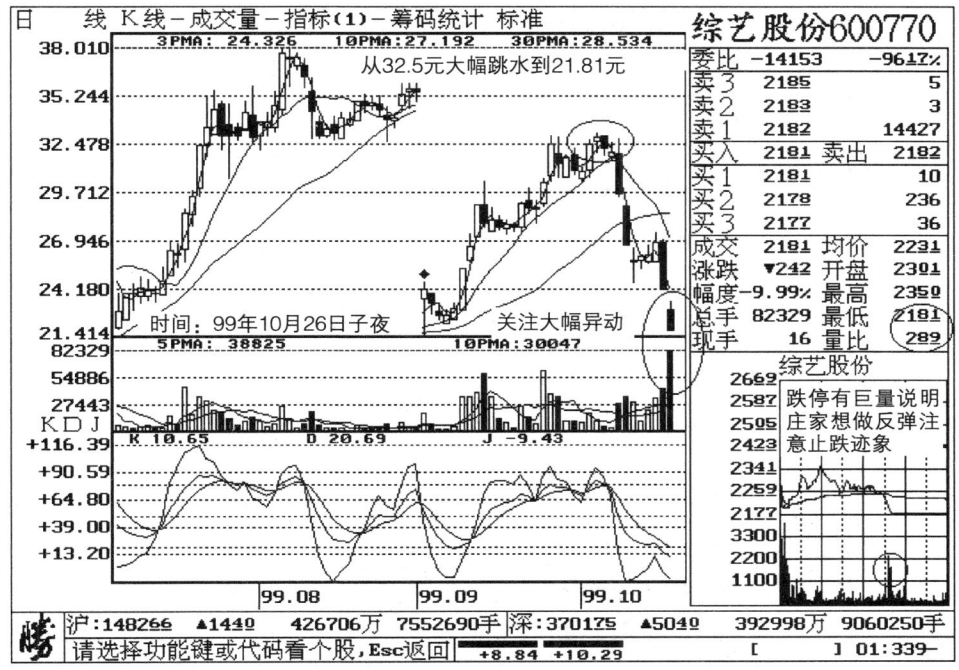

图 7-120

看图精要：暴跌再暴跌

A. 短短几日股价从 32 元暴跌到 21 元，跌幅近 30%。

B. 今日成交量有所放大，明确显示低位有人承接。

C. 暴跌的股票谁敢逆大盘及个股跌势承接？

D. 只有庄家才敢。但注意有人承接不等于马上就要上涨！

1999 年 10 月 27 日

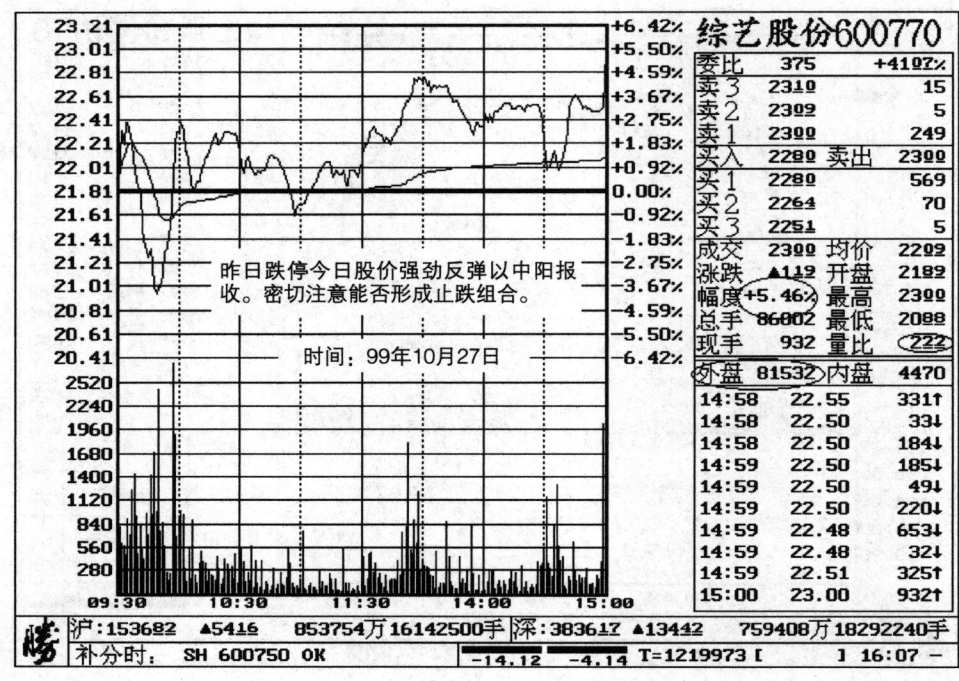

图 7-121

看图精要：股价产生抵抗

A. 昨天低位放巨量后今日股价收报大阳。

B. 这种暴涨暴跌的股票风险极大，故先看做抵抗。

C. 实战中宁肯放弃机会不可乱抓机会。

D. 继续对该股保持严密关注，准备捕捉反弹的获利机会。

1999 年 10 月 28 日

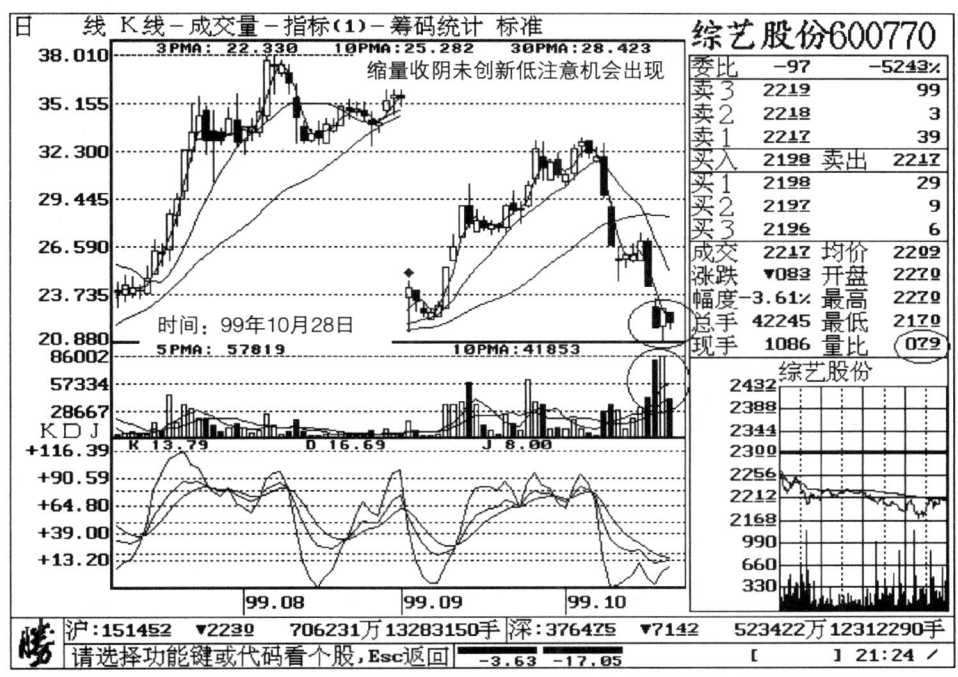

图 7-122

看图精要：止跌骗线

A．目前的 3 根 K 线组合重心不再下移好像已经止跌。

B．破绽是最后一根 K 线是阴线且筹码承接无力。

C．不会看庄家控盘的行进模式极易受骗上当。

D．细微的地方才能真正表现专业投资功力是否深厚。

1999年11月4日

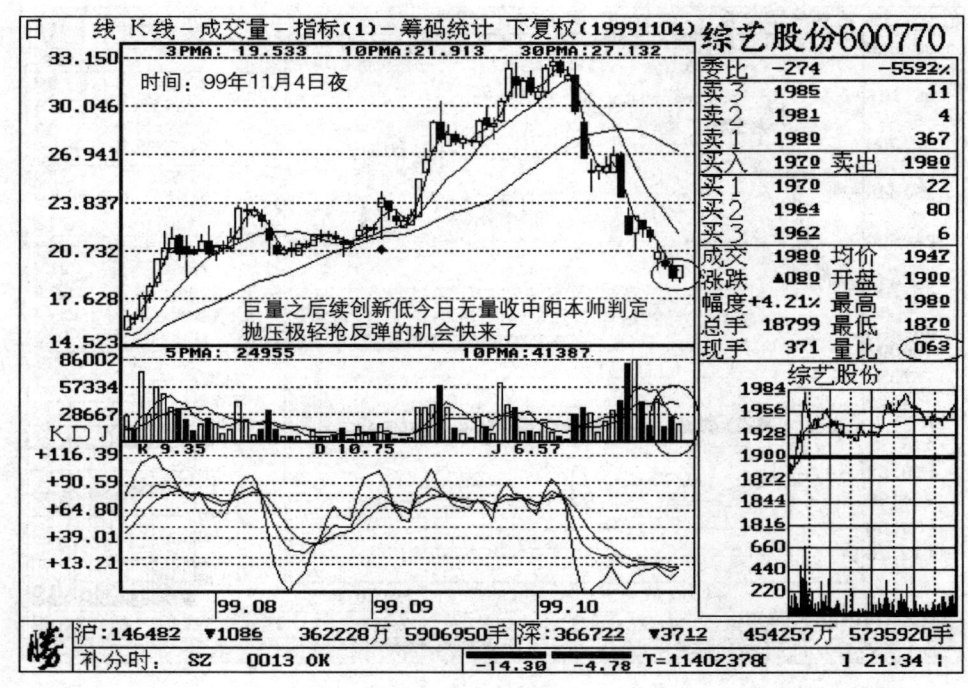

图 7-123

看图精要：真正的止跌

A. 前图的抵抗性平台被庄家轻易击破。

B. 今日股价无量收阳，看来抛盘已经枯竭。

C. 无量上涨的另一个含义是盘口很轻非量价不配合。

D. 对传统的经典投资理论不能超越，永远不可能成为大师。

1999年11月5日盘中

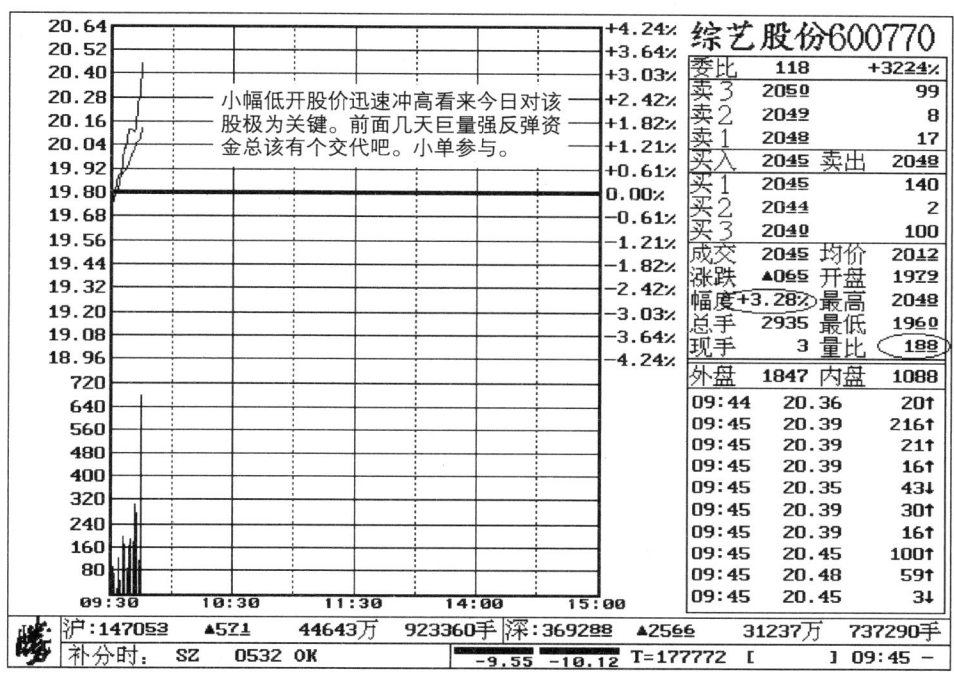

图 7-124

看图精要：构筑反弹基础

A. 昨天一根小阳线拉开该股止跌的序幕。

B. 但是股票不下跌不等于就一定会上涨。

C. 真正有力度的攻击必须有一组 K 线来止跌。

D. 而且攻击时必须 3 日均线带量上扬，否则只能盘整。

1999年11月5日

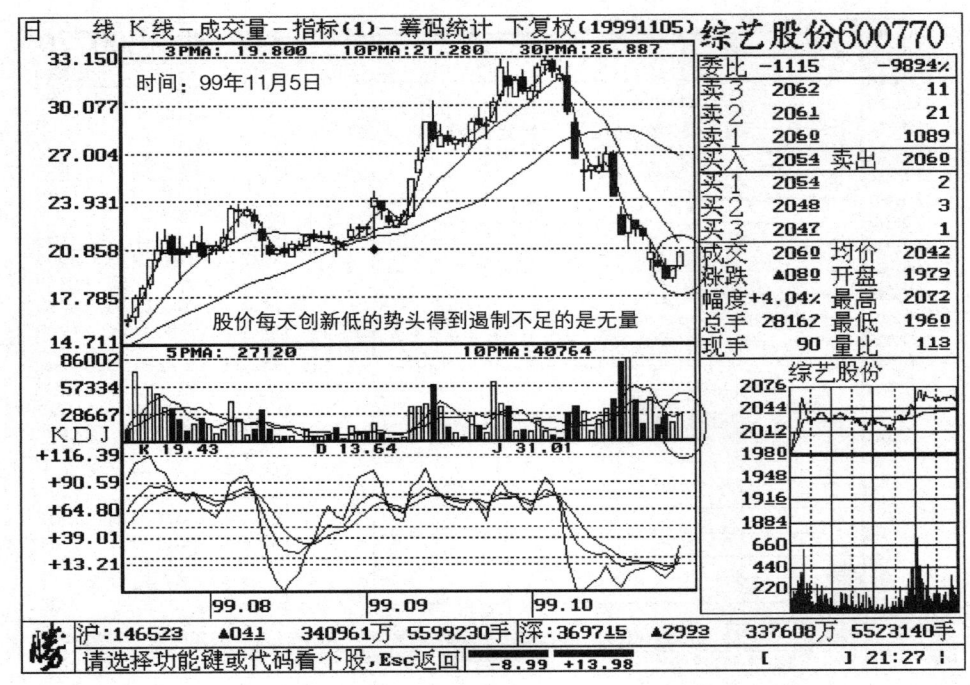

图 7-125

看图精要：仅仅是止跌不是真正的攻击

A．在早盘快速冲高后股价运动趋于平稳。
B．这种上涨是典型的庄家补仓性出击战术。
C．准确区别攻击性放量和补仓性放量是实战的关键。
D．每一次成功都来源于技术功力的必然而非靠运气的偶然。

1999 年 11 月 11 日

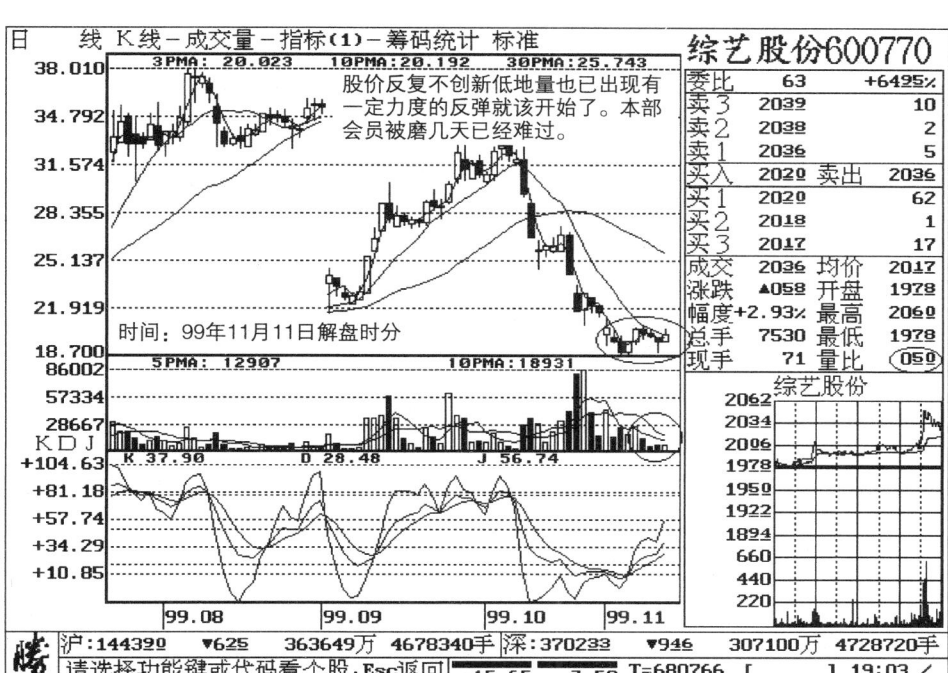

图 7-126

看图精要：短线真正企稳

A. 经过低位的反复震荡后股价终于企稳。

B. 从图形看抛盘几乎为零，股价上涨就有待放量了。

C. 地量见地价的股市格言又将得到很好的印证。

D. 严密关注放量行为的产生，不能让多日辛苦的追踪白费。

1999 年 11 月 18 日

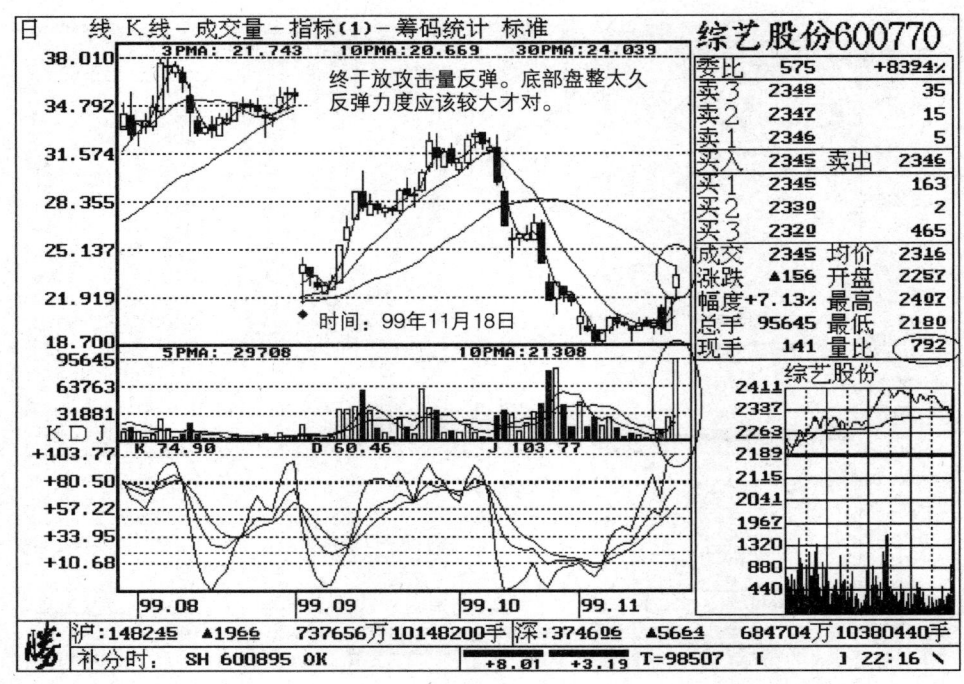

图 7-127

看图精要：巨量终于产生

A. 在经历昨天温和放量的预热后今日大幅放量上攻。

B. 大幅放量说明庄家投入巨资，股价涨说明巨资买进。

C. 深刻地理解市场各大要素的准确含义是基本功。

D. 半仓坚决跟进，另外半仓提防突破后回抽时展开救援。

1999年11月22日盘中

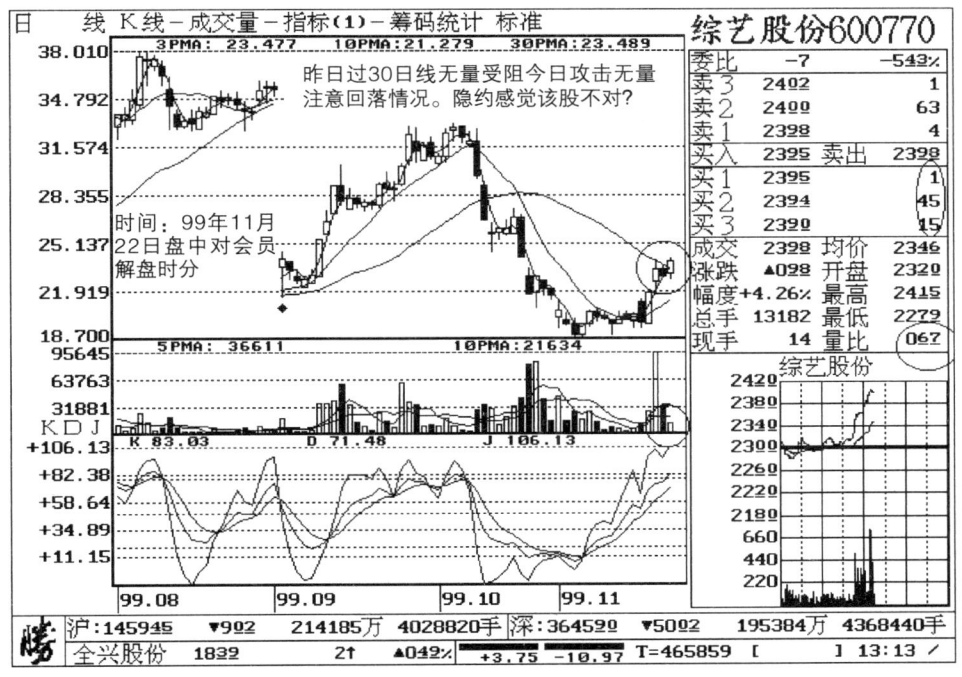

图 7-128

看图精要：轻松过均线

A. 昨天股价在重要技术位置前蓄势，手法老道。

B. 今日股价借势轻松上扬，唯一缺陷是成交量不漂亮。

C. 看来该庄虽然凶狠老道，在国内较为少见，但专业吗？

D. 从没有放量真正突破的情形，股价突破后肯定展开回抽。

1999年11月23日盘中

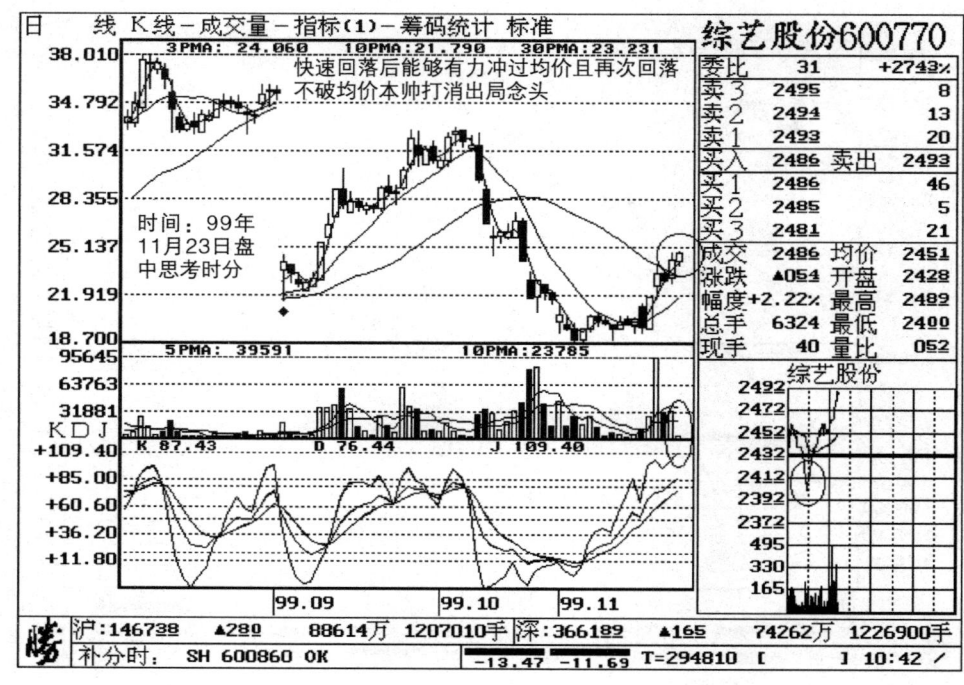

图 7-129

看图精要：继续暴露破绽

A. 开盘后股价小幅震荡，轻松创出盘中新高。

B. 抛盘轻，股价行进才会展翅欲飞。

C. 没有量的攻击说明抛盘轻及没有花实力。

D. 一定要从盘面的要素中透过现象看到后面的本质。

1999 年 11 月 24 日

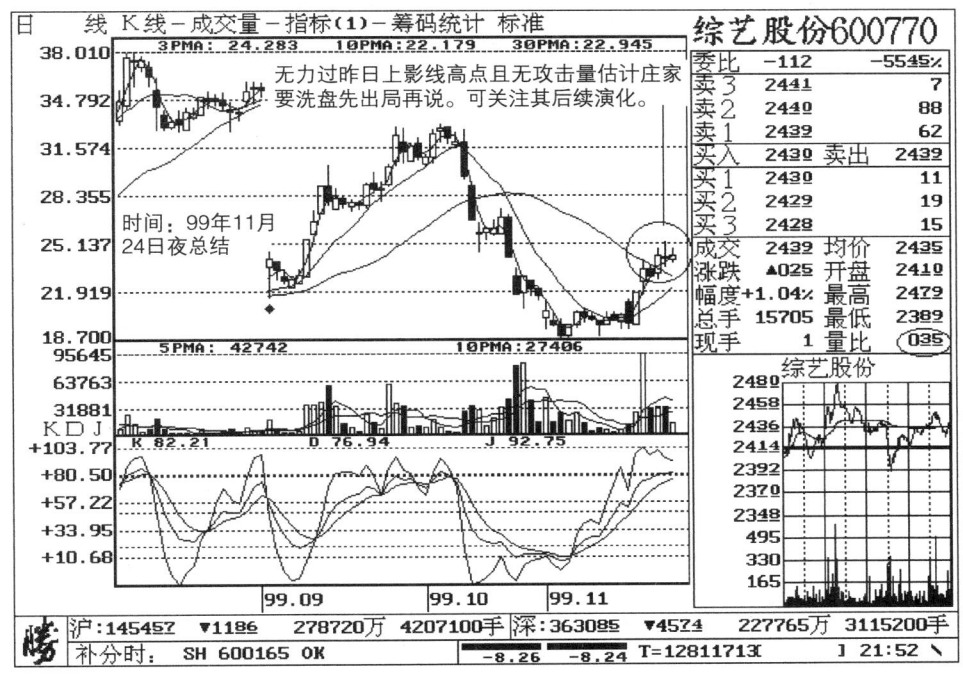

图 7-130

看图精要：小幅震荡

A. 股价在 30 日均线附近反复震荡。

B. 庄家用不提供获利机会的办法消磨参与者的信心。

C. 庄家总是用各种方法来折磨跟风盘的信心和耐性。

D. 时间也是成本，坚持一定的时间，成功就会来报答你的。

1999年12月3日

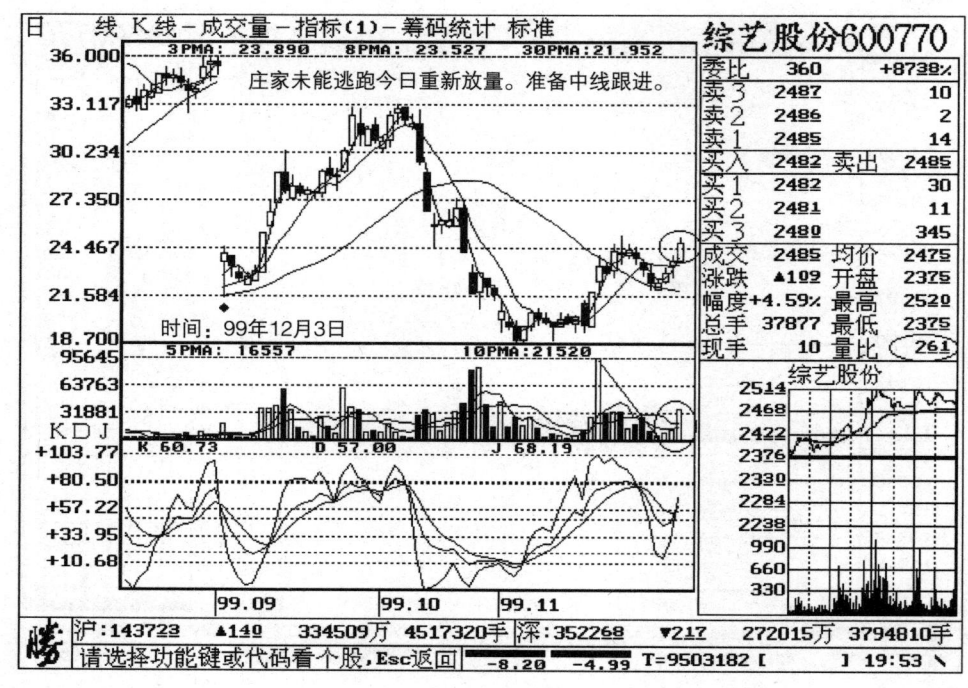

图 7-131

看图精要：回抽成功后放量

A. 庄家用多日沉闷的小幅打压方法将跟风盘扫尽。

B. 量比放大到 2.6 倍且涨幅超过 3% 是典型的短线买点。

C. 技术指标在强势区重新支持股价上涨，配合理想。

D. 救援资金在该价格区域全线进场，已经不需要参与盘整。

1999年12月6日

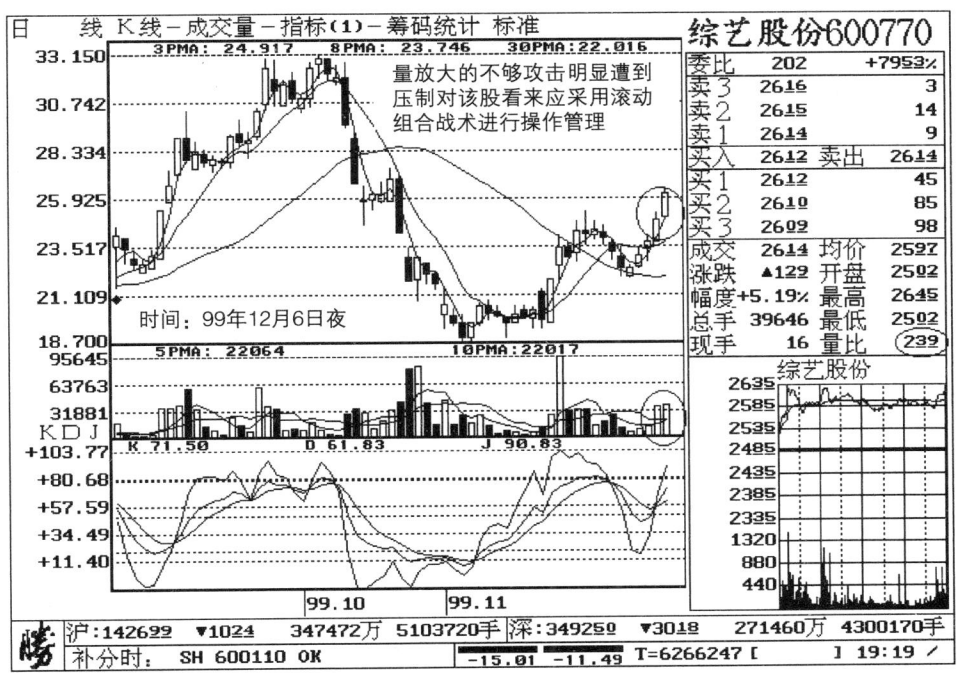

图 7-132

看图精要：组合持仓滚动操作

A. 今日股价在上方明显受阻。

B. 成交量仅仅是温和放大，庄家似乎不愿大力上攻。

C. 反弹 50% 的量度涨幅几乎达到，后续行情有待观察。

D. 从股价攻击结构看，该股回抽 30 日线后应当还有行情。

1999年12月7日

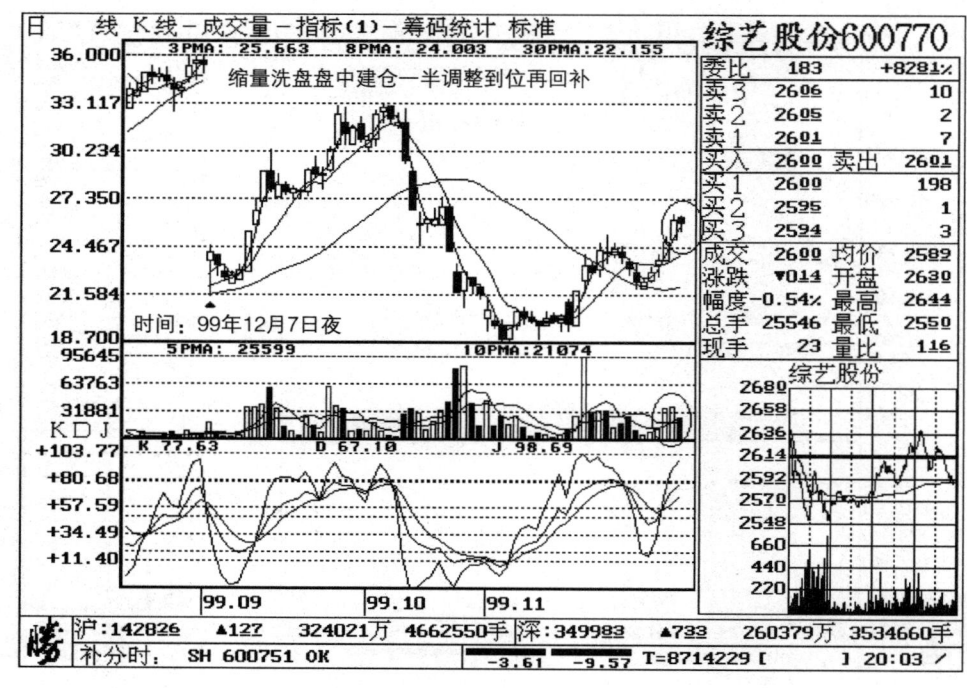

图 7-133

看图精要：震荡洗盘开始

    A. 从今日股价走势看，庄家必然震荡回抽 30 日线。

    B. 如果该股能够成功站稳在 30 日线上，则后续行情可期。

    C. 短线考虑半仓出局，不参与该股的调整洗盘工作。

    D. 目前盘中能赚钱的好股票太多，提高资金利用效率。

第十七条：追涨，追的是已经确定无疑的涨势，绝对不是追高；杀跌，杀的是已经确定无疑的跌势，绝对不是杀低。

第十八条：对市场各大要素及其相互关系的正确理解是快速看盘的关键。利用市场要素的各种排序功能是最好、最快的专业化看盘方法。

六、证券投资的专业化管理

证券投资活动是严格的、专业的、科学的管理过程，而绝对不是简单的、随意的炒作行为。管理活动具有计划、组织、领导和控制四个基本职能。在这些基本职能中，计划是首要职能，这不仅因为计划是管理活动中首先发生的行为，即任何管理活动都首先从计划开始，来确定其目标和行动方案，而且也是由于计划职能完全渗透在其他各种职能之中。在证券投资活动中，管理包括在战略与战术级别上的技术、资金和心态等方面的管理和控制。而计划管理则充分体现在这些要素之中。经与我们合作的几家专业投资机构同意，作者在此把为他们设计的其中几个投资计划书公开，这些计划目前均已运作完毕，仅供广大投资者参考。

该实战计划举要分四部分：

- 短线闪击——凌钢股份
- 波段战斗——襄阳轴承
- 翻倍黑马——凯迪电力
- 熊市英雄——浏阳花炮

只铁计划（2000）第 007——B 号　　　　　　（一级机密）
时间：2000 年 7 月 7 日　　　　　　FOR　会员编号：CZZQ

总则：捕捉确定而绝对不是模棱两可的获利战机。出手一定要赢！

短线坚决出击

凌钢股份——"狙击最凶黑马"

1. 投资项目

参战战场：上海证券交易所　　　投资品种：600231 凌钢股份
投入兵力：50 万股　　　　　　　预计投资回报：10% → 50 万元
投资风险：3% → 15 万元　　　　 投资期限：7 月 8 日开始最多 5 天

2. 参与理由

业绩优良，具备下跌空间极小而上涨空间巨大的潜力。

1. 上市至今都未被大规模炒作，业绩优良、盘子适中。
2. 从技术的角度看该股上市至今未产生过真正的行进。
3. 目前该股上升趋势已经形成，产生攻击行进的条件已经具备。
4. 无论庄家或跟风盘都从未在该股上获取过巨大的利润，且市场成本非常一致。
5. 用只铁《炒新股不败》可以判定该股上市当日就有强庄进场收集，今日换手超过 20%，超级强庄运作迹象非常明显。

3. 投资策略：（资金分两批进场）

集中计划资金、全神贯注利用庄家盘中震仓坚决进场建仓。实战强调操作速度果断。

4. 操作要求

资金使用原则：分两批进场，按设定信号果断出局。坚持操作原则。具体实施时必须要求技术要件全部苛刻地符合要求。

5. 实战保护

第一，临盘尽量捕捉技术低点进场并保持半仓。

第二，留一半资金加仓。第三，非计划内的事情整死不做。

6. 投资回报：（该股的理论空间可能为20元、分三段运行）

投入资金500万元　　　　　　赢利＝50万元

最大亏损＝15万元　　　　　　动用资金赢利率＝50/500＝10%

投入资金赢利率＝50/500＝10%　　赢亏比率＝50/15＝3∶1

投资风险率＝15/50＝30%

关键在于风险控制技术的专业化运用

自古以来：征服别人容易、征服自己困难。——"多情剑客无情剑"小李飞刀

7. 战况总结：详细总结不够完备的地方。

目标股图谱

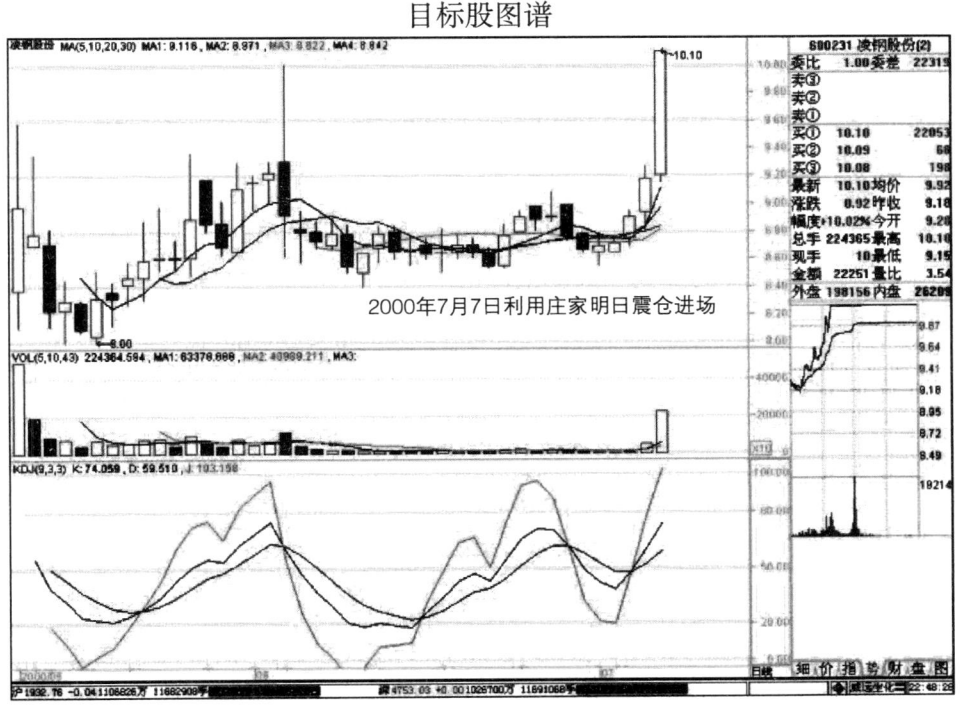

图 7-134

战术布局：短线布局——以出击的果断和操作速度取胜

1. 建仓区域

首仓：10.00元～10.50元；二仓：10.80元附近

① 第一仓：20万股。在其高开冲高回落建仓，在10.20元到10.50元之间布局。

② 第二仓：进场方式，股价企稳后在即时图表C.浪尾进场，价位在10.80元左右加仓30万股。

2. 进出依据

① 只铁多周期浪形判定及空间量度系统；

② 只铁分时技术之图表系统、指标系统；

③ 江恩百分比支撑、阻力价格带运用。

3. 总仓位控制：50万股

4. 出场区域：14元附近、实战以信号为准

① 第一条件：浪形完毕；

② 第二条件：多卖出信号出现；

③ 只铁交易机器人出场信号为准。

备注：选股精细依据、股价可能行进路线规划略。

相关周期图谱比照

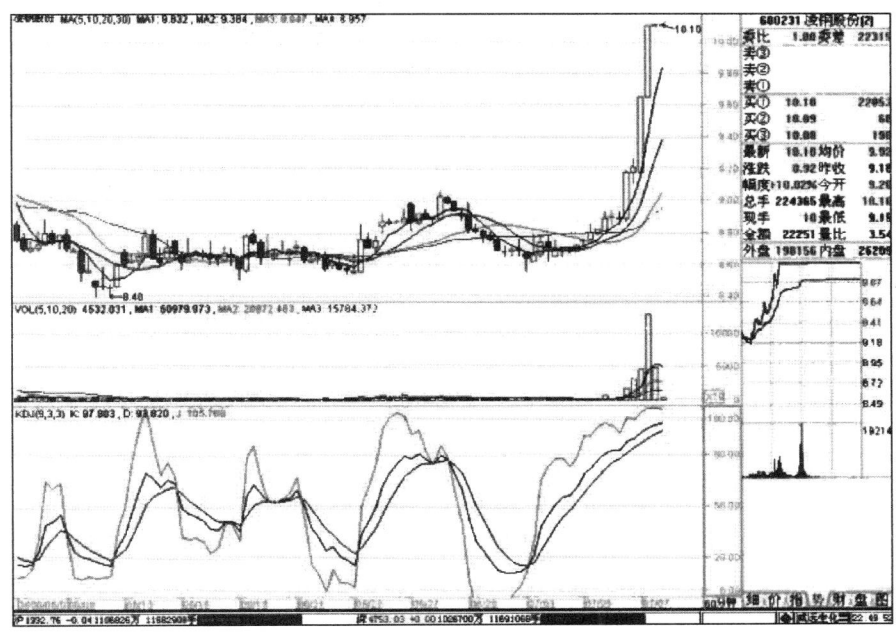

图 7-135

下图:选股天王实战捕捉成功率 89%

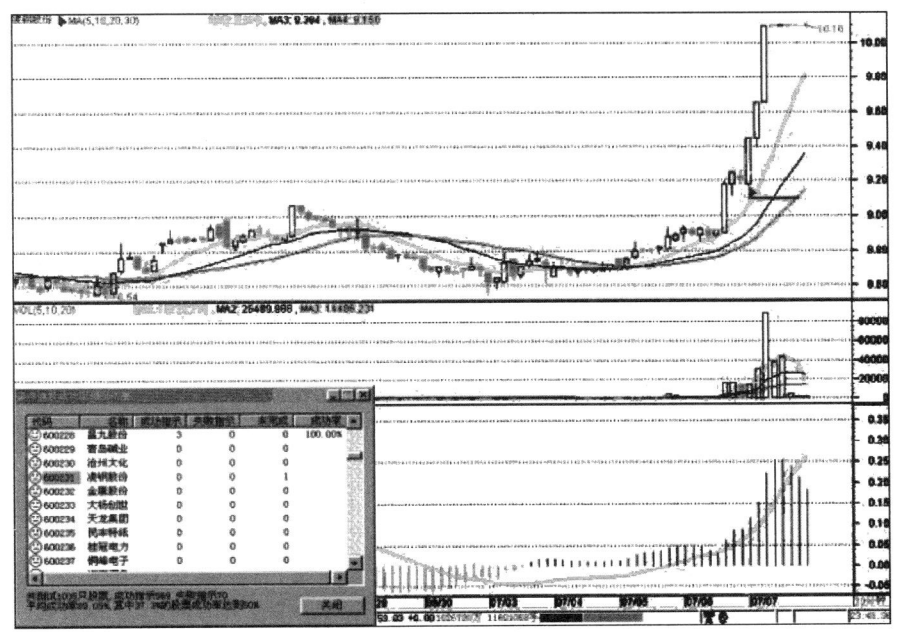

图 7-136

只铁交易机器人战况总结

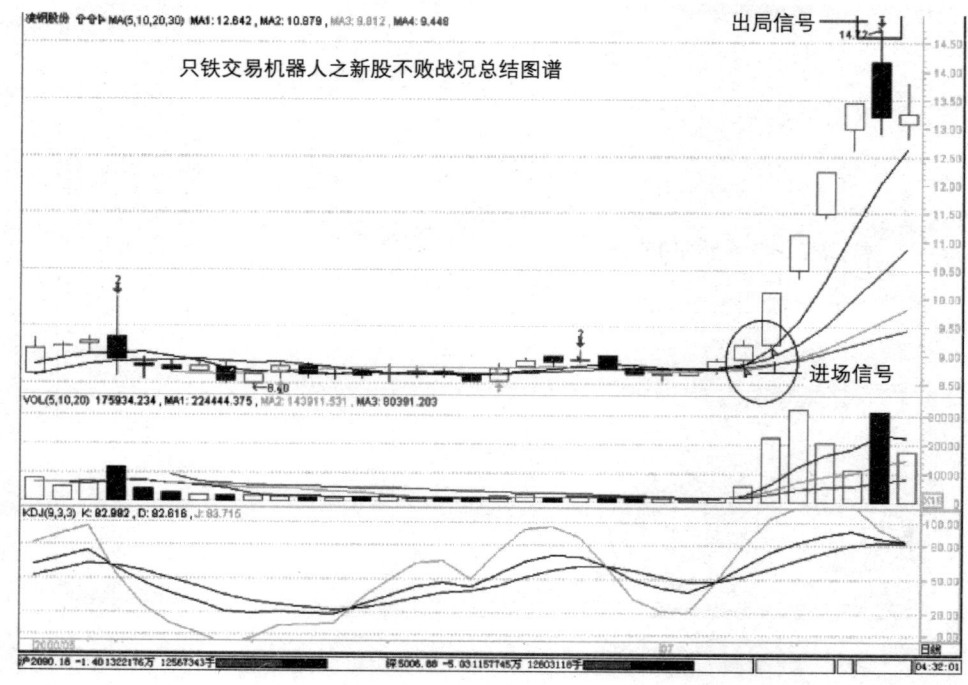

图 7-137

只铁计划（2000）第 006——D 号　　　　　　　　一级机密
时间：2000 年 6 月 19 日　　　　　　　　　　　FOR 会员编号 029：TJGT

总则：捕捉确定而绝对不是模棱两可的获利战机。出手一定要赢！

股票投资计划书

襄阳轴承——"小资金逢低参与中线安全的股票"

1. 投资项目：逢低参与庄家控盘之中的品种——襄阳轴承

参战战场：深圳证券交易所　　　投资品种：0678 襄阳轴承
投入兵力：1000 万元　　　　　　预计投资回报：30% → 300 万元
投资风险：2% → 20 万元　　　　投资期限：6 月 19 日开始，预计 90 天

2. 参与理由：具备中线波段基础之目标股群

1．彻底走出熊市，作空动能已经完全释放。
2．近期资金流向的热点已经朝历史大底部扎实的股群运动。
3．从技术的角度看多周期图表形态已经构筑完美，中线上涨成为主旋律。

3. 投资策略：单一持仓、滚动复合型运作

单一品种持仓。进场就展开完备的资金保护措施。临盘将主要精力放在目标品种主力之控盘、操盘细节之上。

集中火力于精心选中的目标，专业化操作、专业化管理，确保投入资金利润的最大化。每战必胜，深刻体现稳健的投资大家风范。

4. 资金管理和利润

资金使用原则：复合建仓，确保 70% 的头寸处于安全无暴露的稳定持仓状态，用 30% 的资金进行滚动操作。坚持操作原则。具体实施进行盘中点对点指导。

5. 风险控制和保护

中线安全是短线进场买进的前提。每次买进后不得出现 8% 的亏损。连续三次都失败就无条件退出。每次最大亏损不得超过 20 万元。

6. 投资回报：该股的理论空间 18 元，分三段运行

投入资金＝1000 万元　　　赢利＝300 万元　　　最大亏损＝20 万元

动用资金赢利率＝300/1000＝30%　　投入资金赢利率＝300/1000＝30%

赢亏比率＝300/20＝15：1　　　　　投资风险率＝20/300＝7%

关键在于风险控制技术的专业化运用

自古以来：征服别人容易、征服自己困难——"多情剑客无情剑"小李飞刀

7. 战况总结：详细总结不够完备的地方

目标股中线图谱标记

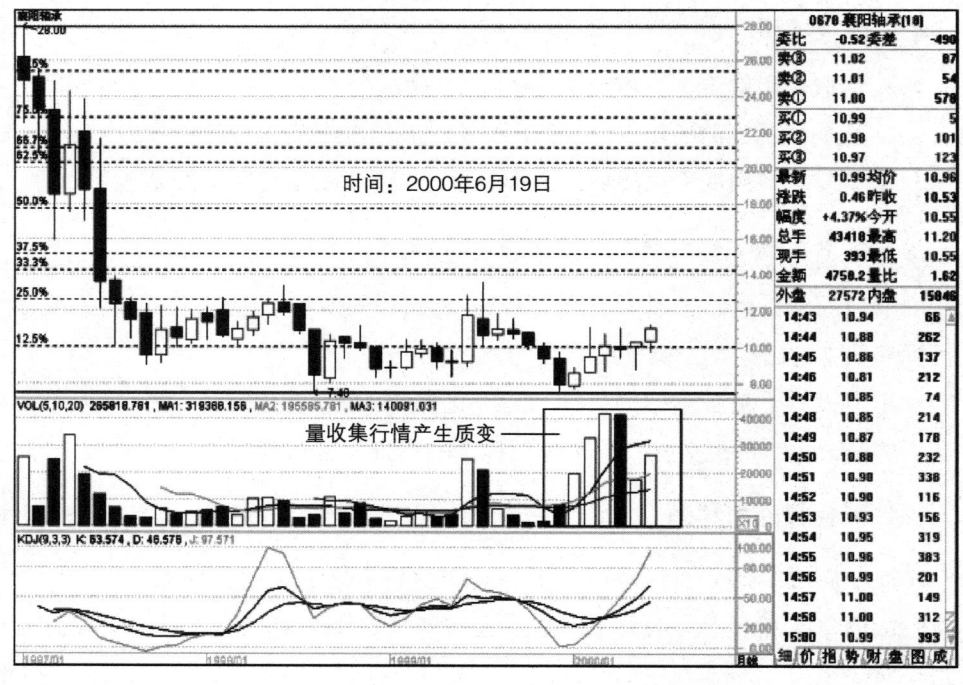

图 7-138

战术布局：中线布局、短线回避冲高杀低

1. **建仓区域**：在 9.80 元～10.60 元之间

① 第一仓位：11.00 元左右建仓 5 万股。（周一盘中追涨进场价稍高，明、后日加仓到 20 万股）

② 第二仓位：10.60 元左右建仓 30 万股。（实战必须观察大盘背景和目标股只之技术要件）

③ 第三仓位：9.80 元左右建仓 40 万股。（如果目标不满足第二条件则放弃该品种的参与）

2. **进出依据**：临盘操作细节进行点对点指导

① 只铁交易机器人黑马买进信号；
② 只铁分时技术之图表系统、指标系统；
③ 只铁多周期浪形判定及空间量度系统；
④ 江恩百分比支撑、阻力价格带运用；
⑤ 只铁智能交易机器人波段出局系统复合操作。

3. **总仓位控制**：60～80 万股、其他作为滚动持仓。

4. **出场区域**：预计 14.80 元或 18.0 元附近，实战以信号为准。

备注：选股精细依据、股价可能行进路线规划略。

目标股票相关周期图谱比照

该股可能回调的各级目标

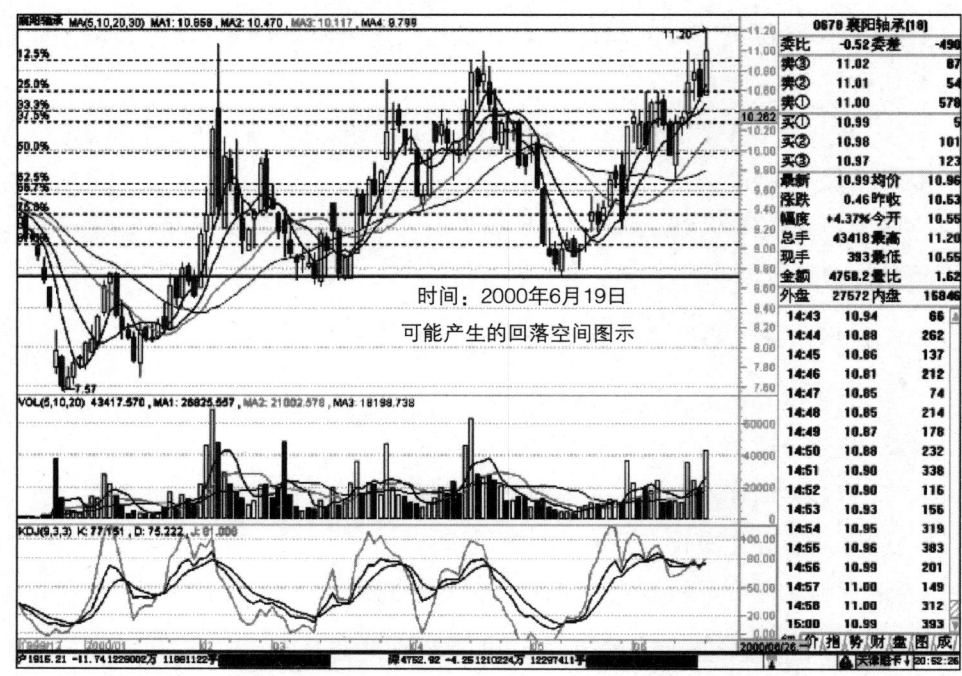

图 7-139

特别说明：

1. 从周期技术图表看该股目前运行于第3浪之中。

2. 周一盘中随机参与是极为严重的错误，对专业选手是大忌，必须采用补救措施进行改正。

3. 该股中线是否彻底爆发必须看该波回落后的情况。目前已经产生的量价要素从理论上使该股具备了产生大行情的条件，中线上涨将成为该股后续运行的主旋律。但是，光有这一点是不够的，我们必须要能够把握它行进的速度和总攻击爆发的精确时间。

4. 周二必须处理周一买进的仓位。短线一旦冲高无力必须果断出场，以回避短线股价可能回落的风险。我们必须将实战操作做到最好。

只铁智能交易机器人信号实录

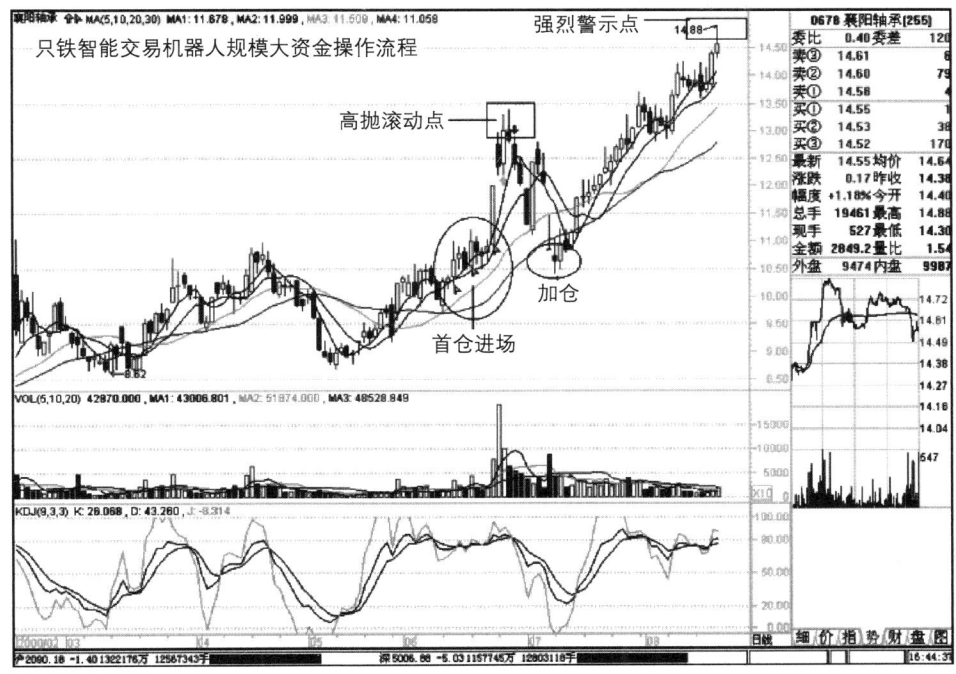

图 7-140

只铁计划（99）第003——C号　　　　　　　　　一级机密
时间：1999年9月30日　　　　　　　　　FOR　会员编号：AAA08

总则：捕捉确定而绝对不是模棱两可的获利战机。出手一定要赢！

中线投资计划书

—— "先胜而后求战"

1. 投资项目：新股板块之凯迪电力

参战市场：深圳证券交易所　　　　投资品种：0939 凯迪电力
投入兵力：250 万元　　　　　　　预计投资回报：80%→200 万元
投资风险：10%→25 万元　　　　　投资期限：预计3个月

2. 投资策略

主要精力放在捕捉热点，跟踪主力之控盘、操盘细节之上。集中火力于精心选中的目标，专业化操作，大获全胜。不动则已，动则惊人。大家风范，大师手笔。

3. 资金投入管理和利润

资金复合使用原则：分批建仓，确保70%的头寸处于安全无暴露的稳定持仓状态，用30%的资金进行滚动操作。70%的资金分3批进场。始终要保持30%的流动资金机动，便于T+0波段减仓滚动战术展开，以应付轮炒。坚持原则，严格止损。具体进行点对点指导。

4. 风险控制

每次操作必须准确出击，提高操作质量。每次不得出现8%的亏损。连续三次失败无条件退出。每次最大亏损不能超过15万元。要求:稳、准、狠;耐心、细心、决心、狠心。

5. 投资回报

投入资金＝250万元　　　赢利＝200万元　　　最大亏损＝25万元

动用资金赢利率＝200/250=80%　　　投入资金赢利率＝200/250=80%

赢亏比率＝200/25=8：1　　　投资风险率＝25/250=10%

6. 战况总结

操作要求——在于操作的质量而不在操作的数量。

理论依据：独一无二的只铁绝密战法《炒新股不败》

关键在于风险控制技术的专业化运用

自古以来：破山中之贼易、破心中之贼难。——王阳明

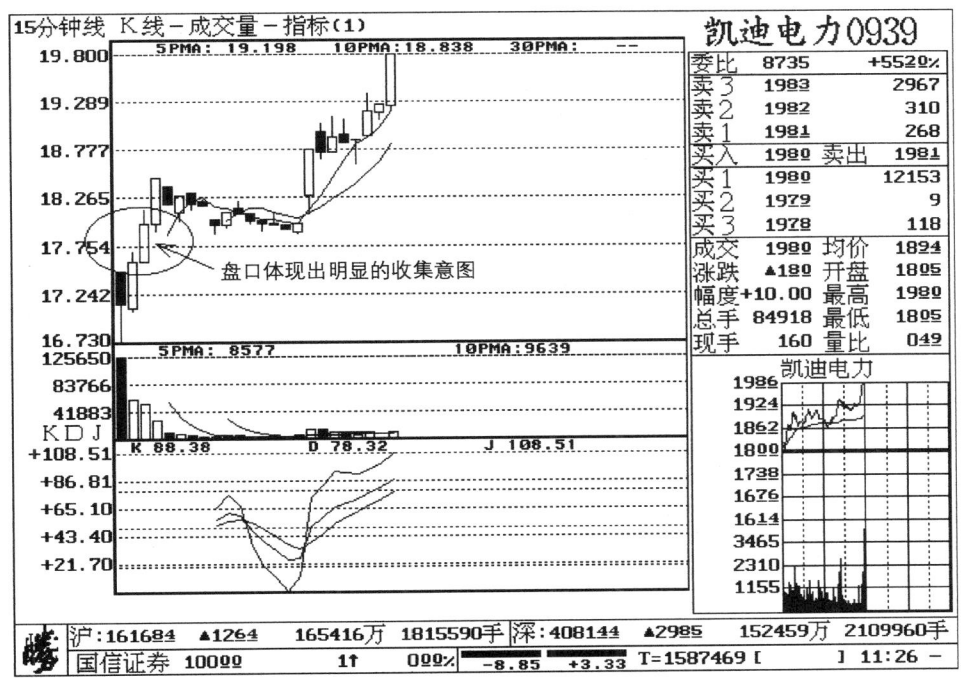

图 7-141

目标股实战图谱

战术布局：中线布局、滚动持仓

1. 建仓区域

股价突破 18.10 元是该股产生短线爆发行情的前提条件。明日严密关注，只要股价能够在 18.10 元站稳，建仓动作必须坚决展开。

2. 进出依据

① 只铁《炒新股不败》买进信号；
② 只铁多周期浪形判定及空间量度系统；
③ 江恩百分比支撑、阻力价格带运用。

3. 仓位控制

70% 的资金中线锁仓，30% 的资金滚动操作。

4. 出场区域

预计出场区域 32 元附近，实战以只铁技术系统之卖出信号为出局的最后依据。预计目标区域仅仅只能作为预警参考，不能作为操作依据，这是专业投资必须掌握的常识。

该股今日开盘后即急吼吼地冲高，盘中即时波动形态走出了经典的攻击图形。专业的最佳买点在突破图中圆圈时出现。坚决进场！我们坚信《炒新股不败》和专业资金管理艺术将创造一个又一个股市奇迹。

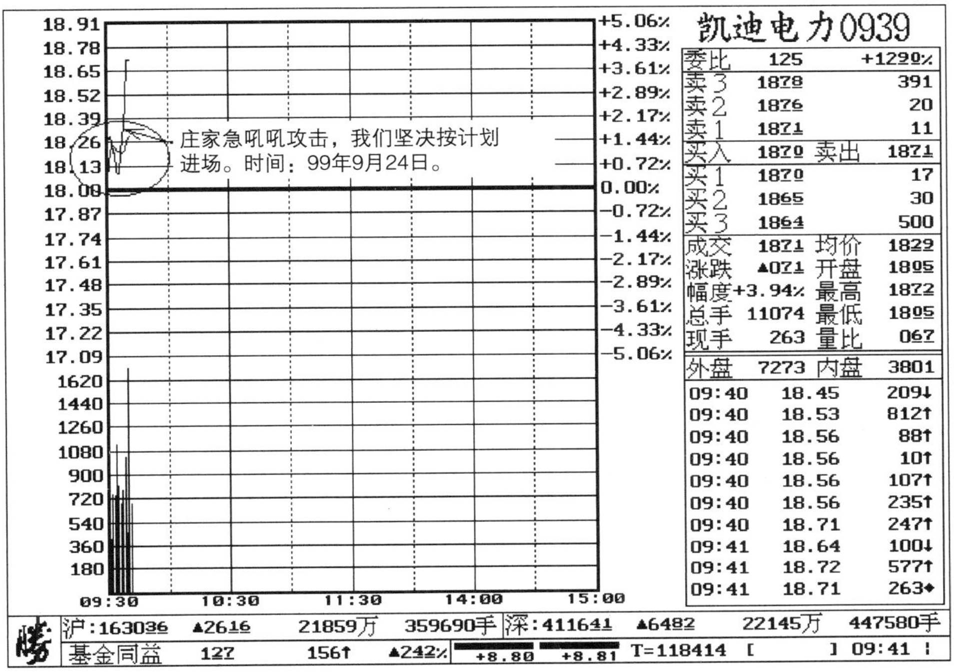

目标股票实战操作图谱实录

庄家急吼吼攻击，我们坚决按计划进场。时间：99年9月24日。

图 7-142

只铁计划（2001）第026——D号　　　　　　一级机密
时间：2001年10月9日　　　　　　FOR　会员编号：038 BJKJ

总则：捕捉确定而绝对不是模棱两可的获利战机。出手一定要赢！

中线坚决出击

浏阳花炮——"狙击中线黑马"

1. 投资项目：新股板块之浏阳花炮

参战战场：上海证券交易所　　　投资品种：600599 浏阳花炮
投入兵力：500万元　　　　　　预计投资回报：40% → 200万元
投资风险：10% → 50万元　　　　投资期限：预计6个月左右

2. 参与理由

①该股于本轮暴跌行情之中上市，相对于其2200万股的袖珍流通盘，市场定价不算高。

②上市首日换手率达77%，明显有实力机构进场抢筹。主力在管理层彻查市场违规资金的严峻背景下，敢于大规模建仓，说明其资金来源安全，且在8月底开始入场，估计不会受年底结账的影响。主力的资金安全为我们的投资安全提供了一层保障。

③上市一个多月，换手率已经超过200%。其走势不理会近期大盘的暴跌，强势上行，量价关系配合良好，呈现出明显的涨时放量、跌时缩量的主力控盘特征。

④技术形态完美。日线图表涨跌有致，走势优美，均线多头排列，KDJ指标强势区运行，股价两次创出上市后的新高，且创新高的成交量不大，进一步显示控盘特征。周线图均线多头排列，KDJ中位上行流畅，K线组合呈现多头攻击态势。月线图中KDJ在80左右平缓上行，3根K线逐级盘上。

⑤综上所述，该股中期走势预计将选择逐步上行，或者选择强势横盘，

等待大盘彻底转好后反动攻击。

3. 投资策略

单一品种持仓，复合建仓。耐心选择和等待短线安全区域进场，并从一进场就展开完备的资金保护措施。滚动操作，不断降低持仓成本以提高总体仓位的安全性。全过程中的操作手法要求尽可能做到细腻,符合短线技术要求。

4. 资金管理

首批建仓动用资金20%，在波动底部位置分两次加仓，第一次20%，第二次30%，30%的资金用于滚动操作。

5. 风险控制和实战保护

每次买入后的亏损不得超过8%，连续3次失败无条件退出。总体亏损超过10%亦出局。

6. 投资回报：该股预计上涨位置为40元

投入资金＝500万元　　　获利＝200万元　　　最大亏损＝50万元

投入资金赢利率＝40%　　投入资金风险率＝10%　赢亏比率＝4∶1

关键在于风险控制技术的专业化运用

自古以来：破山中之贼易、破心中之贼难。——王阳明

7. 战况总结

每次交易后详细总结操作过程中成功点和问题点。

目标股图谱

图 7-143

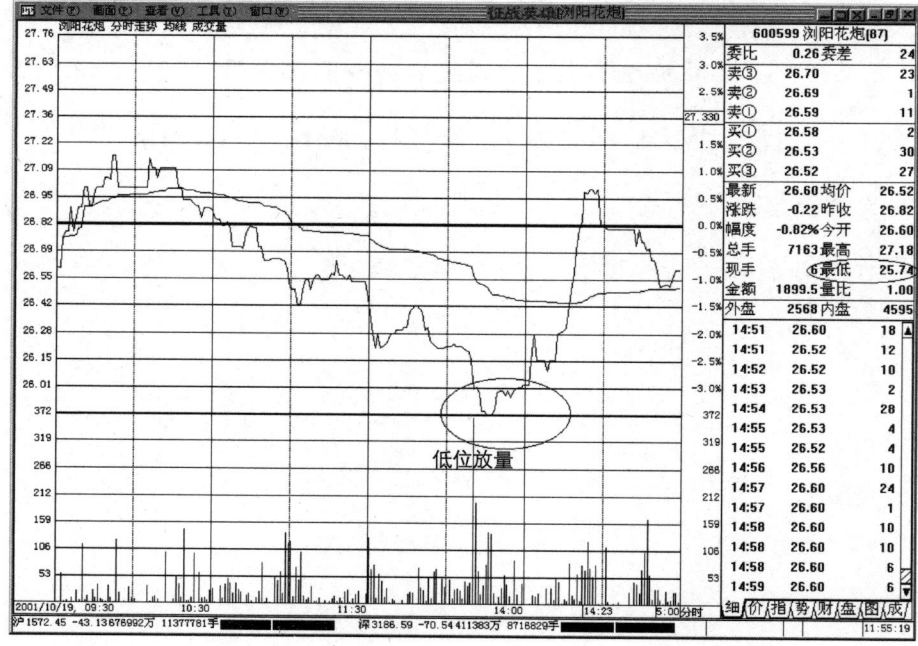

图 7-144

战术布局：采用波段布局方式，短线回避追涨杀跌。

1. **建仓区域**：27.50 元～28.50 元之间

① 第一仓位：从分时图、日、周、月图表分析，估计该股会有短线回调，趁回调之际，在 27.50 左右先建仓 2 万股，而后逐步加仓至 3.5 万股。

② 第二仓位：27.30 元左右建仓 3.5 万股。（实战要求视大盘环境和该个股具体技术走势执行）

③ 第三仓位：在 26.60 元左右建仓 5 万股。（实战视大盘环境和该个股具体技术走势执行）

2. **进出依据**

① 只铁多周期浪形判定及空间量度系统；
② 只铁分时技术之图表系统、指标系统；
③ 江恩百分比支撑、阻力价格带运用。

3. **总仓位控制**：10～12 万股，其余作滚动持仓。

4. **出场区域**

预计在 40～50 元附近，实战以各技术系统指标为准。
① 第一条件：浪形完毕；
② 第二条件：多卖出信号出现；
③ 只铁交易机器人出场信号为准。

备注：选股精细依据、股价可能行进路线规划略。

相关周期图谱比照

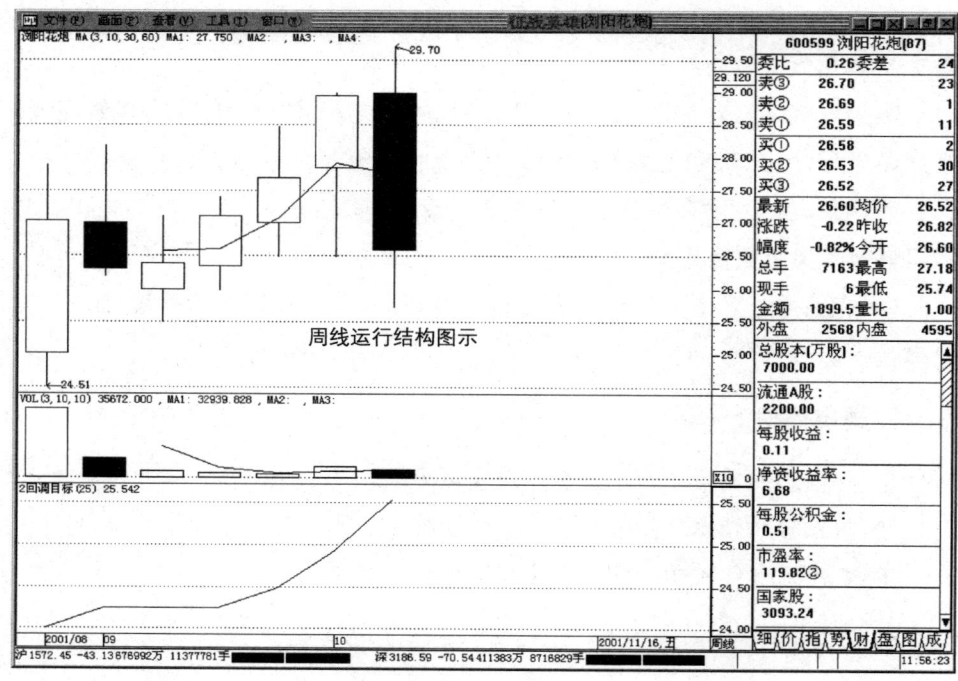

图 7-145

七、本年度十大黑马成功捕捉战例介绍

国内外实战操盘界的精英之士都深深地懂得交易软件系统与交易分析系统有着根本的区别。交易软件系统是实战操盘家的秘密武器。用交易软件系统代替人工分析操作系统是投资管理工具演变的最终趋势。同时也代表着未来世界投资操盘界崭新的主要发展方向。交易软件系统在如下几方面体现出不可替代的突出优势：

科学性

所有选择和操作均通过科学的统计检测。总体成功率有绝对的胜算，且能在多变的市场中保持极为重要的业绩稳定性。

客观性

所有选择与操作均由电脑来完成，绝对不会受人类心理和情绪弱点的干扰。人性贪婪与恐惧的致命弱点将被最有效地克服。

高效性

电脑能在几秒钟之内从上千只股票中快速筛选出满足实战操作条件、且最具操作价值，即利润潜力大并且安全度高的目标股，其筛选速度和全面性远远优胜于普通人。

规范化操作的灵魂

智能交易机器人是科学管理投资规范化操作的关键。它能确保一切实战操作的展开，具有最大的稳定性和科学性。

目前国内外的实战操盘选股软件是以20天获利10%的成功率作为通行标准的。如果成功概率大于50%，则该软件就有存在和进一步开发的价值。成功率达到80%，而又能够保证足够的操作信号发生，这样的选股软件已处于领先水平。成功率90%以上就更罕见了。

下面实战图例是作者在2000年用短线英雄选股软件常规战法A.进行的捕捉。

战例之一

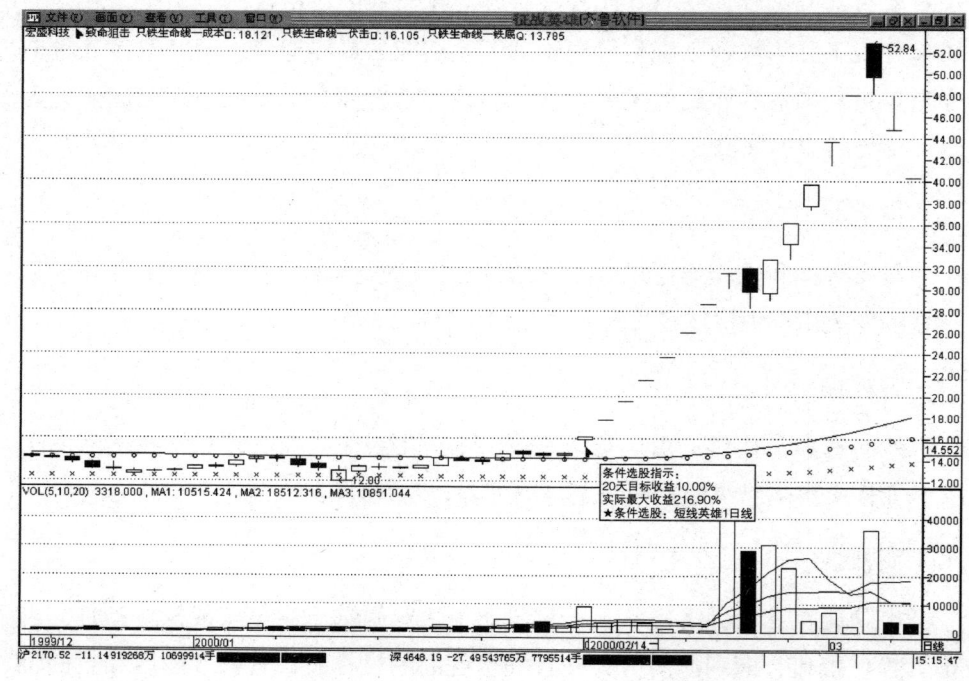

图 7-146

600817 宏盛科技即改名前的良华实业,从 2000 年 2 月 14 日发出买进信号到 2000 年 3 月 3 日,涨幅达 280%,股价上涨近 3 倍。

战例之二

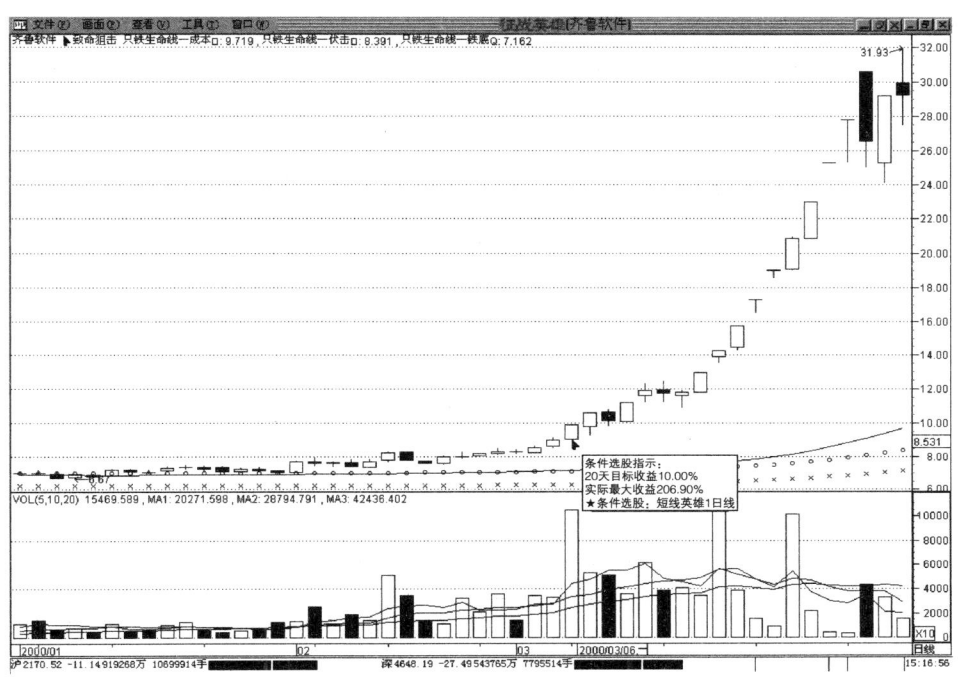

图 7-147

600756 浪潮软件即改名前的泰山旅游,从 2000 年 3 月 6 日发出买进信号到 2000 年 3 月 30 日,涨幅达到 249%,股价接近翻了 2 倍半。

战例之三

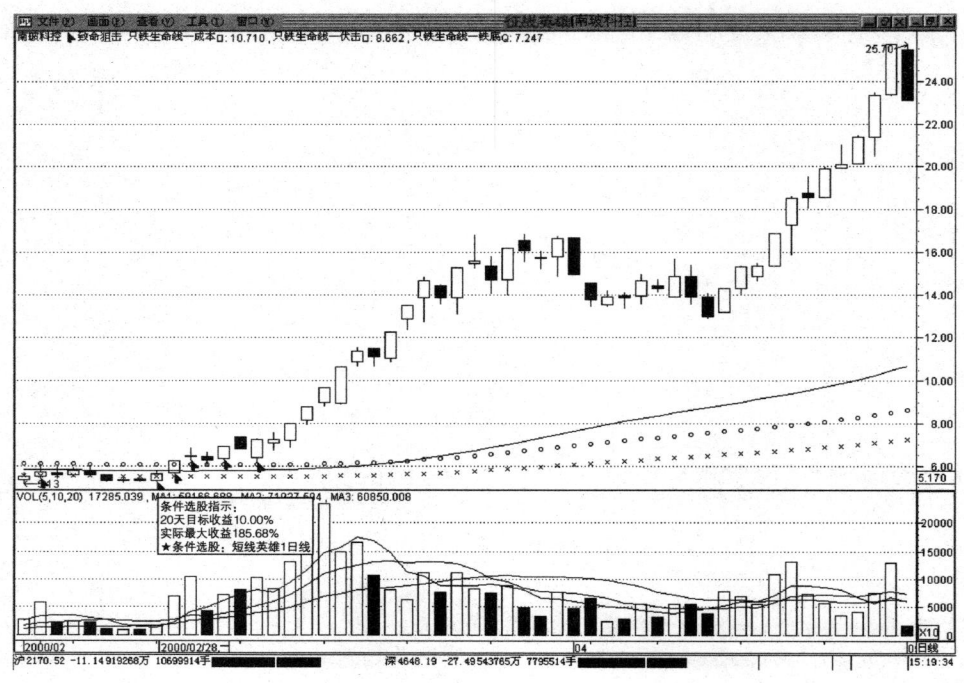

图 7-148

000012 南玻科控即改名前的深南玻，从 2000 年 2 月 14 日发出买进信号到 2000 年 9 月 11 日，涨幅高达 448%，股价接近翻了 4 倍半。庄家目前处于无法出局的极度痛苦之中。该庄与下图的泰山石油一样属于典型的游击庄。

乱云飞渡

仍从容！

战例之四

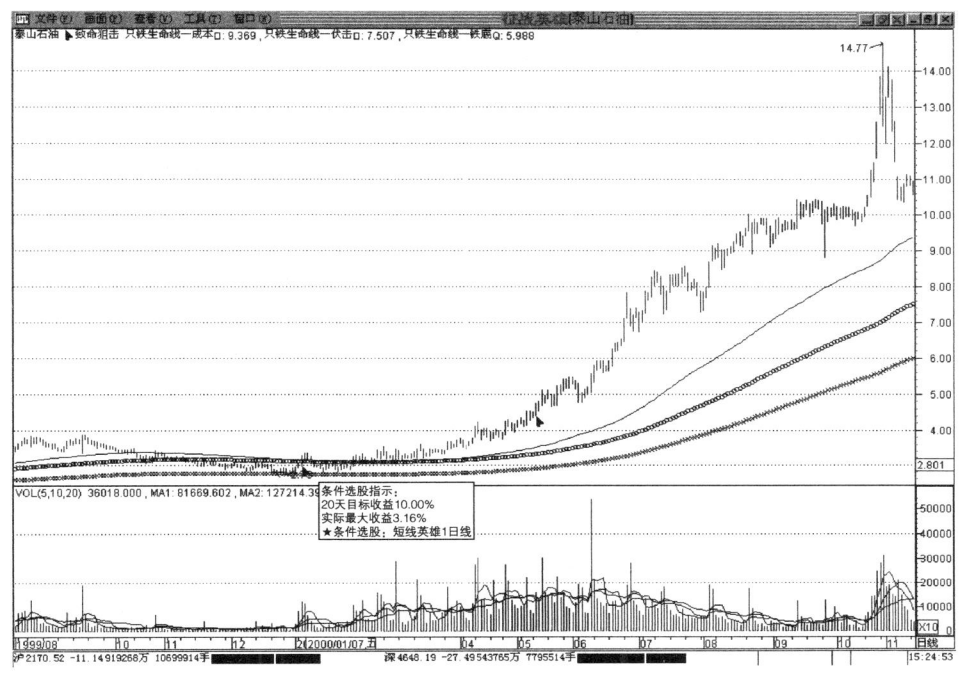

图 7-149

000554 泰山石油，从 2000 年 1 月 7 日发出买进信号到 2000 年 8 月 22 日，涨幅达 216%，股价翻了 2 倍多。该庄家目前同样处于无法出局的极度痛苦之中。这种庄家错误地理解了坐庄行为的精髓，荒唐地将自己控制、操纵股价的能力简单地等同于获利的能力，犯下大资金投资的致命错误。

天之道，

不争而善胜！

战例之五

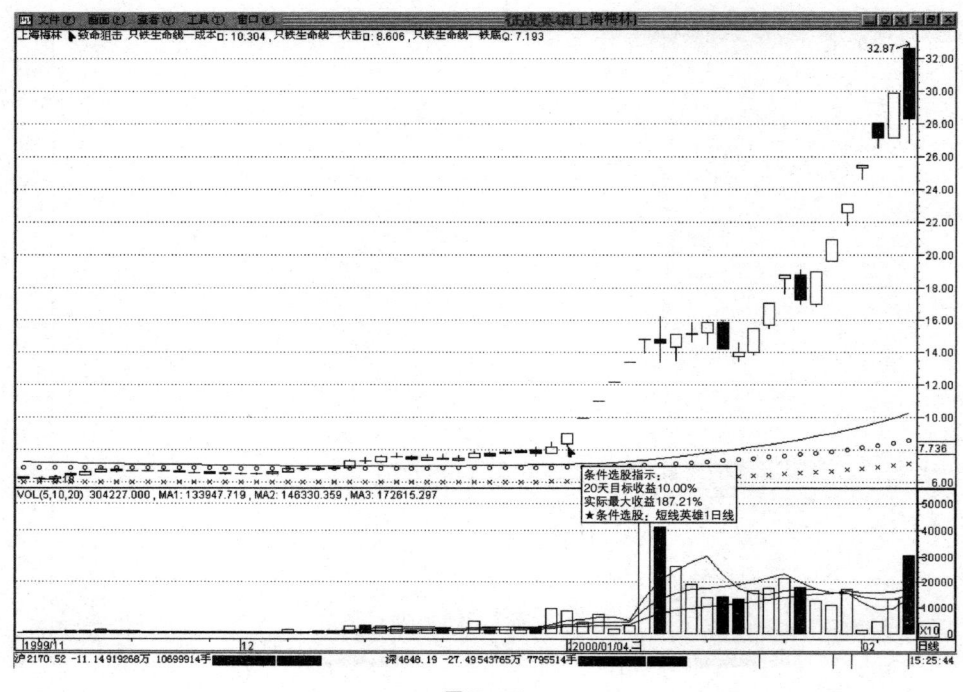

图 7-150

600073 上海梅林，从 2000 年 1 月 4 日发出买进信号到 2000 年 2 月 17 日，涨幅达到 296%，股价接近翻了 3 倍。

"牛市有三只脚"，

找底不急，逃顶要快！

战例之六

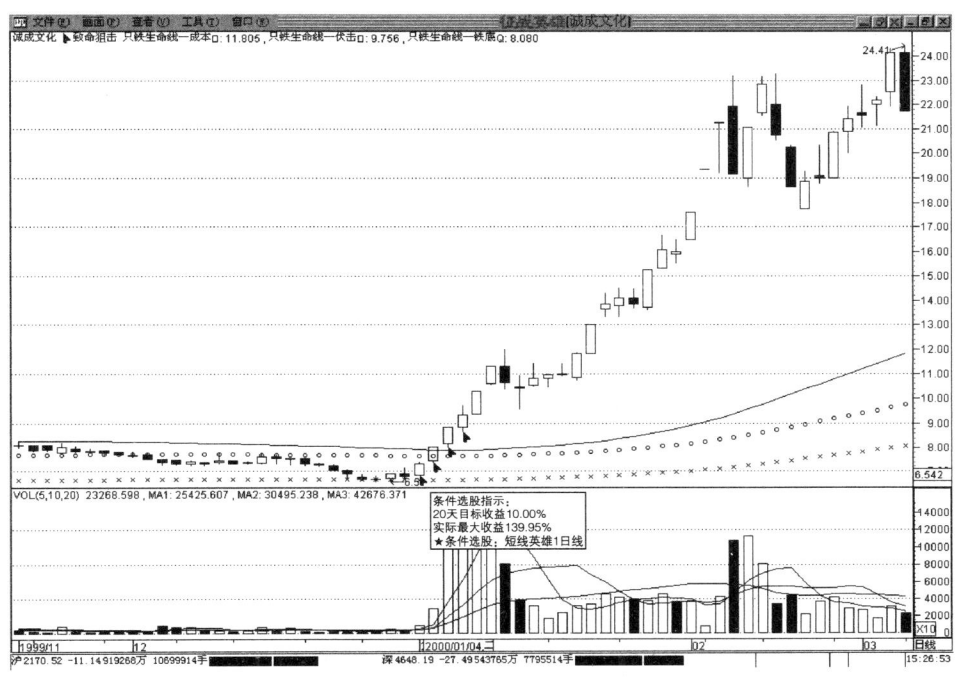

图 7-151

600681 诚成文化，从 2000 年 1 月 4 日发出买进信号到 2000 年 3 月 6 日，涨幅达到 254%，股价翻了 2 倍半。

找回坚强的心灵意志
比找回亏损失去的金钱重要得多。

战例之七

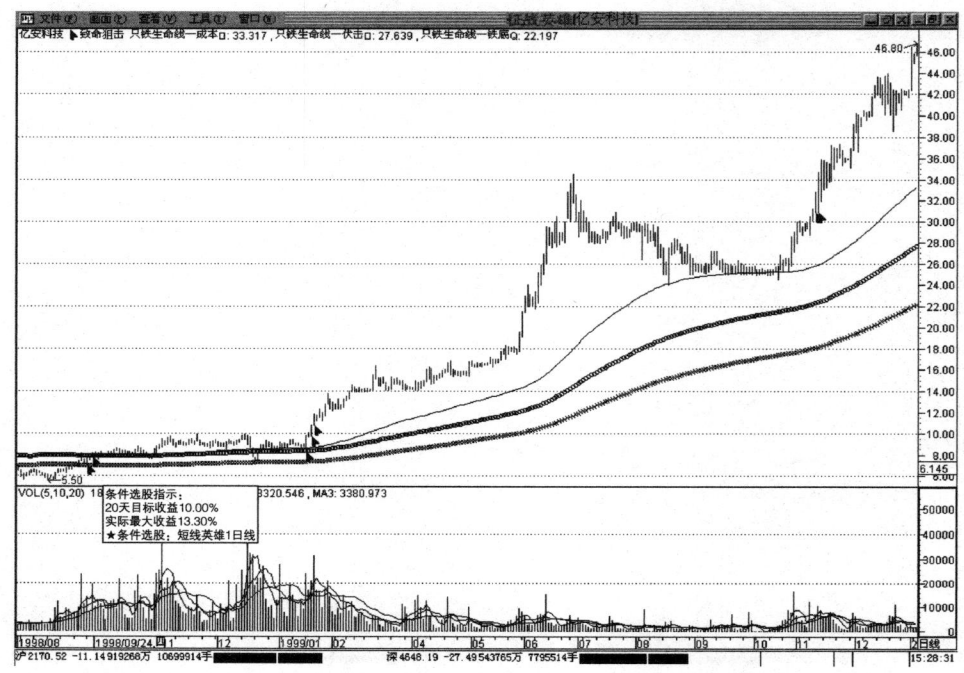

图 7-152

0008 亿安科技,从 1998 年 9 月 4 日发出买进信号到 2000 年 2 月 17 日,涨幅达 1702%,创造了中国股市新神话。该庄家目前痛苦万状,从 126 元暴跌到接近 50 元仍然无法出局。千万不要迷信所谓长庄的谎言,长庄就是笨庄。这些庄家都应该好好地向"5.19"东方明珠这样的庄家学习。新疆德隆模式是一种失败。(备注:2000 年的这个预言 2004 年兑现)

真传一句话!

战例之八

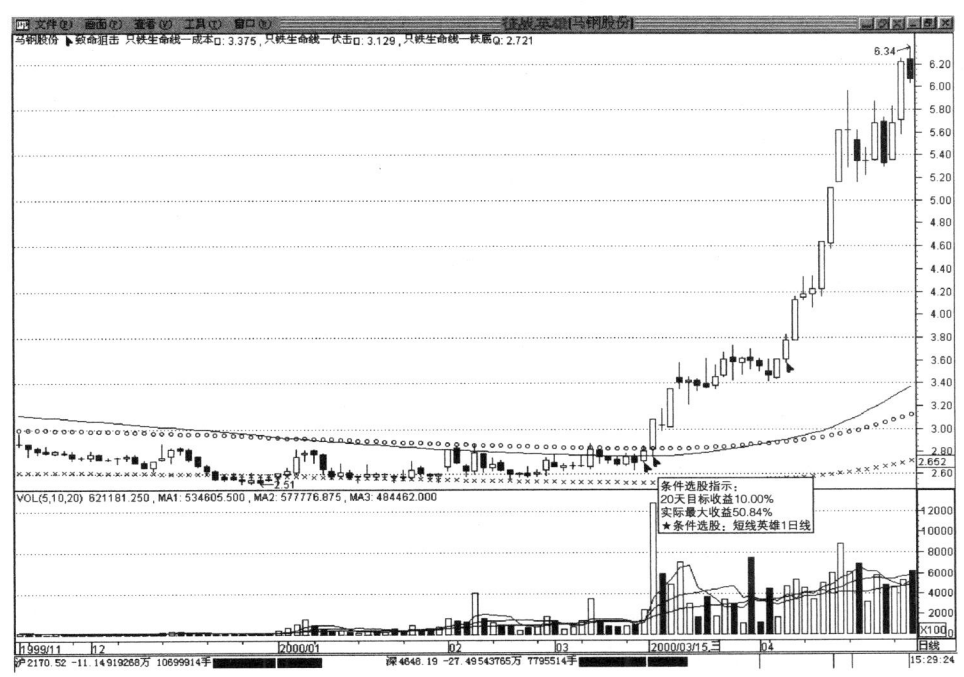

图 7-153

600808 马钢股份，从 2000 年 3 月 15 日发出买进信号到 2000 年 4 月 26 日，涨幅达到 130%，利润可观。

战例之九

图 7-154

600102 莱钢股份，从 2000 年 5 月 23 日发出买进信号到 2000 年 8 月 29 日，涨幅达到 161%，凶悍的东北庄家将自己做成了明庄，还有谁来接盘。资金不是万能，等待该庄的同样是孤独和痛苦。昔日高明的君安已经不在，但其技术功力值得学习。

拥抱是个体力活儿！

战例之十

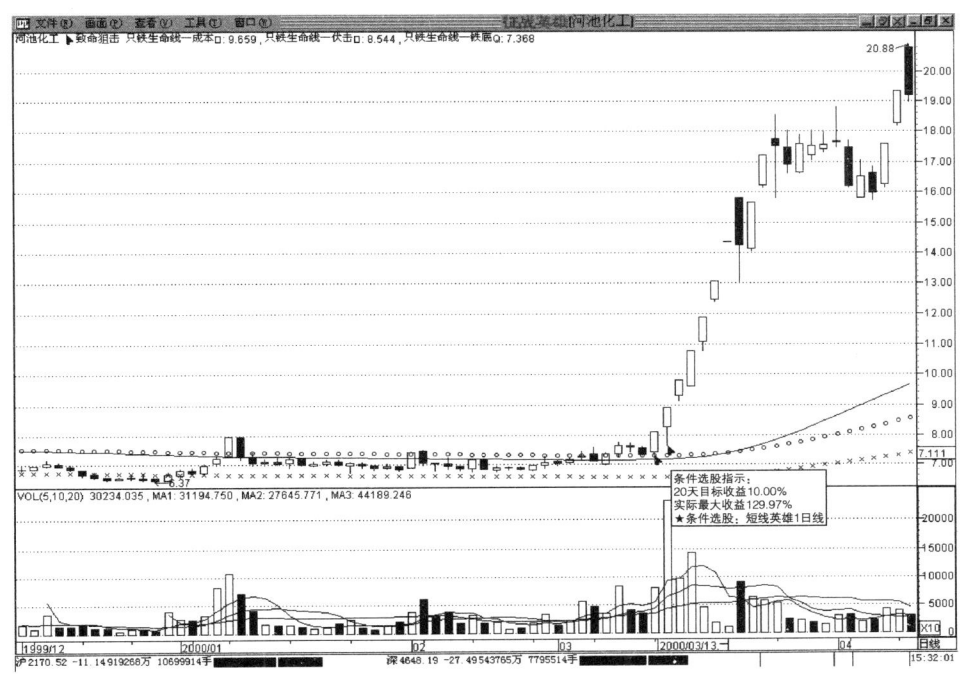

图 7-155

0953 河池化工，从 2000 年 3 月 13 日发出买进信号到 2000 年 4 月 13 日，一个月时间涨幅达到 183%，股价翻了接近 2 倍。异军突起的地方性券商的凶蛮掩盖不了其理论和实战功力的欠缺。

苛求完美是一种高级的弱智！

补记：

上述评论是作者在《短线英雄》第一版时于 2000 年 8 月 21 日写下的文字，针对当时一些庄家的运作模式进行了批判和否定，一针见血地指出许多庄家正处于痛苦万状之中，长庄就是笨庄！岁月流逝、日子有功，时间证明了一切！

从 0008 亿安科技、0048 康达尔、0557 银广夏等股票的高台跳水、大幅暴跌以及新疆德隆系股票的成交量稀疏、股性呆滞，自拉自唱无人参与来看，作者当时的技术论断是完全正确符合事实的。高控盘的长庄运作模式是一种彻底失败的模式。这些庄家不断地用血的教训证明着缺乏专业化投资、科学化管理在投资活动中所面临的巨大风险和必须为之付出的惨痛代价。作者坚信，随着时光的流逝，专业化投资和科学化管理会越发闪现出耀眼的智慧之光，照亮世人的投资之路。

（说明：本书展示的所有只铁软件、公式不做任何商业销售，全为自用和友情赠送。）

文采飞扬、境界卓越

——只铁投资网站实战军校王宁专集

（本文集记录了一位《短线英雄》读者——混沌操作法之二《证券交易新空间》译者王宁一年多的成长历程，相信对广大读者有所启发，特辑录于此与有缘的朋友共享。——作者）

敬致只铁先生的首封电子邮件

尊敬的只铁先生：

您好！日前在证券报刊上看到您的新作《铁血短线》出版的消息，马上第一时间买到。看到你于书后对读者来信的重视程度，我心中的热情和赞叹让我禁不住马上写下这封信。其实早在一年前《短线英雄》出版后，我就想给您写信，因为当时我买了三本，一本要反复地读破为止，一本珍藏，一本送朋友。但因担心您事务繁忙无暇顾及而作罢。作为超级交易员、操盘大帅，您对好学不倦的投资者的亲切平和态度，也确实是意料之外，情理之中的事情。

您是启蒙我进入金融市场投资操作的专业化道路的第一人。虽然我大学毕业后有近四年的跨国金融机构工作经验，但是在2000年年底正式进入国内二级市场开始投资实践的伊始，就读到您的《短线英雄》，对我真是缘分，但并不是运气。由于我很早接触国际尤其是美国的先进金融投资理念和操作，所以能够有眼光识别国内股票投资书籍的良莠。国内诺大的股票书籍市场，真正的好书寥寥无几。毫不夸张地说，《短线英雄》和《铁血短线》是国内极少见的顶尖专业投资著作，给国内的投资者带来投资理念和实践操作的革命。您的书籍将会像Reminiscences of A Stock Operator这样的华尔街投资经典，历史会证明其"穿越时空的永恒价值"。

《短线英雄》后附的书单，对我帮助极大。由于我英文功底非常好，所以请在美国的朋友每次回国都带回若干本原版。另外我自己还从美国专业投资的网上书店 www.traderslibrary.com (Trader's Library)，列出华尔街经典和现代投资／投机书籍的列表。我的书单中大多是英文原版的华尔街书籍，您的书则是我为数较少的中文投资著作中最重要的书。另外，我每晚看美国 NYSE 和 Nasdaq 盘面所用的网站正是您在《铁血短线》中所附外盘图表的 Big Charts 网站（www.bigcharts.com）。诚如您在新书中所言，西方尤其是美国在近百年的金融市场实践中积累了极为丰富的理念和经验，读书时每每让我赞叹他们的先进和发达。国内一般投资水平与其相比，真是处于初级阶段，处于小米加步枪的阶段。WTO 后，中国资本市场和中国投资者将面临国际资本的严峻挑战。您的系列书籍，对提升国内投资者理念和操作水平的重要意义，不言而喻。您的高境界的使命感也令我深深钦佩。

早在 90 年代初的大学时代，因为酷爱英文并学习国际贸易的缘故，我从唐庆华的《华尔街上谈金融》的书中，对金融投资产生了兴趣。1995 年毕业后有机会在华尔街著名投资银行的北京办事处工作，主要参与国际一级市场发行和其他国际金融咨询业务。1998 年获全奖去美国西海岸的顶尖名校直读博士。一年后因个人志趣等原因辍学，铩羽而归。在事业彷徨踌躇之际，在我决定靠自己的智慧和努力改变自己命运而初入国内二级市场之际，您的《短线英雄》就像穿透迷雾的明灯，照亮了道路，令我深受鼓舞和振作，并有决心和信心努力前行。

《短线英雄》出版后有很多人对您的书提出异议，可能他们只注意了您的系统和方法可能带来的投资收益。实际上他们忽略了这本书的真正精髓之一，那就是投资者要付出艰辛的努力，对自己千锤百炼，达到投资／投机的成功。您在前言中提到的大学同学练吉他和您自己投资成功的事例令我对自己充满信心。因为我自己的英文水平可以非常自信地说在听、说、读、写、口笔译方面几乎可直追美国受到良好教育的本国人的水平。正是凭着自己浓厚的兴趣，付出比常人多很多的努力，才达到今天的水平。正如您所说，投资也是一样，我对您在《短线英雄》中提到的专业化投资自我锤炼过程深有同感、深信不疑。

投资的道路确实漫长而孤独，我只是刚刚踏上征程。但是，旁人认为艰辛，而我却并不觉得，因为我对此充满热情，兴致勃勃，一如我当初学习英语的劲头。相信您一定也有同感。像您提到的几位学生那样，这一年来我也是不分日夜，不知疲倦地刻苦攻读，白天看国内盘，晚上看美国盘，读华尔街书籍，写操作日记。由于学习您的只铁战法，我在今年7月比较成功地规避了中国股市罕见的大跌。对于入市实盘操作仅半年的我，已经非常满意。我初入市操作的成绩目前尚不理想，目前总体约有20%的亏损。但我不气馁，因为亏损是投资游戏，尤其是在开始阶段不可避免的一部分。因为我深知市场风险，只是用一小部分资金入市作为学习之用，旨在慢慢了解市场，提高操作水平和熟练程度。但是，我的操作在不断改善，对国内和国外市场的了解，操作的熟练性，也在慢慢地增加。我的着眼点，不仅在于现在的中国股市，还在于将来的全球市场；不仅在于这几年，还在于我今后的一生。因此，我准备像您那样，花几年时间抓紧可以利用的时间训练、锤炼自己，扎扎实实地打好理论和实践基础。

早在大学时代，我就立下成为国际化商人、国际化投资者的志向。对《短线英雄》的精读，更促进了我成为国际级的一流专业实战投资者的志向，并为我引领了实际的方向。我希望通过自己的聪明才智和不懈努力，能够从自己的工作和投资实践中获得足够的资金和经验，于不久的将来再度赴美留学，负笈于美国前10名的商学院学习金融投资，进一步系统学习国际最先进的金融投资理念和技术，并同时从事实盘的买卖，深入了解国际市场。学成后会再回到祖国，去到上海，从事金融投资行业。我期望能够在时机成熟时，在我再次赴美前，亲自到您的门下学习哪怕是一周的时间，从更深层面上学习投资/投机的艺术精髓，并补交《只铁超级必胜战法》的学费，呵呵。在这之前，我还有很多基本的功课要做，会需要一些时间。

最后，我对您的思想境界和振兴中华民族的赤子之心深感钦佩并准备效仿之。中国悠久的历史文化，人杰地灵，只是进行市场化经济的历史较短，整体金融市场发展和投资水平还要依靠时间的积累和沉淀。加入WTO后，将会有更多国际投资者冲进来，也会有更多的中国投资者走出去。假以时日，中国会有越来越多的国际级专业投资者在国内和国际金融市场崭露峥嵘！我将努力成为其中的一员。我深信，您的愿望和理想一定会实现，只铁系列战法，在操作理念和交易系统研究方面，已处于国际领先地位，必将随着中国日益融入世界经济、金融和资本循环的过程中，在国际投资界获得应有的地位。

感谢您花时间阅读这封长信。如您在百忙中能够拨冗回复，则我将深感荣幸和振奋。

祝您在职业投资的道路上再创辉煌！

北京读者：王宁，2001年11月3日夜深人静时

只铁战法和道氏理论的实战研判应用

我学习只铁先生的书籍和战法已有一年的时间，并在此期间阅读先生推荐的若干西方技术分析的经典和现代投资名著。期间在反复阅读思索只铁战法和西方经典、现代投资名著，并进行对比和交叉的模拟和实战验证和思索时，发现只铁战法不但将西方技术分析方法的精髓融汇贯通，而且在此基础上进行了突破和升华。

《短线英雄》中提到，"读万卷书的不如读一卷书的"，但从我个人学习和实践投资的经历看，如果我们能花精力深入理解只铁战法的构成基础和继承的前人的投资理念和体系，则对理解问题的本质并更好地理解、掌握和运用只铁战法，有着事半功倍的效果。毕竟，只铁先生的著作虽然简洁精要，但其中某些部分的每句简洁精辟的阐述中，背后都有深厚的经验和理念的底蕴作为基础的，如果没有理论参照和实战经验作为背景，理解起来并不容易且层面也较浅。学习只铁战法的过程，肯定是有个读书由薄读到厚，再由厚读到薄的过程。

只铁先生在《短线英雄》推荐的书单中，第一部就是道氏理论的传人、与道琼斯同是《华尔街日报》编辑的William P.Hamilton于1922写的《股市晴雨表》。在这本书原版的封面，还有《专业投机原理》作者Victor Sperandeo（人称Trader Vic）写的推介，"我在市场中75%的成功都来自于此书"。只铁先生对道氏理论评价也极高，他的寻宝图就是对此的一种量化性的描述。事实上，真正的专业投资人士对此书均是如此评价，但是一般投资者对此似乎少有研究。下面就是我在2001年五六月份实战中运用道氏理论研判大趋势反转，并在7月份运用只铁战法出局避险的某些思路。现在放在这里，

与同学们交流，作为新年的良好开端，其中有关基本面和宏观面方面的分析就略去了。

2001年夏天沪市指数在创新高时，我就在想，如果根据道氏理论分析，大趋势的确认应由道氏工业指数和道氏交通指数（原为铁路指数）之间进行互相印证。中国股市没有对应的指数，那么沪市的指数和深市的指数是否存在着类似的互相印证的关系呢？我当时无法从正面予以证明，因为中国股市历史很短。但是我观察到的是，沪深两市的指数在创新高的表现方面自2001年1月就开始发生背离，尤其在五六月份时未能进行相互的印证，反而显示出更大的背离趋势。我想这就为大趋势的可持续性带来了疑问（此后一个多月就发生了股市暴跌）。在美国股市，这个印证过程的背景是三到五年的股市走势，印证过程可能需要半年乃至一年的时间，而中国股市可参照的历史太短了。以后随着沪深市场的合并，也许再也没有了印证的机会，也许会有别的印证方式。目前只能作为一种想法放在这里。

实际上，从6月份开始多周期的多种技术分析方法如均线、形态、K线和技术指标等等都同时发出了大趋势即将逆转的信号，我本人虽然对后市产生疑虑，但由于实战经验较少导致的犹豫和希望等心态弱点，拖到7月份中下旬只铁战法发出全仓卖出信号后才全部出局。这次避险，从心态上还是源于对只铁先生研判体系的高度信心才最终果断离场的。

只铁先生的著作除技术体系外，更重要的是非常自然地将心理调控和心态培养的方法贯穿于全文之中。毕竟投资的成功中，心态因素占了最大的比例。从交易心理学方面来看，投资者必须非常了解他所使用的技术体系，而且对此充满信心，通过刻苦的思考和反复模拟和实战操作，进而上升到潜意识中的市场直觉，才能获得长久持续的投资成功。这一点，从只铁先生在著作中给我们灌输的强烈自信，可以清楚地感觉到，这种信心甚至比技术体系还要重要。对此我对只铁先生充满深深的感谢。

当然，上文中提到对大趋势的判断和思考，并不意味着可以光说不练，同样重要的是按照只铁先生的训练方法扎扎实实地打好投资的基本功。把握宏观面的趋势，同时培养和锤炼自己的扎实的实战操作基本功，才是只铁先生在《铁血短线》中提倡的正确的专业化短线操作方法，即从宏观面研判，再到微观面上操作。这和毛主席谈到实践时说的"大处着眼，小处着手"，以及很多西方跨国公司成功拓展市场时的口号"Think globally, Act locally"在哲学层面上是非常一致的。

祝朋友们共同进步！（写于2002年1月4日）

只铁战法和道氏理论的实战研判应用：讨论续篇

道氏理论概念的前提是发源于美国股票市场的道氏理论的道琼斯工业指数和道琼斯铁路指数所代表的工业和运输业之间的内在联系。而我们现在应用道氏理论是在中国股票市场。

全球金融市场的价格运动规律在本质上是一致的。但是，中国股市和美国股市作为资本市场的市场本质是一致的吗？答案并不是肯定的，因为中国股市因为其内在结构和市场机制的缺陷，并不能真实而全面地反映中国国民经济的整体状况和走势。请参见新贴（基本面分析略）。

只铁先生曾说，对于经典理论在吸取其精华的时候，也要深刻认识其误区所在。唯物辩证法告诉我们，要透过事物的表象了解本质，抓住问题的主要矛盾，才能有效地解决问题。从这个意义上来说，我对道氏理论的理解是：

道氏理论的表述是以工业和运输指数进行的，但是，道氏精髓和哲学核心在于，它揭示了经济体系运行中两大关键要素之间的协同和背离关系，而正是这种宏观经济体系所包含的若干要素之间的矛盾关系，才对我们判断大趋势的方向和转折进行了提示！实际上，道氏理论的思想经过提炼，上升到实用哲学的层面，可应用于其他领域，而非仅局限于股票市场。

那么，从实践的角度来看，要深入分析中国股市的趋势发展，我们需要抓住中国股市自身的特有矛盾，再进行思考和判断，从而确定自己的具体实践方法和时机。成功的投资者都有着开放性的心态和思维，不会因表面现象而对问题的本质妄下结论。

再次感谢只铁先生！对您的投资哲学的学习让我在写这个帖子时在投资哲学和思维方式方面又产生的新的领悟和进步！！

（写于2002年1月7日）

铁血纪律的愉快捍卫

专业化投资能力的训练似乎是很单调的，实战操作铁血纪律的捍卫似乎是很枯燥的。上个周末我又拿起《短线英雄》翻看，读到"铁血纪录的誓死捍卫"一节。结合这两个月来我在只铁投资初级军校的收获，以及最近几个交易周以来严格执行操盘计划和铁血纪律进行的几次尚可的实战操作经验，我对"铁血纪录的誓死捍卫"这句话又了些新的感悟。股市非常类似战场而并非真正的战场。战场上事关生死，则铁血纪律必须誓死捍卫；股市中事关金钱的输赢和自我的得失，铁血纪律不但可以坚决捍卫，也许还可以也愉快地捍卫。

同时，在对叶军同学的成功案例进行分析后，我意识到叶军同学在2001年3~12月间认真按照专业化风格实战操作取得500%多的极佳战绩之前，他的成功因素包括对只铁战法有着刻苦的学习和深入的理解，以及他曾遭遇重大亏损而对风险控制有非常深刻的切身体会。但是我还注意到叶军同学原来曾经是军人，和周业江同学的情况相似。军人由于专业化的军事训练而对遵守纪律和服从命令的体会和反应远胜于平民。因此我判断叶军同学的成功很大程度上更在于他去年将铁血纪律严格用于专业化实战投资的结果。

只要我们真正理解自由与纪律、约束之间的辩证统一关系，真正理解了快乐和孤单、寂寞之间的辩证统一关系，并在此基础上循序渐进、坚持不懈地付诸行动，专心投入地获取投资知识并从过程中体会到学习的乐趣，严格执著地追求尽可能将专业化实战操作做对、做好而不过分关注金钱的得失，那么铁血纪律的捍卫是愉快的，投资游戏是轻松的，生活也是美好的。从而最终达到只铁先生常说的轻轻松松赚钱，高高兴兴获利的大乘境界。

铁血纪律，愉快捍卫。妙不可言，拈花微笑。

（写于2002年2月6日）

只铁战法的外盘研判及宏观研判应用

谨将此文作为马年的新春贺礼送给只铁先生，并作为我学习只铁战法的阶段性成果汇报，我真的想不出还有什么比这更好的礼物啦。 :)

借此机会还要深深感谢只铁先生、各位版主和同学们的无私和辛勤的劳动，尤其感谢你们这两个多月来在初级军校中对我的帮助和启迪，感谢只铁先生、各位版主和网站的工作人员无私地为我的思想提供了自由翱翔的空间！鹰击长空，鱼翔浅底，英雄军校竟自由！

给大家拜个早年！并祝只铁先生、各位版主、同学们和我自己在马年旗开得胜，马到成功！

由于职业背景和工作经验培养出的学习习惯，我在研究关注中国股市并进行实战操作的同时，还密切关注国际金融市场尤其美国股市的发展和走势。只铁战法在中国股市中的实战威力，想必很多同学深有体会，无须多言。但是，认真地将只铁战法应用于外盘的案例似乎还比较少。

在下文中，我将从只铁战法在外盘的技术研判操作、投资理念验证和宏观经济展望三个方面的应用出发，探讨美国股市和经济在今后的发展趋势，并在此基础上对比并回溯至中国股市，我想这些研判对认清中国股市的未来发展和蕴含的战略性投资机遇有着很好的借鉴和启发。这对于专业投资者放眼全球，把握中国在加入WTO的过渡期间和后WTO时期国内股市和经济发展的大趋势，从而在宏观研判和微观操作层面上把握难得的投资机遇，有着重要的指导意义。

一、技术研判操作

从只铁战法在外盘的技术研判应用方面，我以国内投资者有所了解的"美国版银广夏"——安然公司（Enron）和其后宣布破产的环球电讯（Global Crossing）两家公司的股票为例。安然公司和环球电讯（纽约证交所代码原来分别为：ENE和GX，破产公布后迅速转移至三板市场OTC，代码变更为ENRNQ和GBLXQ）。从2000年中期至2001年末，安然和环球电讯的股价从最高峰的90和60美元均跌至目前的1美元以下。以安然为例，如果运用只铁战法，那么安然的中线投资者和长线投资者可以30日和30周均线为依据在80美元和70美元左右安然出局！（具体图表请自行查阅只铁投资网站首页外盘链接 www.bigcharts.com）

从理论上看，像安然和环球电讯这些高峰期间价值上百亿、几百亿美元的大型公司市值大、流动性好，是大资金运作的理想对象。在美国法律许可的范围内（在美国尤其要注重遵守法律和法规，多少前车之鉴啊！），大资金运作者可根据道琼斯工业指数（DJIA）30周线自1999年下半年走平做头、道氏理论中的标志性高位派发带（Line）的背景下，可以在GX的30周线走平时，开始着手建立战略性空头仓位进行放空操作。每当股价下跌后反弹至下降的30周均线（ENE更弱，为10周线）附近时，均可以进行空头仓位的加仓操作。中小资金的专业投资者甚至可以在战略性放空的同时，在下跌的短期反弹底部进行轻仓的多头战术性操作，以进一步提高资金利用效率。安然股价自2000年9月以后的15个月内，从最高位的近90美元到巨幅放量的1美元，理论获利空间令人感到恐怖！当然实战操作还要具体情况具体分析，排兵部阵也要根据地形具体展开。

对应着美国股市环球电讯30周线的走势，国内股市最好的例子就是《铁血短线》第四章中讲解的北京城乡（600861）的1999年的日K线骗线一例。毋庸置疑，可以想象当初环球电讯反弹时中短期均线多头优美排列时美国某些分析师的鼎力推荐呢。近日，见诸国内报刊的外资基金在香港股市狙击中国的私营企业上市公司如"欧亚农业"（HK：932）等事件，也为我们提供了很好的实际案例研究。该股30日均线上行自2001年12初因香港股市随美国市场反弹见顶后，即开始走平。今年2月5日10%的暴跌，在技术上看非常合理，不但处于30日均线向下运行的阶段，而且正好遭遇下压10周线等重大技术阻力共振点。无论香港和国内报章如何究其原因，称欧亚农业有所谓黑幕，外资基金如何这般云云，而跟随趋势的专业投资者均会做出同样的操作，亦即市场运行规律使然。

美国股市等海外市场的多空双向交易机制令我想到：随着中国股市统一指数的推出，股指期货和做空机制将会陆续推出。中国的股市波动性不会变小，反而会变大，潜在风险和收益都会变大。今年1月下旬至今中国股市大盘盘中波动直上直下、大起大落的走势以及此前某些大盘股狂拉猛砸的走势显示，控盘大主力似有进行股指期货炒作小规模练兵的意图。届时专业化实战投资操作会有更多闪展腾挪的余地，潜在获利空间可能将会更大，当然潜在风险亦会加大。专业化投资者保持开放、灵活、冷静、平和、自信的头脑和心态，习惯于从多头和空头两方面并行思考，对于今后统一指数和股指期货推出后的在股市中的实战操作，也有着极大的现实重要性。

二、投资理念验证

在《铁血短线》的第一章中，只铁先生对投资进行了严格专业的定义。同时，还对国内很多股评家、理论专家和投资者迷信的"洋教条"的本质从投资理念上给予纠正和澄清。"海归"本身是件好事情，怕就怕没有学到精髓而拣些洋垃圾回来在不了解情况的人们面前卖弄。但另一方面，中国的很多投资者因历史原因而固有的"崇洋媚外"心态确实又创造了这些需求。正是周瑜打黄盖，一个愿打，一个愿挨！其实，中国股市发展的10年，正好与美国股市10年的大牛市同步，美国市场当时很多深层次的严重问题和矛盾在大牛市光环的掩盖下尚没有暴露出来呢。中国的投资理论家和经济学者照搬当时美国的很多理论和观点，又没有深入研究其内在的规律和本质以及当时的历史和经济背景，自然在应用于中国股市时频频出错。

实际上，具体到美国新经济泡沫破裂后的股市走势，安然公司和环球电信的"内幕人士"早在股价高位时就开始大肆卖出股票，股价走势图上可以清楚地辨认。很多美国的一般投资者相信"绩优高成长"的"价值投资"神话而死捂不放最后导致惨重损失（多像银广夏啊！），国内《财经》杂志的详细报道称安然公司很多老员工由于将自己退休金投入安然公司股票，而导致终生大部分积蓄血本无归（安然事件背后更多黑幕就更不用多说）。很多退休和养老基金和大型银行也因投资这些股票而遭遇很大亏损！至于很多美国一般水准的共同基金，索罗斯早就称之为"一窝蜂"了，呵呵。这两家美国公司股价的运动，对只铁先生在书中的投资理念提供了最好的外盘（美国市场）案例。

如果仅就股票市场一般性实战投资操作而言，中国股市的风险总体而言目前要小于美国股市。多数中国投资者真的是生在福中不知福呢，令人感叹还是社会主义好啊。2000年中期至现在，安然和环球电讯公司从90美元的高位至几十美分的下跌，还有比比皆是的从最高价跌至1/50、1/100甚至几百分之一的高科技网络股等，对比中国股市的亿安科技和银广夏的跌幅，你会觉得在现在中国股市进行投资操作是一种幸福。这里做的仅是条件相同的比较。当然，美国股市没有涨跌幅限制，可以进行放空操作，且还有期权、股指期货等种类繁多的金融衍生工具，可供专业投资者根据自己的具体需要和风险承受度进行对冲避险或者杠杆交易。如果国内投资者不掌握专业化投资能力而面对如此琳琅满目的投资工具盲目上马，遇到大跌则就不会是套牢30%、50%那么简单的事情了，倾家荡产、欠一屁股债绝对不是危言耸听。

那么美国的股市分析家、股评家就比中国的股评家技高一筹么？非也。

美国最负盛名的投资银行高盛公司（Goldman Sachs & Co.）的资深股市分析家、号称华尔街"多头女司令"的艾比—科恩（Abby J.Cohen），去年底今年初声称美国股市仍将继续大反弹，而经济复苏已近在咫尺。这种预言已被近期美国股票市场的大跌走势无情地否决。从这一点来看，无论中国美国，大部分缺乏实战经验的股评家作为吹鼓手的角色并没有本质的区别（当然，我也因常看少数有真知灼见的投资分析人士的文章而受益匪浅）。无论美国的股票分析家如何鼓噪，NYSE和Nasdaq大盘乃至于其中个股的真正运动趋势亦难逃深入掌握只铁战法的专业投资者的法眼。

三、宏观经济分析

古人云：一叶知秋。如果说安然的破产对于一般投资者而言是偶然事件的话，那么从事高新科技的安然、环球电信和从事传统行业的大型连锁零售商Kmart这些大公司在最近的相继破产，则其背后有着必然性，是美国整体经济发展走向严重衰退的外在表现。就像美国"9·11"事件发生在2001年或许是偶然的，但这个事件的发生一定具有历史的必然性和标志性。可以预见的是，随着美国经济日益陷入衰退，将会有更多的"绩优类"公司破产倒闭。运用只铁战法和简单的Fibonacci百分比，我们可以大致判断，美国为期10年100多个月的大牛市，其趋势一旦逆转，反作用力也会是极为巨大的。假定美国经济仍保持长周期牛市的趋势，则此次调整至少3～4年的时间（从DJIA和Nasdaq季度K线30年走势判断，这一假设相当不乐观，"美国的世纪"真要缓缓地结束了？）。全球总体规模有限的资源和资本配置会此消彼涨，很多撤出美国市场的国际资本，将有相当一部分通过各种渠道流入经济稳健发展的中国市场。这是由资本的逐利本质所决定的。当然，具体实践时我们仍需要以道琼斯工业指数（DJIA）、纳斯达克综合指数（Nasdaq Composite Index）和标准普尔500（S&P500）指数的运动为我们指引具体的方向。

美国（西方）股市是名副其实的国民经济的晴雨表。运用只铁战法对比DJIA、Nasdaq Composite和S&P500等指数的走势，我们可以了解美国宏观经济中传统行业、新兴行业和绩优行业发展的进度差异和资本运动的流向。我们甚至还可以进一步判断这些由不同指数代表的宏观经济各个组成成分的发展速度和态势。运用只铁战法的中周期和长周期技术体系结合详细深入的基本面和宏观经济面研究，我们甚至可以研判某个具体产业的没落和兴起。

这对于国际化的企业家从事战略性的金融、房地产和实业等投资活动，也可以提供洞察先机的优势。以我现在的理解，这或许就是所谓的宏观面交易（Macro Trading）吧。索罗斯和《专业投机原理》的作者维克多都曾在其著作中谈到这个方面，即运用对宏观经济大趋势的判断，把握难得的甚至是历史性的重大赢利机会。1997年的香港恒指和1998年的香港联系汇率保卫战的宏观背景，也是国际投机资本尤其是国际对冲基金根据宏观交易战略，针对东南亚新兴工业化国家高涨的经济泡沫，制订周详细密的立体化狙击战略战术，抓住新兴工业化国家金融体系的薄弱环节予以重拳出击，引发多米诺骨牌般的崩塌效应，从而获利巨丰。值得指出的是，虽然1998年香港成功捍卫了联系汇率制，但是这也是丢卒保帅的惨胜而已，香港也因此损失大量美元外汇储备。而以泰国为例，1997年金融风暴时泰国中央银行未能成功保卫泰铢汇率，两个月内即耗尽300亿美元的全部外汇储备，因此在亚洲金融风暴期间，东南亚国家大部分外汇储备尽皆落入国际投机资本的腰包。这也是只铁先生在《铁血短线》第五章中谈到的实战投资时高科技横扫低技术的历史性典型案例。上述宏观面交易也即股谚所云：看大势者赚大钱（但为把知道转化为做到，还需要坚持不懈地进行只铁先生的专业化投资能力的训练，还要付出更多的时间、精力和努力）。从投资哲学上看，分析研判采取由宏观面自上而下的方法（Top-down Approach），而在实战操作方法采取由微观面自下而上的方法（Bottom-up Approach），这与只铁先生在著作中提到的短线操作真正的正确方法在理念和方法上是非常一致的。

四、中国股市展望

在上述外盘分析得出的结论基础上，让我们再回到中国股市，展望一下中国资本市场目前和可预见的将来的演变趋势。这就不得不考虑到国有股减持的问题。国有股减持／流通本身将促成中国资本市场的真正市场化和健康快速发展，进而在中国经济市场化、全球化的进程中优化资本配置，具有深远而积极的历史意义。但其不适当的具体实施方法所造成的后果却可能与此南辕北辙，这有些类似于"生产力和生产关系之间的矛盾"。由于中国漫长的封建社会和相对而言极为短暂的市场化经济改革和发展历史，不但一般投资者可能有着"小农经济的思想意识"，宏观经济政策的制订者也会因种种条件的局限而难以出台适当的实施方案。结合以美国为首的世界经济陷入二战以来可能是最严重的经济衰退,以及中国加入世贸组织的历史性大好机遇和挑战这两大因素,只要国有股减持问题制订了公平合理的解决方案,在符合市场客观规律的前提下,在市场机制和法律、法规不断健全的情况下,国际资本会乐于进入中国资本市场进行投资,从而有助于中国股市以较为温和稳妥的方式彻底解决历史遗留问题。

只铁先生曾在谈及投资哲学时总结到:人类在什么级别上违背市场和自然的规律,就会在什么级别上受到市场和自然的惩罚。对应着道氏理论的三个级别的运动,违背市场规律的国有股减持具体方案在股票市场上遭遇的大级别惨败我们有目共睹。而国有股流通以真正市场化的方式完成的历史性趋势,将是任何个人或利益集团都无法阻挡的。潮流指处,所向披靡。任何与历史潮流逆势而为的举动终将破产,逆风飞扬终将折翼。作为投资者,我们需要认清、把握并顺应市场的趋势,才能够取得最大的投资利润;作为渺小的个人,我们需要认清并顺应历史潮流和时代趋势,才能够最大限度地发挥自身的人生和存在价值(包括但不限于物质财富)。

国内投资者在中国加入WTO后面临着巨大历史性投资机遇和挑战。我目前最远只能看到今后三五年中国资本市场的发展趋势。结合上述中国和美国股市的分析研判,这种展望是有极大可能性且令人欢欣鼓舞的。令我感到非常幸运的是,自入市进行实战投资操作的伊始即有缘看到《短线英雄》,受到只铁先生专业化投资思想的灯塔般的指引,半年后的大跌又令我在运用只铁战法成功避险的同时深刻地实际体会到风险控制的重要性。这一两年的时间我们有充裕的时间打下较为扎实的实战投资理论和实践基础,磨练实战投资能力,从而满怀信心并有充分能力迎接中国股市在不久的将来就会到来的下波牛市以及中国统一资本市场的对外开放。(请注意,这并非仅仅是出于爱国热情的美好希望而已。更为重要的是,作为专业投资者,我们必须严格区分"美好愿望"和"客观研判"的差异。)

五、战法学习心得

过去一年中在只铁先生的著作和投资哲学的启发下,尤其过去两个多月中先生在军校的亲自指点下,经过自己的不断努力,我的很多点、线的投资和人生哲学思考体悟以及很多技术面、及多年积累的基本面和宏观面的知识和经验最近初步连接成面,初步立体化、系统化,初步形成自己结构完整、范围周全、层次清晰的国际化、多元化、专业化投资思维体系，而且某些时候甚至有豁然开朗的感觉（开悟），实战看盘、操盘水平也提高很快，慢慢地开始觉得看股价走势图象是在看小人书，看盘和操盘开始逐渐有质变的感觉。悟道和静心三部曲的见、定、行，我总算是能够先见到一丝奥妙，市场在我眼中确实正在变得愈加简单，甚或有与庄家同呼吸，与市场共命运的体悟。

　　市场的波动就像大海的波涛一样有着自然、艺术的韵律和美感。那种身心合一与市场波动的和谐共振，把自己像冲浪者一样融入波浪之中，同时冲浪的既定安全规则又融入身心的感觉，真的是难以描述的孤独美感。欣赏是美，参与是美，市场内外都是美。进场是美，出局是美，场内局外都是美！只铁先生说得太好：智慧可以分享，但是自由和孤独只能自己享受。雨夜独行，寂寞如歌，汇入自然，融于天地。混沌是寂寞，盘古是寂寞，源于寂寞，终于寂寞。万法归宗，大道归一。

　　深夜、孤灯、飘乐、青烟、静思，我真正体会到单独（aloneness）的美好和快乐。在军校这两个多月，是我进步最快的时期。也许有人觉得我傻，把自己辛辛苦苦思考出来的东西公布出来。呵呵，索罗斯说的好，要有做猪的勇气。殊不知付出的过程更是获得的过程，得失存乎一心而已，亦股道之所存焉。很多深刻领悟和融汇贯通，正是在发贴讨论中，经由先生的点拨以及经由版主、同学跟贴的启发而令我反复不断地思考来实现的。行文至此，令我感觉似乎大周天、小周天打通一样，思路异常清晰、条理分明、纵横捭阖。正如只铁先生说的那样：智慧的分享是倍增的过程。然！市场之道，大繁若简。然！

　　只铁战法内涵深邃，源于周易，其已近乎道也，亦即道乎？合于道者，不战而胜！

　　让我们珍惜与只铁先生的缘分吧！！！前面这句话由先生的很多学生和初中级军校的很多同学说了很多遍，可是我在这里还是想衷心地再说一遍这句肺腑之言。最后以《短线英雄》中的诗作为本文结语：

有志者事竟成，百二秦川终属楚；
苦心人天不负，三千越甲可吞吴！

（写于2002年2月8日，农历辛巳年腊月二十七）

驾驶、投资、纪律、艺术、道

在谈到投资能力时，只铁先生曾提到入市投资需要学习，就像开车需要首先到驾校学习一样。其实，很多国外和国内的其他投资高手或专家都曾以驾驶来比喻投资。记得《K 线战法》作者 Steve Nison 在书中谈及技术分析的本质时形象而幽默地说到，对一般投资者而言，他们一旦进场之后，自己的情绪就充当了司机，而理性和客观仅仅是乘客而已。对此，我想从另一个独特的角度对比驾驶和投资，谈谈两者之间的联系和两者本身的艺术性。

我热爱驾驶，如同我热爱投资。我喜欢开快车，放着节奏强劲的音乐，流畅的挂档动作令右手在档位间织出简洁的直线，马达在急加速时发出悦耳有力的轰鸣，车身在道路上划过优美动感的曲线。心无旁鹜，只有自己、车、大路和那些积木般的慢行车辆，你要做的事情只有一件：公路穿桩游戏！心到、眼到、手脚到，车也到。人车合一，白驹过隙。行云流水，游刃有余！

也许你的头脑中会浮现这样的景象，一辆车在路上高速飞奔，胡冲乱抢，屡屡给其他司机制造危险情况，频频搞得其他车辆亮起刹车红灯。恰恰相反，我比一般驾驶员更注意遵守交通规则和坚决捍卫安全驾驶准则。虽然我偶尔会与某个违反交规给别人制造危险情况的缺德司机较劲，但是我从来不和安全驾驶技巧和准则较劲。而投资者难免会与自己或其他投资者较劲，但应该培养的习惯是不要与市场较劲，不要与实战投资的铁血纪律较劲，不要和自己的钱较劲。超车时，娴熟的驾驶技巧，严格恪守的安全行车准则，冷静的头脑和心态，加上细致的路况车况观察和棋先一招的行进路线预想，并适时抢先占据安全行车位置，以及设想万一发生危险贴近和同向刮蹭时的紧急处理方案，切他必定成功。孙子曰：先为不可胜，以待敌之可胜。时机不到，宁等十分；先机在握，不让一秒。二话不说。爽！

"你怎么敢和职业司机较劲？他可是开出租的。"在春节期间，我的哥们在和我从二环路上兜风回来后对我关切地说，"不过，那一下你真把他切得够狠，给他堵在那辆大面包车后面猛踩刹车。"那位职业司机当时连续两次强行并线，硬要加塞在我的车前。"职业司机未必专业吧，"我回答说。也许我的同学会说，你拿到驾驶执照后受过赛车手老班师傅的亲自陪练和点拨，又有国内和国际驾驶经验，深谙遵守交通规则和恪守安全驾驶准则的益处，自然比他专业。其实，他不知道我对路上大部分类型的车辆的加速时间和有效刹车距离等静态条件均了然于胸，又对车辆在不同路况和道路拥挤程度下一般行进模式和特点等动态条件有着实际经验；他不知道我能指出多数司机所不知的进口车辆的厂家和类型，时时留意媒体有关交通事故的报道，并分析造成事故的可能原因及自己如果处在当时情况下可能的安全规避操作；他也不知道我对杂志网页上车辆在不同情况下的安全撞击试验的分析和关注。没有刻意的努力学习，只有长期形成的细心留意和及时思考的习惯，细微之处用"心"揣摩。一点一滴，集腋成裘。一磨一砺，铁杵成针。积跬步而致千里，聚小流而成江海。投资的道理，难道不是一样吗？

不过，从公共交通安全的角度来说，这次较劲事后想起令我感到十分惭愧。高手过招，两下胜负便分，情绪一动，他先死菜！面临危险情形时惊慌失措则令其必败无疑。那司机在愤怒地做出又一次相当危险的贴近动作妄图别我时，却发现自己处于更为危险的境地之后，便乖乖地一边去了。轻松超过那辆车的一瞬，我看到车内的妇女和儿童向我投来的愤怒的眼神，想起刚才自己那一脚油门切得那职业司机堵在大面包后面这一脚急刹车，这让我忽然有些内疚。虽然他人违规在先，但万一他人因与自己较劲而发生事故，虽然自己能够保证安全,但于良心何忍？善哉。善哉。这种较劲做法绝对不值得提倡，与驾驶的初衷相去甚远。再回想到以前多次在四环路上以140、150迈的速度进行"超越赛"，以及几次在京沈高速京秦段以170、180迈的速度极速狂飙的情形，心中难以平静。驾驶时的心态仍然要继续修炼。阿弥陀佛！慎之！戒之！安全行车，礼让三先；得让人处且让人，得慢行处且慢行。

速度是一种享受！！！这是我在多年前看到并自此珍藏在心的一段话。我现在从驾驶中并开始从投资中深刻领悟这句话的哲理。在高速超车时，细心观察安全空档的出现，耐心等待合适时机，果断加油提速占据安全的先机，是专业赛车高手遥遥领先的定盘星；在实战投资操作时，耐心等待最小风险的机会出现，短线出击非常态高速行进中的股票，也是专业投资高手孜孜以求的杀手锏。对常人来说，速度意味着危险；对一般投资者来说，飚升令人害怕。殊不知，在高速公路上，一群车扎堆儿以100迈的速度行进，其潜在危险程度远大于一辆车以150迈的速度在空旷的道路上疾驰；在股市中，一大堆股票晃晃悠悠地上涨，其潜在风险系数也要大于单只龙头股的高歌猛进。

现在我仍清晰地记得我那赛车手师傅老班当年在三环路上超车越履如入无人之境，同时令坐在副驾驶座位上的我感到有惊无险的情形。冷静的判断和心态控制、正确的资金管理、过硬的技术功力、坚决捍卫的铁血纪律，还有细致的个股走势观察研判和棋先一招的股价行进路线设想，并在合适时机果断进仓使资金一开始就处于当日浮利的安全位置，以及万一发生误判和亏损时的紧急避险，则实战操作必定成功。这就是我要孜孜追求和铸就的短线实战投资操作能力，其不但包含成功投资的三大要素，还包含着耐心、细心、决心和狠心的"四心"。短、平、快。稳！准！！狠！！！

有了驾驶经验的感悟，投资操作做起来更容易领会。当然，你不能指望一年就成为专业赛车高手，那是公里数和驾龄积累起来的；你也很难一年就成为专业投资高手，那也是理论学习和实战经验积累起来的。即便如此，我从刚开车时起一直牢记并恪守赛车手师傅给我传授的专业驾驶原则，除了刚上路时与路旁的树木和电线杆子的几次轻吻而令我深刻体会驾驶的危险性之外，这使我几年来安全规避很多次因他人原因发生的危险情况，没有出过一次那怕是小小的刮蹭。并在去年夏天一次他人驾车时的翻车事故中冷静采取自我保护措施，从而安然无恙，毫发无损。作为军校同学，我们幸运地有只铁先生和各版主的亲自指导。那么牢记先生传授的专业化投资实战操作的铁血纪律并身体力行，则投资者亦会在今后很长的投资过程中安全规避风险并轻松获利。

令我惊讶的是，这次相当危险的切车后我居然心绪相当平静，仅仅感觉轻微的生理应激反应，而且以前那种规避危险情况后心脏乱跳，手脚发颤的感觉基本消失。我终于明白，顶尖赛车高手和顶尖投资高手在心态上并无差异。他们在赛车时遭遇危险或操盘时面临风险时都保持着心态的安然淡定和头脑的敏捷冷静，以专注于将驾驶或操盘本身做到最好为目标。肾上腺素在这种情况下甚少用武之地。如果驾驶员开车追求刺激，则要当心生命安全；如果投资者实战操作追求刺激，则需小心资金安全。正如《菜根谭》所云：波浪兼天，舟中不知惧，而舟外者寒心……故君子身在事中，心在事外也。旁人看着刺激兴奋，而专业高手安之若素。刺激的驾驶，不是专业的驾驶；刺激的投资，不是专业的投资。

孔子曰：知之者不如好之者，好之者不如乐之者。曾记得有位得道高僧和徒弟说禅，提到禅就是该吃饭时就吃饭，该睡觉时就睡觉。吃饭时就专心一意地享受这食物，睡觉时就专心一意地享受这休息。驾驶时我就专心一意地驾驶，不但如此我还享受这驾驶；操盘时我就专心一意地操盘，不但如此我还享受这过程。投资不仅是一种生活，投资还是一种生命。我愿意将其作为生命中极为重要而自然的组成部分。专心投资就是享受生活，就是享受生命。这种知行合一的境界，这种一言一行皆合于道的境界，确实不但是我们投资时追求的上乘境界，也是生活的上乘境界。

万事留心皆学问，万事勤习皆艺术！

（写于2002年2月22日）

驾驶与投资之道续篇

在上篇文章中，我和只铁先生打赌输啦，呵呵。我其实从来不好赌博，从来不玩纸牌、麻将，几年前去赌城Las Vegas，给自己规定了赔钱的上限，结果一开始赚了些钱，后来连本带利都全部赔了进去，那时还就真能收手打住，现在回想起来窃以为这方面还是适于专业投资的要求。但是这次如此风雅的打赌，却是不妨为之啊。希望这篇只铁先生打赌赢来的文章能够让先生满意，对同学们有所启发。

在写驾驶、投资、纪律、艺术、道这篇文章时，我想到了给我很大帮助和启迪的专业赛车手师傅老班，由于我已经两年没有见到他，于是就电话约他今天共进晚餐一叙旧情，顺便继续请教专业驾驶之道，并致以新春的问候。我们席间谈话的内容对上篇文章是非常有益的补充和升华。在悟道之后，再看老班开车时的动作和谈及驾车技术和避险的心态时，真的有豁然开朗的感觉，顿有领悟急升之感，令我感到道的无处不在。道的威力，真的是无边无涯，令我赞叹佩服得五体投地。

专业赛车手老班师傅年龄与只铁先生相仿，原从事汽车倒手贸易，经过专业赛车训练后并不从事专业赛车事业，而是做着自己的生意。晚上6点老班过来接上我后，一起出去吃饭。他开车不系安全带，但是他往驾驶座上一坐，左手往方向盘上一搭，右手往档位上一放，看似轻描淡写，但（我现在更能够深刻地感觉）周身马上充满那种安然淡定的态势，那种"法儿"（北京话：

那种"劲儿",那种气势。原指专业舞蹈家那种因常年的舞蹈训练而自然带入日常生活的行动举止。可意会不可言传)让我感觉极为安全踏实,就连自己平时早已养成的驾车坐车必系安全带的习惯,这次也就破例了呢。由此观之,只铁先生的会员和助手在进行实战操作时,无论进场资金量多大,无论市场起伏多么跌宕凶险,只要紧紧跟随着先生,心中的感觉肯定和我坐在老班的车上时并无二致。

我和老班谈到我飞车切那职业司机的经过,老班告诉我,他在马年春节期间也经历了一场真正的生死时速!老班的弟弟也是专业赛车手,不但专业而且职业。过节时,他们兄弟两个各从赛车场开出两辆老车,各带几名学员在八达岭高速公路进行公路赛车表演观摩赛,老班一直遥遥领先。快到八达岭高速与三环路在马甸桥的交接处时,老班正在以160迈的速度高速行进,忽然前方不到一百米左右一辆大公共不打信号灯就忽然并线进入超车道,时速只有大约40~50迈。左边是高速公路混凝土中间隔离带,右边是一长串没有空档可以规避的慢行车辆,没有选择只能向前,老班急踩刹车。糟糕!忽然觉得没有,连踩五、六下刹车踏板像踩在纸片上一样毫无反应。那辆桑塔那2000因作为赛车训练车而使用较狠且历程已近20万公里,160迈时刹车已经失灵。同车的学员回忆说眼看着车就往公共汽车底下钻去。怎么办?!!说时迟,那时快。老班果断采取发动机减速,挂四档速度马上下降至130迈左右,再踩刹车有了,于是一脚定住。有过高速公路驾驶经验的朋友一定知道50米对100公里时速的概念。电光石火之间,容不得任何犹豫恐慌。没有思想的时间,只有千锤百炼反复体悟形成的直觉本能!

请设身处地想想,两车相对速度为110~120迈,前方三五十米的地方猝不及防地突然出现一堵墙,而且刹车突然失灵,左右都是铜墙铁壁,您没得选择只能一直向前。老班居然安然避险,换了别人肯定会钻到公共汽车底下。这是何等的定力,何等的心态!要知道,老班的弟弟曾获得过国内专业赛车锦标赛的前三名,而且这次和老班赛车前整天训练比赛,但是这次赛车也被老班拉得好远。老班告诉我,他弟弟自己都吃惊,自己成天泡在赛车场上,而老班就是每天在城里跑跑,怎么还是赛不过他哥哥呢,把他带的学员看得直犯傻,说你们俩到底谁是专业赛车手啊?老班又说,其实他弟弟技术绝对一流,但就是心态上还不如他而已。在专业化投资操作中,这也正合了只铁先生所说的，顶尖高手之间的较量，已经不是具体的技术细节之间的较量，而是以心态和境界定胜负的。"我从自己最近的这两次切车和飚车的经历来看，现在能理解你当时肯定心中非常平静。但是这次生死就在瞬间啊，你事后是否也感到很紧张或心跳加剧呢？"我问老班。"我那时心中很平静啊，你说那咱们怎么办？总不能往公共汽车屁股底下钻吧。哈哈！"老班笑道。

老班这段驾驶经历中的生死时速，堪与之媲美的就是只铁先生在《短线英雄》中的ST渤化的战例。当时只铁先生如果心念有一丝犹豫，结下来等待着的，就是庄家的连续5个跌停板，情势极为凶险。（庄家倒是有着职业的凶悍，但是其专业吗？细观ST渤化1999年12月后至今的K线走势，显然庄家在出货环节出现问题，以至于越拉越高，骑虎难下。其K线走势清楚地显示了这一点。反观东方明珠当时拉高出货的走势及后续发展，K线走势流畅自然，控盘主力具有超一流操盘水平，妙哉。实际上，ST渤化战例过去之后两年多的现在反观之，只铁先生操作的波段就是ST渤化最最漂亮、自然、流畅、迅捷的一段走势，真是大成若缺，妙到毫颠！士为知己者死，女为悦己者容。蜡烛图燃烧自己照亮智者前行的投资道路！ST渤化也可以安心地去啦。

虽然我从未和只铁先生探讨过这个战例，但是由老班亲口述说他在生死时速下履险为夷的经历和心态时，我感觉仿佛已经和只铁先生在1999年12月23日的晚上就ST渤化一役进行过当面探讨，也深刻领会到只铁先生当时虽然直觉感到重大风险即将来临，但心态上仍举重若轻、泰然自若的王者风范。沧海横流，方显英雄本色！老班告诉我，专业赛车高手在面临危急险境时最关键的就是一脚，而经商时风险最大的就是最后那一段利润。他谈到真正成功的生意就是让别人也有得赚，而非自己独吞全部利润，那样风险太大。成功的实战投资贱买贵卖，这也是经商的一种，不然英语中为什么短线操作就是简单的trading这个词呢？那么在投资过程中，最关键的就是最后关头的一念啊！在ST渤化战例的实盘日记中，只铁先生最后写道，"留一点给别人赚吧。"说得不要太轻松啊！！！拜托！多少投资者1999年12月22日买进后接下来就是连续5个跌停啊！顶尖高手就高在这最后一念的修为，而这最后的一念却是最难做到。生命与死亡，天堂与地狱，清池与烈焰，都只是一念之差。这正是：一脚决生死，一念定乾坤。

也许老班自己感觉不到，但是我在悟道后，这次再看他开车时的一举一动，实在是呆若木鸡（有心的同学请自行细查此历史典故的真正含义）！车行于街巷之间，我一边谈话一边细心观察老班的开车动作，极为流畅自然，非常简单，非常和谐，添一分嫌多，减一分嫌少。庖丁解牛、老班驾车、只铁操盘，皆合于道，绝了！如果说我写完上篇文章后心中尚有些许对自己驾驶技艺的洋洋自得情绪，那么现在看到老班，我的心中不敢有哪怕是一丁点儿对自己驾驶技艺的骄狂，真切地感觉到自己差得还远呢。山外有山，天外有天。虚怀若谷，才是真正的智者风范！真正的高手，绝对是极为谦和。只铁先生在军校的一言一行就是最好的典范。我要时时提醒自己，骄狂之心，实在不得有一星半点。当然，真正的专业赛车高手行车时心平气和，绝对不会为半点小事而较劲；但对方如果屡教不改，连续制造危险情况或阻碍正常安全行车，专业驾驶高手当然先礼后兵，一脚将其捏下。大路不平有人铲。古人的话，说得是一点儿没错。正如老子曰：夫唯不争，故天下莫能与之争。

老班席间滴酒不沾，令我感触极深。以他的驾驶造诣，尚一直如此谨慎。想到我以前开车也不敢喝酒，现在有些水平后经常喝个半杯一杯的啤酒还开车，虽然血液酒精含量尚在安全范围之内，但已离于道矣。今后开车时一定坚决戒酒，滴酒不沾，丝毫不得松懈！专业赛车高手已将安全驾驶准则与自己的思想行为自然融为一体，没有半点做作，也无须半点做作。那么在实战投资中，顶尖投资高手也应该将实战投资基本原则和铁血纪律与自己的思想行为融为一体，没半点刻意，也无须半点刻意。则实战操盘铁血纪律的捍卫，将是愉快的捍卫，微笑的捍卫。不可说，不可说，须以心悟。

值得一提的是，老班告诉我他的驾龄只有10年，这点和只铁先生10年股海征战的经历相似。现在回想起来，不禁感叹缘分的精彩、天意的奇妙，自然的伟大，个人的渺小。老班说，他1992年拿本儿后没怎么开车，1994年捡起来时开车技术很面，手潮得甚至公共汽车都能把他别到一边。但是到1997年，老班驾车已经在北京的大街小巷如入无人之境了。两年不见，我看他驾驶更加平稳，心态更加自然，技艺更贴近于道。记得老班当初告诉我，他开始做汽车生意，喜欢汽车，1994年重新开车后经常用"心"琢磨，三年功夫即具有超一流驾驶水平。这种刻苦磨练，用心感悟，反复思考实践的过程，和只铁先生在《短线英雄》中说的专业化投资功力的训练和铸就，没有任何区别。专业化投资能力的铸就只能通过这种途径，真的是没别的更好的办法。

现在回想起《短线英雄》出版后，很多人士对只铁先生著作的负面评价甚至奚笑，我现在心中一片了然，只铁先生对此必定一笑置之。伟大领袖邓小平的不争论、看发展的哲学智慧应用在这个问题上也许比较适用。那种对只铁先生技术体系和操作系统公式的买椟还珠式的看法，早与正道相去甚远，背道而驰呢。即使有人能够偷走先生价值百万、千万元的交易软件，如果不了解专业化投资的真正精髓和内涵，依样画瓢而不得真传，反而可能弄巧成拙赔大钱，此亦何足惧哉？能偷走的不是真正的好东西，真正好的东西也偷不走，真正识货的人不会想到去偷啦，呵呵。你也许可以偷走武林高手的倚天屠龙宝剑，或者他的剑鞘玉坠，但你绝对偷不走武林高手真正的剑（友情提醒：高手的宝剑他人使得不好，反而会伤到自己。记得网上一位有 10 年股龄的深圳投资高手就如此评价先生的著作）。

手中有剑，心中无剑；手中无剑，心中有剑，真正的剑就在高手的心中！心意起处，出手就赢！交易系统只是投资高手的剑形，而境界心态才是投资高手的剑神。有神则形聚，无神则形散。以神御形，以形见神，神形合一，则随心所欲，无往而不利。古今中外，莫不如此！

古人云：上士闻道，勤而行之；中士闻道，或存或亡；下士闻道，大笑之；不笑不足以为道。玄之又玄，众妙之门。妙不可言，拈花微笑。

（彻夜击键完稿于 2002 年 2 月 24 日清晨，可以稍微体会一下只铁先生当初几天几夜写完《短线英雄》的愉悦感觉，也因此些许明白了只铁先生的众多学生为何那样不辞劳苦地协助先生出版著作。先生的魔力，就是道的魔力。废寝忘食，乐此不疲！正像孔子说的那样，春天的静夜中孜孜不倦地研读《易经》，天已经亮了而犹自不觉。）

后记：悟道之后，经常感觉思如泉涌。从很简单的事情，能领悟深邃的道理；而从很繁杂的事情，却能分清简单的条理。以前经常看到古人和当代人士写出妙文颇为羡慕，现在居然自然而然地就从自己手指之间流淌，在键盘之间跳跃，这在不久之前真的是很难想象的事情。好文本天成，循道必得之。妙哉。妙哉。功到自然成！古人真不我欺也！百炼成钢，王者不败，只铁定不我欺也！

又及：事情说来真是奇妙，感悟投资之道后写完《只铁战法的外盘研判和宏观研判应用》一文本来准备慢慢收官，结果跟贴中只铁先生妙手轻点，居然令我思路如江河泛滥一发而不可收拾。写最近的三篇文章感觉真的是一气呵成，行云流水，下笔如有神助！日后下单也一样会如有神助吧。非有神助也，乃天助自助者也。伏羲氏曰：天行健，君子以自强不息。是以君子积健以成雄也！

有心、有缘的同学们啊，珍惜与只铁先生交流的机会吧。这个福气可真是极为难得呢。

金融投机之伏魔心经

昨日和南京的徐斌同学在网上聊天，谈到佛理。蒙只铁先生博爱精神之激励与点拨，我脑海中忽浮现出金庸在《天龙八部》中的一句佛家偈语，由爱故生忧，由爱故生怖，若离于爱者，无忧亦无怖。从情欲的角度来看，说的是完全正确；但是从佛法广大无涯的角度而言，则上述偈语只说对了一半。则吾今曰：小爱皆由我起，小爱皆由心生；若离于小我小爱，亦无忧亦无怖也。

金融市场投机之亏损，皆因贪怖之心魔也。魔既由心生，魔则由心灭。是以战无不胜之道，无往不利之理，即舍却小我，弘扬大我。此即只铁先生所言：大爱无我，寂寞无敌是也。吾现观国内股市茫茫之海，全球金融渺渺之洋，顿觉满目贪欲怖念也。只铁先生渡我！幸甚。善哉。无欲则刚，金刚不败，无欲而无不欲！无为则柔，至柔无敌，无为而无不为！既已无我，孰能伤之？吾由此纵观全球金融市场之投机操作，遽然大悟曰：

中国国内股市只能单向做多，是以：

市场上升见顶之时，对一般投资者而言，是为光明顶，但对专业投资高手而言，则为黑暗顶；

市场下跌见底之时，对一般投资者而言，是为黑暗底，但对专业投资高手而言，则为光明底；

市场趋势不明之时，对一般投资者而言，乃水深火热之炼狱；但对专业投资高手而言，则为云淡风清之天堂。

国际金融市场多空双向操作，然则：

市场上升见顶之时，乃阳盛极而衰，阳灭阴生之际，是为多头之黑暗顶，而空头之光明顶也；

市场下跌见底之时，乃阴盛极而衰，阴灭阳生之际，是为多头之光明底，而空头之黑暗底也。

市场升跌不明之时，乃阴阳盛衰互通之际，既为多空之天堂，亦为多空之炼狱。天堂地狱，存乎一心矣。

市场人士于光明与黑暗转换之时，俱各执多空一词，喋喋不休。此执著亦皆生于贪怖也。则吾又言：由执故生多，由执故生空，若离于执者，无多亦无空。故吾论投机之心经曰：由贪故生顶，由怖故生底，若离于贪怖，无顶亦无底。既悟金融投机之伏魔心经，何遑多空顶底，尽皆一片光明。

（写于2002年2月28日：深深感谢只铁先生和徐斌同学给我的启迪！）

投资文集结语

以上文集本为我在过去一年半的时间内，自己学习西方经典、现代投资理念和实践经验，学习只铁战法，学习中华先贤哲学，并据此应用于国内股市和全球金融市场，以进行专业化实战投资观察和实践的心得体会，原发表在只铁军校的内部网页上。因自己实战经验尚浅，本意留作己用而暂不欲对外发表，以免有夸夸其谈之嫌。但我承蒙只铁先生以宏大思维及博爱精神广渡有缘投资者之激励，有感于先生以振兴中华为己任的拳拳赤子之心，经年以来我并得到知晓易学、通达书法之张先生焕培、陶先生荣祥两位前辈屡以雅量高义之指点，令我踌躇犹豫之心顿失，患得患失之念立消，心中对此遂豁然开朗，一片光明。

古人尝云：好文本天成，妙手偶得之。非妙手偶得也，乃循道必得也，吾今方知。扶桑本间宗久古有日本风林火山之法；乔治索罗斯氏昔有西洋金融炼金之术；吾等炎黄子孙今有中华只铁投资之道。市场之道亦天地之道也，吾等岂敢独乐焉？既得之于天地，当归之于天地，普天之下有缘者共得之。

（晚生王宁书结语于农历壬午年正月十五，公历2002年2月26日。）

只铁：有此天才学生、幸甚！大爱无我，真爱无敌！

天作棋盘星作子，我与谁下？地作琵琶路当弦，弹与谁听？
心如大海爱如舟，无处不达；情为旗帜义为锋，何人能敌？

与王宁共勉。

附：我在《短线英雄》后的书单基础上为自己列出的书单，请您指正。

Trading Bookshelf-Wang Ning
Part I: Original English Books
The best books on trading in financial markets that are worth intensive reading:

只铁先生推荐等：

1. The Stock Market Barometer, By William P.Hamilton
2. Reminiscences of a Stock Operator by Edwin Lefevre-$9.00
3. Technical Analysis of Stock Trends, By Robert Edwards & John Magee-$65.00
4. How to Make Profits in Commodities, By William D.Gann-$38.76
5. 45 Years in Wall Street, By William D.Gann-$38.44
6. Trader Vic: Methods of a Wall Street Master, by Victor Sperandeo-$15.96
7. Trader Vic II: Principles of Professional Speculation, By Victor Sperandeo-$23.96
8. Trading Chaos, By Bill Williams
9. Technical Analysis of the Financial Markets, By John J.Murphy-$56.00
10. Trade Your Way to Financial Freedom, by Van K.Tharp-$23.96

其他华尔街经典、现代投资名著：

1. When to Sell: Inside Strategies for Stock-Market Profit, by Justin

Mamis-$21.95

2. The Nature of Risk, by Justin Mamis-$12.42

3. How to buy, by Justin Mamis-$17.95

4. The Master Swing Trader: Tools and Techniques to Profit from Outstanding Short-Term Trading Opportunities by Alan S.Farley-$44.00

5. Japanese Candlestick Charting Techniques: A Contemporary Guide to the Ancient Investment Techniques of the Far East, by Steve Nilson-$60.00

6. Market Wizards-Interviews with Top Traders, by Jack D.Schwager-$12.80

7. The New Market Wizards: Conversations With America's Top Traders by Jack D.Schwager-$12.80

8. The Stock Trader: How I Make a Living Trading Stocks by Tony Oz-$37.95

9. Soros on Soros by George Soros,-$15.00

10. The Alchemy of Finance by George Soros-$22.95

11. How to Trade in Stocks: The Livermore Formula for Combining Time Element and Price □Revised Ed□ by Jesse L.Livermore-$19.95

12. Gann Simplified by Clif Droke-$22.90

13. Trading for a Living: Psychology, Trading Tactics, Money Management by Alexander Elder-$17.56

14. The Bear Book : Survive and Profit in Ferocious Markets by John Rothchild-$22.90

15. The Money Game, by Adam Smith

16. Bloomburg on Bloomburg, by Michael Bloomburg-$7.95

17. The Art of Short Selling by Kathryn F.Staley-$45.00

18. Jesse Livermore: The World's Greatest Stock Trader, by Richard Smitten-$13.96

19. Encyclopedia of Chart Patterns by Thomas N.Bulkowski

20. Where Are the Customers' Yachts? or A Good Hard Look at Wall Street, by Fred Schwed

21. Stock Trading Wizard: Advanced Short-Term Trading Strategies by Tony Oz-$86.40

22. The Encyclopedia of Technical Market Indicators, by Robert W.Colby, Thomas A.Meyers-$56.00

23. Beyond Candlesticks: More Japanese Charting Techniques Revealed 〔Wiley Finance Editions〕 by Steve Nilson-$60.00

24. The Hedge Fund Edge: Maximum Profit/Minimum Risk Global Trend Trading Strategies by Mark Boucher-$52.00

25. Candlestick Charting Explained: Timeless Techniques for Trading Stocks and Futures by Gregory L.Morris 〔Paperback-1996〕

26. Technical Analysis and Stock Market Profits: The Real Bible of Technical Analysis 〔Traders' Master Class〕, by Richard W.Schabacker, Donald Mack 〔Editor〕 〔Hardcover-April 1998〕

27. Elliott Wave Principle: Key to Market Behavior by Robert Rougelot Prechter, A.J.Frost, Charles J.Collins-$23.32

28. Smarter Trading: Improving Performance in Changing Markets by Perry J.Kaufman, Jack D.Schwager-$26.36

29. How I Trade and Invest in Stocks and Bonds by Richard D.Wyckoff

30. The Battle for Investment Survival by Gerald M.Loeb-$22.36

31. Stock Market Wizards: Interviews with America's Top Stock Traders by Jack D.Schwager-$22.40

32. The 7 Chart Patterns that Consistently Make Money by Ed Downs-$9.50

33. Why Smart People Make Big Money Mistakes—And How To Correct Them, Lessons from the New Science of Behavioral Economics by Gary Belsky, Thomas Gilovich

34. The Visual Investor: How to Spot Market Trends by John J.Murphy, John L.Murphy-$40.00

35. Day Trade Part-Time by John Cook, Jeanette Szwec-$23.96

Smarter Trading: Improving Performance in Changing Markets by Perry J.Kaufman, Jack D.Schwager-$26.36

附录 I
寻宝图：股市生存之道

人与世界的关系

有限度客观认识世界

股海苍茫，宇宙无边。人类受自身因素的制约只能有限度认识规律。或者说，人类只能在特定的时空背景中认识世界局部的客观规律。

这一哲学前提是一切实践活动取得成功的根本前提。具体到股票、期货市场，根据对道氏理论、波浪理论和江恩理论的哲学提炼并进行客观化、定量化、保护化的实战限定，即构成了我们专业投资哲学体系的大致理论框架。即以模糊、定性、混沌的东方思想为哲学内涵，辅以西方科学定量、精确以及混沌、分形技术手段的专业实战投资体系。

从专业实战思想原则上，我们并不企图，也没有能力去把握金融市场的全部规律（包括已经被认识到和未被人类智慧认识到的）。因此有所为有所不为，才是一种人生的大智慧。

由于市场总体混沌不可精确认识，因而定量地对市场全局进行分析和描述就成为不可能。对于市场这种根本性模糊的描述，已有的科学工具难以胜任，未来的变化还有待于慢慢的观察。

然而，在实战投资操作行为展开的时候又绝对不允许我们模糊和主观随意。这就是投资分析研判理论与投资实战操作理论和谐统一的两难问题。中外股市几百年来，各国都有许多伟大的投资家非常痛苦地挣扎其中，心智备受两难背离的煎熬。

现实实战中，我们采取的方式是承认自己在某些时候的无能，放弃对认识全部市场规律的幻想。只将市场中能够被我们认识、把握和定量描述的那一部分作为我们投资活动展开的实战基础。心平气和、坦然地放弃不确定和无把握的市场机会，以确保我们的投资活动处于完全可以被自己控制的范畴之中。

因此，我们的实战操作必须建立在尽可能客观、定量化的基础之上。我们只赚取属于我们自己的，可以稳定获得的市场机会的利润。我们追求的是一种必然的成功而绝非偶然的运气。同时，实战买卖操作信号定量化、客观化也就成为我们评价和衡量自己操作系统质量好坏最为重要的标准。

有条件限定实战操作

涨跌轮换是股票期货市场唯一的根本规律。而盘整是涨跌轮换间的可能过渡。在此基础上，我们结合道氏理论三个级别的运动，形成以30日、周、月等均线为参考坐标表述的"寻宝图"，并辅以多周期、多要素和谐共振进行周密的标志性研判确认和科学的实战布局规划。

在实战操作时，我们首先进行客观化、定量化、保护化、科学化限定。在此限定范围内，可以根据个人风格进行个性化、精确化的科学操作和艺术化管理。

这种投资思想体现着对风险控制的透彻理解，符合这种哲学原则的操作其风险已在很大程度上得到锁定，而利润的获得则可以根据投资者的个人风格采取不同的实战操作方式进行逐步积累。

天人合一与和谐共振

相对于人类的智慧来说，世界总体是混沌的，不可能被完全认识的。穷终尽极是个永恒的梦幻。

而我们则认为，市场既不是传统经典理论认为的完全可认识，也不是随机理论认为的全部不可认识。

我们的观点是：市场在特定的时空条件下是可以被认识和把握的，也就是说市场部分可以认识，部分不可认识。只有真正理解了这一点，投资者才会客观对待成功和失败，才永远不会产生预测派精确把握市场波动一切，想成为神的无知妄想。

"道无终始，物有死生"，风霜雨雪、四季循环。庄子在《齐物论》中说：

"死生无变于己,而况利害之端乎?"庄周与蝴蝶合而为一,乃至整个世界也与蝴蝶合而为一。这就是所谓的"物化",即物的交合化一。不论是庄周梦成了蝴蝶,还是蝴蝶梦成了庄周。反正是因为"物化",才达到了弃知而忘物,去形而忘己,舍死而忘生的境界。这也就超越了当下事物有限时空的限制,使一事一物变为无穷,使须臾瞬间化作永恒,最终达到天人合一的无上境界。所以,庄周才"栩栩然"而"自喻适志"。这是一种自由的展现。既如此,物我何必挂心,死生何足挂齿,不用羡慕过去,不必期望来生,当下就是无穷和永恒。与市场和谐共振、物我两忘!

世界的本质是永恒的运动。世界的运动、发展、变化遵循着混沌、阴阳循环、螺旋往复的根本规律。股票市场是运动的。它也绝不例外地遵循着世界的根本运动规律。

下面我们用衍生于《易经》思想的"寻宝图"从运动学的角度来对变化无穷的股票市场进行客观、定量、系统的研究和描述:

股市运动的描述——寻宝图

波涛汹涌、千变万化的股市现象中,唯一不变的是阴阳转化、涨跌轮换。它是股票市场永恒的遵循着的运动规律。

股票市场是由具备稀缺性属性的商品——筹码、资金、时间以及人类心灵意志构成的一种特殊运动。它是实体经济、虚拟经济、人类心智运动的高级形式。

道一相生——荣枯循环

阴阳鱼太极图(附图1)是我们中华民族智慧的象征,其内涵深奥,丰富而神秘。称为万物太极本源图。之所以称为太极,是言太者,极大也;极是最高最远,至尽而无余。太极是说明宇宙广阔无垠,是万物发生发展变化的根基,故朱熹说:"总天地万物之理便是太极。"

附图1 阴阳鱼太极图

阴阳鱼呈圆形,象征事物的永恒、循环式的运动状态，也象征人的生命起源。圆周内分左右两部分：左侧为白鱼，头向上属阳；右侧为黑鱼，头向下属阴。这一设计也表达了中国传统文化。古人认为左侧为东方，是阳气升起的地方，右侧为西方，是阳气下降的道路，同时在上的阳需下降，在下的阴需上升，阴升阳降，运动不息。白鱼和黑鱼之间由一条反"S"形曲线分开，这说明事物的阴阳双方并不是截然以直线的方式分开的，而是彼此相互依赖、相互为用的。同时也指出事物是负阴抱阳，任何一方均不能脱离另一方而单独存在，事物的阴阳双方既对立又统一，彼此协调和谐而又相互制约，共同维持事物阴阳双方的动态平衡。

对于寻宝图（附图2）的运用我们必须执简驭繁。30单位线仅仅是形，各阶段循环位置反复转换才是意。

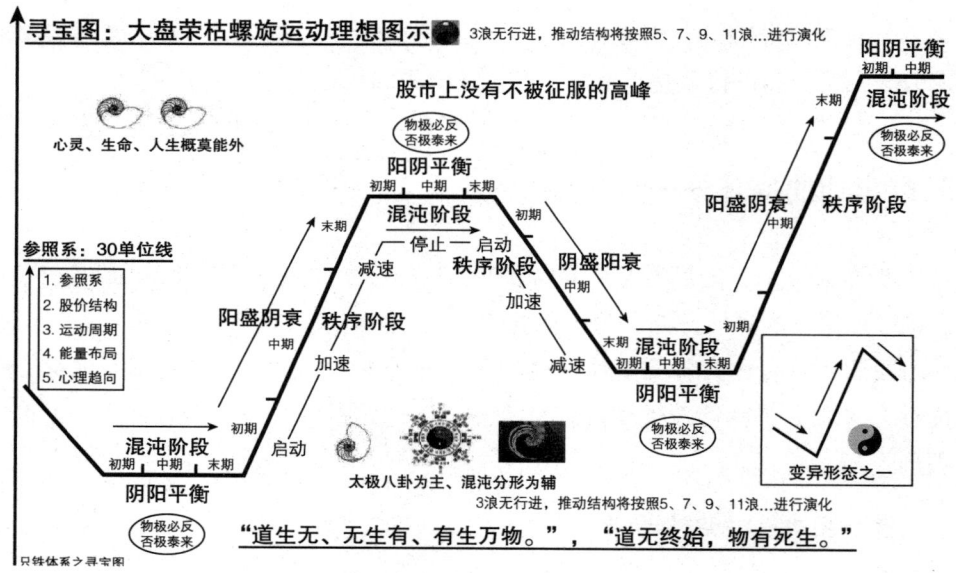

附图2　道一相生——荣枯循环

这里所说的"位置"并不仅仅是价格要素的函数，它包含着价格、时间、量能、结构、人等市场的本质要素！用"图说"仅仅只是手段，万万不能拘泥，一旦知其要旨，就可以彻底抛弃，得意忘形。

标志性技术信号出现时，几大要素达到和谐境地，则做多或做空的最佳位置出现，市场出现最明确的涨跌趋势，资金管理按照该信号出现的级别大小，实战中需要艺术性地进行部署；一旦几大要素中出现不和谐情况，则相应地调整资金管理的结构或实战操作时间的周期,从而达到最大限度获利避险的目的。

在具体的实战操作中,我们用分形来把握各个运动循环阶段量变结束拐点的标志性技术信号。而标志性技术信号必须满足我们框定的条件。这个标志性技术信号的反复出现、反复相似,就是分形的本来含义。中国古代早就有混沌分形的概念和具体应用了,它们并不神秘!

寻宝图蕴涵着天地万物最深的道理。按照寻宝图的轨迹运动,心灵、生命、人生概莫能外!也可以说,此图囊括了一切!

混沌、秩序——线性、非线性

老子《道德经》第二十五章是这样描述的:"有物混成,先天地生。寂兮寥兮,独立而不改,周行而不殆,可以为天下母。吾不知其名,强字之曰道,强为之曰大。大曰逝,逝曰远,远曰反,故道大,天大,地大,人亦大。域中有四大,而人居其一焉。人法地,地法天,天法道,道法自然"。

赫西俄德的《神谱》(Theogonia)中说:宇宙最古老的神是"混沌"(开俄思)。开俄思生下了黑暗(俄瑞伯斯)和夜晚(尼可特)。俄瑞伯斯和尼可特因爱而融合,生下了光亮和白昼……直到宙斯即位后才有了秩序、限度……混沌相当于自然的本无。混沌生下黑暗和夜晚,此时自然仍然是奥秘,而没有显现,之后,产生了光亮和白昼,自然才具有了显现的基础……

关于混沌我们认为应该着重学习的是"混沌"的思想,而不是仅仅拘泥于"混沌"的方法去图个热闹、赶个时髦。

关于市场我们认为既是线性的,也是非线性的;线性的部分是有秩序的,非线性的部分是混沌的;市场是由有秩序走向混沌又从混沌演变为秩序的螺旋往复的循环运动。市场是在有秩序与混沌的不断转化中运动、变化、发展着的。

市场的线性特征指的是市场的变化是一种简单的因果关系,是有规律可循的。由此,我们就可以用技术分析的方法分析市场并把握其变化的规律。

市场的非线性特征指的是市场的变化是复杂的混沌关系(附图3),是无序且很难确定的。市场由多种偶然的因素制约着未来可能的变化,偶然的新因素随机地出现也影响着未来的可能变化。此时,纯粹的技术分析方法便无

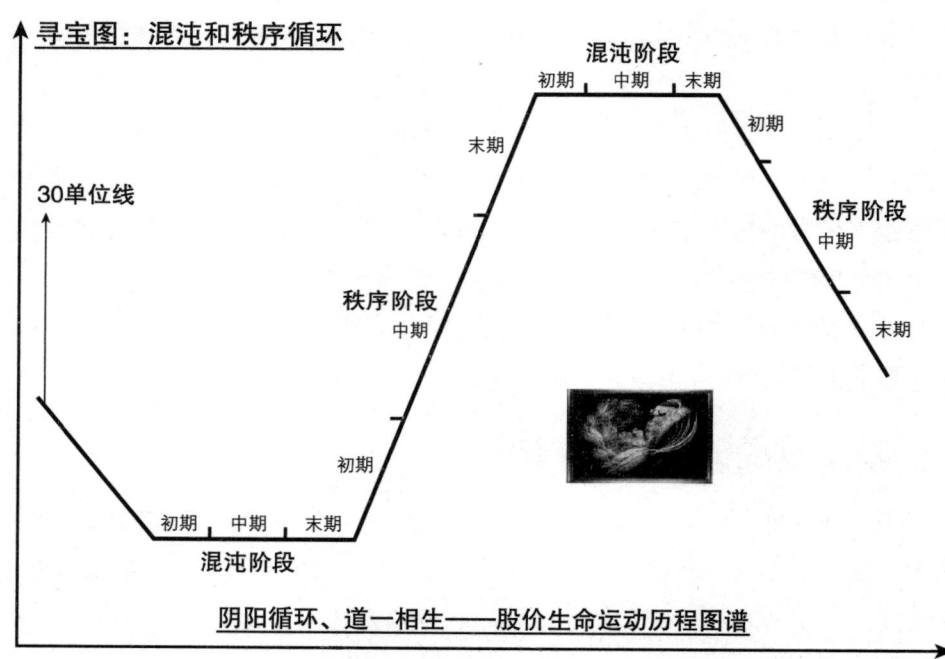

附图3 混沌秩序——线性、非线性

能为力了。

实战操作的灵魂是：用混沌的思想指导精确的操作。

股价螺旋运动——寻宝图

股价循环运动结构

股价循环运动结构如附图4所示。

执简驭繁，得意忘形

下文选摘自"只铁股票实战军校初级班"马俊同学的文章

对只铁老师30均线"得意忘形"的顿悟，并感谢梁艳芬同学的启发

2002年8月15日（周四）看到梁艳芬同学的贴子，突受启发，见到老师点评的"得意忘形"，有顿悟之感……

寻宝图揭示的是股价运行的内在实质，由高到低、由低到高、涨跌互换、牛熊交替循环复始的规律，即由生至死，由死及生的自然定律，阴阳法则。

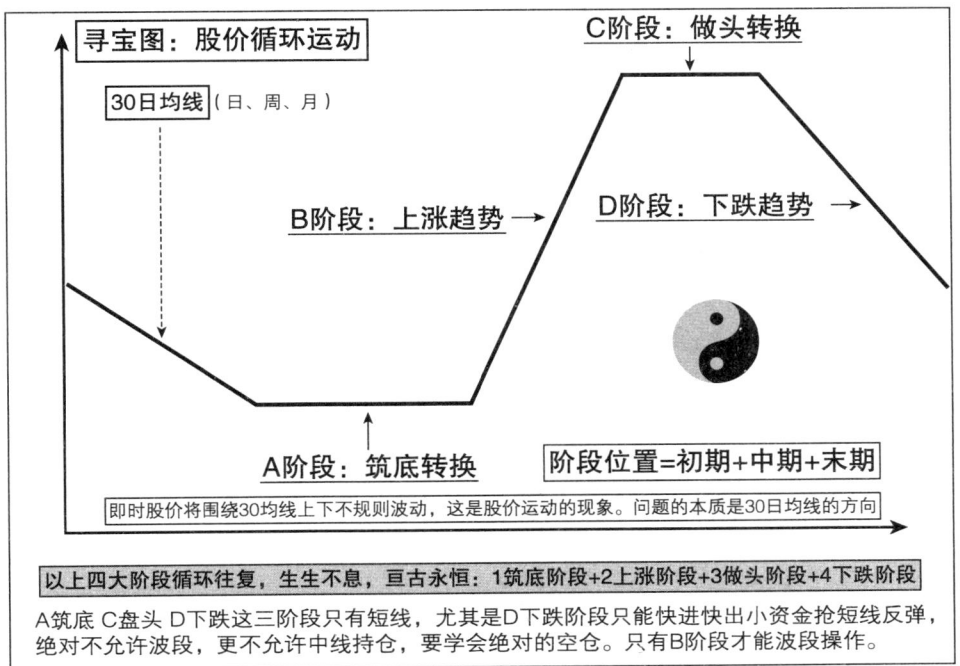

附图 4　股价循环运动结构寻宝图——执简驭繁，得意忘形

春夏秋冬、日月更替，阴阳互转。无生有，有生太极，太极生两仪，两仪生四象，衍八卦，衍生不息，千变万化。在股价上，演变历程形态各异，组合万千，变化莫测，魅力无穷，实是阴阳互替。然追根溯源，惟循天道。大道若简，以心度之。

老师画了一个寻宝图，是平面的，而实质上老师要告诉我们的，却远非用立体就可以表述的。任何一点的股价一旦产生，同时在各周期各系统中都有了它相应的位置和作用，并发生影响，此为一点定位；寻宝图是个循环图，同周期有大小之别，不同周期有相容相生，如周循环包容日循环，激发或制约日循环，而日循环生而演化周循环，又受制于周循环，相生相克；而二者又同处在月循环中，其演变多要受制于月循环。

如近期的大盘走势，"6•24"行情喷发，多数人认为行情大起，而事与愿违，排除其他因素，单看图表，当时日30线循环低位盘底期，周系统盘底中期，月系统盘整初中期，都不支持立即发动大行情，内在的牵引压制使股指回落，至此大家可以理解并预测将要发生什么，也许同学们会得出下跌的结论，那么让我们看看更高的循环——季循环，30线继续强劲向上！从而，我们就可以明确目前行情的位置，其发展的方向，可能的形态，时间的跨度等。另一方面，日周循环的力度也将反过来影响更高的循环，天道有常亦无常。庆幸的是，我们站在巨人的肩膀上！

望远之后而窥细，分时系统、即时系统道理相通。望远可定心性，此为"看"，窥细可明智，此为"做"，道通实质！"知行合一"，可以借此在技术上保证。

深刻理解多周期、多要素系统循环的演化关系，并借此指导自己的认识和操作。多周期、多要素系统，他们是相生相克，互助互制的。如月循环盘底末期或上升初期，周循环上升初期，而日30线却已是上升末期或是下跌中，如600057ST厦新2002年5-6月的演变，这时我们可以这样判断：月上升，长线向上，安全；周上升初期，中线向上，安全，同时注意到是初期，会有反复，回抽；日30线下行，是因为周30线的牵引回落，日系统的获利回吐或受阻，此时是上升途中的调整，而不是反转，但我们应清醒的认识到，此时并不是介入的最佳时机，等待才是选择。调整的时间和空间，因股而异，牵涉到更多方面……

又如，月循环上升初期，周盘整期，日上升初期，日30线虽健康向上，但受更高循环的周循环的限制（盘整期一切为了筑底）而回落，如000009深宝安2002年2-6月的演变，000029深深房类似。例子很多，有兴趣自己多看看。

由此我们可以根据各阶段的性质特点判断行情的发展方向，可能的形态，时间的跨度，配合指标系统，量能，资金面，政策面，消息面，大盘背景等，作出最佳选择，板块的龙头亦不难选择。

老师说过市场背景的重要，"个股不敌大盘"，大盘本身的循环阶段（包含各周期）对个股的发展演变同样影响巨大。（大盘向好是市场最大的获利机会。）

影响演变的因素很多，30线多周期的相生相克，30线的牵制作用，大盘背景的影响，还有老师所说的四大要素，价，时，量，人，及图表以外的因素，复杂多变，深奥啊！这也正是股市的魅力所在！

老师提示我们"得意忘形"，是提醒我们不要拘泥于30线的精细形态，被30线所限制而困惑执迷，30线是老师量化循环理论的工具，反映到K线图上，30线有时并没有完整的演化过程，即下跌——盘底——上升，而是出现了变化下跌——上升，拘泥于此，而丧失了大好机会。佛家有位禅师，不识一字，有人鄙视之"不识字何懂禅"，禅师抬手指明月，问"何物？"答"明月"，禅师又问，"无吾手指之，汝不识月乎？"

寻宝图的循环理论不仅体现在均线系统，指标系统也相通。老师指出了KDJ指标，高低位的互换，循环不息。更重要的是与30线的配合，相互影响，多周期的共振犹为重要！

更多的思考，四大要素：价、量、时、人，30线，KDJ都是价格上的研究时，寻宝图也可大致预测，还有江恩预测，那么量呢？

股价生命运动循环历程

从某种意义上看，人生几乎是一首四季循环的诗（附图5）。它有韵律和节奏，也有生长和消亡的内在规律制约。人诞生在这个世界上，开始是天真无邪的童稚时期，嗣后不知不觉中走向粗壮的青春期，企图去适应成熟的社会，带着青年人的热情、梦想和雄心，走进成年；随着经验积累，阅历增多，渐渐有了成熟的世界观，懂得了宽容和圆滑，在近乎玩世中保持着理智的清

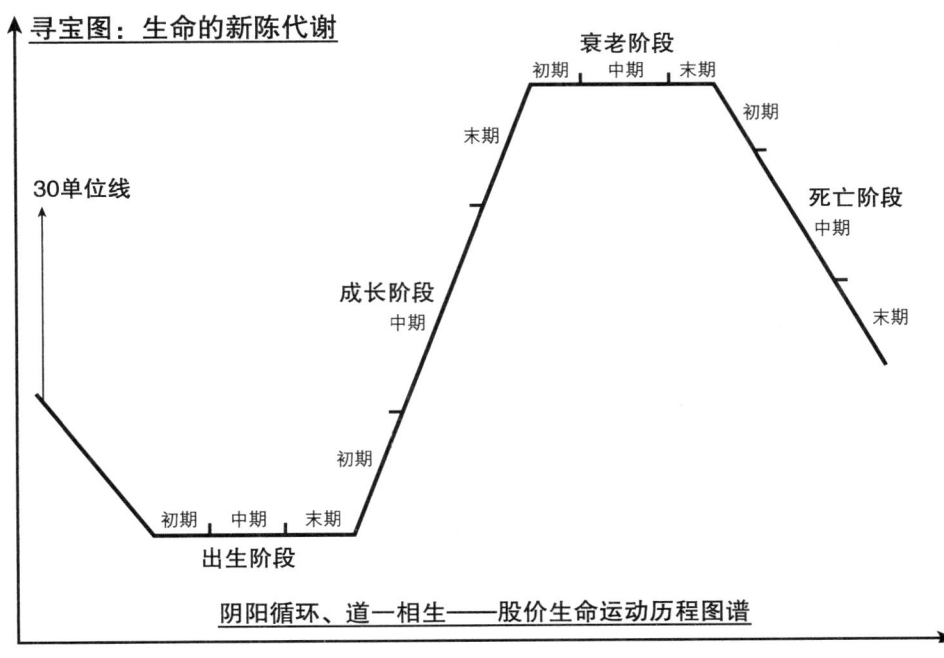

附图5　生命运动——新陈代谢

醒和现实，这便是中年人的心境；殆至老年，血气渐衰，而思想更为老成圆熟，此时的生活哲学像一杯陈年老酒，余味悠长，醇厚、苦涩、和平、稳定、闲适、知足构成一道夕阳西照下老年人精神世界中的斑驳色彩；最后生命火花闪灭，长眠在另一个世界中。

　　人生四季歌的主旋律始终是苦与乐的交响变奏。青年人乐多于苦，那是喜剧的人生；中年人苦乐参半，在苦的跑道上追逐乐的结局，那是悲剧人生；老年人苦多于乐，却能在苦中玩味出乐的滋味，带着喜剧心态观看人生悲剧，那是哲学的人生。

　　春蚕先食桑，而后吐丝；先成茧，而后化蝶。痛苦，乃自由的必经之路。生、老、病、死是生命的永恒规律，股价的运动亦然！

　　"未经审察的人生没有价值"，个体生命的哲学问题简单地说就是对生死道理的想明白和活成怎样一个自己。基于人生境遇和社会现实感慨而产生的探索哲学的动机也许是一个人深刻的开始，先生剖析得精辟：深刻≠成功。无论西方哲学的务实底蕴还是东方哲学的宦海沉浮，人生哲学解决的都是入世——出世——入世的人的心灵历程中的问题，心灵历程须凭实实在在的行动去走完！那就是对选定的现实目标执著实现！"凡间仙、世中佛、无律度的孔子"这才是人（至少是我）渴望达到的存在状态。也用这话对照只铁先生，不敢说这就是先生，却也是我心目中的这类人了。

　　（上面这段文字选摘自《股殇》作者"只铁股票实战初级军校"黄睿同学的文章）

　　宇宙真理和生命意义的个体寻求和现实外化是不分东西南北的，好的统统都拿来。笑面人生、快乐股市！——只铁点评

投资心理演化历程

　　股市投资交易心理一般按照恐惧和贪婪相生相克、彼此依存、相互转化的规律，由惯性力量推动着进行如下格局的具体演化，并在寻宝图上可以找到一一对应的关系（附图6）。

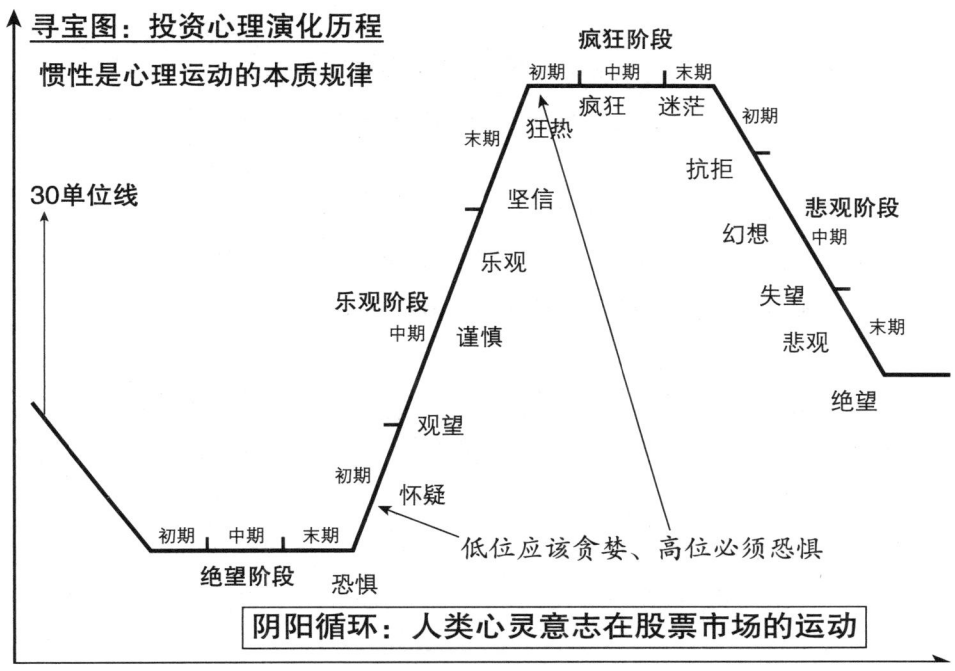

附图6 心灵意志——人生道路

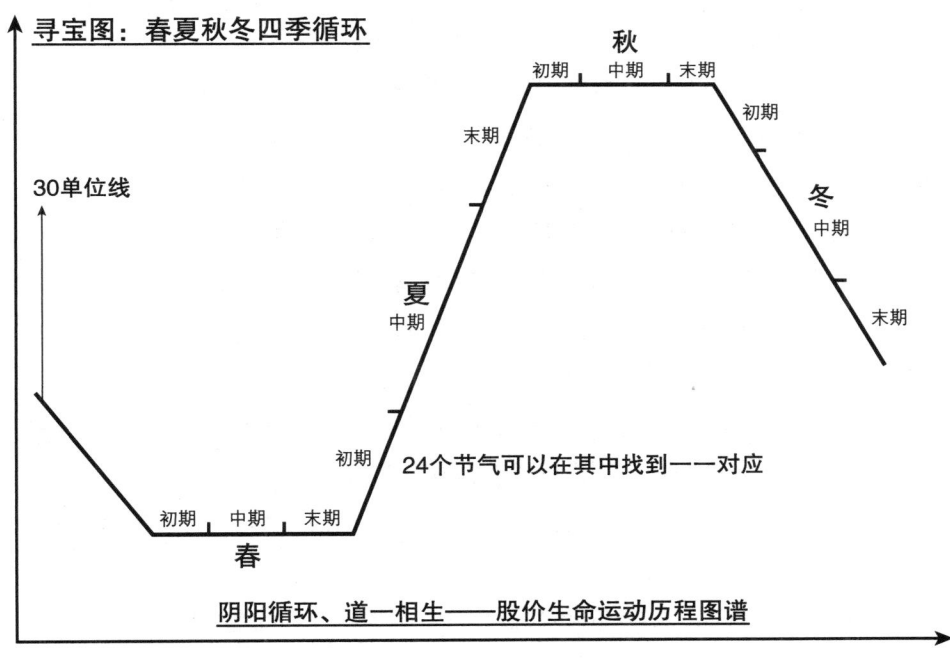

附图7 春夏秋冬——日落日出

恐惧——怀疑（抗拒）——观望——谨慎——乐观——坚信——狂热——疯狂——迷茫——抗拒——幻想——失望——悲观——绝望——恐惧……生生不息、反复重演。

恐惧、贪婪是人类的本性，本身没有对错之分、善恶之辨的。关键是看恐惧、贪婪产生在什么地方，是否合乎于天道、地道、人道！

岁月更替、日子有功

岁月更替、日子有功！时间积累能量。春、夏、秋、冬的轮换、流转是季节的旋律；盘底、上涨、做头、下跌的反复演化是股市的四季。年复一年的故事，年复一年的悲欢，有多少人曾用心去体味过？四季是分明的，如果一切都处于混沌，人类将无法生存，苍天有眼、悲天悯人。

"无法顺应股市四季的人，你可以想象，他必然在生命的四季里，也输得一塌糊涂。"

宏观经济波动周期分析

股票市场波动通常与现实经济波动周期紧密相关。股票市场价格波动承受着国内经济波动周期以及世界经济的景气状况影响。

经济周期一般由复苏、繁荣、衰退和萧条四个阶段构成（附图8）。

复苏阶段开始时是前一周期的最低点，产出和价格均处于最低水平。随着经济的复苏，生产的恢复和需求的增长，价格也开始逐步回升。

繁荣阶段是经济周期的高峰阶段，由于投资需求和消费需求的不断扩张超过了产出的增长，刺激价格迅速上涨到较高水平。

衰退阶段出现在经济周期高峰过去后，经济开始滑坡，由于需求的萎缩，供给大大超过需求，价格迅速下跌。

萧条阶段是经济周期的谷底，供给和需求均处于较低水平，价格停止下跌，处于低水平上。在整个经济周期演化过程中，价格波动略滞后于经济波动。

这些是经济周期四个阶段的一般特征。不同国家、不同时期的经济周期可能具有自己不同的特点。因此，认真观测和分析经济周期的阶段和特点，并与寻宝图一一对应，对于在实战操作中，正确地把握股票市场价格走势具有重要意义。

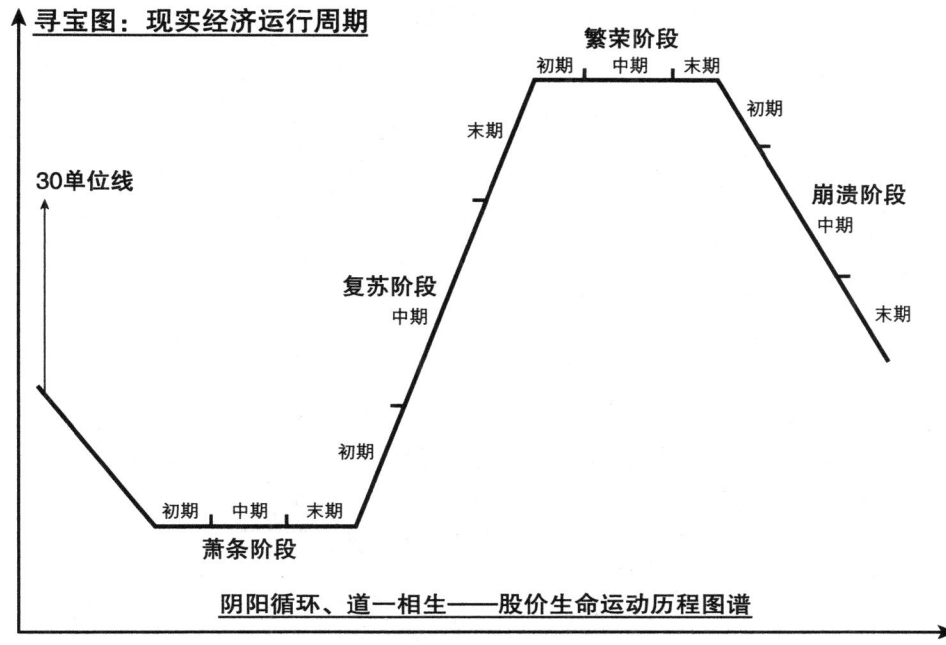

附图 8　荣枯嬗变——经济周期

各周期寻宝图展开

寻宝图的运用可以在各个周期上按照相同的结构及要素展开。宏观（年、季线图）可以从战略上规划我们的实战投资操作，中观（月、周、日线图）可以从战术上规划我们的实战投资操作，精细（分时、实时线图）可以从技巧上规划我们的实战投资操作。不同周期操作都可以与寻宝图一一对应（附图9-附图14）。

寻宝图——知识结构和实战原则

知识结构：市场要素——价格、时间、成交量、人、多周期、多要素和谐共振及量变结束分形呈现之标志性技术信号。

这些知识在临盘操作中应对着建仓入局、持仓待涨、落袋为安、空仓等待几个实战步骤（附图15）。

实战原则：客观化、定量化、保护化、系统化——专业化、科学化

根据股价在寻宝图中所处不同阶段的具体位置，实战投资在战略布局上分为：激进型—进攻、保守型—防御两种操作态度；在操作战术上分为：买（补

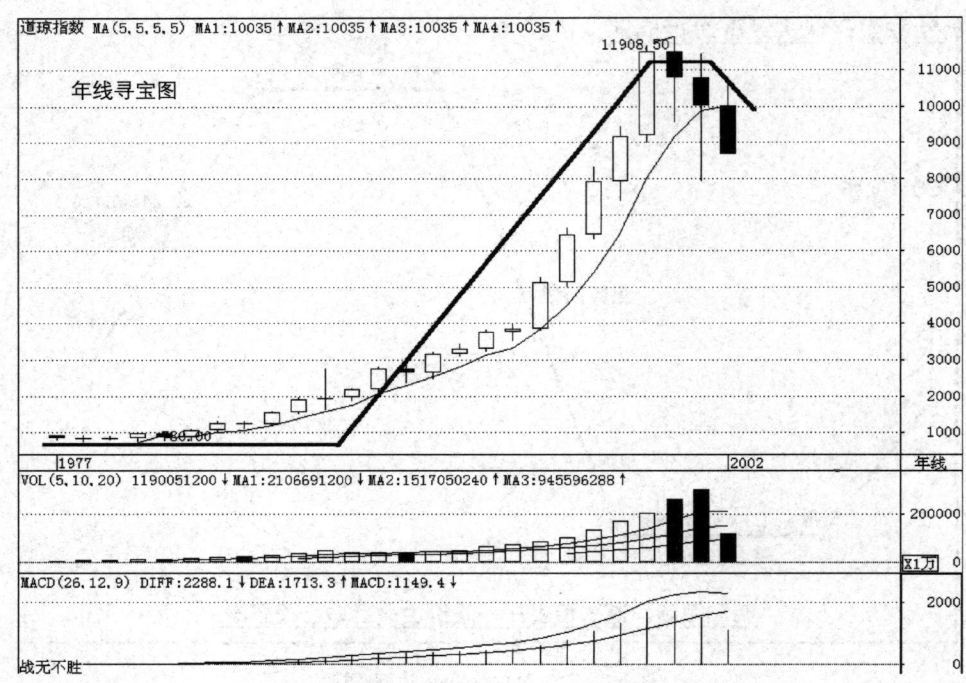

附图9 寻宝图——道·琼斯指数年线图

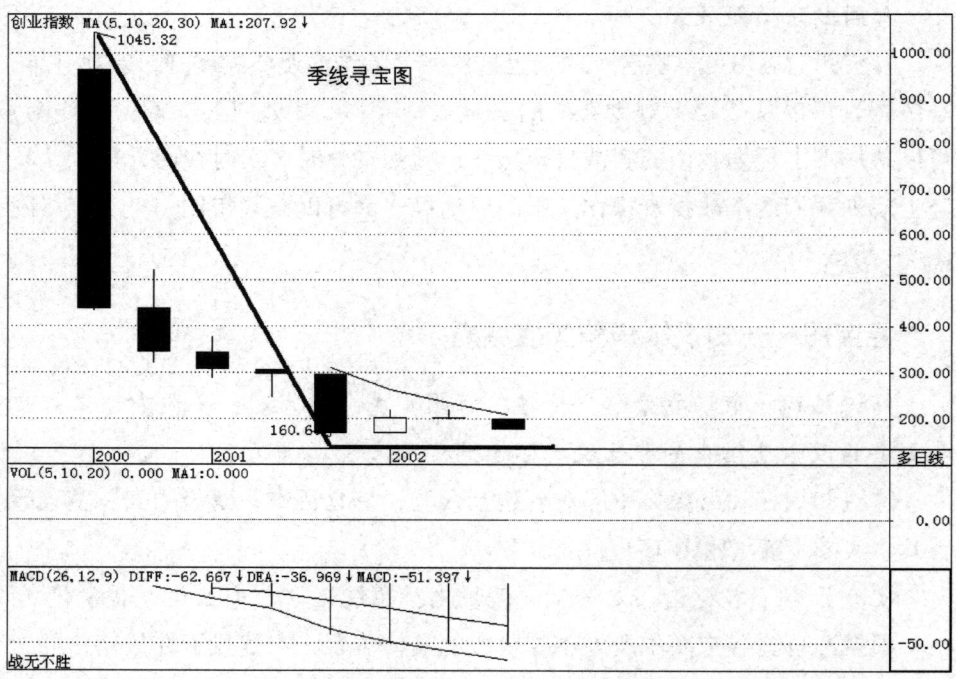

附图10 寻宝图——香港创业板指数季线图

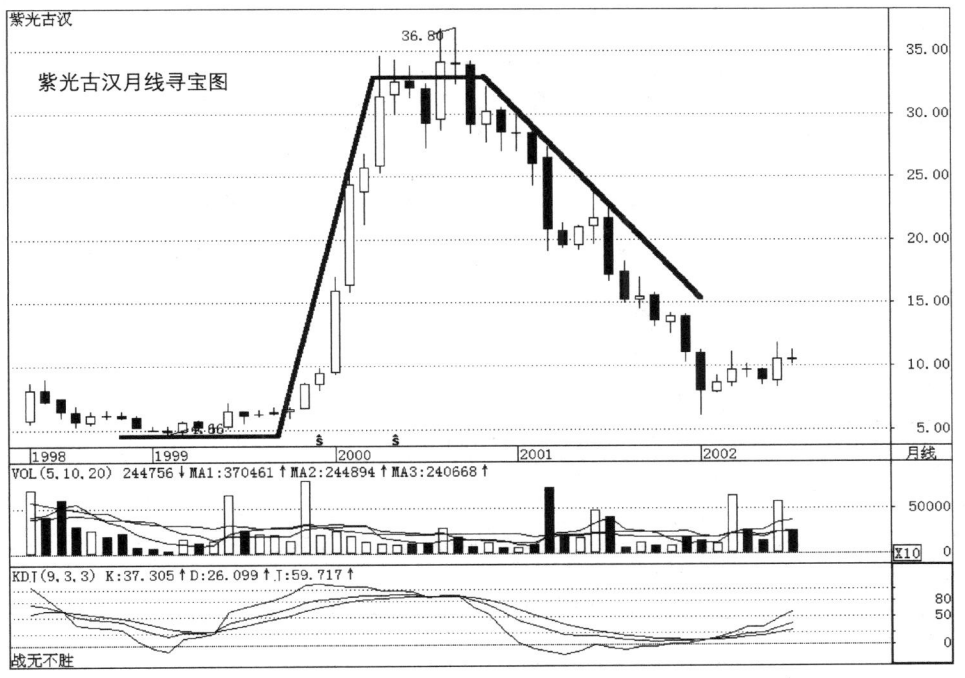

附图 11　寻宝图——紫光古汉月线图

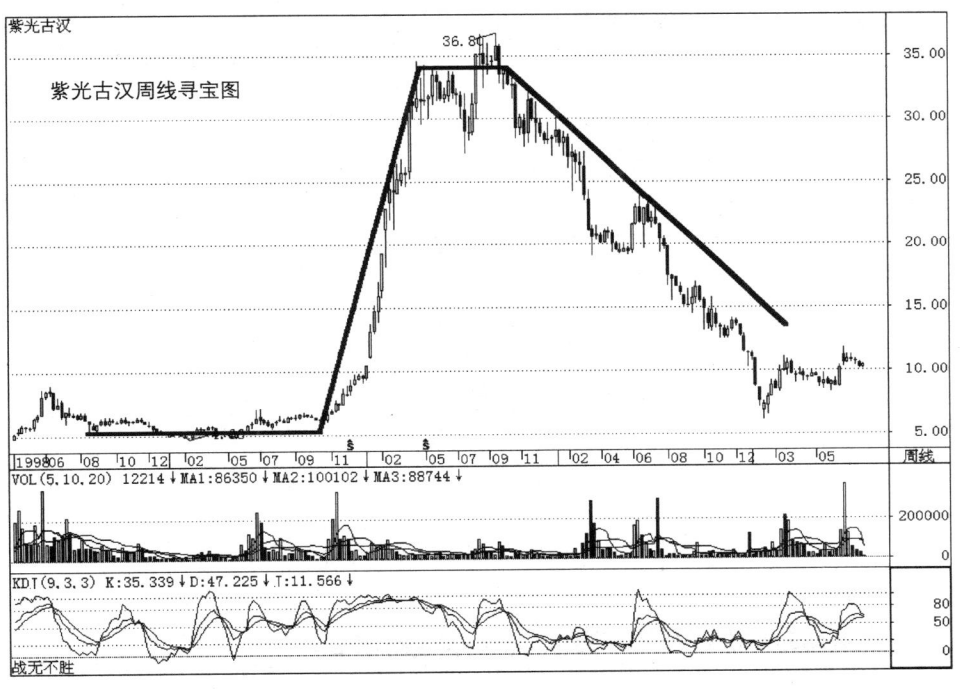

附图 12　寻宝图——紫光古汉周线图

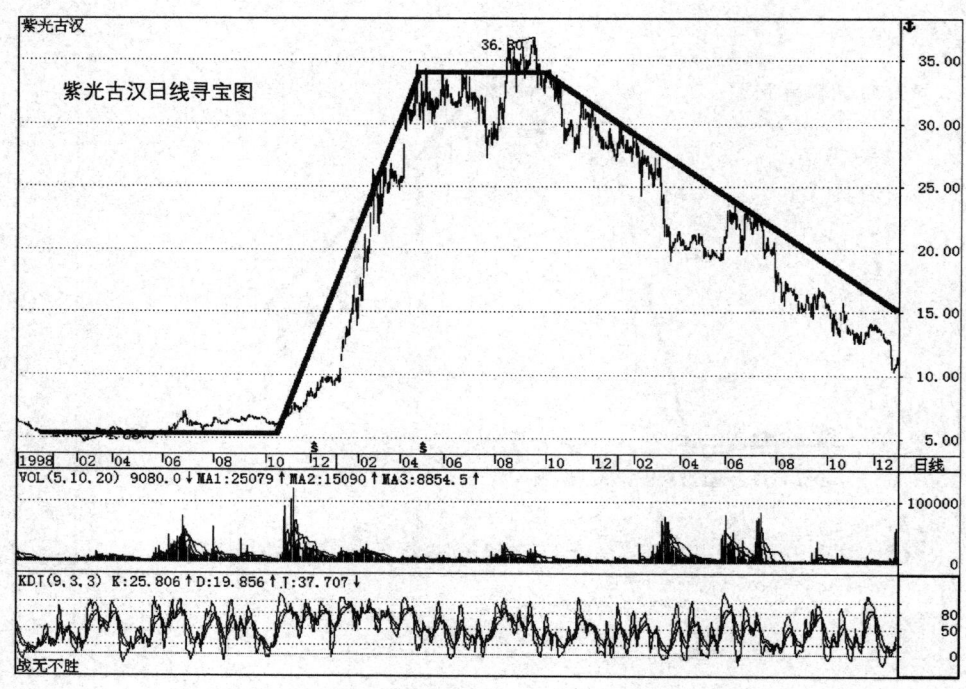

附图13 寻宝图——紫光古汉日线图

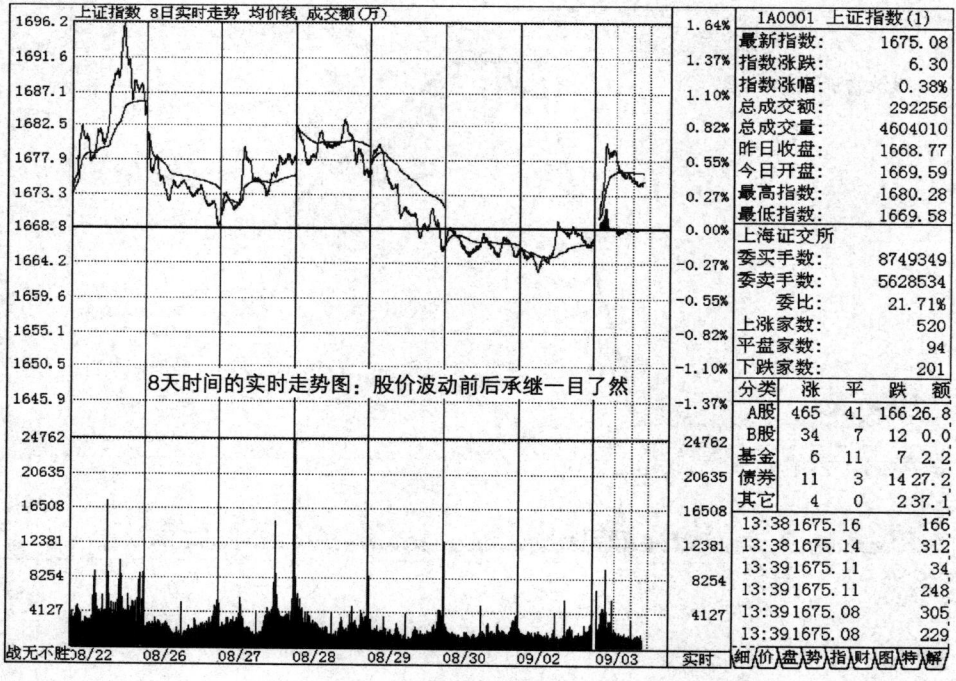

附图14 上证指数8天时间的实时图

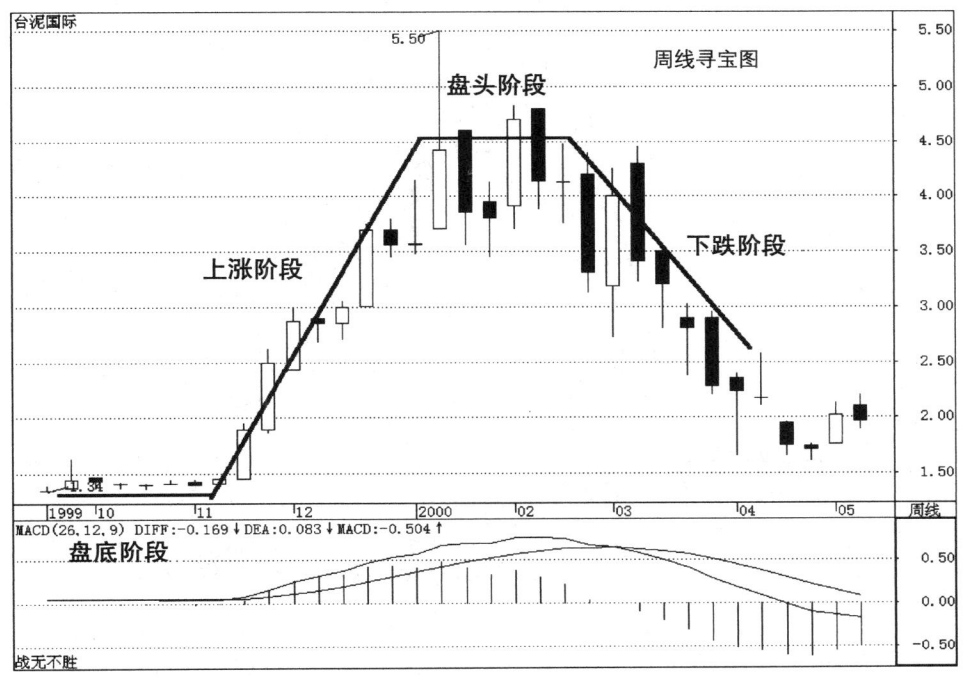

附图15 寻宝图——知识结构和实战原则

仓)、卖(止损)、观望、空仓四大经典方法;在实战投入资金布局上分为:轻仓、重仓和满仓;在时间结构布局上严格对应着机会背景和技术体系所要求的操作周期。专业投资者以此来构建完整的实战交易系统并严格地按照该系统提示的操作计划书进行操作、应变(附图16-附图18)!

股市实战兵法之战无不胜

真正高段位的职业操盘手在波涛汹涌的股海中搏击,终身孜孜以求的就是在市场中寻找到一套战胜自己、战胜他人的必胜技术系统法宝。下面的文字将从一个专业操盘手的视角全方位地向各位有缘的朋友揭示出一套在风云诡谲的股海中搏击而能长胜不败的必胜技巧,使你有能力从沪深股市一千多只股票中轻易地辨别出具有上涨攻击能力的目标股群,从中筛选出具有发动大行情条件的目标操作股只,从而能够轻松地抓牢每一波行情的超级大黑马,使你从此以后在波涛汹涌的市场中战无不胜。

学会实战看盘是整个投资获利的基础。本套方法将从根本上揭示出每一个股票图表的市场意义,教会你像看连环画一样轻松地看懂股票技术图表,

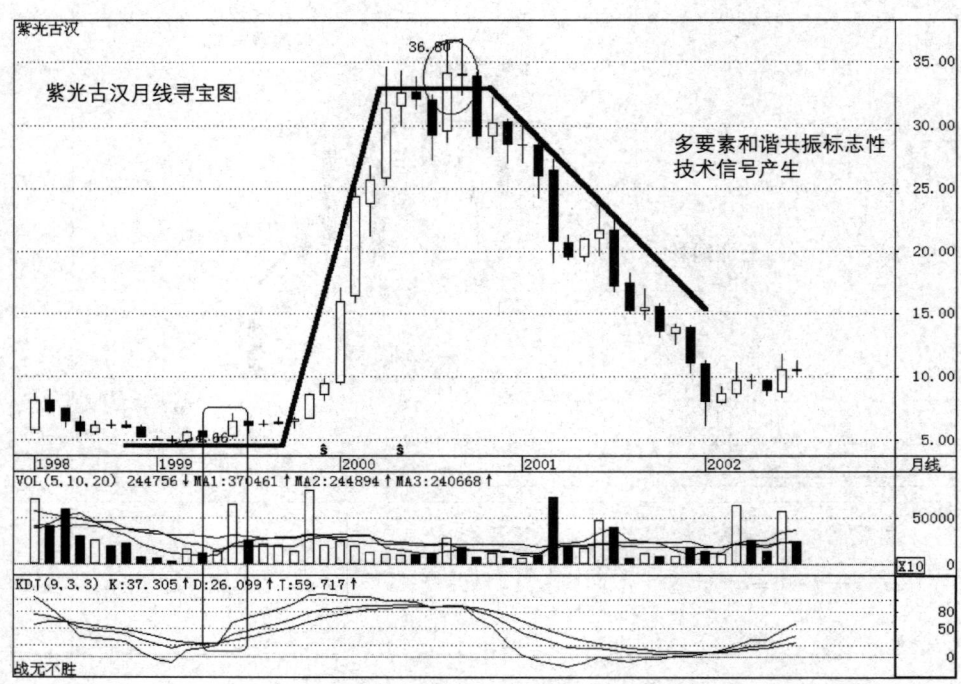

附图16 实际图例——价格、量能、指标、时间共振

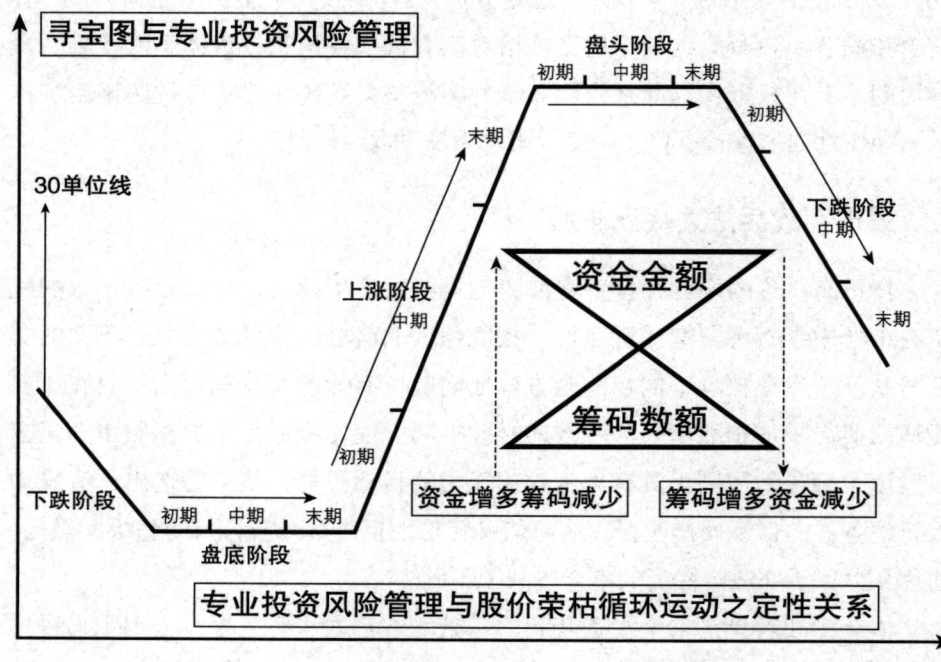

附图17 实际图例——布局

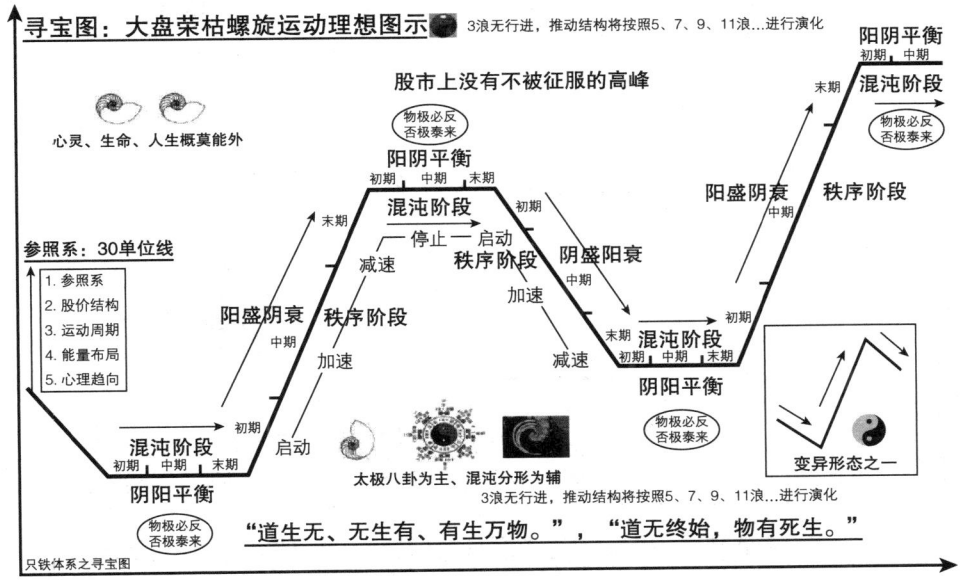

附图18　寻宝图各阶段突出解说

看懂动态即时盘面，使庄家操纵股票坐庄的花招彻底暴露于光天化日之下。本方法使你能够立即以充分的专业技术依据判定任何一只股票是否值得买进，或是应该立即卖出，使你投资操盘的战术动作真正建立于必胜的分析研判的基础之上。从此轻轻松松赚钱，高高兴兴获利。

请牢记，市场上每一只股票都必将处于下面股票市场运动循环阶段图表我们所描绘出的股票市场运动循环阶段的其中之一，绝对没有任何一只股票能够例外。这是市场荣枯循环运动最根本的规律。它也是所有技术派分析方法存在的理论基础，是专业操盘手至高无上的圣经。

掌握了附图19所揭示出的市场循环规律以后，你就掌握了市场运动的语言，你就能够听懂市场涨跌的脚步声，你就能够轻轻松松地辨别出每一只股票是否可以买进还是应该卖出。从此通过快速地浏览所有个股图表你就能够轻松地从沪深一千多只股票中准确地辨认出值得我们关注的目标股群，把当时不具备操作价值的其他股只从我们的目标中毫不犹豫、坚决无情地剔除出去，而不必去理会报刊、股评、庄家吹鼓手是如何地看好和大力的推荐它。一切的涨跌和赚赔都在我们的掌握之中。在你的操作中赚钱成为了一种必然而产生亏损才是一种偶然。战无不胜的光辉战绩将永久的陪伴在你的身边。

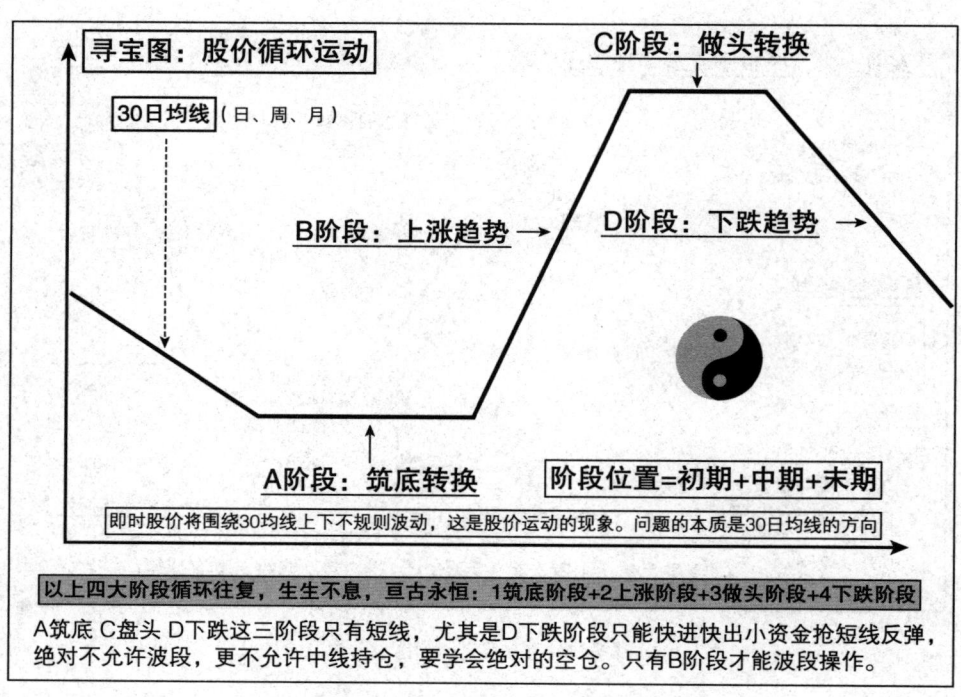

附图19　股价荣枯循环运动结构寻宝图

如下股票市场运动阶段循环图表揭示出的市场真理是我们职业操盘手的生命。你务必认真领悟牢记在心。这是你从此迈向投资成功中最最重要的一步，该循环图表的重要性无论如何强调都决不会过分。弄懂了该图表的真正含义，你就可以从报刊、股评所推荐的股票和所作的大盘分析研判上对一个股评家的专业水平作出客观的评价，同时你也会惊讶地发现绝大多数股评家的水平远远不如你自己。你已经从理论和操作上晋升到了一个相当高的职业水准。当然你要达到业内顶尖操盘手的水平，还需要进行更加专业化的严格细致训练。

股价循环运动各阶段的市场意义

A　盘底阶段的市场意义

一只股票经过相当长时间的下跌以后，做空的市场能量基本得到释放，这只股票就初步具备了展开上涨行情的市场条件。经过长期下跌后的股票它的30日均线一旦横向走平就要引起我们高度的注意。这种股票图表的特征说明了如下的市场事实：

30天以前买进该股票的人已经处于保本的状态，他们已经从亏损的套牢困境中解放出来，处于将要赢利的阶段。5日、10日均线与30日均线横向运动趋于粘合，说明中短线投资者的成本趋于一致，市场中已基本没有套牢亏损盘，因而促使广大投资者卖出该股票的下跌恐惧心理已基本消失，也就是说他们不再恐惧继续亏损，故而下跌动力基本消失。

从流通筹码的角度看，就是浮动筹码基本消失，市场中几乎所有的获利盘，套牢盘，割肉斩仓盘也已基本完成出局的操作动作。此时多空市场力量基本达到相对的平衡。伴随而来的市场特征就是成交量的极度萎缩和成交的极度低迷，地量由此而产生。

在这样一种相对平稳的市场背景条件下，庄家就可以有计划分步骤地进行战略性基本仓位的建立。也可以说，就是因为庄家有计划的战略性建仓导致了这样的一种相对平衡——5日，10日，30日均线粘合走平的市场格局。庄家有计划地买进，股价就不会破位下跌；同时，有计划的限价买进也才不会导致股价向上突破。因此市场只有选择均线系统粘合的横盘走势，直到庄家收集筹码建仓控盘的任务基本完成。

筑底阶段的完成——要对庄家建战略性基本仓位的具体完成时机进行判定，必须具有这样一种明确的图表信号：30日均线由走平改变为向上翘起；同时放巨量（5日均量的一倍以上量越大越好）进行坚决扫盘。一网打尽所有浮动筹码，并以中大阳线向上突破。庄家敢于解放30天内套牢的人并让他们获利，这充分说明该庄家志不在小。未来的大黑马就将从这里诞生！此时，也就是低买高卖的低。同时，这也说明该股票已经准备好了向上攻击发动行情的物质基础和市场条件。

在技术指标的层面上来说就是对应着周KDJ指标的低位向上金叉。此时实战中坚决买进就是临盘操作的主旋律！

筑底阶段各时期对应的实战操作方式：请注意与临盘实战的对应关系（附图20）。

筑底初期：筑底阶段初期市场非常悲观，绝大多数市场人士还沉浸在被空头无情下跌巨大力量的沉重杀伤之中；盘中交易气氛沉闷，成交极度清淡、低迷，偶然有个股上涨也是庄家初次进场建仓行为中的试盘或补仓性放量，并非是连续攻击性放量。此时，市场中持续性的获利机会极少。当然，这种现象同时也说明，在庄家建仓的阶段，它不希望提供差价机会给短线客，不希望有人进场参与而可能捣乱、破坏他的操作计划。此时，非顶尖级的高手最好在场外观望轻易不要参与其中，以免将心态搞坏或资金被粘，在后续真

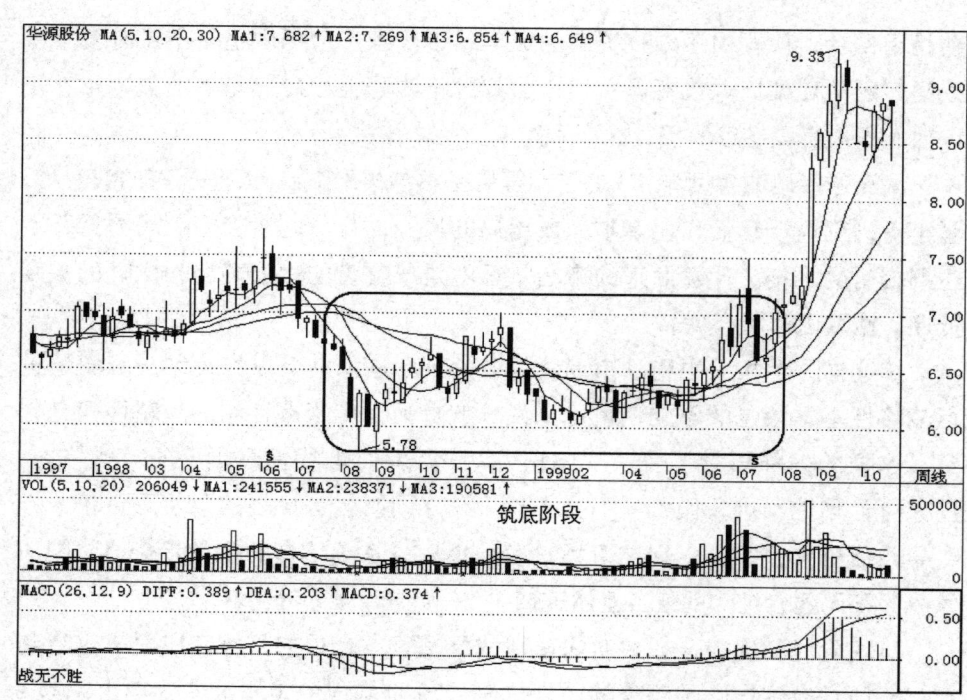

附图20 筑底阶段

正有机会出现时反而无法迅速捕捉，打乱了自己的操作节奏和应对方寸。

筑底中期：筑底中期由于庄家已经介入，而且对盘中的各种情况也不像刚进场时那样心中无数，因而股价的走势已经完全落入庄家有计划的控制之中。此时，庄家为了不引起其他市场力量的注意，故提供的股价波动获利机会将比筑底阶段初期更少。此时场外跟风盘的极大耐心和临盘绝对空仓战术的展开就显得尤为重要了，否则盲目参与，绝难获利。

筑底末期：筑底末期，庄家建仓的预定计划基本完成，下一步的果断拉高计划就要开始。正如黎明前最黑暗一样，高明的庄家在正式发动攻击前往往会欲擒故纵，施展相反的操盘战术诱导、迷惑其他市场力量，其中起飞前故意的凶狠打压就是其惯用伎俩之一。反作用原理和相反理论在股价循环运动的两极都能得到彻底的体现。实战中只要该股的周、月线图表完美，盘中一旦放量就应坚决跟进。

B 上涨阶段的市场意义

庄家敢于解放套牢30日之久的广大投资者，放巨量向上突破，让他们全都获利，说明了庄家是有计划有准备的阶段性操作行为，绝非一时心血来潮的随意操作，所以，其目标志向可以肯定决不在小。临盘实战中在股价上涨阶段的初期（30日均线刚上扬，周KDJ指标刚低位金叉朝上）的情况下，此时，我们要坚决、果断、大胆、毫不犹豫地追涨跟进，轻松享受坐轿的乐趣。绝对不要过于胆怯、畏首畏尾而不敢去赚钱。

同时，只要股价的30日均线的方向持续不断地朝上运动，就说明庄家还处于拉升股价为今后出局打开出货空间的有计划，有目的战略性多头上涨操作过程之中。在股价运动的这一阶段，我们可以放心大胆地持有该股票，而不为庄家短线洗盘的诱骗动作所迷惑。请牢牢记住，从波段操作的角度来说，只要30日均线还没有走平，该股票的走势就是健康和安全的。此时，庄家的出货计划就无法全部完成。在这一阶段中我们绝对不要惧怕庄家的凶狠洗盘花招。在该阶段持仓坐轿就是我们临盘实战操作行为的主旋律。

上涨阶段各时期对应的实战操作方式：请注意与临盘实战的对应关系（附图21）。

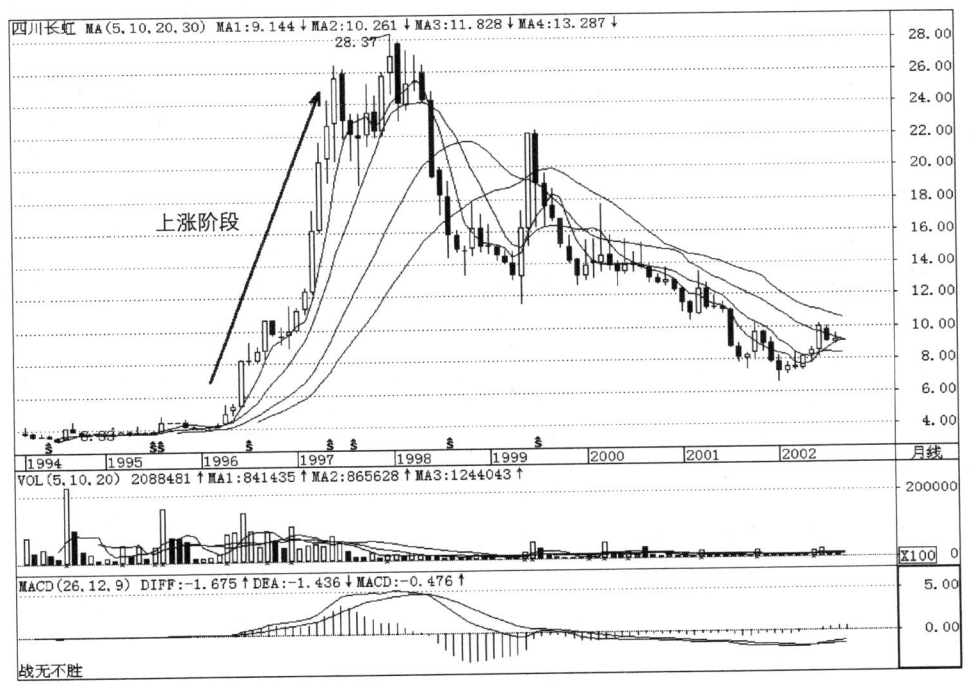

附图21 上涨阶段

上涨初期：上涨阶段的初期，市场往往不认可该股的走势，临盘体现出该股上涨时追高的人不多，人们往往都认为只是反弹行情。逢高减磅或认赔出局成为共识。在盘面上表现出成交量放大，抛盘汹涌，这就为庄家在较低的位置再次低成本最后加仓提供了最佳条件。在股价初步拉离建仓成本区域后，庄家也会顺势回调，让部分抛出筹码的人认为自己判断行情是反弹的结论是正确的，在回调时更不会去回补逢高抛出的筹码。相反，我们在突破底部时介入仓位后，此时，可以在庄家回调洗盘无量时在各重要技术关口再次介入。

上涨中期：上涨阶段的中期意味着经历初级洗盘后，庄家的工作重点已经从筑底建仓的准备阶段转入到上涨阶段的拉高攻击战术行动之中。这时无论庄家在拉高过程中采用何种操作手法和买卖花招，其最终都必须拉抬出必要的获利空间。因而庄家在拉高期间的盘中即时震荡或K线组合震荡，均是为了恐吓出部分跟风盘，中线投资者可持股不动，等待庄家加速拉升力竭时出局，而短线选手可在庄家振仓高点出局，等待股价回调到20或30日均线附近，成交量萎缩至地量时再次买入。再次买入时请注意20日或30日均线的运行方向必须朝上。

上涨末期：上涨阶段的末期，意味着庄家经历凶狠的拉高后，获利的目标空间已经达到，此时庄家将完成两大任务：A）边拉高边派发。此时图表系统体现出5日均线的角度变换，攻击力枯竭且成交量较大；B）通过盘中或K线组合加大振荡幅度以吸引场外资金进场参与，不断换血维持形态让跟风盘保持较高的持仓成本减轻获利盘的抛售压力，以便赢取更多的出货时间。此时，持股者应设定严格的止损限定以保证自己的资金安全，一旦盘中下跌触及止损位置应坚决离场决不留恋。纵然就是短线高手，也必须采取专业化的方法进行谨慎的参与，绝对不能为了贪图最后的一点微小利润而损失前面的一切胜利成果，致使自己因晚节不保而痛悔不已。

C 做头阶段的市场意义

经过一段时间的上涨后，一旦该股票的30日均线开始由朝上变为走平就说明该股票的向上攻击能力开始消失。庄家已经展开战略性做空出局动作，间中偶有拉高制造假突破的诱多骗局。这一阶段的股票绝对不能买进。该阶段我们要做的第一件事就是，首先考虑出货动作的具体展开而绝对没有其他的选择。此时就是低买高卖的高。在技术指标的层面上对应着周 KDJ 高位横盘或 J 值已经触顶朝下。

该阶段 30 日均线持续走平，成交量不见规则性萎缩，间中偶有大成交量放出而股价的上扬行为不能带动 30 日均线的同步重新朝上，十有八九说明该种放量上扬行为是一种庄家诱多制造的假突破。庄家真正大规模出货，残酷围歼散户和跟庄小机构的做空杀跌动作就要全线彻底开始。此时我们应该根据短期 5 日均线的信号坚决出局，不再卷入庄家故意制造的涨张跌跌股价波动起伏不定的浑水之中。

从技术指标的层面上来说，对应着周 KDJ 指标的高位死叉。此时卖出就是我们临盘实战操作行为的主旋律。此时，绝对不能因为股价偶然的上涨而以为行情仍未结束而盲目随便买进。

做头阶段各时期对应的实战操作方式：请注意临盘实战的对应关系（附图 22）。

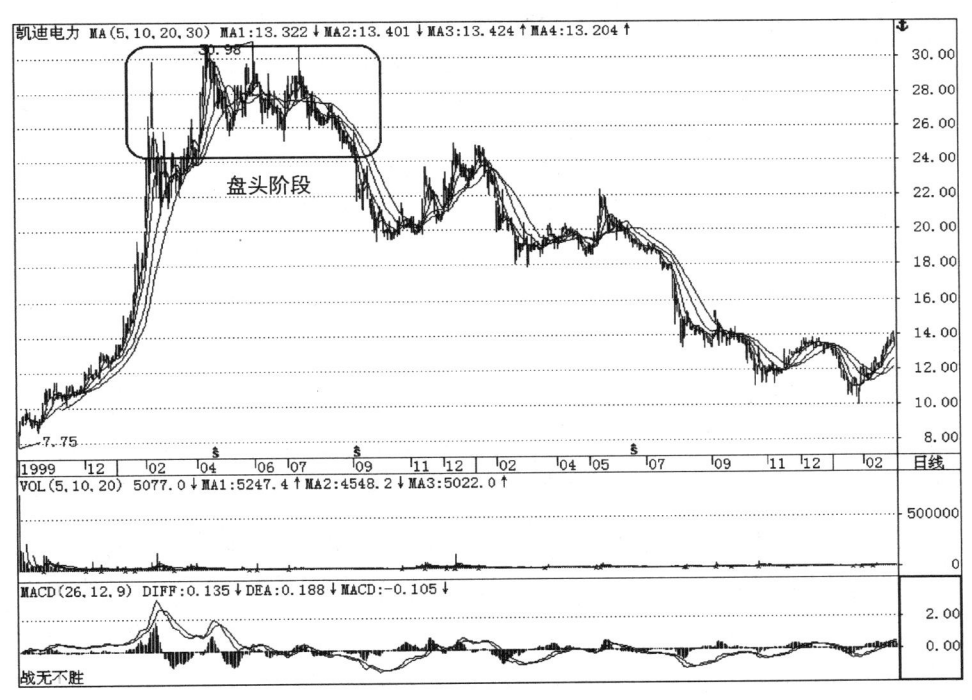

附图 22　盘头阶段

做头初期：股价的振荡幅度较大且成交量也较大。庄家用盘中高低点的大幅振荡和汹涌放大的成交量来迷惑和诱骗投资者积极参与。此时，中线投资者应该严格按照预先设定的止损信号出局。专业短线高手也只可以用小资金少量参与。普通投资者则应全线出局、空仓观望，忍耐寂寞。千万不要眼红眼前大幅振荡所产生的短线利润诱惑，冲动地出而复返最终被套。切记，切记！

做头中期：此时庄家的较大部分筹码已经出逃，因而成交量表现有所萎缩，盘中或K线组合的振荡力度减小且股价不再触及前期的高价。庄家不会再为高位套牢一族解套，相反，让他们抱着创新高或等反弹再走的幻想乖乖地在高位站岗。此时，行情已绝对没有中线参与的价值了，并且短线的机会也非常之少，真正明智的投资者将不再关心该股的反复波动，更枉论参与了。

做头末期：庄家出货接近尾声，凶狠的跳水随时都可能出现，空仓是最好的选择。抱有幻想的持股在多均线死叉出现时，必须逃命了。

D 下跌阶段的市场意义

某日一旦该股票的30日均线转为朝下，就说明庄家彻底而坚决的出货动作已经开始毫不避人耳目、肆无忌惮地正式展开。该股票长期战略性下跌走势将成为未来相当长一段时间的主旋律。任何对该股票仍将上涨的幻想都会给你带来致命的因不守纪律，随意操作而造成的套牢灾难，使你的心态开始变坏。赚钱的好运将从此离你远去，悲伤将如恶魔长期缠绕着你，挥之不去，无休无止……

30日均线朝下，就是该股票在走下降通道，这个阶段的股票绝对不能买进。无论是谁，哪怕就是天王老子在该阶段推荐你买进该股都是在对你进行谋财害命。当然推荐这样的股票，同时也说明其炒股水平很低，甚至可以说，他对股票市场认识还没有真正入门。据此，你就可以非常容易地判定一个股评家的优劣，也可以找到你自己曾经为此而惨遭套牢的事例和非常简单的必然亏损的原因。血泪凝聚成的教训，铭记啊，铭记！30日均线朝下的股票只有短线的反弹行情，盲目买进后，绝对不能因为你偶然赚钱就认为自己操作正确。这是你运气好决非你技术高。在这样的情况下，你赚到钱是奇怪的事情，是你运气好；相反亏损却是必然的事情，是你技术差。

该阶段的股票偶有反弹，也是庄家为了全部出货故意制造市场跟风买气的二次拉高出货的恶毒花招。因此靠抢反弹赚钱来弥补以前的割肉损失的念头是一种非常危险的有害心态。上升通道这么容易赚钱的机会都不能让你赚到钱,更何况是操作难度极大,获利机会极少的下降通道?请牢牢记住:轻易决不抢反弹,水平高的朋友,可以用少量资金快进快出抢反弹。如果不幸套牢也必须坚决果断立即第一时间割肉斩仓,止损出局。这是铁血的专业操盘纪律。绝对不能对该股票抱有会再次上涨的幻想,继续顽固持有或逢低买进,而违背专业操盘手的铁血纪律。同时经常抢反弹也会养成不注重操盘质量的盲目、随意操作恶习。这将使你永远不能晋升成为专业高段位选手。切记!下降通道中的反弹具有偶然性和随机性,把握难度极大。真正的专业操盘手追求的是一种上涨阶段赚钱的必然性。这是区别职业选手和业余选手的标准之一。不要为业余水平的人偶然的赚钱而眼红,那是一种凭运气的赌博而绝对不是一种赚钱的真本领。在操作股票赚钱的同时,我们也一定要同时提高自己的思想境界,只有具备较高境界的人才能铸就人生真正的成功!

　　下跌阶段各时期对应的实战操作方式:请注意临盘实战的对应关系(附图23)。

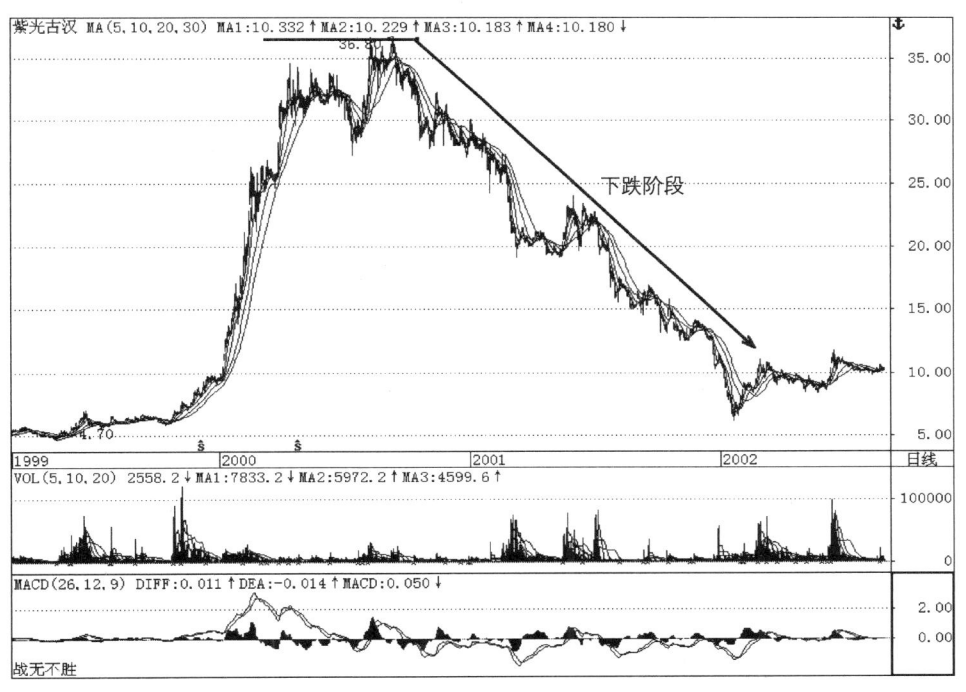

附图23　下跌阶段

下跌初期：在股价急速下跌的初期，由于庄家还有货未出完，因此偶尔还有短线抢反弹的机会。投资者可在股价偏离30日均线较远，乖离较大的时候用小量资金快进快出介入抢一波反弹。实战中操作速度快是获利的关键。

下跌中期：在下跌阶段的中期，所有的市场力量一致认识到下跌已经成为行情发展的主旋律，因而操作获利的机会几乎消失，绝对的空仓休息是最好的投资战术。只有在市场出现分歧，多空认识混乱的时候短线操作的机会才比较多。

下跌末期：在下跌阶段的末期，部分先知先觉的庄家已经预感到后续的获利机会就要来临，因而领先一步提前进场进行战略性建仓，所以较少的短线机会再次出现。短线高手可用少量资金参与短线操作。

以30日均线为标准，一次完整的股票市场荣枯循环运动必然包含上图框定的四个阶段，没有任何一只股票能够例外。30日均线是机构庄家操盘战略战术动作展开的生命线，其中的短线操作价值务必引起我们绝对高度的重视。投资者要把30日均线对股票运动的极其重要性铭刻在我们的骨髓中。只要30日均线的运行方向朝下，这只股票就绝对没有短期内产生大行情的物质基础和市场条件，就绝对不是我们展开买进操作动作的目标对象股只。同时也说明该股票处于D第四阶段：下跌阶段。此时，股价正处于庄家战略性派发做空的过程之中，行情下跌就是主旋律。间中，偶有反弹也是为了更好地出货。这种反弹不抢也罢。处于B第二阶段：上涨阶段。庄家战略性拉高的股票那么多，为什么要去抢处于下降通道，庄家战略性做空的股票呢？除非整个市场中，再也找不到处于30日均线朝上、庄家战略性做多的股票，此时才可以考虑用少量资金快进快出，短线参与最早反弹的股只，果断抢反弹。

个股涨跌能力的图表研判

当你拿到一张股票的K线图表之后，静态看盘的第一切入点就是看它的30单位均线的方向。30单位均线的运行方向朝下处于下跌阶段和处于做头阶段的股票立即排除在我们候选的目标股群之外。无论它是绩优股还是别的有一千个买进理由的股票，也不管是什么股评家推荐的股票。这种股票绝对不是我们可以买进或者持有的品种。请牢牢记住30日均线朝下的股票就是绝对的坏股票。推荐你买进30日均线朝下股票的股评家或咨询机构是低水平误人子弟的股评家和专业操作水平低下的机构。他们还没有达到一丁点专业操盘的水准。这样的股评家和咨询机构的文章不看也罢！

翻倍黑马的图表特征

能翻倍的股票必须满足**月、周均线粘合并且横向行走或方向已经微微朝上，经历的时间越久，均线系统粘合越紧密则爆发的行情将越大**！只有超级大庄家才能将长、中、短线图表形态构筑的如此规律、漂亮、整齐和彻底完美，对此我们一定要坚信不疑。这是中外运作大资金的顶尖高手最为看重的分析研判和实战操作依据，这也是他们的实战成绩能够超越芸芸众生的关键所在。相反，周、月均线系统向下的股票表明了庄家正在进行长线战略性派发，间中偶然出现的上涨均是庄家为了出货所作的诱多反弹行情，绝对不会出现一般人所梦想的股价翻倍行情，投资者对此一定要有清醒的认识。下图，其周、月技术图形请读者朋友自己对照并反复研判，体会（附图24）。

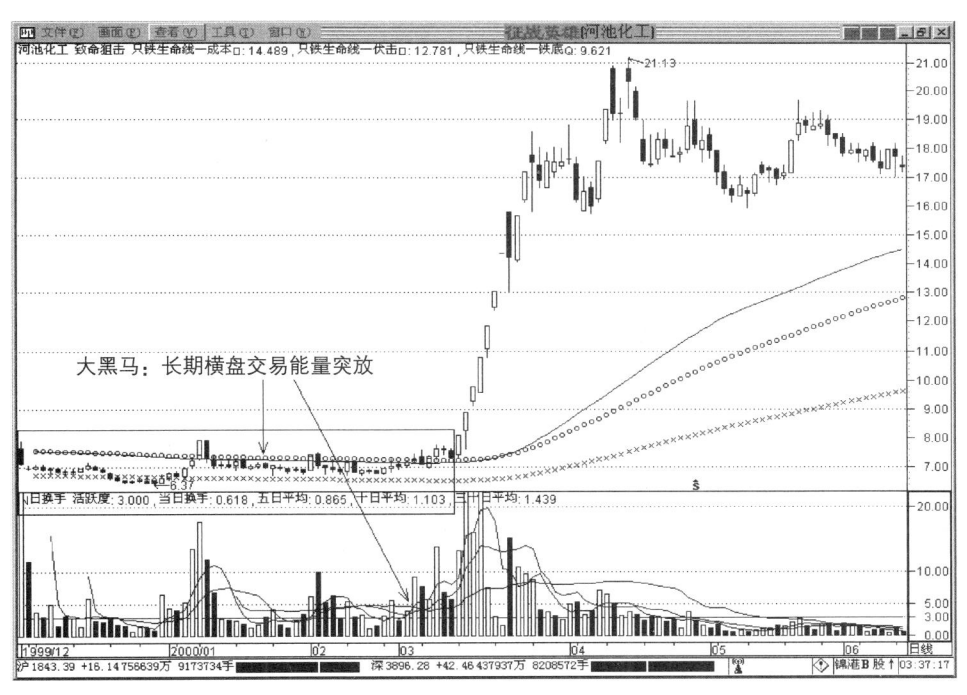

附图24　大黑马的日线技术特征

静态专业化快速看盘的实用方法

大盘涨跌能力的图表研判

在掌握了股票市场运动循环阶段图表这一看盘的法宝之后，你就可以快速浏览所有股票的K线图表，对每一只股票所处的运动阶段有一个绝对清晰而毫不含糊的判定。如果统计显示市场中绝大多数股票的30日均线都是朝上具有攻击能力的话，大盘就绝对会上涨，无论此时利空消息是如何的铺天盖地，股评家是如何的鼓吹大盘要向下调整。在这样的情况下没有任何力量能够根本地改变大盘运动的方向，这就是市场自身的规律。因为大盘是由每一只个股组成的，绝大部分股票都朝上攻击，大盘还会下跌吗？不要自己吓自己，市场状态的统计结果清楚地告诉了我们事情的本质和真相。你只要平平静静、踏踏实实地耐心等待标志性技术信号出现，轻松获利就可以了，不必为市场一时的涨涨跌跌而心神不宁，情绪波动。任你风吹浪打我自闲庭信步，这就是千锤百炼、战无不胜的大赢家风度！

黑马股只静态技术图表的技术特征：

一只股票成为大黑马必然是集团大资金对它进行彻底而连贯运作的结果。从K线图表的价量关系上看必然会具备许多大资金有计划持续控盘、操盘动作的特征。这是最狡猾的庄家也都必然要露出的马脚。大黑马的产生绝对不是偶然的小庄家的临时游击、赚小钱的操作行为。

从静态的K线图表看，一只大黑马的诞生必然是做盘的庄家用资金实力控制了该股票绝大部分的在外流通筹码。只有这样庄家才能对该股票进行随心所欲的价、量操纵。因此，该股票在爆发前必然具有庄家大规模建仓的成交量特征：要么长时间大规模隐蔽建仓；要么以横扫一切的抢盘动作坚决彻底不计成本地拔高突击建仓。

其共同的特征都是控盘庄家必须持有该股60%以上的流通筹码。这在成交量分布结构上会有充分的体现：资金进而未出。并且庄家还必须具备有充足的后援拉高再放量的资金实力。从日K线图表看，该股票的图表必须是30日均线走平向上，处于股价循环运动第一阶段盘底已经胜利结束，或第二阶段上涨初、中期的时候。

该股票的短期均线系统必须全部形成向上攻击的多头排列，并且必须以大成交量：量比放大1倍以上，支持3日均线的大角度（大于50度）陡峭上扬的向上攻击态势。这是大黑马股票的重要特征之一（附图25-附图26）。

对有翻倍能力的超级大黑马必须附加其他的图表技术条件。不具备该条件的股票在短线也可能有相当惊人的涨幅，但是该情况的出现必须是整体大

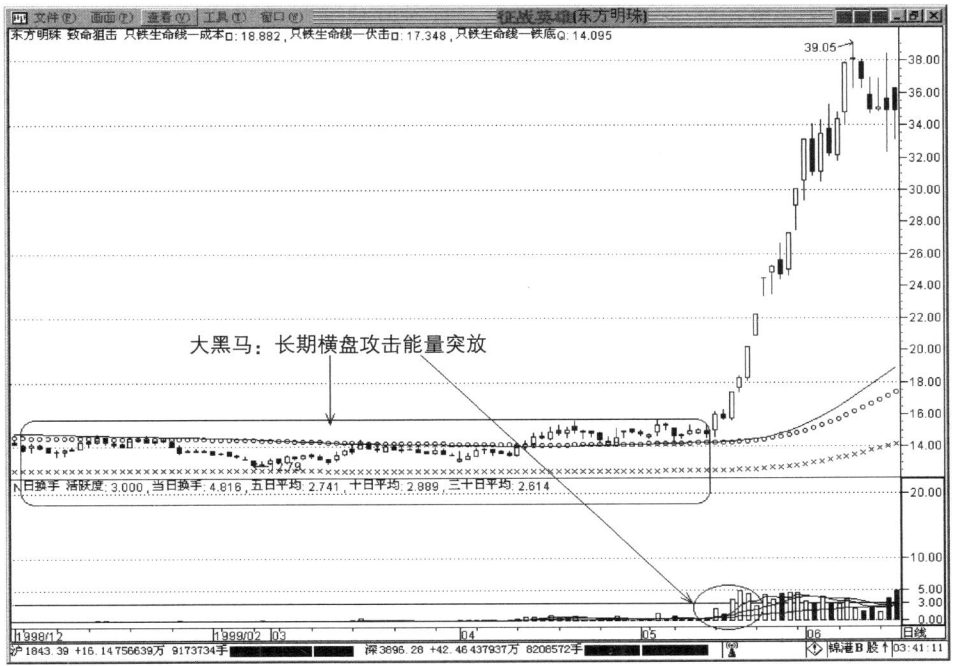

附图 25 大黑马的日线技术特征

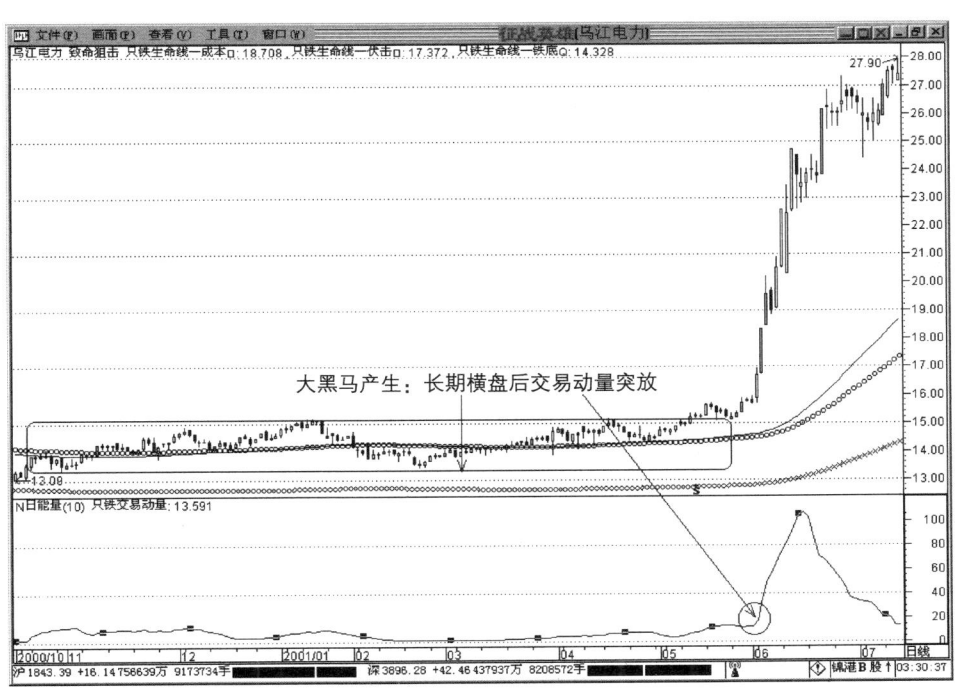

附图 26 大黑马的日线技术特征

盘背景的健康良好并具备有板快股群向上助攻的人气鼎沸的市场氛围条件。其周、月技术图形请读者朋友自己对照并反复研判，体会。

快速发现黑马的线索与要领（此非依据，抓黑马也抓黑熊）

每天动态盘中交易的时间有限，个股最佳获利机会稍纵即逝。如何使用一整套高效率的方法来快速、正确地对获利机会进行成功的捕捉就成为实战操作成败和操作质量好坏的关键。

在下面的内容中，作者将介绍专业选手使用的标准化、程序化、科学化了的正确看盘、操盘的方法：

经典快速看盘程序：81、83排序功能活用图解

各种股票分析软件都有一个共同的功能：技术指标综合排序（附图27，附图28）。该功能充分快捷地反应了市场中各大要素最强和最弱的目标股票的真实情况，是市场中各种力量最典型的汇聚之地。对综合指标排名榜的很好研究利用能够提供捕捉获利机会的捷径，有利于快速出击爆发性黑马，因此也叫黑马窗口。

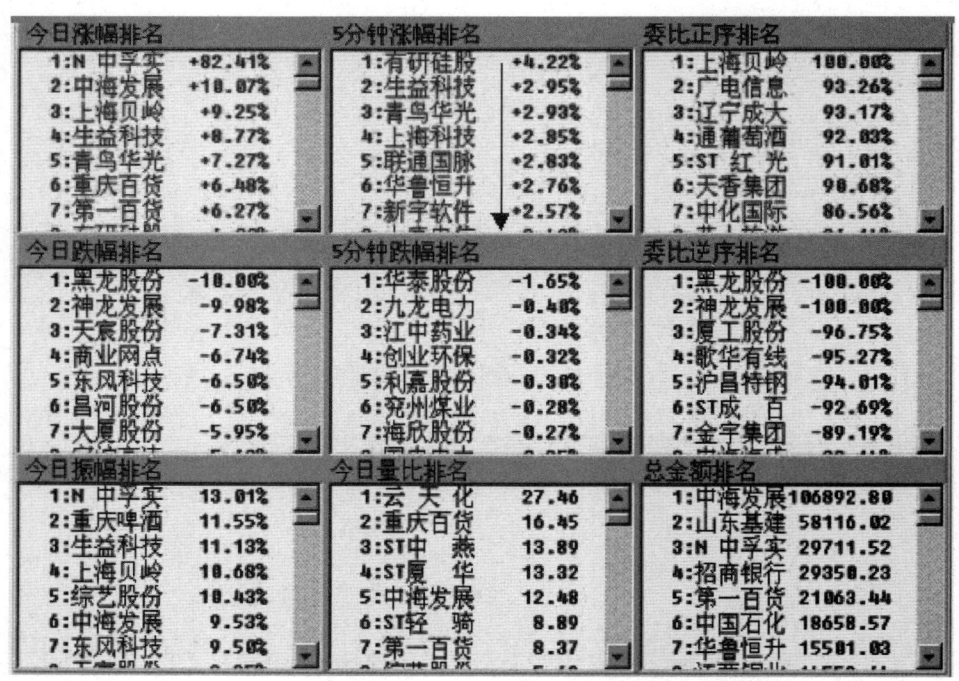

附图27　2002年6月26日81沪市综合指标排序图示

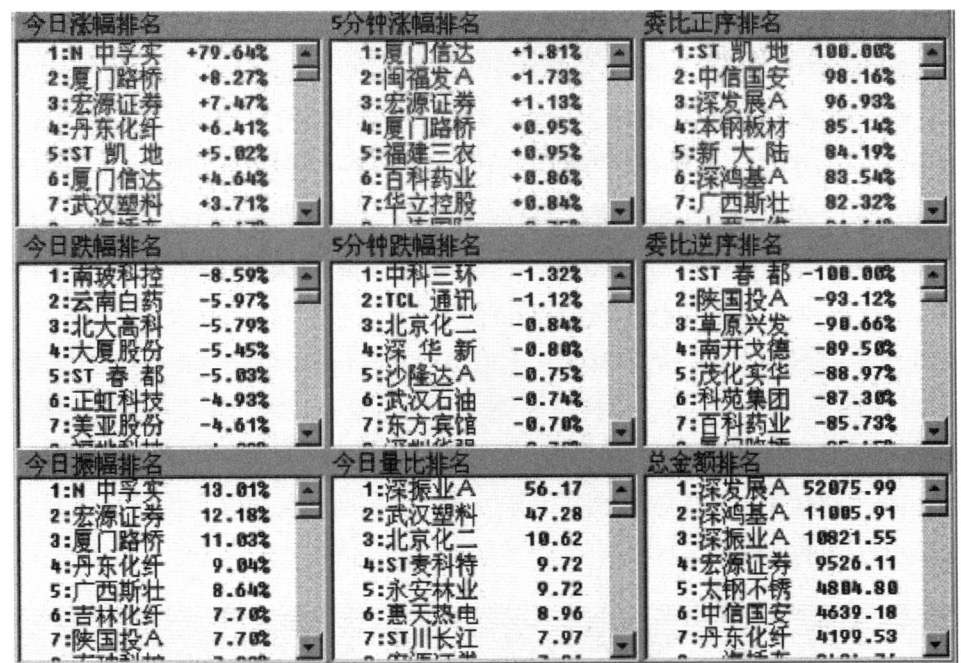

附图28　2002年6月26日83深市综合指标排序图示

黑马股只的动态盘面——第一时间同步即时捕捉技巧

第一道程序：首先打开股票分析软件的涨跌幅排名龙虎榜，我们的搜索目标直指涨幅前两板大于3%的有异常波动的股票，如果形成了板快热点群体最佳。初步发现目标股只X股，Y股，Z股。这是第一次筛选。

第二道程序：再次打开股票分析软件的量比排名龙虎榜，搜索量比放大超过1倍以上的股只，越大越要引起关注。（当然也可以参考换手率、成交金额等市场要素）然后将第一道程序筛选出的X股，Y股，Z股拿来进行排名对比，确认它们是否也在量比排名之中。如果没有则立即剔除；如果X股，Z股也同时出现在量比排名龙虎榜中则作第二次确定。

第三道程序：打开X股，Z股的日K线图表，用寻宝图——股价运动循环阶段法判别该X股，Z股是否处于第一阶段筑底阶段末期或第二阶段上涨阶段初期，如果是，立即作第三次确认。如果它们处于上涨阶段末期或第三阶段做头阶段立即剔除。如果它们处于第四下跌阶段更是要立即淘汰出局、毫不犹豫。

最后确定：如果只有 X 股满足前面三道程序，则立即打开股票分析软件 X 股的周 K 线图表。如果该 X 股在周 K 线图表中也处于第一阶段筑底完成末期或第二阶段上涨态势形成初期，同时大盘背景良好的情况下，请立即以较大≥60%的仓位在分时走势图表均线系统的第一阶段筑底阶段和第二阶段上涨阶段，在第一时间坚决展开买进操作动作。如果周 K 线图表处于第三阶段做头或第四阶段下跌，则只能以≤20%的仓位快进快出参与短线抢反弹行情，绝对不能以大仓位抱太高期望长时间参与；并且只要它的 5 日均线一旦走平失去短线向上攻击能力就必须不论盈亏立即止损离场出局，切记！如果周 K 线图表形态处于第一阶段筑底完成的末期或处于第二阶段上涨的初期，同时该 X 股如果月 K 线也同时处于第一阶段完成的末期或第二阶段的初期则立即毫不犹豫重拳出击满仓参与围捕决战！未来的翻番超级大黑马肯定就是它！如下图的中海发展。

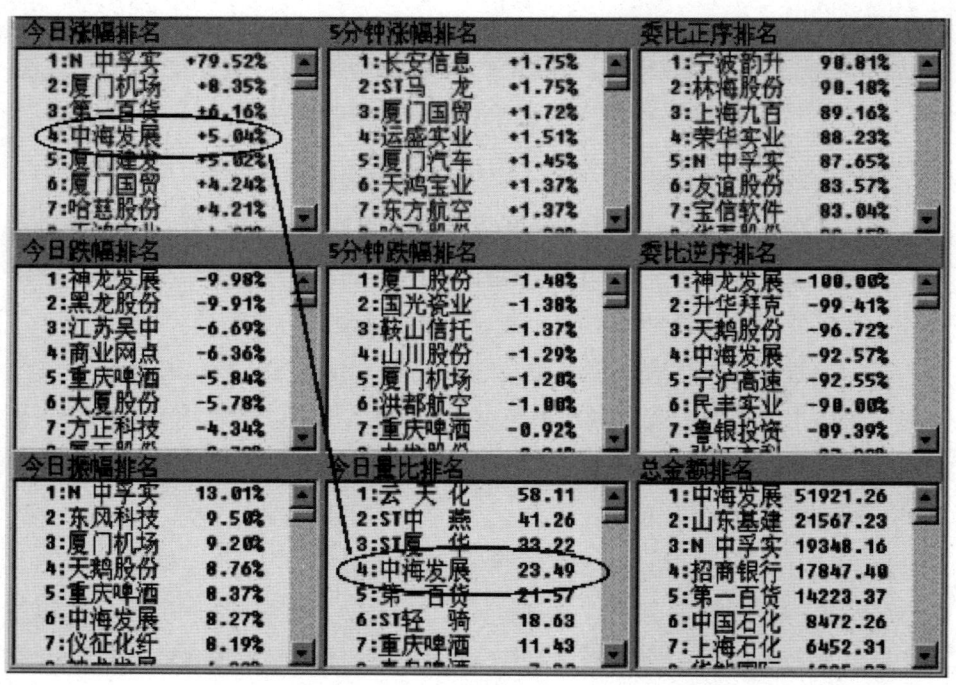

附图 29　2002 年 6 月 26 日选出中海发展

该股为 2002 年 6 月底停止国有股减持行情中低价大盘股的龙头品种，在当日经过大幅换手后，几天内有近 30%的涨幅。这就是专业化选股方法的威力。

四道客观的专业化程序

至此，我们采用了四道客观的专业程序来尽量防止买错股票。以上我们已经讲解完成了初级的看盘研判技巧。从现在开始，你立即打开沪深股市一千多只股票的各周期K线图表进行快速浏览，对每一只股票所处的运动循环阶段的位置进行精确的研判，分类罗列出处于以上四个不同阶段股票的数量。排除不具备上攻能力、处于第三阶段做头的和处于第四阶段下跌的股只，这些股只不在我们关心的范围。如果有大于50%的股只均处于具有上攻能力的第二阶段上涨阶段，那么大盘绝对看涨。此时不论是否利空四起、乌云漫天，涨是绝对的主旋律！如果有大于50%的股只均处于第四阶段的下跌中，那么大盘绝对看跌。不论此时是否利好纷传，人气冲天，跌是行情绝对的主旋律。

如此，你的专业境界将诞生一轮精神的日出。心态上能够做到耐心等待漂亮图表的出现。能够细心鉴别黑马股只的图表特征。看盘能力将上升到一个你从未达到过的高超境界！恭喜你了……

操盘技巧——稳健果断精彩操盘把赢利变成现实

只有严格按照纪律进行高质量的规范化专业操盘，你才能将树上你能够看到的已经成熟的美好果实摘下来放进你自己的口中，细细地去品尝必然成功带给你的喜悦！

具备了高超的看盘技巧仅仅是走向成功的第一步，而能够不受任何干扰地进行精彩的操盘才是真正取得成功的比第一步更加重要的第二步……我们务必要追求操盘的高质量，我们一定要做最漂亮的操作，买进最大的黑马，而非去追求简单粗造的操盘数量。打成功率、出手凶狠、准确无误是专业操盘手的基本功。

请打起精神，你将迈进我们走向成功的直通高速列车，前方就是大上海……

操作目标对象股只的预先圈定：操盘计划的形成

在圈定我们的操作目标股只之前，我们有必要再次强调什么样的股票是绝对不能买进的，什么样的股票是必须坚决卖出的坏股票；什么样的股票是绝对不能卖出的好股票：

请牢牢记住：处于第三阶段：做头阶段的股票绝对不能买进；处于第四阶段：下跌阶段的股票绝对不能买进，哪怕它有万千的买进理由。千万不要为短线的蝇头小利所诱惑而进行所谓的非专业水准的短线操作。切记！这是保证你不会惨遭套牢，掉入赚小钱亏大钱泥坑的关键方法之一。

请牢牢记住：处于第三阶段：做头阶段的股票必须卖出，不要幻想会有更高的价位。处于第四阶段：下跌阶段的股票必须无条件坚决卖出，绝对不要幻想反弹才出货！如此才能使你保留能够再次战斗的实力。

相反处于第一阶段筑底完成末期的股票绝对不能卖出，处于第二阶段的股票绝对不能卖出。千万不要这山望到那山高，展开随意的换股操作战术动作。只要该股票已经有资金在作有计划的介入，那么它的上涨就是迟早都要发生的事。赚钱需要耐心等待。**投资＝投入资本**，这意味着除了投入资金和本领外，时间也是一种投入。

动态盘中操作目标对象股只的最后圈定

通过动态龙虎榜确认放量上涨的买进异动目标股只：上涨幅度大于3%或至少大于大盘，量比越大越好；同时也可以通过动态龙虎榜确认破位下跌的卖出目标股只。买进圈定战术完成。（或者用软件提供的异动雷达）

通过静态日K线、周K线的图表条件作出最后的圈定。30日均线走平，5日均线向下弯头的持仓目标股只立即卖出；30日均线向下弯头的目标股只必须坚决无条件全线卖出。卖出圈定战术完成。切记，切记！

特别强调：

翻倍的股票必须满足月、周均线粘合并且横向行走或方向微微朝上，经历的时间越久粘合越紧密爆发的行情越大！只有超级大庄家才能将图表形态构筑的如此规律漂亮整齐完美，对此我们一定要坚信不疑。这是中外运作大资金的顶尖高手最为看重的分析研判和实战操作依据，这也是他们能够超越众生的关键所在。相反周、月均线系统向下的股票表明庄家正在进行战略性派发，间中偶然出现的上涨均是庄家为了出货所作的诱多反弹行情，绝对不会出现一般人所梦想的翻倍行情，跟风盘对此一定要有清醒的认识。

* 准确买点框定

欲买进的目标股只必须具备日K线、周K线图表健康漂亮，这是展开买进操作战术动作的战略性前提。如果**月线也漂亮就极可能是超级大黑马！相反超级大黑马必须月线也完美。**

正确的第一买点为：第一阶段筑底完成以大成交量（越大越好，说明庄家投入的资金越多，彻底扫盘的决心越大）支撑5日均线以中大阳线攻击且以大于50度的陡峭大角度向上进行突破，当日盘中的任何一次回调低点都是坚决买进的点位。操作中切忌患得患失计较价位高低，必须确保一定能够买进。有条件者以分时图表系统为最佳买点。

正确的第二买点为：第二阶段上涨阶段的初中期每一次回档缩量（小于5日均量）后，5日均线再次带量上扬均是理想买点。有条件者以分时图表系统为最佳买点。

相反该条件框定下的股票绝对不应该卖出。中线只要30日均线没有走平它的方向仍然向上，同时，30周均线也朝上就应该坚决持仓，千万不要为庄家短线展开的凶狠洗盘恐吓动作所吓倒。在你的操作水平提高以后，短线操作可以5日均线的方向和乖离率作为临盘进出依据。5日均线的方向是每个股票上涨下跌已经开始的信号弹。

* 精彩卖点框定

盘中随意卖出处于强烈涨升加速期的大黑马股票是职业操盘手不可原谅的大错误。没有技术上买进、卖出充分依据的操作行为是普通操盘手的致命伤。凭自以为是的小聪明，凭自以为是的市场感觉，就随便展开操作动作是专业水平晋级的大敌。绝对不能简单地认为一只股票涨的高了就应该卖出。涨的高说明它表现好。你总不能因为一个人表现好就开除人家吧？这样的人我们应该更加重用才对，股票同理。你的任何一次临盘操作哪怕是一股都必须具备充分的技术理由。

具体的精彩卖点为：在第三阶段做头阶段30日均线走平，成交量的放大和萎缩没有规则，阶段性天量出现。此时，5日均线走平朝下的信号一但发出就必须立即出货。均线系统的向下死叉更是普通人都知道的必杀出局信号。

具体的逃命卖点为：第四阶段下跌阶段30日均线一旦朝下必须全线清仓离场，去舞厅跳舞。在下降通道中每一次股价反弹到30日均线掉头向下时均是套牢盘最后的逃命机会，当然我们是不允许有这样的情况发生的。这一方法可以用来指导你被套牢的朋友以减少损失，保留下波行情报仇雪恨的实力。

至此你已初步完成了一轮精神境界的日出。在操作动作的展开中你的心态必须能够做到执行计划有决心，临盘进出操作有狠心。耐心，细心，决心，狠心四心具备，你可以纵横驰奔，征战沙场去夺取最大的胜利了。

* 对于股价走势陷阱的回避

用道氏理论的相互验证原理，在实战中我们可以利用多周期、多要素之间进行共振效应验证，就可以回避掉股市中的许多巨大陷阱。其内容详见只铁分析研判系统和只铁实战操作系统。

真正的实战投资家必须牢牢记住，投资活动和投资行为的根本目的就是获利及避险，而实现这一根本目的，决不是仅仅需要分析研判体系就能完成的，他还需要更加重要的实战操作体系。

只有具备这一实战操作战术体系后，我们才能将正确的投资哲学思想成功地转化为实实在在的辉煌投资战果。并且，在各种分析研判理论体系对市场运动把握的部分出现无能为力的情况时，我们也可以用严格而精细的实战投资操作体系，去进行弥补和化解。使我们在各种投资活动中，真正达到既能获利也能避险的高超境地。如果仅仅记住获利而不记住避险对实战投资家来讲也是非常危险的事情。

同时，实战投资家仅仅记住避险，而没有切实可行的办法和体系去进行实实在在的风险化解也是不行的。这必将使避险要求成为空谈，无法达成实际的效果。人经常必须对许多无能为力的情况进行应变和控制的准备，才能永远使自己立于不败之地，或即使失败也很小而成功却很大。也就是说，好的投资系统必须既能捕捉良好的市场获利机会，也同时能够化解因股价运动不确定性变化带来的投资资金的安全性风险。

股价的盘底阶段和做头阶段是无法用规律进行描述的股市部分，实战必须进行资金管理。例如空仓战术的展开或复合操作技巧的运用等。

江恩的晚年，非常坚定、甚至顽固地企图发现市场的所有规律，甚至发展到走向玄学的极端地步。并且自己片面地认为，所有的市场运动都应该是和谐和完美的，犯下主观主义的错误。其实，早在他之前的道氏就非常具有洞察力地认识到，人类的能力相对于浩瀚的宇宙自然来讲是渺小的，有许多的事情人类是无能为力的。可见江恩也没有很好地理解道氏。

请记住，世界上永远也不会有完美的理论出现，来囊括市场的全部规律。比如，道氏就明确指出日间杂波是不确定的，是不可认识的，也是没有根本

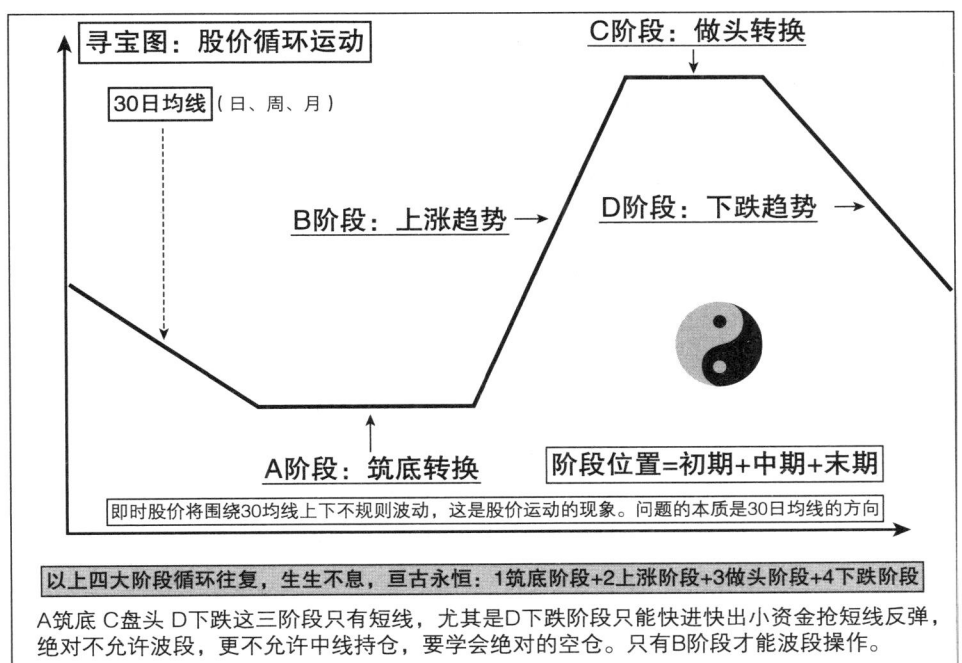

附图30 寻宝图

意义的重要观点。但是,至今仍然有许多投资者依然沉迷于对日间杂波规律的捕捉和对庄家意图的无谓揣测之中,使自己掉入迷恋雕虫小技不可自拔的泥潭而最终湮灭。

总体上说,人类永远不可能完全认识自然规律。人类只能在特定的时空条件下认识局部的自然规律。并且,就自然的本身来说,其总体本质就是模糊和不确定、无规律的,其中精确和确定的有规律部分,仅仅只是其总体中的一种特殊情况而已。这也就是说,投资者只能在局部的范围,在特定的时空背景条件下,才能认识市场运动的局部规律,而其他部分则是投资者永远无法完全认识的,在实战中也无能为力的,应该回避。

勇敢地承认自己的渺小,承认自己在某些时候的无能为力,才会比普通人更加伟大,才不会走向最后时刻的彻底绝望。理解了这一点,在实战中,投资者就只会做自己能够认识和把握的到的行情和机会,而不会勉强随意地去做自己认识和把握不到的行情和机会。在具体的投资实战中,我们既不能、也不必把握所有的市场机会。我们只赚属于自己能够认识和把握的到的市场机会的钱。切记,追求完美是最终走向投资成功的大敌。这种完美主义的念头,将使你的内心永远无法保持宁静和平衡。具体到股市来说,就是不要妄想去捕捉到所有的黑马,妄想去赚尽每一次市场波动机会的钱。这既不必要,也不可能。只赚属于我们自己的钱。

但是,伟大如江恩这样的投资家也没有真正认清这一点。他枉费心机地去企图认识市场的全部规律,不承认市场没有规律或人们认识不到的部分,甚至幼稚地认为市场的所有运动都必须是和谐的,都可以用数学公式进行精确的描述。他看不到市场中同时存在大量的不和谐运动,并且,这些不和谐的运动是不可以用经典的数学公式进行精确描述的,故而耗费大量的心血,做了许多无用功,最后还是以失败而告终。当然,这样深刻的错误绝对不是只有江恩才会犯,过去、现在以至将来也还会有许多人会犯。后面的艾略特,就是一个再犯这一相同错误的典型例子。

不去深刻地理解道氏理论,基本功不扎实就想好高骛远,眼高手低地企图去钻研高深莫测的东西,甚至于轻易就去创造自己的理论,这种无知是绝大多数人共同的致命毛病。比如,许多投资者连最基本的KDJ技术指标的根本内涵和使用方法都还搞不清楚,就迫不及待地去渴望理解高深莫测的庄家盘口意图等,就是这种毛病的生动体现。如果无法在灵魂深处,真正超越这种毛病,就注定永远成就不了大器。这绝非危言耸听。

传统经典理论

江恩理论实战精华

操作信号产生的客观化和定量化以及用止损措施对利润的保护和对不确定风险的控制,是江恩实战操作体系的精髓。在每一次的实战操作行为中,投资者都可以毫无例外地根据江恩实战操作体系对自己的进出场点的情况用最佳、次佳、理想亦或可接受来进行衡量,并对自己的投资实战活动的好坏进行客观判定和精确的控制。江恩实战操作理论体系的完美、科学及其长期稳定性,几乎已经达到了当代的最高水准。这也是江恩对实战投资界的巨大贡献。江恩是最早将客观性、科学性、安全性以及稳定性操作要求引入投资领域的伟大先行者之一。因此,我们同时也可以据此轻松地得出衡量任何投资理论好坏的最为重要的标准之一：客观化、定量化、预防保护化和科学化。请投资者认真体会，这些结论写来轻松，得来却并不容易。多少个不眠之夜，多少次呕心沥血……

其实自然既有和谐的部分也更大程度上存在不和谐的部分，Fibonacci 级数并不能全部进行描述。片面地将自然简单划分为和谐是人类对自然研究方法的误区。这样的错误江恩、牛顿、爱因斯坦均有。因此，艾略特他老人家有就并不奇怪了。这也就好像本人固执地认为全世界的人都是好人一样弱智！

千百年来人类总是渴望彻底认识自然，并进而彻底把握自然，甚至于要征服自然。其实，这些都是错误的认识和思维方式，人类为什么不认真想想自己就是自然的产物，为什么不与自然和谐相处，而要狂妄地去征服她呢？利用人类自己能够认识到的部分规律，好好地与自然和谐相处，人类就会非常幸福了，拼命地妄想改变自然、征服自然，最终得到的却是自然的无情惩罚。这样的例子已经太多、太多了。

从科学的角度上说，人类永远也不可能得出或找到一个规律来囊括自然的全部规律。自然从总体上讲是模糊和不精确的，目前的科学只能在很小的限度上认识到局部精确的自然规律，因为精确是自然的特殊情况。这也就是牛顿最终还是借助于上帝，爱因斯坦晚年的眼睛充满绝望和悲伤的根本原因。他们企图认识自然根本规律的幻想彻底破灭了。在这一问题的认识上作者是幸运的，在大学的初期，作者对此就有了清醒的认识，那年作者刚刚 18 岁。绝望，彻底的绝望才能产生死灭后的新生。

具体到股市来说就是，任何企图包含市场所有运动规律的理论都是不可能存在的，也是其理论创立者科学素养和理论物理功力不足的必然结果。我们不可能全部认识股市规律，我们也不可能彻底把握股市的所有获利机会，我们必须承认自己的无能为力。我们只能操作自己能够认识和把握的市场机会，其他的机会留给别人吧。这就是，不参与走势不确定的调整的根本理论依据。认识到这些，你在投资的时候就能乱云飞渡仍从容……

波浪理论的破绽

对完美主义的错误追求和对人类智力水准的过高估计是艾略特波浪理论产生错误的根源。艾略特从本质上没有认识到波浪理论不能也不必囊括市场的所有规律。艾略特总是千方百计地企图将每一种股价的波动都包容在自己的理论中，这就是晚年的艾略特浪越搞越复杂的根本原因。他根本就不知道市场中还大量存在不满足 Fibonacci 级数能够描述的价格运动。这是艾略特投资哲学的根本性错误。下面几点是其理论的具体错误：

1. 波浪的起点不能定量、客观地精确化确定。这就像江恩理论一样给具体的投资实战活动带来了巨大的操作性困难。

2. 波浪理论是一套预测为主的分析研判系统。艾略特本人并没有制订将分析研判系统与实战操作系统转化的精细规则。这一问题直接决定了波浪理论最好只作为宏观定性使用，实战切忌精细化使用的倾向。

第一，波浪理论只能宏观上定性使用，微观上定量使用必须附加其他实战限定条件！

第二，波浪理论在根本上存在哲学误区，主观地认定了和谐结构在事物运动变化模式上的唯一性！

第三，坚决反对机械的精确化数浪。在作者的书中大量地使用着"波"而非"浪"，请用心体会。

第四，艾略特本人从未参与过大规模的市场实战，对于大资金的安全运作模式没有办法也没有条件进行彻底的思考。

因此，波浪理论仅仅是一套仅供参考的定性的分析研判体系。而不是一种高度专业化、科学化、规范化的实战操作体系。

实战运用

实战中，我们可以很好地借用波浪理论的股价空间比例和时间比例关系，用以将投资行为的可能风险和收益进行对比，以确定投资活动是否值得展开以及展开的规模和所用时间的大概。实战中切忌将该理论的预测结果用来确定自己的实战操作行为。每一个投资者都必须牢牢记住，实战投资家是市场追踪者，其一切实战操作战术行为的展开都必须是以市场发出的客观信号为准，绝对不是以自以为是的预测结论为准，这是确定投资者是否专业的关键。也就是说，艾略特理论在投资实战中只具有参考作用，不具备操作行为展开时的决定作用。

简述相反理论及形态理论应用

相反理论表达的是一种哲学上的理念。它主要揭示的是，人应该拥有自己独特的思想和行为风格，而这种思想和风格一般是不会轻易动摇的。针对于股票市场而言，有如下观点必须引起我们的注意，以便在行情转化的关键时刻，我们能够比常人有更加敏锐的警觉。

A. 相反理论指出不论股市还是期货等资本市场，投资买卖的决定全部基于群众的行为。当所有的人都看好时，就是牛市到顶，上涨行情结束的时候了。当人人都看空时，也就是熊市到底，下跌行情结束的时候了。在此时，只要你与群众的意见做相反的操作，致富的机会就永远存在。

B. 相反理论在使用时，由于无法对牛熊两极的根本性转点，进行客观化、精确化定量，因而必须非常小心和注意。在实战投资操作中，它的警示价值，远远重要于其具体操作意义。

C. 相反理论所谓的相反，并不是指的任何时候都要与群众相反，群众也不是任何时候都是错的。相反，群众在行情发展的大部分主要阶段的看法都是对的。他们只是在牛熊市场行情的两个极端位置，因每一个人都看对，就会质变，而变成为每一个人都错误。所以，运用该理论时必须借助于其他的技术分析方法，来对牛熊转化的两个极点进行确认。遗憾的是目前还没有绝对正确的方法能够给予该理论以实战价值巨大的真正帮助。因此，该理论只能作为宏观警示使用。其实战操作价值较低。

D. 盛极而衰、否极泰来的两极运用，以及行情运动趋势的量变与质变的度的把握是一门艺术。投资者只有通过刻苦的反复训练，才能在操作运用的艺术的把握上，真正具备一定的功力。人类的许多行为就是如此难以用确定的科学规律去衡量。立志成为伟大投资家的朋友在投资行为的科学性和艺术性的和谐结合上还有许多事情要做。

E. 投资者请注意，有这样一个标准，在我们的投资实战中具有重要的指导作用。即任何投资理论只要无法做到客观、定量和处变，就无法真正成为深具价值的实战操作系统。投资者在实战运用时必须对其进行客观化，定量化以及投资安全保护化，即意外出现时的正确处理。

经典的超越及实战运用

传统经典理论的共同缺陷

A. 传统的经典投资理论，由于历史及投资活动的时间太短以及分析研判手段低级等等问题限制，因而不可避免地存在许多共同的缺陷。完美无缺的投资理论过去、现在以至将来永远都不会产生。

B. 基本概念主观随意是绝大部分经典投资理论的共同毛病。缺乏客观确定的基本概念，则所有关于投资风险和收益的判断和衡量，就无法做到定量化以及规范化。同时，在实战投资操作过程中产生的买卖操作信号交易指令就会因为人类情绪、意志等问题的干扰而不可避免地出现走样和变形。从根本上影响到投资行为的真正成功。

C. 分析研判体系与实战操作体系脱离。在分析时，可以用宏观和定性的大概式结论，而在操作时，绝对不允许大概情况的出现。所有的实战操作行为都必须要求做到确定无疑、精确定量、任何人为因素的干扰都将是致命的。只有这样才能在投资活动中不会因意外、偶然等因素而失败，也才能保证投资活动长期稳定，不受环境变化等因素的制约而取得真正的成功。

D. 具体地说江恩理论、艾略特波浪理论等其他投资理论都是从不同的侧面对道氏理论进行了深入化、精细化、完整化的工作而已。而且，这些工作往往都主要局限于理论方面；相反，对于经典投资分析理论体系与实战操作体系的背离等根本问题，并未进行真正的解决。而投资实战操作规则体系是否有效，才是投资活动成败的真正关键。这一问题不能很好地解决，投资者就会永远处于知行合一不能和谐统一的实战痛苦之中。永远不能超越自己，去达到轻松投资成功的高超境界。

下面的部分内容是作者对传统经典投资理论进行综合处理后的成功运用，他包含投资分析研判理论体系和实战投资操作体系两大部分。

传统经典投资理论的彻底改造运用——经典的升华

传统的经典投资理论的最重要部分由道氏理论、波浪理论及江恩理论构成。其投资理论的主干是道氏理论。江恩理论和波浪理论都仅仅是从不同的侧面对道氏理论进行了深化和完善而已。

本部分内容力图将传统经典投资理论的最精华部分从实战运用的角度进行彻底的消化，并将其在实战操作中不能客观、定量化的问题进行一定程度的解决，同时给出实战投资操作中处理意外变化的保护性安全止损操作措施。

请牢牢记住：专业化实战操作体系的根本要求是客观化、定量化和保护化。实战中绝对不允许有模棱两可的操作情况出现。市场信号是实战操作的唯一，也是最高原则。市场信号产生时，必须无条件机械化执行操作动作，不需要也不允许你心理上再去东想西想，为自己寻找理由。市场的图表信号就是唯一充分的操作理由，也就是绝对战斗的命令。切记，切记！

传统经典投资理论实战运用详解图示

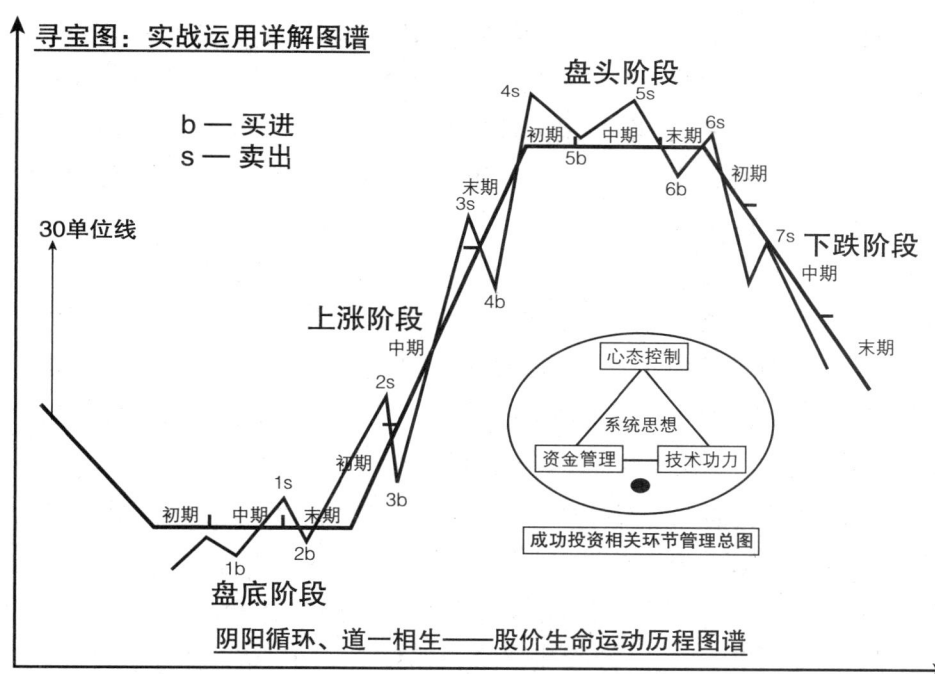

附图31　寻宝图—实战指挥图谱

荣枯循环、阴阳更替是中国对人类认识的最伟大贡献。万经之首、群经之王的《易经》对此有彻底的论述。无论市场如何波动变化，无论用什么理论进行描述，市场股价的运动都必然从荣枯更替、阴阳循环中得到体现，绝对没有例外。就像波浪理论也不过仅仅是对荣枯运动可能具备的某一种具体方式的描述而已。也就是说，波浪理论部分只是揭示了上涨阶段可能的运动方式是3浪推动，2浪调整而已；下跌阶段也是3浪推动，2浪修正的可能模式罢了。其问题的实质仍然是阴阳交替，荣枯循环。江恩理论也仅仅是企图将万事万物的这种阴阳交替，荣枯循环从时间和空间方面给出定量化的判据，并无根本的创新。因此，道氏理论、波浪理论、江恩理论已经被本寻宝图完整而和谐地包容。寻宝图彻底揭示并反映了市场运动的根本规律。

寻宝图实战指挥图谱中有几个方面必须高度重视，下面将从定量的角度给出实战中的使用规则，以确保对市场荣枯循环规律的正确运用。

寻宝图实战指挥图谱关键

方向：寻宝图指示的方向，最为直接地表明了市场股价目前是处于荣枯、阴阳变化的哪一个方面。如果30均线向上就直接表明市场的股价处于荣和阳的循环阶段。实战中买进做多投资就是操作行为的主旋律。反之卖出做空就是实战投资操作行为的主旋律。如果30均线横向走平，实战投资操作行为中空仓战术的展开就成为必然。

角度：股价运动趋势的强弱，从时间和空间的相关程度上也体现出来了。如果股价在较短的时间中价格上涨的多，就表明其短期趋势强。这种强势必然会表现为均线系统的向上角度较大，反之股价下跌的趋势强弱判别也是同样的道理和用同样的方法。把握了这一点，实战中我们就可以专做最强势的股票非常态行情，大幅度地提高资金获利效率。

位置：目前的股价所处在的具体位置，直接反映了该运动趋势已经进行演化了的量变程度，并直接限定着实战投资规模、获利程度及可能的损失的大小。实战中表现为投资风险与收益的比率及投资胜率大小。

模式：股价在已经运行的行情中表现了什么样的模式的认知，对于判定后续股价可能出现的运动方式有所帮助。比如，前期的股价是以复杂的方式进行运动的，则随后的运动就可能以较为简单的方式交替展开。

时间：寻宝图中股价目前所处在的具体位置，直接地反映了该种荣枯运动循环趋势已经经历了多少时间。推动该运动趋势的动力在多大程度上得到了消耗，未来的股价运动趋势还可能持续多长时间，以及未来股价运动可能到达的空间位置等。在此处,江恩的时间之窗对行情转点的判断可以起到宏观上的警示作用,也就是说在江恩时间之窗的时间范围,投资者应该比平时更加地提高警惕,来注意市场是否产生操作信号。

各种操作战术展开的精细条件和注意事项

实战买进条件注意事项

A. 追涨建仓性买点 1 的必须条件:快和准 决心和狠心

1)股价经历长期大幅度下跌。

2)30 均线角度变为走平且有了一段时间。

3)买进前的一段时间成交量已经高度萎缩。

4)今日向上突破 30 均线成交量放大为 5 日均量 2 倍以上。

5)周线多头排列是该买点安全的前提条件,月线多头排列最好。

6)5 日、10 日均线上升角度越大,则该股向上攻击的力度越强。

7)该买点的实战实施以短线操作为首先考虑,预防假突破后进行长期箱形调整。仓位控制为半仓操作。

B. 低吸补仓性买点 2 的必须条件:慢和稳 耐心和细心

1)30 均线必须向上或至少要走平。

2)回调时成交量大幅萎缩,大资金未出逃。

3)5 日均线重新走平,有一组 K 线止跌企稳。

4)30 分钟均线形成金叉,60 分钟 30 线走平或朝上。

5)在 30 均线方向朝上的前提下,回调跌破 30 均线也不可怕。

6)周线多头排列是该买点安全的前提条件,月线多头排列最好。

7)该买点的实战实施,以中线波段操作为首先考虑,回调后的重新放量上攻说明真正的上升趋势已经确立。要敢于重仓出击。

C. 持续性买点 3 的必须条件:

1)30 均线必须向上。

2)回调时成交量大幅萎缩。

3)5 日均线重新走平,有一组 K 线止跌企稳。

4)5 日均线第一次下破 10 日均线可以肯定为洗盘。

5)30 分钟均线形成金叉,60 分钟的 30 线已经朝上。

6）该种状况为股价上涨阶段的初中期，实战买进较安全。

D. 持续性买点4的必须条件：

1）30均线经历大幅上扬但角度并没有变缓。

2）回调时成交量必须大幅萎缩，明确表示庄家未逃。

3）5日均线重新走平，有一组K线显示股价止跌企稳。

4）30分钟均线形成金叉，60分钟的30线已经走平或朝上。

5）该种状况为股价上涨阶段的中后期，实战以短线方式操作。

6）有的股票可能多次出现买点4这种状况，称为持续性买点。

7）实战中的资金管理以积极的止损为原则，不允许采用补仓战术。

E. 短线买点5的必须条件：

1）30均线经历大幅上扬后攻击角度已经开始变缓。

2）股价在盘中或日K线组合中出现大幅度高低震荡。

3）成交量的放大和萎缩没有次序和规律表明庄家无力控盘。

4）必须采用逢低买进的低吸战术，低吸位置在重要均线处。

5）实战操作仓位宜轻，进出以短线操作为方式，操作速度必须快。

6）实战中的资金管理以积极的止损为原则，绝对不允许采用补仓战术。获利基础利用的是股价高低的短促大幅振荡，持仓不允许超过3天。

F. 抢反弹风险买点6的必须条件：

1）30均线经历大幅上扬、走平后开始朝下，攻击力度消失。

2）利用的是市场大众对上涨行情仍将回来的幻想和均线的引力。

3）股价短时间快速远离30均线，超跌严重，周KDJ处于低位日KDJ在低位形成金叉。无此条件决不轻易进场。

4）操作方式是绝对的有条件情况下的短线抢反弹。操作仓位必须轻，操作速度必须快。心态控制严禁贪，反弹到30均线位置时注意力度的强弱。实战中以15分钟死叉为卖点，止损措施必须严格执行。严禁补仓摊平。如果该股不涨，持仓也不允许超过3天。绝对的短线思维。

G. 第二次抢反弹买点7的必须条件：

1）股价再次经历大幅度下跌。

2）股价短时间快速远离30均线超跌严重，周KDJ处于低位日KDJ在低位形成金叉。无此条件决不轻易进场。

3）操作方式是绝对的有条件情况下的短线抢反弹。操作仓位必须轻，操作速度必须快。心态控制严禁贪，反弹到 30 均线位置注意力度其强弱。

4）实战中以 15 分钟死叉为卖点。止损措施必须严格执行。严禁补仓摊平。如果该股不涨，持仓也不允许超过 3 天。绝对的短线思维。

实战卖出条件注意事项

A. 短线卖点 1 的必须条件：

1）短线的卖出是为了低价买回。

2）卖出操作必须坚持技术理由的充分。不允许凭感觉。

3）30 分钟均线 5 线下穿 30 线，60 分钟 KDJ 高位死叉。

4）对超级强势股以 60 分钟系统的卖出信号为操作准绳。

5）短线卖出后必须按买进条件及时进行回补防止被轧空。

B. 短线卖点 2 的必须条件：

1）股价经历大幅快速上涨，短期乖离偏大。

2）30 分钟均线 5 线下穿 30 线，60 分钟 KDJ 高位死叉。

3）5 日均线攻击角度开始减小，方向意欲走平，调整将开始。

4）不允许因为该股涨的太凶，怕它下跌而凭感觉随意卖出股票。

5）短线卖出后，必须按买进条件及时进行回补防止被轧空。

C. 短线卖点 3 的必须条件：

1）股价经历大幅快速上涨短期乖离偏大。

2）30 分钟均线 5 线下穿 30 线，60 分钟 KDJ 高位死叉。

3）5 日均线攻击角度开始减小，方向意欲走平，调整将开始。

4）不允许因该股涨的太凶，怕它下跌而凭感觉随意卖出股票。

5）短线卖出后，必须按买进条件及时进行回补防止被轧空。

D. 中线卖点 4 的必须条件：

1）30 日均线经历长期大幅上涨后攻击角度变缓。

2）30 分钟均线 5 线下穿 30 线，60 分钟 KDJ 高位死叉。

3）周 KDJ 高位 J 线走平向下，日 KDJ 死叉或背离向下。

4）成交量巨幅放大后不能增加，庄家无力继续投入资金。

5）临盘实战中一旦卖出信号出现，必须毫不犹豫坚决出局。出局后股价没有大幅下跌之前，绝对不要轻易进场抢反弹。

E. 最后卖点 5 的必须条件：

1）30 均线已经彻底走平，表明多头占据控制地位的优势局面已经演变为多空达到平衡。且空头力量随时均可能反占先机。

2）中线优势力量的丧失对多方是一个不利的征兆，变盘的危机已经四伏，空方随时都可能占据控盘的优势，暴跌随时可能出现。

3）实战中必须对市场发出的卖出信号保持高度的敏感。

4）30 分钟均线 5 线下穿 30 线，60 分钟 KDJ 高位死叉必须立即出局离场，绝对不允许犹豫、观望和幻想。

5）万一被套，必须按 30 分钟出局信号止损，绝不允许补仓。

F. 逃命卖点 6 的必须条件：

1）30 日均线变为朝下，确定无疑地说明局面已被空方力量控制。

2）短线入场的抢反弹资金必须快进快出。长空短多是市场的主旋律。

3）30 分钟均线 5 线下穿 30 线，60 分钟 KDJ 高位死叉出现，无论盈亏必须出局。任何幻想和犹豫都会带来致命的灾难。

4）此时体现的仅仅是股价下跌趋势的开始，漫长的黑暗还在后面。持有仓位的投资者必须坚决止损，忍痛割肉，千万不能补仓。

5）以后漫长的时间内空仓战术的展开成为必然，一定要忍耐，一定要学会寂寞。下降通道不亏，当赢。千万不要去勉强操作。

G. 反弹卖点 7 的必须条件：

1）短线抢反弹的铁血纪律就是快。快进快出，不能犹豫。

2）只要 30 日均线朝下，则所有的上涨都仅仅是反弹，不能期望过高，将本来是短线的操作方式随意就改变为中线方式。

3）实战进出场信号以 15 分钟为操作依据。不贪不恋。

4）操作仓位宜轻，只能止损，不能补仓。

各种典型实战技法透析及形态分析精华举要

操作战术举要：追涨与低吸　杀跌与高抛　左侧与右侧

追涨战术的展开条件：右侧交易用于短线

1）30 日均线朝上，不允许追击 30 日均线朝下的股票。

2）30 周均线组保持走平或朝上排列。周线为中、小阳线。

3）日线图中 5 日均线首次带量攻击且攻击阳线力度较大。

4）大盘最好处于涨势阶段，最少也需平稳不能在大跌趋势中。

5）技术面的图表和指标系统最理想的是全部金叉共振，多头向上。

6）其他情况下最好采用低吸战术，轻易不要追涨。追涨战术最适合于短线热点股群的突击操作。

7）追涨失败的实战处理：止损和补仓。其具体实施请参照寻宝图。

低吸战术的展开条件：左侧交易用于中线

1）上涨阶段回调到关键技术位置、止跌缩量企稳时低吸。

2）在 30 日、30 周均线朝上的前提下，股价回调到这些位置可以坚决低吸。这通常是大手笔补仓战术展开的良机。

3）追涨目标股只遇大盘突然暴跌后缩量时，可以低吸。前提是满足短线神枪手的条件。

4）长期下跌后股价远离均线系统，周 KDJ 处于低位，日 KDJ 两次金叉出现时，可以用短线抢反弹的眼光低吸。

5）技术面上从分时到周、月所有的指标均处于低位金叉将成时可以低吸。抢反弹操作的仓位应轻。30 分钟发出卖出信号无论盈亏必须坚决出局。

6）特别提示，下降通道中低吸战术的展开一定要小心、小心又小心。

杀跌战术的展开条件：右侧交易用于短线

1）上涨中的目标股票应该让其彻底表现。

2）只有等待其向上的攻击能力消失后才可以判定是否出局。

3）实战中 30 分钟或 60 分钟图表系统死叉是临盘杀跌出局的法则。

4）在目标股票没有发出技术上的卖出理由之前绝对不能只凭感觉，因恐惧、担心其可能下跌就随便将该股卖出。这是非专业投资者的通病。

高抛战术的展开条件：左侧交易用于中线

1）投资分析界推崇的低吸高抛的高抛不具备专业操作价值。

2）其高抛的高，在实战中无法确定出客观定量的可操作性标准。

3）该方法纯粹是业余水平的思维方式和操作方法，实战中不宜提倡。

4）在目标股票没有发出技术上的卖出理由之前绝对不能只凭感觉，因恐惧、担心其可能的下跌就随便将该股卖出。这是企图比市场聪明的投资者的致命通病。其隐含着极大的投资哲学思想上的错误。

附录 II
权证 48 日实战裸奔呈现

人间无神话，市场有奇迹

题记：你有怀疑地球是圆的的权利，但丝毫不影响它的旋转！当然，上帝还赋予你以为天只有井那么大的权利。

俞海涛权证 T+0 实战呈现

俞海涛权证账户由 6500 元起，经过 13 个半月，运作到 2886957.85 元，遗憾的是前期操作没有收集到相关图片。目前仅仅从"短线英雄读者俱乐部"网站收集到其从 2007 年 4 月 2 日至 2007 年 6 月 13 日资金从 255500 元运作到 2886957.85 元（其间取出 20000 元）的记录！历时近 2 个半月，48 个交易日，获利 1029.92%！

2007．4．2	账户起始资金	255500 元
2007．5．30	取款	5000 元
2007．5．31	取款	5000 元
2007．6．12	取款	10000 元
2007．6．13	期末账户资金	2886957.85 元
净收益		2651457.85 元
增幅		1029.92%
交易日		48 个

2007年4月2日

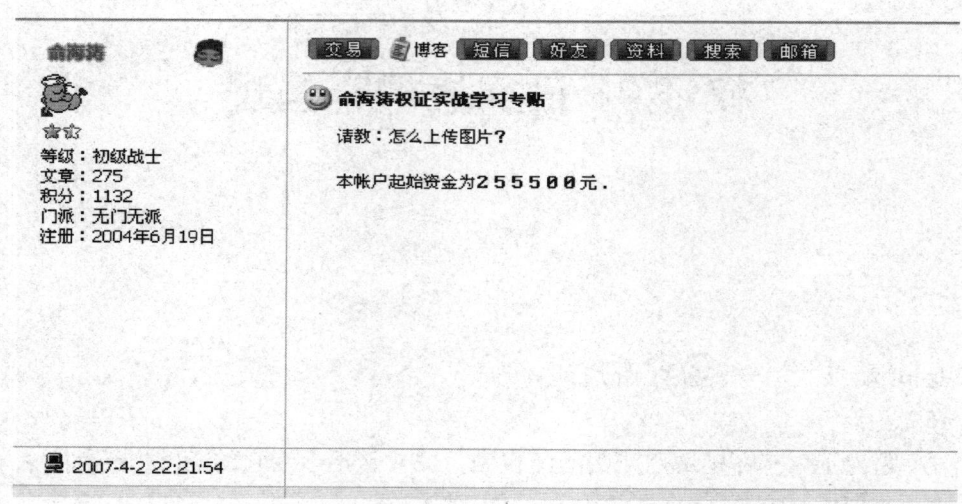

俞海涛权证实战学习专贴

请教：怎么上传图片？

本帐户起始资金为２５５５００元．

2007-4-2 22:21:54

2007年4月2日

人民币: 余额:233786.52		可用:1285.64		资产:268721.64		市值:267436.00		盈亏:14363.82
美 元: 余额:0.00		可用:0.00		资产:0.00		市值:0.00		盈亏:0.00
港 币: 余额:0.00		可用:0.00		资产:0.00		市值:0.00		盈亏:0.00
证券名称	证券数量	可卖数量	成本价格	当前价	最新市值	浮动盈亏	证券代码	股东代码	市场名称
侨城HQC1	0	0	0.000	14.960	0.00	11459.60	031001		
钢钒GFC1	0	0	0.000	4.348	0.00	94.39	031002		
首创JTB1	55600	55600	4.765	4.810	267436.00	2486.60	580004		
雅戈QCB1	0	0	0.000	12.241	0.00	1434.83	580006		
长电CWB1	0	0	0.000	7.566	0.00	-46.99	580007		
马钢CWB1	0	0	0.000	3.808	0.00	-1064.61	580010		

账户收益：5.17%

2007年4月3日

此主题相关图片如下：

	余额	可用	资产	市值	盈亏
人民币	1285.64	1116.76	279786.76	278670.00	13551.71
美元	0.00	0.00	0.00	0.00	0.00
港币	0.00	0.00	0.00	0.00	0.00

证券名称	证券数量	可卖数量	成本价格	当前价	最新市值	浮动盈亏	证券代码	股东代码	市场名称
五粮YGC1	0	0	0.000	18.295	0.00	3999.22	030002		
侨城HQC1	0	0	0.000	14.906	0.00	1635.80	031001		
首创JTB1	0	0	0.000	4.875	0.00	7886.52	580004		
雅戈QCB1	0	0	0.000	12.168	0.00	-260.47	580006		
伊利CWB1	15000	15000	18.559	18.578	278670.00	290.64	580009		

账户收益：9.51%

2007年4月4日

此主题相关图片如下：

	余额	可用	资产	市值	盈亏
人民币	1116.75	1331.13	279935.13	278604.00	439.02
美元	0.00	0.00	0.00	0.00	0.00
港币	0.00	0.00	0.00	0.00	0.00

证券名称	证券数量	可卖数量	成本价格	当前价	最新市值	浮动盈亏	证券代码	股东代码	市场名称
五粮YGC1	0	0	0.000	19.134	0.00	544.01	030002		
侨城HQC1	0	0	0.000	15.818	0.00	569.77	031001		
伊利CWB1	0	0	0.000	18.705	0.00	-1268.26	580009		
中化CWB1	32700	32700	8.502	8.520	278604.00	593.50	580011		

账户收益：9.56%

2007年4月5日

 此主题相关图片如下：

人民币	余额 1331.13	可用 1009.65	资产 278634.34	市值 275624.69	盈亏 -2707.28	
美元	余额 0.00	可用 0.00	资产 0.00	市值 0.00	盈亏 0.00	
港币	余额 0.00	可用 0.00	资产 0.00	市值 0.00	盈亏 0.00	

证券名称	证券数量	可卖数量	成本价格	当前价	最新市值	浮动盈亏	证券代码	股东代码	市场名称
钢钒GFC1	0	0	0.000	4.388	0.00	185.85	031002		
国电JTB1	37700	37700	7.348	7.311	275624.70	-1401.04	580008		
伊利CWB1	0	0	0.000	19.020	0.00	-3441.04	580009		
中化CWB1	0	0	0.000	8.426	0.00	1948.95	580011		

账户收益：8.27%

2007年4月6日

 此主题相关图片如下：

人民币	余额 1009.65	可用 2289.91	资产 285825.91	市值 283536.00	盈亏 7790.52	
美元	余额 0.00	可用 0.00	资产 0.00	市值 0.00	盈亏 0.00	
港币	余额 0.00	可用 0.00	资产 0.00	市值 0.00	盈亏 0.00	

证券名称	证券数量	可卖数量	成本价格	当前价	最新市值	浮动盈亏	证券代码	股东代码	市场名称
五粮YGC1	14400	14400	19.300	19.690	283536.00	5610.26	030002	0	深A
钢钒GFC1	0	0	0.000	4.755	0.00	1213.24	031002	0	深A
首创JTB1	0	0	0.000	5.010	0.00	126.43	580004	A	沪A
雅戈QCB1	0	0	0.000	12.724	0.00	1248.00	580006	A	沪A
国电JTB1	0	0	0.000	7.344	0.00	1595.21	580008	A	沪A
云化CWB1	0	0	0.000	13.355	0.00	-2002.62	580012	A	沪A

账户收益：11.87%

2007 年 4 月 9 日

此主题相关图片如下：

	余额	可用	资产	市值	盈亏
人民币	2289.91	1785.00	296011.19	294226.19	15795.54
美元	0.00	0.00	0.00	0.00	0.00
港币	0.00	0.00	0.00	0.00	0.00

证券名称	证券数量	可卖数量	成本价格	当前价	最新市值	浮动盈亏	证券代码	股东代码	市场名称
五粮YGC1	0	0	0.000	22.980	0.00	14782.99	030002		
侨城HQC1	0	0	0.000	16.200	0.00	1729.15	031001		
钢钒GFC1	0	0	0.000	4.832	0.00	1444.83	031002		
首创JTB1	0	0	0.000	5.111	0.00	-2343.69	580004		
雅戈QCB1	0	0	0.000	14.134	0.00	-2159.17	580006		
国电JTB1	0	0	0.000	7.427	0.00	85.82	580008		
马钢CWB1	73300	73300	3.983	4.014	294226.20	2255.61	580010		

账户收益：15.86%

2007 年 4 月 10 日

此主题相关图片如下：

	余额	可用	资产	市值	盈亏
人民币	1784.99	2068.51	296348.32	294279.81	2592.73
美元	0.00	0.00	0.00	0.00	0.00
港币	0.00	0.00	0.00	0.00	0.00

证券名称	证券数量	可卖数量	成本价格	当前价	最新市值	浮动盈亏	证券代码	股东代码	市场名称
五粮YGC1	0	0	0.000	23.600	0.00	-5022.85	030002		深A
钢钒GFC1	0	0	0.000	4.998	0.00	1076.21	031002		深A
雅戈QCB1	0	0	0.000	13.851	0.00	1349.99	580006		沪A
马钢CWB1	70100	70100	4.124	4.198	294279.80	5189.38	580010		沪A

账户收益：15.99%

2007年4月11日

此主题相关图片如下：

证券名称	证券数量	可卖数量	成本价格	当前价	最新市值	浮动盈亏	证券代码	股东代码	市场名称
五粮YGC1	0	0	0.000	23.999	0.00	-278.72	030002		深A
侨城HQC1	0	0	0.000	15.850	0.00	-3567.58	031001		深A
雅戈QCB1	20300	20300	14.152	14.566	295689.80	8404.14	580006		沪A
马钢CWB1	0	0	0.000	4.078	0.00	7383.87	580010		沪A
万华HXP1	0	0	0.000	0.628	0.00	-5390.55	580993		沪A

人民币 余额:2088.51 可用:2020.29 资产:297710.10 市值:295689.81 盈亏:8551.16
美元 余额:0.00 可用:0.00 资产:0.00 市值:0.00 盈亏:0.00
港币 余额:0.00 可用:0.00 资产:0.00 市值:0.00 盈亏:0.00

账户收益：16.52%

2007年4月12日

此主题相关图片如下：

人民币 余额:2020.29 可用:956.55 资产:349060.96 市值:348104.41 盈亏:59755.00
美元 余额:0.00 可用:0.00 资产:0.00 市值:0.00 盈亏:0.00
港币 余额:0.00 可用:0.00 资产:0.00 市值:0.00 盈亏:0.00

证券名称	证券数量	可卖数量	成本价格	当前价	最新市值	浮动盈亏	证券代码	股东代码	市场名称
雅戈QCB1	0	0	0.000	14.571	0.00	18380.97	580006	A	沪A
长电CWB1	0	0	0.000	8.072	0.00	18901.94	580007	A	沪A
国电JTB1	0	0	0.000	8.721	0.00	19005.26	580008	A	沪A
马钢CWB1	81200	81200	4.273	4.287	348104.40	1131.28	580010	A	沪A
中化CWB1	0	0	0.000	9.041	0.00	2335.55	580011	A	沪A

账户收益：36.62%

2007 年 4 月 13 日

> 此主题相关图片如下：

	余额	可用	资产	市值	盈亏
人民币	956.55	377836.33	377836.33	0.00	29906.66
美元	0.00	0.00	0.00		
港币	0.00	0.00	0.00		

证券名称	证券数量	可卖数量	成本价格	当前价	最新市值	浮动盈亏
首创JTB1	0	0	0.000	5.411	0.00	-784.79
长电CWB1	0	0	0.000	8.242	0.00	2991.93
国电JTB1	0	0	0.000	9.082	0.00	11753.61
马钢CWB1	0	0	0.000	4.307	0.00	16555.75
中化CWB1	0	0	0.000	9.360	0.00	-609.84

账户收益：47.88%

2007 年 4 月 16 日

今天还是没有解决止损的问题，无法上一个台阶，这错是无法原谅的！

> 此主题相关图片如下：

	余额	可用	资产	市值	盈亏
人民币	377836.33	431.65	378328.65	377897.00	492.32
美元	0.00	0.00	0.00	0.00	0.00
港币	0.00	0.00	0.00	0.00	0.00

证券名称	证券数量	可卖数量	成本价格	当前价	最新市值	浮动盈亏	证券代码	股东代码	市场名称
侨城HQC1	0	0	0.000	17.931	0.00	-10071.57	031001		深A
钢钒GFC1	70900	70900	5.140	5.330	377897.00	13496.27	031002		深A
长电CWB1	0	0	0.000	8.496	0.00	-390.80	580007		沪A
国电JTB1	0	0	0.000	9.462	0.00	293.31	580008		沪A
伊利CWB1	0	0	0.000	21.700	0.00	-2544.08	580009		沪A
中化CWB1	0	0	0.000	9.872	0.00	-607.75	580011		沪A
云化CWB1	0	0	0.000	14.974	0.00	316.94	580012		沪A

账户收益：48.07%

2007 年 4 月 17 日

此主题相关图片如下：

人民币	余额:431.65	可用:2567.78	资产:396210.47	市值:393642.89	盈亏:31378.10
美元	余额:0.00	可用:0.00	资产:0.00	市值:0.00	盈亏:0.00
港币	余额:0.00	可用:0.00	资产:0.00	市值:0.00	盈亏:0.00

证券名称	证券数量	可卖数量	成本价格	当前价	最新市值	浮动盈亏	证券代码	股东代码	市场名称
钢钒GFC1	0	0	0.000	5.690	0.00	28188.20	031002		
雅戈QCB1	25300	25300	15.379	15.559	393642.70	4557.95	580006		
国电JTB1	0	0	0.000	9.277	0.00	3674.46	580008		
马钢CWB1	0	0	0.000	4.507	0.00	-3186.55	580010		
中化CWB1	0	0	0.000	9.561	0.00	-1855.96	580011		

账户收益：55.07%

2007 年 4 月 18 日

今天下午 2 点后交易出现混乱，竟然几乎把上午赢利的 2 万赔进去，应努力克服自己的急躁，做一个沉稳的交易员。

此主题相关图片如下：

人民币	余额:2567.78	可用:2790.48	资产:405981.48	市值:403191.00	盈亏:14328.93
美元	余额:0.00	可用:0.00	资产:0.00	市值:0.00	盈亏:0.00
港币	余额:0.00	可用:0.00	资产:0.00	市值:0.00	盈亏:0.00

证券名称	证券数量	可卖数量	成本价格	当前价	最新市值	浮动盈亏	证券代码	股东代码	市场名称
雅戈QCB1	0	0	0.000	16.149	0.00	19962.35	580006		A
长电CWB1	0	0	0.000	8.171	0.00	-1485.26	580007		A
国电JTB1	0	0	0.000	9.276	0.00	932.74	580008		A
马钢CWB1	0	0	0.000	4.537	0.00	-3357.80	580010		A
云化CWB1	27000	27000	14.680	14.933	403191.00	6827.83	580012		A
武钢CWB1	0	0	0.000	5.319	0.00	-8550.93	580013		A

账户收益：58.9%

2007年4月19日

上午主要做了580008的反弹；下午有些缩手缩脚，几乎没什么利润。

此主题相关图片如下：

人民币	余额:2790.46	可用:433439.27	资产:433439.27	市值:0.00		盈亏:34285.83		
美元	余额:0.00	可用:0.00	资产:0.00	市值:0.00		盈亏:0.00		
港币	余额:0.00	可用:0.00	资产:0.00	市值:0.00		盈亏:0.00		
证券名称	证券数量	可卖数量	成本价格	当前价	最新市值	浮动盈亏	证券代码	股东代码	市场名称
长电CWB1	0	0	0.000	7.824	0.00	6085.77	580007	A	沪A
国电JTB1	0	0	0.000	9.543	0.00	22593.55	580008	A	沪A
云化CWB1	0	0	0.000	13.456	0.00	5606.31	580012	A	沪A

账户收益：69.64%

2007年4月20日

此主题相关图片如下：

人民币	余额:433439.26	可用:298039.41	资产:436789.41	市值:138750.00		盈亏:3350.15		
美元	余额:0.00	可用:0.00	资产:0.00	市值:0.00		盈亏:0.00		
港币	余额:0.00	可用:0.00	资产:0.00	市值:0.00		盈亏:0.00		
证券名称	证券数量	可卖数量	成本价格	当前价	最新市值	浮动盈亏	证券代码	股东代码	市场名称
钢钒GFC1	25000	25000	5.618	5.550	138750.00	-1707.00	031002		
雅戈QCB1	0	0	0.000	15.973	0.00	5319.78	580006		
长电CWB1	0	0	0.000	8.065	0.00	-600.78	580007		
国电JTB1	0	0	0.000	9.718	0.00	1846.66	580008		
伊利CWB1	0	0	0.000	20.157	0.00	-1649.94	580009		
马钢CWB1	0	0	0.000	4.318	0.00	141.43	580010		

账户收益：70.95%

2007年4月23日

此主题相关图片如下：

证券名称	证券数量	可卖数量	成本价格	当前价	最新市值	浮动盈亏	证券代码	股东代码	市场名称
人民币：余额:298039.41		可用:1255.47		资产:464582.66		市值:463327.19		盈亏:28086.26	
美 元：余额:0.00		可用:0.00		资产:0.00		市值:0.00		盈亏:0.00	
港 币：余额:0.00		可用:0.00		资产:0.00		市值:0.00		盈亏:0.00	
钢钒GFC1	0	0	0.000	6.140	0.00	944.12	031002		深A
雅戈QCB1	25200	25200	17.852	18.386	463327.20	13447.36	580006		沪A
长电CWB1	0	0	0.000	8.441	0.00	3669.21	580007		沪A
马钢CWB1	0	0	0.000	4.821	0.00	283.70	580010		沪A
中化CWB1	0	0	0.000	9.607	0.00	1789.96	580011		沪A
武钢CWB1	0	0	0.000	5.102	0.00	5951.91	580013		沪A

账户收益：81.83%

2007年4月24日

该账户本月2日起始资金25500元，今天为521372元。虽然12个交易日翻番了，但纵观操作的全过程，存在的毛病是显而易见的，比如止损不坚决等，今后应克服毛病，更加努力！

此主题相关图片如下：

证券名称	证券数量	可卖数量	成本价格	当前价	最新市值	浮动盈亏	证券代码	股东代码	市场名称
人民币：余额:1255.47		可用:388.76		资产:521372.07		市值:520983.31		盈亏:70236.75	
美 元：余额:0.00		可用:0.00		资产:0.00		市值:0.00		盈亏:0.00	
港 币：余额:0.00		可用:0.00		资产:0.00		市值:0.00		盈亏:0.00	
钢钒GFC1	0	0	0.000	6.373	0.00	3384.07	031002		深A
雅戈QCB1	0	0	0.000	17.964	0.00	46047.49	580006		沪A
国电JTB1	0	0	0.000	10.096	0.00	513.80	580008		沪A
马钢CWB1	0	0	0.000	4.894	0.00	2397.78	580010		沪A
武钢CWB1	87900	87900	5.723	5.927	520983.30	17893.61	580013		沪A

账户收益：104.06%

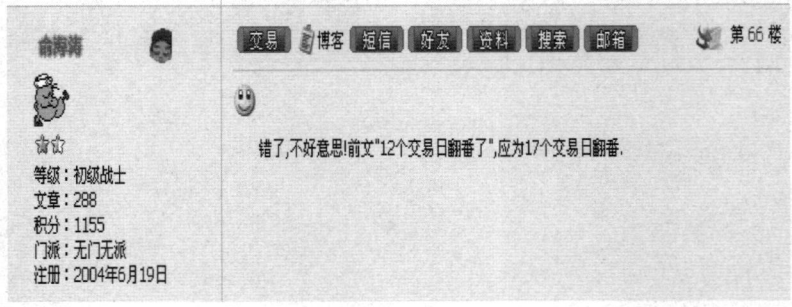

错了,不好意思!前文"12个交易日翻番了",应为17个交易日翻番。

2007年4月25日

此主题相关图片如下：

证券名称	证券数量	可卖数量	成本价格	当前价	最新市值	浮动盈亏	证券代码
钢钒GFC1	0	0	0.000	6.373	0.00	9155.44	031002
长电CWB1	28700	28700	8.592	9.069	260280.30	13680.55	580007
马钢CWB1	0	0	0.000	4.772	0.00	-122.84	580010
武钢CWB1	0	0	0.000	5.683	0.00	10647.17	580013

人民币 余额:388.78 可用:276558.47 资产:536838.77 市值:260280.30 盈亏:33380.32

账户收益：110.11%

今天最后15分钟，在580007上擦掉全天利润的一半。说明止损还是不坚决！！

2007年4月26日

此主题相关图片如下：

人民币 余额:276558.47 可用:541850.07 资产:541850.07 市值:0.00 盈亏:18691.84

证券名称	证券数量	可卖数量	成本价格	当前价	最新市值	浮动盈亏	证券代码	股东代码	市场名称
钢钒GFC1	0	0	0.000	6.483	0.00	2123.79	031002	0	深A
雅戈QCB1	0	0	0.000	19.048	0.00	-2954.64	580006	A	沪A
长电CWB1	0	0	0.000	8.926	0.00	8772.92	580007	A	沪A
中化CWB1	0	0	0.000	9.675	0.00	143.02	580011	A	沪A
武钢CWB1	0	0	0.000	5.831	0.00	10606.75	580013	A	沪A

账户收益：112.07%

2007年4月27日

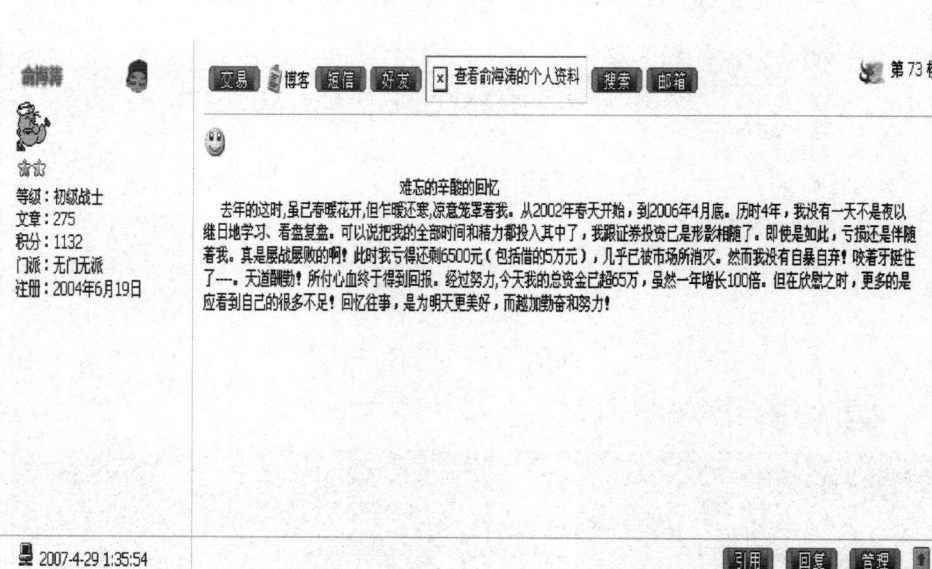

账户收益：123.44%

2007 年 4 月 30 日

下午做得有些混乱，被擦掉 2 万利润。

此主题相关图片如下：

人民币	余额:2975.03	可用:406161.87	资产:604211.87	市值:198050.00	盈亏:47903.16
美元	余额:0.00	可用:0.00	资产:0.00	市值:0.00	盈亏:0.00
港币	余额:0.00	可用:0.00	资产:0.00	市值:0.00	盈亏:0.00

证券名称	证券数量	可卖数量	成本价格	当前价	最新市值	浮动盈亏	证券代码	股东代码	市场名称
五粮YGC1	0	0	0.000	24.900	0.00	-4943.66	030002		
钢钒GFC1	0	0	0.000	6.020	0.00	1798.18	031002		
雅戈QCB1	0	0	0.000	23.442	0.00	56581.54	580006		
国电JTB1	0	0	0.000	9.802	0.00	-8023.97	580008		
中化CWB1	17000	17000	11.653	11.650	198050.00	-49.51	580011		
云化CWB1	0	0	0.000	14.764	0.00	2540.58	580012		

账户收益：136.48%

2007 年 5 月 8 日

此主题相关图片如下：

人民币	余额:406161.85	可用:1703.85	资产:648585.85	市值:646882.00	盈亏:44324.48
美元	余额:0.00	可用:0.00	资产:0.00	市值:0.00	盈亏:0.00
港币	余额:0.00	可用:0.00	资产:0.00	市值:0.00	盈亏:0.00

证券名称	证券数量	可卖数量	成本价格	当前价	最新市值	浮动盈亏	证券代码	股东代码	市场名称
侨城HQC1	9000	9000	23.634	23.628	212652.00	-53.16	031001		深A
钢钒GFC1	0	0	0.000	6.288	0.00	4654.05	031002		深A
雅戈QCB1	0	0	0.000	23.822	0.00	1905.96	580006		沪A
国电JTB1	0	0	0.000	10.310	0.00	1825.91	580008		沪A
伊利CWB1	0	0	0.000	24.036	0.00	23298.03	580009		沪A
马钢CWB1	86500	86500	4.984	5.020	434230.00	3106.89	580010		沪A
中化CWB1	0	0	0.000	12.209	0.00	11107.06	580011		沪A
云化CWB1	0	0	0.000	15.124	0.00	-2831.33	580012		沪A
武钢CWB1	0	0	0.000	5.757	0.00	1311.07	580013		沪A

账户收益：153.85%

2007年5月9日

今天亏损严重，上午在500013上赌气操作，造成巨亏，带着情绪操作，这是短线操作的大忌！说明还很不成熟，离职业交易员还有很大的距离！要认真找原因，努力改进！

此主题相关图片如下：

人民币	余额:1703.84	可用:634901.26	资产:634901.26	市值:0.00	盈亏:-10630.86
美 元	余额:0.00	可用:0.00	资产:0.00	市值:0.00	盈亏:0.00
港 币	余额:0.00	可用:0.00	资产:0.00	市值:0.00	盈亏:0.00

证券名称	证券数量	可卖数量	成本价格	当前价	最新市值	浮动盈亏	证券代码	股东代码	市场名称
侨城HQC1	0	0	0.000	25.800	0.00	15017.44			
长电CWB1	0	0	0.000	9.112	0.00	6141.57			
马钢CWB1	0	0	0.000	4.947	0.00	-8045.56			
中化CWB1	0	0	0.000	11.667	0.00	4979.95			
武钢CWB1	0	0	0.000	5.737	0.00	-28724.26			

账户收益：148.49%

权证致富新神话？

2007年05月09日 11:33:34 中财网 <img height="1" src="http://www1.cfi.net.cn/cfict.aspx?newsid=20070509001237" width="1" alt="" />

7万变为2000万，320天增值273倍，网吧里玩出大赢家

一年零四个月的时间，把区区7.33万元变成了2004.54万元，仅仅320个交易日神奇地将资金翻了273倍。

目前，一家名叫前锦盛投资网的网站宣称拥有这样一位堪称比巴菲特还神奇的投资高手。通过了解与接触，摆在眼前的交易数据依然难解中国经济时报记者心中的疑虑。如同难以化解这种天方夜谭式的财富故事的制造者——不到30岁咏飞（化名）身上的神话色彩。

投资大师巴菲特的年回报率最高时也不过200%；而刚刚被拉下神坛的被称为"中国的巴菲特"的林园此前自爆炒股16年携8000元入市，目前身家已达4亿。他被揭露资金交割单涉嫌造假。

不过，该网站表示，保证事迹的真实性，并愿意接受全球任何权威的有影响力的独立第三方的鉴证。

320 天，7 万变成 2000 万

咏飞制造了财富增值速度的世界之最：7 万元增值到 2000 万元仅用 320 天（交易日），时间跨度是 2005 年 10 月 31 日至 2007 年 2 月 27 日。

在 2005 年 10 月 31 日前一交易日，咏飞的交易记录显示除了持有 8800 股蓝星石化（000838），就只剩下 1170.38 元余额。这一天，对于咏飞来说是个永远难忘的日子。从这天开始，一个传奇般的财富增长神话由他开始缔造。

当天，"在跌停版上排队等了几十分钟卖出蓝星石化"，自称拥有 10 年证券投资历练的咏飞，此时卖出蓝星石化后证券账户上的资金仅有区区 7.33 万元。

随即，他捕捉到了权证的赚钱机会。

交易单显示，他马上把 7.33 万元在 0.83 元以下价位全部买入了宝钢权证（580000），最低曾以 0.821 买入宝钢权证，其后最高曾以 1.164 元卖出。在当日反反复复的 4＋0 操作中，他账户资产如同上证指数当日探底拔长阳。

这是一个历史的转折点，从此以后他的资产令人咋舌速度快速增长。

交易记录显示，资产增长从 7 万到 30 万历时 17 周（在账户 988811388 操作）；30 万到 900 万历时 20 周（在账户 988818988 操作）；900 万到 2000 万历时 32 周（在账户 048800008382 操作）。也就是说，从 8 万到 900 万仅仅历时 38 周，而从 8 万到 2000 万也不过是 70 周。按 320 个交易日算，平均每分钟盈利 260 元。咏飞特别说明，这三个账户客户姓名均为他自己，时间、资金均有连续性。

年初的"2.27"暴跌，上证指数一度接近跌停，深沪股市双双创下 10 年来单日最大跌幅，有超过 900 只个股跌停。然而，咏飞的资产却在这一天突破 2000 万元，当日盈利 58.21 万元，总市值增长 2.99%。

不可想象的交易速度

记录显示 2006 年 11 月 2 日 13 点 30 分 39 秒连续发生成交了两笔单，分别买入了 563541 股和 999000 股包钢 J401。这种交易频繁出现。

咏飞说，在交易时他通常一次性开设了好几个窗口，最多时有 8 个，在交易时只需点确认就行了。

咏飞还创造单个账户单日交易量的世界之最：单日交易量达3.72亿。这个记录诞生在2006年5月26日。当日累计完成交易244笔，共计买入金额1.87亿，卖出金额1.85亿，合计单日交易量达3.72亿，而当日沪市A股总共交易247亿，深市A股总共交易160亿。

相应的，咏飞创造了单个账户单月交易量的世界之最。2006年5月，当月累计买入金额20.33亿，卖出20.34亿，当月交易总金额40.67亿。当月盈利500万，月收益率211%。

320个交易日内累计交易28038笔。创造单账户年交易频率的世界之最。按每日4小时交易时间计算，全部时间里，平均每2分44秒交易一笔单。

短短一年零4个月内的纸质交割单足足装满两个大纸箱。

对投资价值的另类理解

咏飞说，我从不保证自己的每一个品种都能赚钱，我只要求自己每天都有钱赚。

牛市中短线"复利增长"是咏飞最根本的投资理念。

根据10多年的经验，他说，最好的绝招是坚持每天4小时交易时间盯盘，然后每天晚上再复盘研究两、三小时，周末再花时间总结全周的情况。在每天交易之前，先看看涨幅前几名的品种。

咏飞说，在牛市中短线机会是非常多的，如果能够持续稳定地增长，即使平均增长率并不很惊人，但长期来说，所积累的财富也是非常可观的。

通过对咏飞交易数据的计算，他的日收益率为1.768%。

咏飞表示他的目标是日收益率2%，如果能够达到这个目标，320天的收益应该是565倍。

"取得持续稳定增长的秘诀在于在大多数时间里保持稳定，避免大的损失，并在时机适当时抓住大幅增长的机会。"他说，"我从来不长期持有一个品种"。交易记录显示也是如此。2006年5月10日的交易记录显示，当天短短4个小时内，他频繁地在14个权证品种中不断快速交易，当日累计交易286笔，当日盈利45万，当日日收益率16%。

"克服贪婪，在频繁的短线中积累利润"，从他的全部交易记录来看确实如此。2006年11月2日的交易记录显示，当日累计交易355笔，当日交易量2.35亿，该日平均40.3秒交易一笔单。当日盈利20万元,总市值增长2.0%。

还创造单日交易频率的世界之最。

"进入股市,有谁没有赚过,又有谁没有亏过,关键在总结经验,吸取教训。"咏飞坦言,"但是这需要一定的技巧"。

咏飞也曾经大起大落过。现在,他已经形成了一套行之有效的战略战术,磨练出了独特的投资风格。咏飞几乎参与每天的权证涨幅榜上的明星品种,而且在其中获得了极大的利润。

因为风险大,权证操作一般不要持仓过夜,而咏飞经常是持仓过夜,而且是持满仓过夜。2006年4月28日,咏飞在14时49分30秒以4.36元买入46万股五粮液认购权证,5月8日9时24分44秒、47秒,集合竞价以4.8元全部卖出。

当然除权证之外,沪深两个市场的大多数牛股也频现他的身影。

尤其让人佩服的是他的风险控制能力,流水清单上显示最快的止损单从买入到卖出仅仅几秒钟,从8万到2000万他的资产下浮极限始终控制在10%以内。这就是他成功的秘诀。

咏飞其人

年仅28岁的咏飞是湖南永州人,敦实,不善言辞。但谈起他的本行,滔滔不绝。尤其是谈起优秀的投资高手以及他们的书籍。

咏飞爱读好书,尤其喜欢中外哲学、财经类书籍,从书中学习并培养自己的意志力和控制力。在行情低迷的2005年5—6月期间,曾经两个月只花200元的生活费,还每天坚持跑步10公里,就是为了锻炼自己的意志力。

现在"除了证券投资和适当的锻炼身体,保以持自己的状态,我没有什么更多的爱好",在咏飞平静的外表下,无法掩饰的是对于中国证券市场的无限信心与对证券投资事业的狂热追求。

更让人匪夷所思的是:这个奇迹,他居然还是在一个不起眼的网吧里创造的。

咏飞想"学习并超越巴菲特,创中国的伯克希尔—哈撒韦公司"。

对话

问:最近有不少类似你的股市神话,结果基本上都是假的。你的交易记录是否伪造?你又如何证实你的真实性呢?

答:假的真不了,真的假不了。我可以提供所有的交易记录。我愿意接受任何独立的权威的第三方的鉴证。

问：怎样才能证明你的交易记录所对应的一个账号，是一个个人行为？

答：交易记录明确地显示一个人在不同时段使用了三个账号。三个账号在时间与资金上均有连续性，从2005年8月4日－2006年2月20日，使用988811388账号；2006年2月20日－2006年8月14日，使用988818988账号；2006年8月14日后，使用048800008382账号。

问：怎么让人相信中间没有资金注入？

答：这可以查看全部的资金流水。营业部、交易所的交易数据要保留15年。

据介绍，2006年6月19日当天，咏飞参与了中工国际的投资，数额较大，引起了有关方面的关注。监管部门对此进行了调查，结论表明，该资金账户988818988（咏飞）开立于2006年2月13日，无下挂深圳股东账户，由客户自带。该户实际属于咏飞本人所有……资金来源于自有资金，卖出"中工国际"（002051）的资金用途和去向是买卖股票、银证转账。

调查称：该账户在"中工国际"发行阶段共获配股共计0股，2006年6月19日9点48分03秒委托买入100000股，委托价格16.710元，买入成交100000股，成交价16.692元；2006年6月19日9点48分23秒委托买入50000股，委托价格16.750元，买入成交50000股，成交价16.750元。

该账户6月19日共买入150000股，均价16.711元，没有卖出。6月27日共卖出150000股，均价17.565元，没有买入。

据了解，咏飞的财富增值记录不断刷新，截至4月27日，总市值突破3800万元，增值高达518倍。（记者 龙昊）

中国经济时报

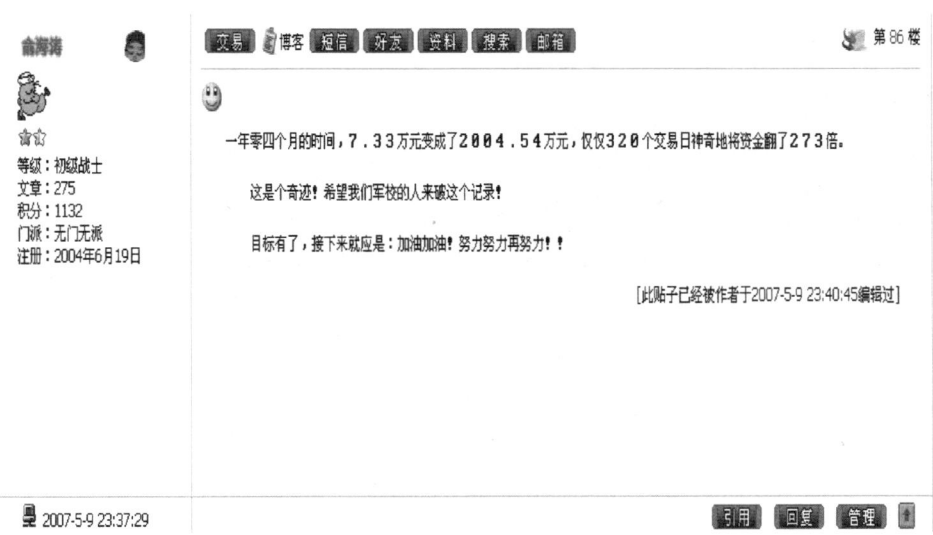

一年零四个月的时间，7.33万元变成了2004.54万元，仅仅320个交易日神奇地将资金翻了273倍。

这是个奇迹！希望我们军校的人来破这个记录！

目标有了，接下来就应是：加油加油！努力努力再努力！！

[此贴子已经被作者于2007-5-9 23:40:45编辑过]

2007年5月10日

此主题相关图片如下：

证券名称	证券数量	可卖数量	成本价格	当前价	最新市值	浮动盈亏	证券代码	股东代码	市场名称
钢钒GFC1	0	0	0.000	6.490	0.00	-6428.89	031002	0	深A
雅戈QCB1	0	0	0.000	21.836	0.00	2210.14	580006	A	沪A
马钢CWB1	0	0	0.000	5.467	0.00	51000.62	580010	A	沪A

账户收益：166.8%

2007年5月11日

GIF 此主题相关图片如下：

人民币	余额:681683.12	可用:724174.19	资产:724174.19	市值:0.00	盈亏:42491.07
美元	余额:0.00	可用:0.00	资产:0.00	市值:0.00	盈亏:0.00
港币	余额:0.00	可用:0.00	资产:0.00	市值:0.00	盈亏:0.00

证券名称	证券数量	可卖数量	成本价格	当前价	最新市值	浮动盈亏	证券代码	股东代码	市场名称
钢钒GFC1	0	0	0.000	6.291	0.00	793.88	031002	0	
雅戈QCB1	0	0	0.000	22.091	0.00	4862.19	580006	A	
长电CWB1	0	0	0.000	9.246	0.00	234.25	580007	A	
国电JTB1	0	0	0.000	9.932	0.00	6618.10	580008	A	
马钢CWB1	0	0	0.000	5.264	0.00	3267.76	580010	A	
中化CWB1	0	0	0.000	13.812	0.00	24238.95	580011	A	
武钢CWB1	0	0	0.000	5.836	0.00	2475.94	580013	A	

账户收益：183.43%

2007年5月14日

如何在这种行情中赢利，是我今后应着重解决的课题。今天还是没有逃脱亏损的局面。

GIF 此主题相关图片如下：

人民币	余额:724174.19	可用:2599.60	资产:716244.60	市值:713645.00	盈亏:-7929.59
美元	余额:0.00	可用:0.00	资产:0.00	市值:0.00	盈亏:0.00
港币	余额:0.00	可用:0.00	资产:0.00	市值:0.00	盈亏:0.00

证券名称	证券数量	可卖数量	成本价格	当前价	最新市值	浮动盈亏	证券代码	股东代码	市场名称
五粮YGC1	0	0	0.000	24.020	0.00	-1541.57	030002		深A
侨城HQC1	0	0	0.000	27.270	0.00	784.28	031001		深A
钢钒GFC1	0	0	0.000	6.560	0.00	2026.74	031002		深A
国电JTB1	0	0	0.000	9.879	0.00	-6185.36	580008		沪A
马钢CWB1	132500	132500	5.408	5.386	713645.00	-2878.96	580010		沪A
武钢CWB1	0	0	0.000	5.809	0.00	-134.72	580013		沪A

账户收益：180.33%

2007 年 5 月 15 日

此主题相关图片如下：

证券名称	证券数量	可卖数量	成本价格	当前价	最新市值	浮动盈亏	证券代码	股东代码	市场名称
人民币 余额:2599.60		可用:296.09		资产:726216.09		市值:725920.00		盈亏:7092.52	
美 元 余额:0.00		可用:0.00		资产:0.00		市值:0.00		盈亏:0.00	
港 市 余额:0.00		可用:0.00		资产:0.00		市值:0.00		盈亏:0.00	
五粮YGC1	0	0	0.000	24.200	0.00	1135.98	030002	0	深A
中集ZYP1	558400	558400	1.300	1.300	725920.00	153.64	038006	0	深
长电CWB1	0	0	0.000	8.502	0.00	-4372.14	580007	A	沪A
国电JTB1	0	0	0.000	9.521	0.00	5132.58	580008	A	沪A
伊利CWB1	0	0	0.000	23.546	0.00	2080.06	580009	A	沪A
马钢CWB1	0	0	0.000	5.150	0.00	11551.41	580010	A	沪A
武钢CWB1	0	0	0.000	5.829	0.00	-8589.01	580013	A	沪A

账户收益：184.23%

2007 年 5 月 16 日

上午蹲守五粮购和伊利。守的不涨，另一个却涨，顾此失彼。赢利是下午产生的。

此主题相关图片如下：

证券名称	证券数量	可卖数量	成本价格	当前价	最新市值	浮动盈亏	证券代码	股东代码	市场名称
人民币 余额:296.08		可用:4619.70		资产:742491.01		市值:737871.31		盈亏:16428.56	
美 元 余额:0.00		可用:0.00		资产:0.00		市值:0.00		盈亏:0.00	
港 市 余额:0.00		可用:0.00		资产:0.00		市值:0.00		盈亏:0.00	
五粮YGC1	0	0	0.000	26.380	0.00	4475.50	030002	0	
中集ZYP1	0	0	0.000	1.243	0.00	-3472.46	038006	0	
伊利CWB1	27900	27900	25.857	26.447	737871.30	16462.84	580009	A	
马钢CWB1	0	0	0.000	5.299	0.00	-2101.36	580010	A	
云化CWB1	0	0	0.000	14.478	0.00	1064.04	580012	A	

账户收益：190.6%

2007年5月17日

今天这种行情都亏，说明要努力的地方还很多！本月已3天亏损了！！稳定性差的毛病还在犯！

此主题相关图片如下：

证券名称	证券数量	可卖数量	成本价格	当前价	最新市值	浮动盈亏	证券代码	股东代码	市场名称
人民币	余额:4619.70		可用:275.46		资产:740019.65		市值:739744.19		盈亏:13991.50
美元	余额:0.00		可用:0.00		资产:0.00		市值:0.00		盈亏:0.00
港币	余额:0.00		可用:0.00		资产:0.00		市值:0.00		盈亏:0.00
五粮YGC1	0	0	0.000	26.379	0.00	-1440.23	030002	0	深A
钢钒GFC1	93900	93900	7.730	7.878	739744.20	13933.41	031002	0	深A
国电JTB1	0	0	0.000	10.078	0.00	1780.56	580008	A	沪A
伊利CWB1	0	0	0.000	25.777	0.00	-180.31	580009	A	沪A
马钢CWB1	0	0	0.000	5.529	0.00	-1212.26	580010	A	沪A
武钢CWB1	0	0	0.000	6.044	0.00	1110.33	580013	A	沪A

账户收益：189.64%

2007年5月18日

此主题相关图片如下：

人民币	余额:753529.58		可用:753529.58		资产:753529.58		市值:0.00		盈亏:0.00
美元	余额:0.00		可用:0.00		资产:0.00		市值:0.00		盈亏:0.00
港币	余额:0.00		可用:0.00		资产:0.00		市值:0.00		盈亏:0.00
证券名称	证券数量	可卖数量	成本价格	当前价	最新市值	浮动盈亏	证券代码	股东代码	市场名称

账户收益：194.92%

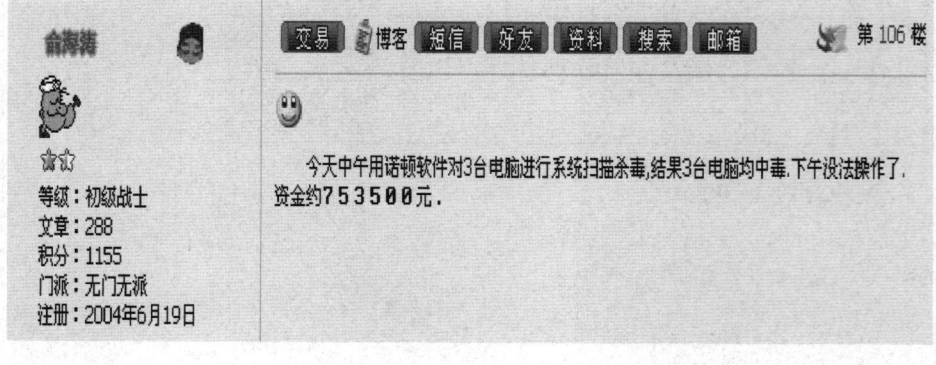

俞海涛　　交易　博客　短信　好友　资料　搜索　邮箱　　第106楼

今天中午用诺顿软件对3台电脑进行系统扫描杀毒，结果3台电脑均中毒。下午没法操作了，资金约753500元。

等级：初级战士
文章：288
积分：1155
门派：无门无派
注册：2004年6月19日

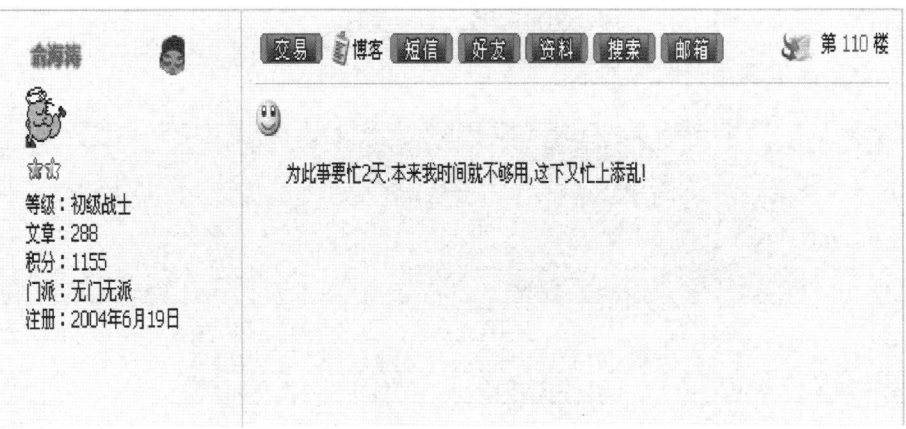

2007年5月21日

此主题相关图片如下：

证券名称	证券数量	可卖数量	成本价格	当前价	最新市值	浮动盈亏	证券代码	股东代码	市场名称
五粮YGC1	0	0	0.000	25.889	0.00	1052.70	030002	0	深A
侨城HQC1	0	0	0.000	25.980	0.00	460.69	031001	0	深A
钢钒GFC1	0	0	0.000	8.301	0.00	3424.83	031002	0	深A
马钢CWB1	136300	136300	5.653	5.701	777046.30	6548.09	580010	A	沪A
中化CWB1	0	0	0.000	13.868	0.00	16009.34	580011	A	沪A

人民币 余额:753529.58 可用:3978.93 资产:781025.24 市值:777046.31 盈亏:27495.65

账户收益：205.69%

2007年5月22日

此主题相关图片如下：

人民币 余额:3978.93 可用:327.69 资产:855086.06 市值:854758.38 盈亏:80608.95

证券名称	证券数量	可卖数量	成本价格	当前价	最新市值	浮动盈亏	证券代码	股东代码	市场名称
国电JTB1	77200	77200	10.515	11.072	854758.40	43032.75	580008	A	沪A
伊利CWB1	0	0	0.000	25.346	0.00	-14687.58	580009	A	沪A
马钢CWB1	0	0	0.000	5.725	0.00	49625.19	580010	A	沪A
中化CWB1	0	0	0.000	14.324	0.00	2638.79	580011	A	沪A

账户收益：234.67%

2007年5月23日

此主题相关图片如下：

证券名称	证券数量	可卖数量	成本价格	当前价	最新市值	浮动盈亏	证券代码	股东代码	市场名称
五粮YGC1	0	0	0.000	26.130	0.00	7640.57	030002	0	深A
钢钒GFC1	0	0	0.000	8.355	0.00	2391.22	031002	0	深A
国电JTB1	0	0	0.000	10.836	0.00	35283.18	580008	A	沪A
云化CWB1	0	0	0.000	15.414	0.00	751.86	580012	A	沪A
武钢CWB1	142500	142500	5.987	6.093	868252.50	15090.95	580013	A	沪A

人民币 余额:327.69 可用:4958.83 资产:873211.33 市值:868252.50 盈亏:61157.78

账户收益：241.77%

2007年5月24日

此主题相关图片如下：

人民币 余额:4958.82 可用:856425.58 资产:856425.58 市值:0.00 盈亏:-1894.79

证券名称	证券数量	可卖数量	成本价格	当前价	最新市值	浮动盈亏	证券代码	股东代码	市场名称
侨城HQC1	0	0	0.000	27.200	0.00	-8634.81	031001	0	深A
钢钒GFC1	0	0	0.000	8.436	0.00	-7106.55	031002	0	深A
国电JTB1	0	0	0.000	10.237	0.00	-5750.33	580008	A	沪A
马钢CWB1	0	0	0.000	5.477	0.00	1857.12	580010	A	沪A
武钢CWB1	0	0	0.000	5.958	0.00	17939.78	580013	A	沪A

账户收益：235.2%

2007年5月25日

此主题相关图片如下：

	余额	可用	资产	市值	盈亏
人民币	856426.58	3285.63	870451.63	867166.00	14025.05
美元	0.00	0.00	0.00	0.00	0.00
港币	0.00	0.00	0.00	0.00	0.00

证券名称	证券数量	可卖数量	成本价格	当前价	最新市值	浮动盈亏	证券代码	股东代码	市场名称
五粮YGC1	0	0	0.000	26.070	0.00	19277.56	030002	0	深A
侨城HQC1	0	0	0.000	30.270	0.00	-1273.81	031001	0	深A
马钢CWB1	154300	154300	5.562	5.620	867166.00	8928.48	580010	A	沪A
中化CWB1	0	0	0.000	13.690	0.00	-12907.18	580011	A	沪A

账户收益：240.69%

2007年5月28日

此主题相关图片如下：

	余额	可用	资产	市值	盈亏
人民币	3285.63	3894.53	897789.53	893895.00	36266.37
美元	0.00	0.00	0.00	0.00	0.00
港币	0.00	0.00	0.00	0.00	0.00

证券名称	证券数量	可卖数量	成本价格	当前价	最新市值	浮动盈亏	证券代码	股东代码	市场名称
五粮YGC1	0	0	0.000	26.830	0.00	9657.60	030002	0	深A
侨城HQC1	0	0	0.000	32.000	0.00	1278.31	031001	0	深A
钢钒GFC1	0	0	0.000	8.465	0.00	-576.12	031002	0	深A
国电JTB1	0	0	0.000	10.843	0.00	-1923.31	580008	A	沪A
伊利CWB1	34500	34500	25.851	25.910	893895.00	2026.84	580009	A	沪A
马钢CWB1	0	0	0.000	5.714	0.00	33203.77	580010	A	沪A
中化CWB1	0	0	0.000	14.000	0.00	-12421.68	580011	A	沪A
云化CWB1	0	0	0.000	15.112	0.00	4839.83	580012	A	沪A
武钢CWB1	0	0	0.000	6.034	0.00	181.13	580013	A	沪A

账户收益：251.39%

2007 年 5 月 29 日

此主题相关图片如下：

人民币	余额:3894.52	可用:5320.64	资产:907752.84	市值:902432.00	盈亏:11999.96
美元	余额:0.00	可用:0.00	资产:0.00	市值:0.00	盈亏:0.00
港币	余额:0.00	可用:0.00	资产:0.00	市值:0.00	盈亏:0.00

证券名称	证券数量	可卖数量	成本价格	当前价	最新市值	浮动盈亏	证券代码	股东代码	市场名称
五粮YGC1	32000	32000	28.508	28.201	902432.00	-9809.65	030002	0	深A
佤城HQC1	0	0	0.000	32.400	0.00	-2055.51	031001	0	深A
国电JTB1	0	0	0.000	11.054	0.00	22681.32	580008	A	沪A
伊利CWB1	0	0	0.000	27.441	0.00	3744.31	580009	A	沪A
中化CWB1	0	0	0.000	14.113	0.00	-2125.83	580011	A	沪A
云化CWB1	0	0	0.000	15.136	0.00	-444.68	580012	A	沪A

账户收益：255.28%

2007 年 5 月 30 日

今天虽然赢利了，但做的很不好！下午开盘不久曾赢 25 万，由于波动大，操作心态不稳，赢利不一会就还给市场了。

此主题相关图片如下：

人民币	余额:320.64	可用:705221.96	资产:1055981.96	市值:350760.00	盈亏:143419.87
美元	余额:0.00	可用:0.00	资产:0.00	市值:0.00	盈亏:0.00
港币	余额:0.00	可用:0.00	资产:0.00	市值:0.00	盈亏:0.00

证券名称	证券数量	可卖数量	成本价格	当前价	最新市值	浮动盈亏	证券代码	股东代码	市场名称
五粮YGC1	0	0	0.000	26.250	0.00	-34437.09	030002	0	深A
五粮YGP1	0	0	0.000	2.245	0.00	126326.31	038004	0	深A
中集ZYP1	222000	222000	1.348	1.580	350760.00	51530.45	038006	0	深A

账户收益：313.3%

等级：初级战士
文章：288
积分：1155
门派：无门无派
注册：2004年6月19日

 第134楼

以下是引用**杨绍库**在2007-4-3 20:21:55的发言：

波段把握上你做的很好，我把握不了，行情只要一好转，你这样操作要挣大大的钱!哈

预计6月份你要见到100万了

你一直以来对我寄于希望和鼓励，这也是我努力的动力之一。感谢你! 100万，它的意义，除了是我投资道路的里程碑外，更多的作用是："雄关漫道真如铁，而今迈步从头越"!

银行	0102 工行转帐		转帐日期	2007年 5月30日		币种	所有币种	
转帐日期	转帐时间	银行代码	转帐金额	资金余额	业务名称	银行流水号	状态说明	
20070530	140253	、	-5000.00	320.64	证券转银行	71	成功	

2007 年 5 月 31 日

 此主题相关图片如下：

人民币	余额:700221.96	可用:8890.97	资产:1411355.10	市值:1402464.13	盈亏:411903.56
美 元	余额:0.00	可用:0.00	资产:0.00	市值:0.00	盈亏:0.00
港 币	余额:0.00	可用:0.00	资产:0.00	市值:0.00	盈亏:0.00

证券名称	证券数量	可卖数量	成本价格	当前价	最新市值	浮动盈亏	证券代码	股东代码	市场名称
五粮YGC1	47900	47900	28.799	29.279	1402464.10	23005.27	030002	0	深A
侨城HQC1	0	0	0.000	30.670	0.00	10378.83	031001	0	深A
华菱JTP1	0	0	0.000	1.530	0.00	173651.50	038003	0	深A
五粮YGP1	0	0	0.000	2.140	0.00	64028.93	038004	0	深A
中集ZYP1	0	0	0.000	1.580	0.00	140839.03	038006	0	深A

账户收益：452.39%

今天再取款 5000 元。

GIF 此主题相关图片如下：

转帐日期	转帐时间	银行代码	转帐金额	资金余额	业务名称	银行流水号	状态说明
20070531	113854		-5000.00	700221.96	证券转银行		成功

2007 年 6 月 1 日

今天做得比较压抑。华菱做一次亏一次，要调整心态，总结教训！

GIF 此主题相关图片如下：

人民币	余额:8890.97	可用:801.45	资产:1506624.83	市值:1506023.38	盈亏:118275.02
美元	余额:0.00	可用:0.00	资产:0.00	市值:0.00	盈亏:0.00
港币	余额:0.00	可用:0.00	资产:0.00	市值:0.00	盈亏:0.00

证券名称	证券数量	可卖数量	成本价格	当前价	最新市值	浮动盈亏	证券代码	股东代码	市场名称
五粮YGC1	0	0	0.000	28.800	0.00	47958.65	030002	0	深A
华菱JTP1	0	0	0.000	1.751	0.00	-103768.34	038003	0	深A
五粮YGP1	0	0	0.000	2.606	0.00	109525.92	038004	0	深A
中集ZYP1	833900	833900	1.732	1.806	1506023.40	62055.97	038006	0	深A
国电JTB1	0	0	0.000	9.654	0.00	761.69	580008	A	沪A
伊利CWB1	0	0	0.000	24.255	0.00	1741.13	580009	A	沪A

账户收益：489.68%

2007 年 6 月 4 日

GIF 此主题相关图片如下：

人民币	余额:601.42	可用:1803563.00	资产:1803563.00	市值:0.00	盈亏:358994.15
美元	余额:0.00	可用:0.00	资产:0.00	市值:0.00	盈亏:0.00
港币	余额:0.00	可用:0.00	资产:0.00	市值:0.00	盈亏:0.00

证券名称	证券数量	可卖数量	成本价格	当前价	最新市值	浮动盈亏	证券代码	股东代码	市场名称
华菱JTP1	0	0	0.000	1.951	0.00	52549.35	038003	0	深A
五粮YGP1	0	0	0.000	4.350	0.00	-14004.79	038004	0	深A
中集ZYP1	0	0	0.000	2.260	0.00	302292.18	038006	0	深A
中化CWB1	0	0	0.000	10.530	0.00	18157.40	580011	A	沪A

账户收益：605.9%

俞海涛

等级：初级战士
文章：275
积分：1132
门派：无门无派
注册：2004年6月19日

第 153 楼

今天算是了却一个心愿。用13个月零几天的时间，把6500元运作到今天的1803563元，翻了277倍。算是超过湖南咏飞16个月翻273倍的记录。但这绝不等于说我的水平比咏飞高！因为他的初始资金比我大十几倍，翻273倍难度比我大得多。在此，应清醒地看到自己身上有很多的不足。要虚心向高手学习，脚踏实地，一步一个脚印地前进。路漫漫其修远兮，吾将上下而求索——

2007-6-4 22:27:40

2007年6月5日

今天做得差劲！上午守认购，不涨；认沽却涨！下午的认购把上午亏损填补。

此主题相关图片如下：

人民币	余额 1803582.99	可用 4303.09	资产 1879011.59	市值 1874708.50	盈亏 75448.60
美元	余额 0.00	可用 0.00	资产 0.00	市值 0.00	盈亏 0.00
港币	余额 0.00	可用 0.00	资产 0.00	市值 0.00	盈亏 0.00

证券名称	证券数量	可卖数量	成本价格	当前价	最新市值	浮动盈亏	证券代码	股东代码	市场名称
华菱JTP1	0	0	0.000	1.421	0.00	27072.03	038003		深A
中集ZYP1	0	0	0.000	1.740	0.00	-67080.10	038006		深A
中化CWB1	160300	160300	10.863	11.695	1874708.50	133319.72	580011		沪A
招行CMP1	0	0	0.000	0.498	0.00	-17863.05	580997		沪A

账户收益：635.43%

2007年6月6日

今天巨亏！！！需要冷静一下！

GIF 此主题相关图片如下：

人民币	余额:4303.09		可用:10963.18		资产:1693818.66	市值:1682855.50		盈亏:-51873.20	
美元	余额:0.00		可用:0.00		资产:0.00	市值:0.00		盈亏:0.00	
港币	余额:0.00		可用:0.00		资产:0.00	市值:0.00		盈亏:0.00	
证券名称	证券数量	可卖数量	成本价格	当前价	最新市值	浮动盈亏	证券代码	股东代码	市场名称
五粮YGC1	0	0	0.000	27.380	0.00	11838.74	030002	0:	深A
钢钒GFC1	0	0	0.000	6.965	0.00	-7505.79	031002	0:	深A
华菱JTP1	0	0	0.000	2.202	0.00	-52355.74	038003	0:	深A
五粮YGP1	0	0	0.000	3.524	0.00	-151264.94	038004	0:	深A
中集ZYP1	682700	682700	2.288	2.465	1682855.50	120902.48	038006	0:	深A
国电JTB1	0	0	0.000	10.414	0.00	-924.01	580008	A(	沪A
中化CWB1	0	0	0.000	11.377	0.00	76518.90	580011	A(	沪A
招行CMP1	0	0	0.000	0.624	0.00	-49082.84	580997	A(	沪A

账户收益：562.94%

俞海涛  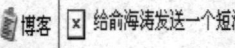  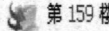 第159楼

等级：初级战士
文章：288
积分：1155
门派：无门无派
注册：2004年6月19日

有内部消息说权正要加税,不知是真是假?

杨绍辉  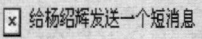  第160楼

头衔：为只铁读者服务

今天估权的机会很难把握上午,我是只敢看不敢做!下午你还是把握住了机会.

  第 161 楼

等级：初级战士
文章：288
积分：1155
门派：无门无派
注册：2004年6月19日

一度亏28万,是心态出了问题．想翻本，做自己不擅长的波动，不亏才怪！

    第 163 楼

以下是引用*俞海涛*在2007-6-6 15:26:34的发言：
一度亏28万,是心态出了问题．想翻本，做自己不擅长的波动，不亏才怪！

正常的很,平静对待这样的亏损.

资金遭受一次重创会变的更成熟些.这样的心态是无法完全被克服的.发生的时候让他尽快的转变是关键.

相信明天你会很快的补回来的!

头衔：为只铁读者服务
等级：管理员

    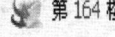 第 164 楼

谢谢你的安慰！我经历了千百次的亏损,深知胜败乃是兵家常事之理。对于亏损,重要的是找出心态上和技术上的毛病,加以克服。还是那句话：胜不骄,败不馁！

等级：初级战士
文章：288
积分：1155

第165楼

陈晓

头衔：食游天下
等级：初级战士
文章：140
积分：2580
门派：波段为王
注册：2006年2月4日

俞师兄，看过你的权证操作，很是感慨。有些问题想请教一下，就是实战中你每天单个品种进出场的频率是什么样的？另外，对于止损，你和绍辉兄都是非常强调，在实战中进场点的把握又是根据什么原则的？能否讨论一下。

第166楼

俞海涛

等级：初级战士
文章：288
积分：1155
门派：无门无派
注册：2004年6月19日

每天单个品种进出场的频率是依机会的多少而定的；进场点的把握是根据即时图和分时图相结合的。好象没回答，但确是这样的！许多东西需要发挥你的悟性！我可以告诉你，看杨文勇的帖子，他好象在里面什么也没说，然而他又把一切都说了。悟性很重要！

第169楼

俞海涛

等级：初级战士
文章：288
积分：1155
门派：无门无派
注册：2004年6月19日

> 以下是引用 陈晓 在2007-6-7 6:47:24的发言：
> 非常谢谢俞兄的回复。可以再进一步问一下，就是进场点在把握上，与股票的操作不同点在哪里？

这个问题太大了！我打字又慢，抱歉，详细的回答不了。简单地说：权证是T+0，考虑的是买进后的获利；股票是T+1，考虑的是最快要到明天的获利。

2007年6月7日

今天的沽证可谓是惊心动魄！交易中努力克服昨天的阴影。

此主题相关图片如下：

人民币	余额:10963.17	可用:7341.38	资产:1844238.83	市值:1836897.25	盈亏:271322.50
美 元	余额:0.00	可用:0.00	资产:0.00	市值:0.00	盈亏:0.00
港 币	余额:0.00	可用:0.00	资产:0.00	市值:0.00	盈亏:0.00

证券名称	证券数量	可卖数量	成本价格	当前价	最新市值	浮动盈亏	证券代码	股东代码	市场名称
华菱JTP1	0	0	0.000	2.310	0.00	-229.10	038003	0	深A
五粮YGP1	0	0	0.000	3.758	0.00	14750.23	038004	0	深A
中集ZYP1	0	0	0.000	2.720	0.00	235654.43	038006	0	深A
国电JTB1	0	0	0.000	10.742	0.00	4024.87	580008	A	沪A
马钢CWB1	0	0	0.000	5.266	0.00	-3386.48	580010	A	沪A
中化CWB1	144900	144900	12.695	12.677	1836897.30	-2677.45	580011	A	沪A
武钢CWB1	0	0	0.000	5.788	0.00	-4087.69	580013	A	沪A
招行CMP1	0	0	0.000	0.688	0.00	27273.68	580997	A	沪A

账户收益：621.82%

2007年6月8日

此主题相关图片如下：

人民币	余额:7341.38	可用:1919118.53	资产:1919118.53	市值:0.00	盈亏:72202.40
美 元	余额:0.00	可用:0.00	资产:0.00	市值:0.00	盈亏:0.00
港 币	余额:0.00	可用:0.00	资产:0.00	市值:0.00	盈亏:0.00

证券名称	证券数量	可卖数量	成本价格	当前价	最新市值	浮动盈亏	证券代码	股东代码	市场名称
五粮YGC1	0	0	0.000	29.130	0.00	-26656.71	030002	0	深A
华菱JTP1	0	0	0.000	2.667	0.00	134069.30	038003	0	深A
五粮YGP1	0	0	0.000	4.218	0.00	-13552.58	038004	0	深A
中集ZYP1	0	0	0.000	3.040	0.00	1620.34	038006	0	深A
国电JTB1	0	0	0.000	10.766	0.00	-4969.58	580008	A	沪A
中化CWB1	0	0	0.000	12.260	0.00	-18308.37	580011	A	沪A

账户收益：651.12%

2007年6月11日

下午坐了过山车，资金从270万摔下来。没隔夜仓，观望一下。

此主题相关图片如下：

人民币	余额:1919118.53	可用:1604443.10	资产:1604443.10	市值:0.00	盈亏:466519.82
美 元	余额:0.00	可用:0.00	资产:0.00	市值:0.00	盈亏:0.00
港 币	余额:0.00	可用:0.00	资产:0.00	市值:0.00	盈亏:0.00

证券名称	证券数量	可卖数量	成本价格	当前价	最新市值	浮动盈亏	证券代码	股东代码	市场名称
五粮YGC1	0	0	0.000	31.700	0.00	-32598.87	030002	0	深A
华菱JTP1	0	0	0.000	3.550	0.00	431048.41	038003	0	深A
五粮YGP1	0	0	0.000	5.510	0.00	2482.60	038004	0	深A
中集ZYP1	0	0	0.000	4.632	0.00	31023.23	038006	0	深A
国电JTB1	0	0	0.000	12.139	0.00	34564.45	580008	A	沪A

账户收益：833.71%（注：尾盘集合竞价用了一笔资金，但是撤单之后，资金没显示退回，实际资产总额应该是：2385638.35元）。

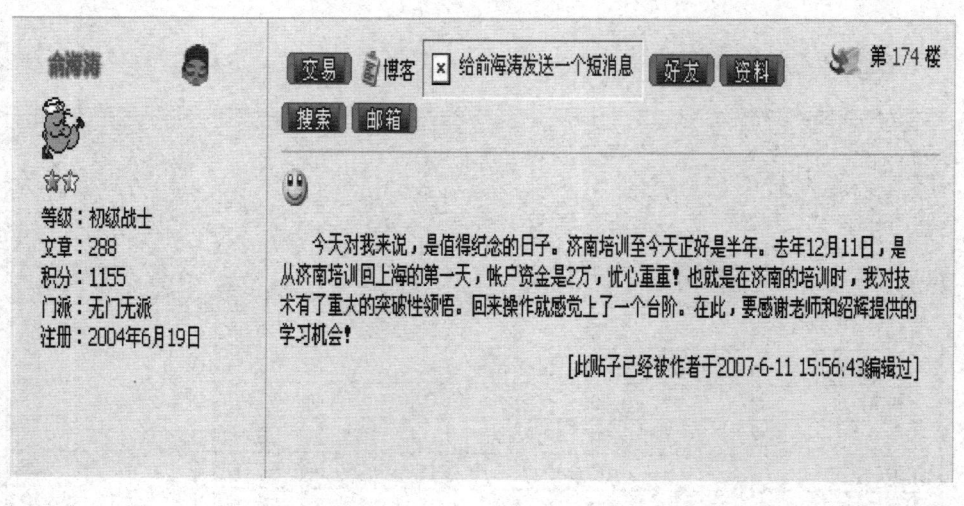

2007年6月12日

📎 此主题相关图片如下：

人民币	余额:2375638.35	可用:900.37	资产:2704605.87	市值:2703705.50	盈亏:328967.62
美元	余额:0.00	可用:0.00	资产:0.00	市值:0.00	盈亏:0.00
港币	余额:0.00	可用:0.00	资产:0.00	市值:0.00	盈亏:0.00

证券名称	证券数量	可卖数量	成本价格	当前价	最新市值	浮动盈亏	证券代码	股东代码	市场名称
钢钒GFC1	311200	311200	8.640	8.688	2703705.60	14939.92	031002	0	深A
华菱JTP1	0	0	0.000	4.061	0.00	208902.33	038003	0	深A
武钢CWB1	0	0	0.000	7.315	0.00	105125.37	580013	A	沪A

账户收益：958.55%

今取款1万元。

📎 此主题相关图片如下：

当日转帐查询结果 共[1]笔记录

日期	时间	币种	银行名称	业务类型	金额	余额	处理结果	发起方向	合同序号	返回信息
20070612	115229	人民币	中行转帐	证券转银行	-10000.00	2375638.35	成功	券商	2	交易成功

2007年6月13日

下午2：15就买了武钢不动，一相情愿地等着它涨停呢！结果白白浪费了许多可以捕捉的机会。

📎 此主题相关图片如下：

人民币	余额:900.37	可用:541.35	资产:2886957.85	市值:2886416.50	盈亏:197291.70
美元	余额:0.00	可用:0.00	资产:0.00	市值:0.00	盈亏:0.00
港币	余额:0.00	可用:0.00	资产:0.00	市值:0.00	盈亏:0.00

证券名称	证券数量	可卖数量	成本价格	当前价	最新市值	浮动盈亏	证券代码	股东代码	市场名称
侨城HQC1	0	0	0.000	34.400	0.00	1745.17	031001	0	深A
钢钒GFC1	0	0	0.000	9.420	0.00	227261.45	031002	0	深A
国电JTB1	0	0	0.000	14.354	0.00	6768.36	580008	A	沪A
中化CWB1	0	0	0.000	15.284	0.00	-38787.71	580011	A	沪A
武钢CWB1	344400	344400	8.380	8.381	2886416.40	304.43	580013	A	沪A

账户收益：1029.92%

本贴开出已2个半月了。因为是学习贴,在经过一段时间的撕杀后,应静下心来进行认真总结,所以本贴暂停。拟在股指期货推出后的一段时间里,在时机成熟时开出股指期货学习贴。在此,向所以关心和鼓励我的朋友鞠躬致谢!!也祝你们取得好成绩!!

[此贴子已经被作者于2007-6-17 9:33:21编辑过]

俞海涛资金增长表

序号	日期	初始资金(元)	资产(元)	取款额(元)	总资产(元)	净收益	与本金相比的资金增长率%	每日资金增长率%	备注
1	4-2	255500	268721.64	0	268721.64	13221.64	5.17	5.17	
2	4-3	255500	279786.76	0	279786.76	24286.76	9.51	4.12	
3	4-4	255500	279935.13	0	279935.13	24435.13	9.56	0.05	
4	4-5	255500	276634.34	0	276634.34	21134.34	8.27	-1.18	
5	4-6	255500	285825.91	0	285825.91	30325.91	11.87	3.32	
6	4-9	255500	296011.19	0	296011.19	40511.19	15.86	3.56	
7	4-10	255500	296348.32	0	296348.32	40848.32	15.99	0.11	
8	4-11	255500	297710.10	0	297710.10	42210.10	16.52	0.46	
9	4-12	255500	349060.96	0	349060.96	93560.96	36.62	17.25	
10	4-13	255500	377836.33	0	377836.33	122336.33	47.88	8.24	
11	4-16	255500	378328.65	0	378328.65	122828.65	48.07	0.13	
12	4-17	255500	396210.47	0	396210.47	140710.47	55.07	4.73	
13	4-18	255500	405981.48	0	405981.48	150481.48	58.90	2.47	
14	4-19	255500	433439.27	0	433439.27	177939.27	69.64	6.76	
15	4-20	255500	436789.41	0	436789.41	181289.41	70.95	0.77	
16	4-23	255500	464582.66	0	464582.66	209082.66	81.83	6.36	
17	4-24	255500	521372.07	0	521372.07	265872.07	104.06	12.22	
18	4-25	255500	536838.77	0	536838.77	281338.77	110.11	2.97	
19	4-26	255500	541850.07	0	541850.07	286350.07	112.07	0.93	
20	4-27	255500	570896.53	0	570896.53	315396.53	123.44	5.36	
21	4-30	255500	604211.87	0	604211.87	348711.87	136.48	5.84	
22	5-8	255500	648585.85	0	648585.85	393085.85	153.85	7.34	
23	5-9	255500	634901.26	0	634901.26	379401.26	148.49	-2.11	
24	5-10	255500	681683.12	0	681683.12	426183.12	166.80	7.37	
25	5-11	255500	724174.19	0	724174.19	468674.19	183.43	6.23	
26	5-14	255500	716244.60	0	716244.60	460744.60	180.33	-1.09	
27	5-15	255500	726216.09	0	726216.09	470716.09	184.23	1.39	
28	5-16	255500	742491.01	0	742491.01	486991.01	190.60	2.24	
29	5-17	255500	740019.65	0	740019.65	484519.65	189.64	-0.33	
30	5-18	255500	753529.58	0	753529.58	498029.58	194.92	1.83	
31	5-21	255500	781025.24	0	781025.24	525525.24	205.69	3.65	
32	5-22	255500	855086.06	0	855086.06	599586.06	234.67	9.48	
33	5-23	255500	873211.33	0	873211.33	617711.33	241.77	2.12	
34	5-24	255500	856425.58	0	856425.58	600925.58	235.20	-1.92	
35	5-25	255500	870451.63	0	870451.63	614951.63	240.69	1.64	
36	5-28	255500	897789.53	0	897789.53	642289.53	251.39	3.14	
37	5-29	255500	907752.64	0	907752.64	652252.64	255.28	1.11	
38	5-30	255500	1055981.96	5000	1060981.96	805481.96	313.30	16.88	
39	5-31	255500	1411355.10	0	1416355.10	1160855.10	452.39	34.13	
40	6-1	255500	1506624.83	10000	1516624.83	1261124.83	489.68	7.46	
41	6-4	255500	1803563.00	0	1803563.00	1548063.00	605.90	19.71	
42	6-5	255500	1879011.59	0	1879011.59	1623511.59	635.43	4.18	
43	6-6	255500	1693818.68	0	1693818.68	1438318.68	562.94	-9.86	
44	6-7	255500	1844238.63	0	1844238.63	1588738.63	621.82	8.88	
45	6-8	255500	1919118.53	0	1919118.53	1663618.53	651.12	4.06	
46	6-11	255500	2385638.35	0	2385638.35	2130138.35	833.71	24.31	
47	6-12	255500	2704605.87	0	2704605.87	2449105.87	958.55	13.37	
48	6-13	255500	2886957.85	0	2886957.85	2631457.85	1029.92	6.74	

梅花香自苦寒来

记得曾对朋友说：如果我成功了，在那一刻，你知道我最想做什么吗？——痛哭一场！我相信每个在证券交易第一线搏杀的人，都有一段"死去活来"的辛酸史。

2002年春天买了只铁先生著的《短线英雄》，觉得是一本难得的好书。便按书中所说的方法，开始了专业化训练。同时也埋头于各种经典技术分析方法的学习。四季轮转，花开花落。在整整四年半的时间里，为了挤时间学习，我几乎没看过电视，想听一听自己喜爱的西方古典音乐，那也只能是想想而已的事。多少个漫漫长夜，孤灯只影相伴到黎明。

然而，所付出的努力并没有得到相应的回报，失败的影子依然挥之不去，12万元资金（其中的5万元还是借的）投入，到2006年4月底，亏损的只剩下6500元了。我整日忧心忡忡，夜不能寐。即使在如此艰难的逆境中，依然没有气馁，更没有放弃，我坚信自己经过不懈的努力，最终定能拨云见日！

2005年的12月，我开始学习权证，依旧是全身心的投入。吃饭时想着权证，走路时想着权证，就连梦中也是权证，其他无关的事情丝毫不关心，经常窗外刮风下雨我都全然不知。为了研究即日波动，我打印了去年上半年的所有权证的即时波动图并随身携带，稍有空闲就拿出来仔细研读，反复琢磨。

虽然之前，我已经下功夫研读背诵了大量的图谱，但是我的权证之路仍旧坎坎坷坷。在正式做权证之前，我就一直关注着宝钢权证，其波动幅度之大，上下振荡之剧烈，看得我心惊肉跳，同时其每天盘中出现的获利机会也极大地诱惑着我，作为旁观者虽不敢碰，但我也确认了权证T+0的交易模式很符合我的性格。因此，武钢权证上市时我下决心开始实战操作权证，而那时我的资金已亏到仅剩13000元。

往事不堪回首，我用仅有的13000元做权证之后亏损依然如影随形，一路做一路亏，屡败屡战，到2006年4月下旬，资金只剩下5500元。

看着账户上的这5500元，我心里真的害怕了，担心再亏下去我就彻底被市场消灭了。可我实在不甘心就此离场！由于账户所剩资金规模实在太小，我又从工资中提出 1000 元加上，决心用 6500 元作最后的拼搏……

天无绝人之路，2006 年 5 月权证行情火爆给我带来了好运气！经过几轮破釜沉舟般的横冲直闯，我竟然获利约 400%！资金也上升到 32500 元。这一成绩对我激励很大，我第一次隐约地感到光明就在眼前。可是好景不长，在 6、7 月的暴跌中，我没能保住胜利成果，资金再次下滑，最低跌至 18900 元。心中刚刚燃起的火焰又遭风吹雨打！随后的几个月，资金在最低 19000 元、最高 27000 元间轮回，呈箱体震荡走势。忧心，郁闷纠缠着我，我日夜渴望着突破……

2006 年 12 月的 9、10 日，我到济南听只铁先生股指期货讲座，就是在这次内部免费讲座上，我对如何做权证有了重大的突破性的领悟！2006 年 12 月 11 日早上回到上海，我从账户里取款 1300 元用作生活开销，余下 2 万元做权证。此后，我的资金开始飞跃，截止到 2007 年 6 月 13 日，账户资金为 2886957 元。以 2006 年 12 月 11 日到 2007 年 6 月 13 日计，共计 6 个月零 3 天，盈利 14334%。

有朋友问我：你能稳定的获利其秘诀是什么？在这里我坦率地说：没有秘诀。如果硬要说有，那就是勤奋、努力、刻苦＋技术分析的基础知识＋实战经验＋《短线英雄》。顺便说一下，现在社会上有人认为只铁先生的书误人子弟，这真是一个天大的误会！可以这么说，要想真正看懂只铁先生的书，没有扎实的基础知识和丰富的实战经验是相当困难的。削铁如泥的宝剑在一般人手里起舞，是很容易自伤的！我做权证，喜欢追逐龙头品种，它符合利润最大化的原则，这个战法就是来源于《短线英雄》，当然这也符合我自己的性格。

权证风险极高，操作难度很大。权证实战时，时间紧张到了难以想象的程度。毫不夸张地讲，盘中四小时的交易，分秒鏖战，连转身倒茶的功夫也没有！这可以从我日平均 50 次的交易频率，以及日平均 1 亿元以上的成交金额中感受到其紧张程度。媒体称权证交易为针尖上的舞蹈一点不为过，我把它比作走钢丝，未经专业训练冒然去涉险，后果不堪设想。在这里，友情提醒普通的投资者，做权证就其硬件方面来说也是重要的。比如电脑最好不少于 2 台，尽可能地从券商处争取到相对优越的操作条件等。当然，不是说没有这些条件就一定做不好权证，最关键的还是非痛下苦功不可！不然最好不要去碰权证这个烫手山芋。

宝剑锋从磨砺出；梅花香自苦寒来。如今的我尽管取得了一点小的成绩，但只是万里长征迈出了第一步，放眼未来，前进的道路充满艰难险阻，需要自己不断地努力来克服各种困难。

路漫漫其修远兮，吾将上下而求索！

俞海涛

2007 年 6 月 25 日

附记：只铁先生为了避嫌，再三嘱咐不要提到他。但是，我的文章不提他就会不真实。能做的是，尽可能的少提他。

（下面附录的是我 2007 年 1—6 月账户变化的数据，还有简单的周记、月记概要，供有缘的朋友参考。——俞海涛）

俞海涛资金增长表(2007.1.4--2007.3.30)

序号	日期	初始资金(元)	资产(元)	存取款额(元)	总资产(元)	净增长额	与本金相比的资金增长率%	每日资金增长率%
1	1-4	26056	27045.00	0	27045.00	989.00	3.80	3.80
2	1-5	26056	29652.00	0	29652.00	3596.00	13.80	9.64
3	1-8	26056	30188.00	0	30188.00	4132.00	15.86	1.81
4	1-9	26056	39378.00	-5000	34378.00	8322.00	51.13	13.88
5	1-10	26056	40939.00	0	40939.00	14883.00	57.12	3.96
6	1-11	26056	41734.00	0	41734.00	15678.00	60.17	1.94
7	1-12	26056	44351.00	0	44351.00	18295.00	70.21	6.27
8	1-15	26056	45023.00	0	45023.00	18967.00	72.79	1.52
9	1-16	26056	51237.00	0	51237.00	25181.00	96.64	13.80
10	1-17	26056	57029.00	0	57029.00	30973.00	118.87	11.30
11	1-18	26056	58737.00	0	58737.00	32681.00	125.43	2.99
12	1-19	26056	58351.00	0	58351.00	32295.00	123.94	-0.66
13	1-22	26056	85669.00	-20000	65669.00	39613.00	228.79	12.54
14	1-23	26056	87000.00	0	87000.00	60944.00	233.90	1.55
15	1-24	26056	95354.00	0	95354.00	69298.00	265.96	9.60
16	1-25	26056	99261.00	0	99261.00	73205.00	280.95	4.10
17	1-26	26056	107828.00	0	107828.00	81772.00	313.83	8.63
18	1-29	26056	112511.00	0	112511.00	86455.00	331.80	4.34
19	1-30	26056	114788.00	0	114788.00	88732.00	340.54	2.02
20	1-31	26056	124017.00	0	124017.00	97961.00	375.96	8.04
21	2-1	26056	130142.00	0	130142.00	104086.00	399.47	4.94
22	2-2	26056	158771.00	0	158771.00	132715.00	509.35	22.00
23	2-5	26056	148837.00	1600	150437.00	124381.00	471.22	-5.25
24	2-6	26056	141633.00	1800	143433.00	117377.00	443.57	-3.63
25	2-7	26056	152963.00	800	153763.00	127707.00	487.05	8.56
26	2-8	26056	165139.00	200	165339.00	139283.00	533.78	8.09
27	2-9	26056	172359.00	5000	177359.00	151303.00	561.49	7.40
28	2-12	26056	167049.00	1200	168249.00	142193.00	541.12	-2.38
29	2-13	26056	170099.00	1900	171999.00	145943.00	552.82	2.96
30	2-14	26056	175415.00	0	175415.00	149359.00	573.22	3.13
31	2-15	26056	189529.00	0	189529.00	163473.00	627.39	8.05
32	2-16	26056	218125.00	1800	219925.00	193869.00	737.14	16.04
33	2-26	26056	244670.00	1500	246170.00	220114.00	839.02	12.86
34	2-27	26056	287372.00	0	287372.00	261316.00	1002.90	17.45
35	2-28	26056	299591.00	0	299591.00	273535.00	1049.80	4.25
36	3-1	26056	312482.00	0	312482.00	286426.00	1099.27	4.30
37	3-2	26056	343655.00	2000	345655.00	319599.00	1218.91	10.62
38	3-5	26056	325569.00		325569.00	299513.00	1149.50	-5.26
39	3-6	26056	341342.00		341342.00	315286.00	1210.03	4.84
40	3-7	26056	341963.00		341963.00	315907.00	1212.42	0.18
41	3-8	26056	342552.00		342552.00	316496.00	1214.68	0.17
42	3-9	26056	291200.00	55000	346200.00	320144.00	1017.59	1.06
43	3-12	26056	298901.00	0	298901.00	272845.00	1047.15	2.64
44	3-13	26056	298655.00	0	298655.00	272599.00	1046.20	-0.08
45	3-14	26056	275066.00	0	275066.00	249010.00	955.67	-7.90
46	3-15	26056	278500.00	0	278500.00	252444.00	968.85	1.25
47	3-16	26056	287460.00	0	287460.00	261404.00	1003.24	3.22
48	3-19	26056	274503.00	0	274503.00	248447.00	953.51	-4.51
49	3-20	26056	273684.00	0	273684.00	247628.00	950.37	-0.30
50	3-21	26056	266505.00	0	266505.00	240449.00	922.82	-2.62
51	3-22	26056	265576.00	0	265576.00	239520.00	919.25	-0.35
52	3-23	26056	263327.00	0	263327.00	237271.00	910.62	-0.85
53	3-26	26056	263461.00		263461.00	237405.00	911.13	0.05
54	3-27	26056	255736.00		255736.00	229680.00	881.49	-2.93
55	3-28	26056	254753.00		254753.00	228697.00	877.71	-0.38
56	3-29	26056	244542.00	20000	264542.00	238486.00	838.52	3.84
57	3-30	26056	254566.00		254566.00	228510.00	877.00	4.10

后记：俞海涛权证账户由 26056 元起，经过 3 个月，运作到 254566 元，获利 877 倍！以上是其从 2007 年 1 月 4 日资金从 26056 元至 2007 年 3 月 30 日资金运作到 254566 元（其间存入 25000 元，取出 92800 元）的记录！历时 57 个交易日，获利约 877%！

2007.1.4	账户起始资金	26056 元
2007.1.9	存入	5000 元
2007.1.22	存入	20000 元
2007.2.5-3.30	取款	92800 元
2007.3.30	期末账户资金	254566 元
净收益		228510 元
增幅		877%
交易日		57 个

4.2—4.6 周小结：应着重强化止损！来之不易的利润不能让它一点点漏掉！

4.9—4.13 周小结：本周四创单日赢利新高，为 51350 元。周四、五有较大机会。周四较满意，周五不满意。

4.16—4.20 周小结：本周大盘上下波动较大，成交量创天量，沪深两市周四创 2965 亿元天量。操作算过得去，但止损措施还应加强。

5.8—5.11 周小结：周二出现的亏损，是由赌气操作造成的。及时进行了反思，稳住了阵脚。今后应杜绝赌气操作！最近的操作稳定性大为提高，稍感欣慰。

5.14—5.18 周小结：本周做得不太理想。产生了两天的亏损！应更加努力才行！！

5.21—5.25 周小结：大盘每天都有暴跌的可能。权证最近涨幅较小。操作上总体尚可。稳定性有待提高。小心震荡下跌所带来的杀伤性。

5.28—6.1 周小结：本周持续上涨 2 年的大盘，遇到印花税上调利空的打击，开始有象样的回调了。因而，持续大幅下跌约一年的认沽权证，产生了大幅上涨的行情。在出击认沽权证时，总体说来还算过得去。因波动大，一不留意，就会产生大亏。应既大胆而且谨慎地操作。还是那句话:安全第一，获利第二。

6.4—6.8 周小结：6 月 6 日产生了半年来最大亏损日。幸好周四、周五，阻止住了不利的局面。

6.11—6.15 周小结：本周后两个交易日做的很差，杨绍辉做的极为漂亮，应向他学习。

6.18—6.22 周小结：本周认沽继续杀跌，认购也回落，操作难度极大。为稳当计，已减少了操作收数。

1 月份小结：本月共追加资金 2.5 万元，操作上基本能稳定获利，心态较为平稳。多了一台电脑对操作带来了很大的便利。

2 月份小结：2 月 18 日是大年初一，2006 年的 12 月 11 日（济南培训回家首个交易日）—2007 年 2 月 16 日，2 万元运做到 21 万元，盈利 953%。

3 月份小结：3 月 19 日—23 日出现了严重亏损，竟然每天都亏！除了波动较小等客观原因外，自身水平也是原因。应努力提高在此种行情下的交易水平，真正做到优秀交易员应有的全方位的水平。本月总的行情波动较小，操作极不理想。其中一周出现 5 个交易日全亏。我还没有找到波动较小的行情时的操作方法，应继续努力对次此有所突破。

4 月份小结：本月仅有一天亏损，且幅度较小，其余交易日均赢利。在行情波幅较小时，以往的大幅亏损得到很大的改变。稳定性得到提高，不足之处仍是止损不够坚决，要花大气力予以解决，否则很难再上一层楼！

5 月份小结：操作上稳定性有进步，止损还是不够坚决，老毛病了，应花大气力改正毛病。今后努力的目标：稳定获利！

6 月份小结：认沽市场继续烽烟四起，每天都是恶战，战况极其惨烈，盈亏瞬息万变。能大赚也能大亏。当日盈亏都属正常。可以预见，沽权是今后一段时期的主战场，应认真总结经验教训，调整心态。

魔鬼箴言　照亮自己

第一条：成功的投资＝严格的心态控制＋正确的资金管理＋过硬的技术功力。

第二条：刻苦训练、深刻领悟、忍受常人不能忍受的痛苦是成为专业短线高手的唯一途径，除此之外绝对没有第二种方法。

第三条：专业短线高手必须具备良好的专业心理素质，正确的资金管理方法和过硬的专业技术功力。这是专业选手赖以生存的根本！

第四条：操作的质量远远重要于操作的数量。炒股成功要有"四心"——耐心、细心、决心、狠心。

第五条：对股市经典的现象和本质的规律，多看、多练、多背是形成专业化条件反射操作本能的关键。

第六条：我们不能控制市场和他人，我们绝对要能够控制自己！我们不要求每次看准，但必须要求每次做对。

第七条：企图把每一件事都做好是一种高级弱智。专业选手只对必胜的机会展开捕捉，绝对不会随意去捕捉模棱两可的东西。

第八条：顶尖高手的短线操作铁律——短线出击非常态高速行进中的股票，其内部子浪运行结构安全且无破绽。而绝对不是仅仅满足于买进能涨的股票这么简单。

第九条：衡量专业短线高手的好坏，并不以获利为唯一依据。更加重要的依据是能否坚持按正确的市场规律进退和坚定不移地执行自己制订的操作计划并誓死捍卫自己的操作纪律。

第十条：短线或长线仅仅是一种投资获利的方法，绝对不是投资的目的。短线操作的真正目的是为了不参与股价走势中不确定因素太多的调整。

第十一条：只有在大盘处于高位或调整态势之中，短线操作战术才是专业选手的首选。耐着性子等待时机和时机出现时的果断出击是专业短线高手最重要的基本功。

第十二条：买卖动作展开的犹豫、迟缓是实战操作者心态控制成熟度低下的标志，是实战操作者心灵意志力脆弱的表现，也是妨碍投资者朝专业晋级的最大障碍。

第十三条：专业短线高手绝对不允许在没有充分准备的情况下受盘中股价涨跌波动的诱惑冲动地展开实战操作，无论是在多大的投资规模和投资级别上。

第十四条：资金管理原则——盲目地集中或分散都是对资金的滥用。集中持仓，精心研判目标股票的做盘细节，用心来操作才是专业选手最为重要的资金管理和实战操作进出原则。

第十五条：不会使用绝对空仓的资金管理战术就绝对不是专业高手。高位看错必须立即止损，低位看错可以补仓。

第十六条：任何技术方法使用效果的好坏都与是否掌握了该种方法的各种使用限制条件有着绝对的关系。

第十七条：追涨，追的是已经确定无疑的涨势，绝对不是追高；杀跌，杀的是已经确定无疑的跌势，绝对不是杀低。

第十八条：对市场各大要素及其相互关系的正确理解是快速看盘的关键。利用市场要素的各种排序功能是最好、最快的专业化看盘方法。

第十九条：规范化、专业化、科学化、系统化是临盘实战操作的生命，也是只铁投资体系的灵魂。

第二十条：骗线就是骗心，套牢就是套心。胜负说明一时，意志决定一生。

第二十一条：战略永远制约着战术。任何战术动作都有苛刻的使用条件和使用效果，不能偏废和极端。

第二十二条：实战交易系统必须做到——科学性、规范性、专业性、独特性和完备性。独特性要求的是要切实符合自己的个性风格！

第二十三条："牛市有三只脚"，找底不急，逃顶要快！

第二十四条：战无不胜的真正含义——不胜不战！

第二十五条：既然选定了职业就应该把它作为生命。

第二十六条：停损是临盘实战操作安全最根本的保证，每次果断的买进、卖出行为都必须要有明确的系统理由。

第二十七条：不贪心抓住每一次机会，不贪心抓住每一只黑马。心境轻松淡定如泰山，贪就是贫。

第二十八条：不以涨喜，不以跌悲！乱云飞渡仍从容，笑看股市风云变幻，一切尽在掌握中……

第二十九条：大繁若简、大成若缺、大智若愚。

第三十条：在临盘实战操作中你必须是机器人，必须无条件毫无情绪地执行自己的交易系统！这代表着你已经迈入专业选手的队列。

第三十一条：应对不确定性，必须学会先做试验。在标志性买进信号出现的时候，应该按照具体的交易体系建立自己的试验性仓位，并跟随保护性仓位和追击性仓位。

第三十二条："潜意识"还不是一种有效的战斗力！将它转化为行动本能和有效战斗力的唯一途径就是科学的训练！这种训练包括着有形的方式和无形的冥想！

第三十三条：好的东西是需要用"心"才能体会的。我们强调的首先是"专心"，然后才能"专业"！

第三十四条：华尔街没有新事物，股市自有其内在规律。

第三十五条：岁月流逝、日子有功，时间改变一切。

第三十六条：大思维决定着大境界，大境界决定着大成功！

第三十七条：生活就是投资、投资就是生活！大爱无我，智者无敌！科学化投资、专业化管理！

第三十八条：技术分析仅仅是一种工具，错把工具当真理，这显现出的是一种哲学上的无知和灵性上的幼稚。

第三十九条：无欲则刚，金刚不败，谁能伤我？内圣外王，寂寞无敌！

第四十条：在我的生命意义之中，宗教是一种境界、是一种专注、孤独、寂寞、神圣而无悔的生涯。夜雨独行、寂寞如歌……

第四十一条："古来圣贤皆寂寞"，逃避孤独是大众的选择！

后 记

历经几个昼夜不停地写作，此书终于可以向出版社交稿了。只用短短的几天时间竟然要回顾自己对股票市场多年的艰辛思考和 1999 年 6 月 30 日大盘见顶后，在凄风苦雨的下跌行情中自己率领高级会员的艰难征战历程并形成文字。我也不知道自己这几天究竟是怎么熬过来的。

在此，我要特别感谢中国金融学会会员、山东经济学院经济研究所副所长张国杰教授。他在参与国家教委评选青年科研基金项目的繁忙工作中抽出宝贵的时间为本书写下了热情洋溢的序言。

同时作者在这里还要感谢为本书的出版无私地提供了巨大帮助的我的学生北京的黄屹先生。他在自己住院治疗的过程中也没有忘记对本书写作的关心。

从北方远赴上海征战，多次创造单位资金交易量全上海滩第一的超级短线高手赵丽秋小姐为作者的写作也提供了真诚的帮助。重庆的刘瑾增小姐在异常繁忙中还为本书的写作彻夜不眠、呕心沥血。浙江的程秋雨小姐也给予了作者坚定不移的支持。

还有其他众多学生也给予了作者真诚的关心和无私的帮助。在此，作者一并表示感谢。

这种无私的友谊是作者寂寞、艰难征战生涯中的宝贵财富。这一财富将使作者暂时忘记股海征战的残酷，而倍感人间友谊的温馨……

祝愿我所有的学生和广大的读者都能成为股海征战的一流好手。更希望在我的学生中多出几个能够在全球资本化潮流中与各国投资精英一争高下的世界级顶尖高手。

2000 年 9 月 9 日周日半夜于广州白天鹅宾馆一稿
2000 年 9 月 13 日周三于北京香格里拉饭店二稿

修订版后记

首先感谢广大读者朋友对作者的厚爱。自《短线英雄》面市以来，作者迄今已收到 E-mail 和书信等两万封以上，出版社也收到大量的读者来信。该书在广大读者朋友中产生了空前的关注和反响，其影响和作用至今还在许多媒体上引起激荡。

本书所倡导的专业化投资、科学化管理在投资活动中的巨大作用随着时间的流逝益发彰显。市场中有太多的庄家和职业机构因对专业化投资的漠视而付出了惨痛的代价。《短线英雄》一书中对许多庄家痛苦万状的判断并非危言耸听。书籍出版一年后，长庄就是笨庄的技术论断随着 0048 康达尔、0557 银广厦等股票的高台跳水已经得到证明，并将继续闪现智慧的光芒，而 0008 亿安科技庄家对我助手的拜访和虚心求教更加凸现出专业化投资科学化管理的巨大威力。（2007 年备注：2004 年新疆德隆 3 驾马车暴跌，新疆德隆的折戟沉沙中国股市，再次印证作者 2000 年笨庄论断。）

《短线英雄》一书的出版为渴求知识、有进取心的广大读者朋友掌握正确的投资理念、形成专业的投资能力、取得投资进步和投资成功产生了巨大的帮助。众多的读者来信述说他们所取得的成功战绩就是对作者最大的安慰和鼓励。因此，为广大热心的读者出版更好的专业投资著作成为作者应尽的责任。由于一版交稿时间的仓促，书中还存在大量的书写和排版的错误，修订这些错误对读者正确地掌握相关知识要点是大有帮助的。

《短线英雄》及其修订版能够顺利出版，读者朋友和我都应该感谢出版社领导的慧眼识珠，感谢为本书的出版发行付出辛勤劳动的人们。没有他们高效率的工作本书是不会迅速面市的。

有情提醒：由于本书不是入门类书籍，并且作者的写作时间有限，许多有关临盘实战的关键问题没有一一展开。读者请自行阅读查看相关的书籍。

只 铁

2002年3月1～6日

作者通联：

E-MAIL：88_i_88@126.com

手机：13688188188（仅限上亿资金短信联络）

只铁申明

本人非国家注册分析师，没有资格评论大盘、个股，更无资格从事招收各种会员、发布荐股短信、传真这类扰乱国家金融秩序的代客理财业务，这样的行为是属于明显违背《证券法》规范的违法犯罪行为。有人若要以身试法、违法犯罪，那是你们的事情，纵使我无法阻止，自有法律利剑高悬。

关于"只铁投资"网站，本人要作以下特别申明（详情见《只铁问答录》：

此网站系本人亲手创办，却不能按照我的意志运作，竟背着我涉嫌从事着我三番五次坚决反对的招收会员，无证卖书等商业化且违法的活动。为了关闭此网站，我多次义正词严地与有关人员进行交涉，终未果。之后，我决然在此网站专发《归去来兮》一文，明示了自己彻底与此网站有关及相关的人等一切干系的决裂之心。此事真是一个讽刺，更是一种悲哀。同时这也再次验证了我在《短线英雄》中总结的"我们不能控制市场和他人，但能控制自己！"的话。

只铁"入佛门花心隐然未息，坠红尘狼性尤显不足"！不会做违背《证券法》的事。因此，此网站以及任何地方盗用只铁之名的所谓代客理财、面授培训、书籍出售，只铁资料出售、软件出售（注：随《战无不胜》一书发行，本人所编写的"战无不胜"普及版、专业版证券投资决策系统软件，本人已于2003年12月无偿赠送成都夸父软件有限公司，由其合法经营，与本人无关。）等等，都与本人无关，由此产生的相关法律责任及其经济后果皆由当事人自负！

借此本人郑重宣布：作者从未授权过任何人或单位以作者的名义开展活动，为了避免网上和媒体的混乱，作者曾拒绝了多家知名大学的开课邀请，和多家知名证券类网站和证券类报刊让作者开辟专栏的邀请。任何人、任何地方使用的"只铁投资、只铁会员、只铁面授、只铁学生、只铁助手……"之名所展开的活动，都属非法，所产生的后果由其本人负全部法律责任，与我无关。我也没有委托任何人代我与外界进行联系，希望大家明鉴，不要上当。

最后，我要郑重申明"只铁投资"网站www.zttz178.com 本不是因商业目的而注册，其开始从事商业活动后我即选择离开，并同时关闭了"只铁军校"，该网站所从事的任何商业活动均与我无关。另外本人所编写的《战无不胜软件公式》已经在网上全部公开无偿提供任何人使用，而该公司销售的所谓《战无不胜软件机构版》非本人所编写，特此声明。

只铁软件、书籍、光盘全部授权嘉华舵手图书有限公司发行销售，请读者通过正规渠道购买，维护自己的合法权益。

只 铁

2007 年 6 月 30 日

延伸阅读

只铁短线套装

微信扫码
了解详情

◎《新短线英雄》

做短线，时间成本少，获利快，可以在短时间内实现较大回报。但很少有人能在短线投资模式下保持长期稳定盈利，大都被动成为"中长线"投资。只铁先生在本书展示了专业投资高手是怎样进行实战短线操作，并保持长时间快速赚钱。

◎《铁血短线：只铁战法致命的狙击战术》

在本书中，只铁先生从短线的交易原则、交易系统、实战操作方法与技巧、技术骗线、操作失误的处理方法等几个方面系统地讲述了短线的专业化操作，从而实现持续的快速赚钱。

◎《铁血战记：职业操盘手的试炼教程》

在本书中，只铁先生通过日复一日的操盘记录，带你直击操盘细节，通过复盘训练带你迅速提高盘口判断技能，用专业化、科学化的投资技巧叱咤股市。

◎《战无不胜：不胜不战》

本书汇集只铁先生的投资哲学、投资策略、投资技巧和方法于一体，是专门为那些希望把自己培养成为专业投资高手的人而写的。本书不是点石成金的秘诀，也不奢求所有人都能读懂，但愿对有缘的朋友有所启发，这是作者的初心。

价格行为交易系统（PA，裸K）三部曲

◎ 阿尔·布鲁克斯是华尔街技术分析大师，在价格行为（PRICE ACTION，简称PA，又称裸K）分析领域做出了很多开创性贡献，被尊为"鼻祖"，在全球股票、期货、外汇交易领域都拥有极大的影响力。

◎ 在数十年的交易实践和研究中，阿尔出版了三部著作：

微信扫码
了解详情

◎《高级趋势技术分析》的最大价值在于它阐明了如何理解价格行为，以及逐根K线分析走势图的意义，如何追踪由主力机构所推动的形态，通过小止损、早入场的策略，让主力机构为散户"抬轿"并最终获利。
该书精髓包括：如何交易趋势、交易区间、突破和反转；讲述了可用于识别趋势和交易区间的趋势线和趋势通道线这两个基本工具；每一种类型K线的重要性，以及交易者下单时应该了解的一些数学原理。

◎《高级波段技术分析》讲述如何对价格行为进行技术分析以识别交易区间，并从中获利。
该书精髓包括：交易区间向趋势的过渡，理解缺口，理解支撑和阻力，理解市场突破，趋势向交易区间的过渡，交易区间的常见特点和交易案例，订单和交易管理技术，精准入场和离场。

◎《高级反转技术分析》详细讨论每种反转类型的特点，便于读者在日常交易中灵活运用。虽然价格行为分析在各种周期中都有效，但对于日内和日间、周线和月线还是有不同的运用方法。
该书精髓包括：如何处理市场波动和剧烈反转；如何运用期权去交易特定的形态；如何处理交易中的各种情绪。

裸 K 交易法（Price Action）
基于 K 线逐根分析的价格行为交易法

裸 K / WHAT 什么是裸 K 交易法

◎ 裸 K，亦即 price action。它简单有效，不受任何技术指标所限！不被各类主力释放的假消息所影响！不被任何资金的虚假成交量所左右！适用于任何交易周期，任何品种。是目前全球技术分析交易者普遍采用的交易手法。

裸 K / HOW 怎么学

◎ 不拘泥于传统技术分析方法。不再沉迷于各种技术指标、L2 数据、数不清的波浪和各类专家股评。回归价格本源，通过对价格行为的观察与分析，从中洞察到市场规律，窥见市场做市商的蛛丝马迹，跟随之，盈利之！

裸 K / 学习方式

◎ 入门书籍零基础引导
◎ 大咖答疑
◎ 训练营辅导
◎ 科学的科目训练内容
◎ 海量公众号技术文章
◎ 最新交易解说视频
◎ 单项技术要点详细解说
◎ 综合技术实战应用

裸 K / 全市场适用！！！

◎ 裸 K 交易法目前在国际上通用于各种交易种类，股票、期货、外汇及虚拟货币的交易者都在使用这种方法。

交易的本质是利用价格波动获利，造成价格波动的根源在于人！因为人的交易行为导致了价格的波动，而通过人的某些共性，使得在看似无序的金融市场里有了某些共通之处，这是裸 K 交易法的理论根据。通过持续地对价格行为（K 线）的观察与分析，我们就能洞察到一些规律，从这些规律中进一步发掘出市场主体（主力，机构，基金等）的交易行为，跟随主体，我们就能盈利。

裸 K / 全市周期适用！！！

◎ 技术分析的本源就是 K 线！任何指标都是 K 线的各种表现形式和反馈。裸 K 交易法回归交易本质，去伪存真。无论您的交易周期是分钟、小时还是日，都可以用统一的分析方式来助力您的交易！您可以从基础的 PA 信号学起。通过对市场价格行为的结构理解，熟悉大众交易者的普遍手法和交易心理，深刻学习主力资金和大机构如何钓鱼、如何割韭菜的手法！从而洞见交易全过程，精准把握最佳临界点！

微信扫码联系舵手君
了解详情

短线交易大师经典名著套装

微信扫码
了解详情

◎《短线交易大师：工具和策略》该书内容凝练，覆盖了心理、自律和面对盈利机会时所需的技术分析技巧，将知识和洞见结合，展示了如何应用经验、机智和妥善规划来突袭市场，是长胜交易员常备的百科指南。

◎《短线交易大师：工具和策略II》该书教你如何辨识价格运行，讲解价格为什么要那样运行，让交易变得更为简单。从理论到实际操作，从设定介入点、止损位和交易管理，再到如何解读他人的错误，并把它转化为你的利润。无论是交易新手和老手，都可以在其中发现宝贵的信息，了解如何精准地辨识趋势、K线形态、支撑和阻力位，等等。

◎《短线交易大师：精准买卖点》该书展示了短线大师甄选买卖时机的艺术，介绍各种各样的日内操作技巧，从均线、随机指标、开盘缺口、压力支撑，到下单技巧、套利交易、季节因素、市场心理，等等。该书的目的在于讲述各种操作技巧的应用，帮助投资人获利，并不探讨各种技术指标的细枝末节，也不罗列毫无复制可能的特殊案例。

◎《短线交易大师：超短线交易秘诀》要在短线投资中持续盈利，就要确定日内交易时隔，实施明晰的交易模型，并开发客观可操作的步骤。该书精髓包括：移动平均线通道波段交易，何时启动与建仓；利用指数平滑异同移动平均指标建仓和启动；指数平滑异同移动平均指标形态和信号，启动和建仓；动量指标日内交易方程；利用跳空进行日内交易的方法；利用媒体进行日内交易的策略。

◎《交易大师盈利计划》该书作者华丁运用罕见的交易和教学天赋，帮助读者更深入地了解自己，对交易计划的制定过程了然于心，从而建立系统化、结构化的交易思维和交易蓝图，掌握交易策略与技巧，以最小的压力自信地进行交易，严格的风险控制确保始终从市场稳定获利，为交易生涯的成功奠定坚实的基础。

威廉·江恩经典名著套装

◎ 威廉·江恩，充满神奇色彩的技术分析大师、投资家、哲学家，与杰西·利弗莫尔、理查德·威科夫并称为20世纪前半叶"华尔街三巨头"。在纵横华尔街的53年交易生涯中，江恩在股票和期货市场的胜率无人能及，获取了巨额财富。

◎ 江恩所使用的分析技术和方法极其神秘，是以古老数学、几何学和星象学为基础，其预测具有超高的准确性，因此江恩理论在过去100年里倍受全球交易者追捧。

微信扫码
了解详情

◎ 《江恩商品期货教程》+《江恩股票市场教程》本套装囊括江恩理论绝大部分重要内容，包括江恩投资法则、3日转向图、几何角度线、时间与价格成正方、江恩九方图、江恩六边形、江恩圆周图、螺旋图表、行星经度与价格变化等，是有史以来公认的权威技术分析经典之一。

本套装附赠江恩技术讲解视频。

◎ 《江恩教程图表册》后来者对江恩商品期货和股票市场教程的学习都是基于一系列丰富的具有极高价值的江恩图表。如果离开了对应的图表，很难准确理解原文。这些图表都是江恩大师留下的珍贵手稿，我们只能选取少部分可以缩小的图表加在书中，而大量的手绘图、彩图、全幅大图和超大尺寸高清图，没有办法全部装订在教程中，因此我们将它们单独印制，封装在特别设计的精美包装盒中，并附上相应的中文说明。

◎ 《江恩技术研究（江恩手稿精解）》是比利·琼斯在购买了江恩遗留下来的大量原始手稿资料版权之后，十年潜心研究江恩技术的成果，挖掘出很多江恩本人用过但尚未公开的技术方法，被誉为"隐秘的财富之书"，能帮助江恩爱好者解决学习和实战应用中的疑惑。

◎ 《江恩技术手稿解密：晋源解读版》该书对江恩各个时期的原著手稿进行了梳理，从一线实战交易者的视角出发，将江恩原著中那些跳跃度极大的知识点条理化，将图表讲透，方便交易者学习使用。

◎ 该书作者晋源先生将通过视频讲解+江恩天书智能版软件+社群陪跑等"三合一"的方式，为渴望成功又能潜心研究的江恩理论爱好者提供周到的支持，帮助大家突破江恩研究的瓶颈，能够在交易市场的激流中开始冲浪。